高等职业院校通识教育“十三五”规划教材

高职高专体育教程

Sports

谢群 刘力 陈黎明 主编

人 民 邮 电 出 版 社

北 京

图书在版编目（CIP）数据

高职高专体育教程 / 谢群，刘力，陈黎明主编. -- 北京 : 人民邮电出版社，2017.8（2020.7重印）
高等职业院校通识教育“十三五”规划教材
ISBN 978-7-115-45830-8

Ⅰ. ①高… Ⅱ. ①谢… ②刘… ③陈… Ⅲ. ①体育－高等职业教育－教材 Ⅳ. ①G807.4

中国版本图书馆CIP数据核字（2017）第117962号

内 容 提 要

本书依据最新国家学生体质健康标准及全国普通高等学校体育课程教学指导纲要精神，紧密结合当前高校体育教学的需要和大学体育改革的现状，以学生为本，从实际出发介绍大学生体育课基本的教学内容。

本书吸纳了体育科学技术的发展和中外体育理论的最新研究成果，使大学生认清健康的身体与服务国家、奉献社会的紧密联系，提高学生对体育地位、作用的认识，增强其锻炼意识和终身体育意识，更使学生认识到健康的身体对自身成长的重要性，明确自己所担负的历史责任，树立正确的世界观、人生观、价值观，自觉为中华民族的振兴而奋斗。在编写体例上，本书力求新颖活泼、图文并茂，采用要点提示、教学目标、知识窗、温馨提示、思考题等呈现方式，使教材深刻而不生硬，严谨而不呆板；扩大学生知识面，拓展学生思维领域，全面提高学生的综合素质，从而进一步增强学生学习专业知识的能力和兴趣。

◆ 主　　编　谢　群　刘　力　陈黎明
　责任编辑　王亚娜
　责任印制　沈　蓉　彭志环
◆ 人民邮电出版社出版发行　　北京市丰台区成寿寺路 11 号
　邮编　100164　　电子邮件　315@ptpress.com.cn
　网址　http://www.ptpress.com.cn
　涿州市京南印刷厂印刷
◆ 开本：787×1092　1/16
　印张：15　　　　　　　　2017 年 8 月第 1 版
　字数：435 千字　　　　　2020 年 7 月河北第 7 次印刷

定价：39.00 元

读者服务热线：（010）81055256　印装质量热线：（010）81055316
反盗版热线：（010）81055315

本书编委会

主　编： 谢　群　刘　力　陈黎明

副主编： 谢　佳　齐　慧　李　巍　冯海涛　李　盛　王文锐

李大时　陈泽雄　皮　君

编　委： 李兆河　李　学　葛　剑　徐龙彪　赵　健　关红梅

徐秀明　孙　雯　董　伟　李海东　吴广宇　安春海

前言

人的素质决定着民族的素质，民族的素质影响着国家的发展和社会的进步。大力发展职业教育，提高劳动者素质，加快培养技能型、实用型人才，有利于切实提高劳动者的就业能力，促进就业率的提升，对我国新型工业化发展起着重要作用。体育课程是大学生以身体练习为主要手段，通过合理的体育教育和科学的体育锻炼过程，达到增强体质、增进健康和提高体育素养为主要目标的公共必修课程；是学校课程体系的重要组成部分；是高等学校体育工作的中心环节。体育课程是寓促进身心和谐发展、思想品德教育、文化科学教育、生活与体育技能教育于一体的教育过程；是实施素质教育和培养全面发展人才的重要途径。

为了全面贯彻党的教育方针，促进青年学生的健康发展，使当代大学生成为社会主义事业的建设者和接班人，根据《中共中央国务院关于深化教育改革全面推进素质教育的决定》和国务院批准颁布实行的《学校体育工作条例》的精神，在总结高等学校体育课程建设和教学改革经验的基础上，编写本教材。

本书依据科学发展的要求，紧密结合当前高校体育教学的需要和大学体育改革的现状，以学生为本，从实际出发，确立以终身体育理念和技能为内容、以学生身心健康为目标的新型体育教学体系，拓展课外、社会和自然体育资源，引进大量学生喜爱的新颖项目。

本书针对高职院校学生的特点，在知识点选择和内容编排方面力求内容丰富、生动易懂。与目前市场上其他同类教材相比，本书具有以下特点。

一、健身性与知识性相结合。紧扣课程的主要目标，把“健康第一”的指导思想作为确定课程内容的基本出发点，同时重视课程内容的体育文化含量。

二、选择性与实效性相结合。根据学生的特点以及地域、气候、场馆设施等不同情况确定课程内容，课程内容丰富多彩，为学生提供较大的选择空间。同时注意课程内容对促进学生健康发展的实效性，并注意与中学体育课程内容的衔接。

三、科学性与可接受性相结合。教学内容与学科发展相适应，反映本学科的新进展、新成果。以人为本，遵循大学生的身心发展规律和兴趣爱好，既考虑学生个性发展的需要，也考虑社会发展的需要，为学生所用，便于学生课外自学、自练。

四、民族性与世界性相结合。弘扬中华民族传统体育，汲取世界优秀体育文化，体现时代性、发展性、民族性和中国特色。

充分反映和体现教育部、国家体育总局制定的《学生体质健康标准（试行方案）》的内容和要求。

在编写体例上，本书进行了大胆探索和创新，特点如下：图文并茂，适应学生特点，与时俱进，着眼现代，结构合理，内容充实新颖，吸收最新体育科学成果，具有时代性、实用性和可读性。本书是一本知识体系较为完整、重点突出的适合高职高专院校学生使用的体育教材。

本书在编写过程中，参考、借鉴了部分报纸、杂志及兄弟院校体育理论课的教学经验，在此对各相关单位、专家、领导及同行表示诚挚的谢意！

由于水平有限、时间仓促，本教材的疏漏和不当之处在所难免，热忱欢迎读者提出宝贵意见，以便修正、完善。

编　者

2017 年 5 月

目录

第1章

体育概述

【要点提示】人类生存和社会发展的需要是体育的产生、形成与发展的源泉。习惯上，常常把体育划分为学校体育、竞技体育和群众体育三种基本形态，体育具有强身健心、教育、娱乐、政治、经济等功能。学校体育是素质教育的重要组成部分。学校体育是终身体育的基础，对培养德、智、体、美全面发展的专门人才具有十分重要的意义。

第一节　现代体育的概念、本质及功能

【教学目标】使学生掌握现代体育的概念及功能，了解体育的基本形态和体育的本质。

一、体育的概念和基本形态

（一）体育的概念

体育的历史可以追溯到原始社会时期，但是，“体育”（Physical Education，Physical Culture）这个术语却是近代才出现的。据现有资料，“体育”（Physical Education）一词最先出现在法国。20世纪初至“五四新文化运动”以前，“体育”这个概念从日本传入中国。其意译是指：与维护和发展身体的各种活动有关联的一种教育过程。当前，我国对“体育”一般有狭义和广义两种用法。用于狭义时，一般指体育教育（学校体育）；用于广义时是指：人类为适应自然和社会，以身体练习为基本手段而自觉地改善自我身心和开发自身潜能的社会实践活动。

体育的概念有其历史性和时代性，它是人们对一定时期体育特有属性认识的反映。体育既受一定的社会政治、经济的影响和制约，也为一定的社会政治、经济服务，所以体育的内涵并不是一成不变的。随着社会的不断发展，人们对体育的认识还会进一步深化。

（二）体育的基本形态

体育形态是指体育实践的相对稳定形式或状态，又称体育形式。体育形态各色各样，难以计数，按不同的标准划分，有不同的类别。根据各种体育实践的基本特征和功能，人们对体育基本类型的认识，以及体育工作的实际状况等综合因素，人们把现代体育划分为三种基本形态：即体育的教育形态——学校体育，体育的文化形态——竞技体育，体育的文化、教育及其产业的综合形态——群众体育。这三种体育形态虽然都可以作为独立的研究对象，且各具特色，但它们之间却是“你中有我，我中有你”，彼此有着千丝万缕的联系。

学校体育即狭义的体育，俗称“小体育”。它是教育的组成部分，是通过身体活动和其他辅助性手段进行的有目的、有计划、有组织的教育过程。

竞技体育是指在全面发展身体，最大限度地挖掘和发挥人在体力、心理、智力等方面潜力的基础上，以提高运动技术水平和创造优异运动成绩为主要目的的一种体育活动。

群众体育又称大众体育或社会体育。它是指人们自愿参加的，以强身、健体、娱乐、休闲、社交等为目的，小型多样的社会体育活动。

二、体育的本质

体育的本质是指体育本身特有的不同于其他事物的根本属性。体育无论以何种形式存在，它们

都有以下共同特征：

第一，从人与自然、人与社会之间的关系看，体育是人们为适应自然环境和社会需要而自觉改造（完善、优化和开发）身心的行为；

第二，从主体与客体、动机与效果的关系来看，体育的主体与客体（对象）、动机与效果都统一于人的自身；

第三，从内容和形式看，体育的基本内容和基本形式都统一于称作身体练习的人的自身运动。

以上三点是各种体育形式的共同特征，它们构成体育区别于其他任何事物的特殊的本质。

三、体育的功能

（一）体育的健身功能

（1）体育对增强体质，提高身体机能的作用。体育锻炼是增进健康、延年益寿的最有效方法。通过锻炼可使血液循环加快、心脏功能增强；可以改善大脑的供血状况，消除脑力劳动后的疲劳，使头脑清醒、思维敏捷；可使呼吸肌增强，肺活量增大，肺功能提高；能使肌肉粗壮结实，肌红蛋白增多，使人强壮有力；能使骨骼坚韧，骨密质增厚，骨的抗弯、抗折能力增强；还可以提高人体基本活动能力、适应能力和抵抗疾病的能力。如果长期进行体育锻炼，人的体质就会得到增强，健康水平就会得到提高。

（2）体育对促进心理健康的作用。体育活动不仅对增强体质、防治疾病、提高身体机能有着积极的作用，甚至还可以陶冶情操、塑造心灵，对心理素质的发展也有着明显的作用。实践证明，通过各种体育手段和方法，可以锻炼人的意志品质、催人奋发进取、培养集体观念、加强组织纪律、协调人际关系、提高心理调节能力，及时排除个人性格和心理状态中不健康的因素，由此带来欢愉、轻松的状态。通过中枢神经系统的良性调节，在适应与改造的过程中，使个体与环境和谐统一，达到精神健康。

（二）体育的教育功能

生物学证明，人出生后在本能方面比不上动物，适应环境的能力差，连最基本的坐、立、站都不会，这些基本的生活技能都要靠后天学习获得。因此，学习基本的生活技能和从事身体锻炼的过程，就是发展身体、增强体质，即“育体”的过程。

（1）体育中的思想品德教育。体育本身就是一个有章可循的社会活动，它是在一定的“执法人”即教师、教练或裁判员的直接监督下有组织地进行的。这对培养青年一代遵守社会和生活中的各种准则、树立良好的道德观念、增强团结协作精神和责任感是一项很好的活动。

塑造品格

（2）体育中的心理素质培养。体育活动能陶冶情操，培养人们坚韧不拔的意志品质。紧张而激烈的竞赛既是对心理素质严峻的考验，也是培养良好心理素质的有利时机。

（3）体育中的智能教育。体育本身就是一种文化，并蕴含着丰富的科学知识。通过体育教学和身体锻炼，学生可学习和掌握一定的体育知识、技能和技术，并使思维能力、记忆力、观察力、想象力等能力得到发展。

知识窗

健康体育锻炼的健脑功能

随着科技的不断发展，从事脑力劳动的人不断增多，用脑过度会使脑细胞转入抑制状态，如不做调整，则会导致记忆力减退，甚至导致神经官能症而严重影响健康。科学研究证明，体育锻炼对大脑中枢神经系统有良好的刺激作用，可改善大脑的供氧状况，消除大脑疲劳，提高大脑工作能力。体育锻炼还能使大脑皮质及时、准确地调动神经系统，尽早地进入工作状态，使大脑反应加快，自动化程度提高，功能加强。

（三）体育的娱乐功能

体育活动不仅给人以强健的身体，还给人以美的享受，使人们消除学习、工作和劳动带来的精神压力、大脑疲劳和情绪紊乱，使之身心得到积极有益的调节，获得有效的休息，这不仅有利于体力的恢复，还是一种精神上的享受。比如：学习几小时后，去运动场跑跑步、做做操、活动身体，或去游泳，就会感到精神振奋、愉悦。当你轻松地越过跳高横杆；或漂亮地躲闪过对手的堵截和封盖而上篮投中；或一脚猛烈地抽射足球入网；或一记漂亮的扣球得到同学的欢呼和赞扬，你就会从心底里感到说不出的高兴。竞技运动中，运动员能够在一定的时间和空间中展示优美的造型，高超的技艺、巧妙的配合，健、力、美得到高度统一，这使观赏体育竞技和表演的人们产生激动和忘我的情绪，一切活跃的、富有生命力的创造都在这里起步、表现和终止。它连续不断地激起人们的审美情感，强化人们的美感神经。由此可见，体育是一种积极而健康的娱乐方式，有助于人们愉快地度过余暇，满足人们的心理需求。

（四）体育的政治功能

（1）为国增光，提高民族、国家威望和地位。随着竞技体育的发展，竞技场被称为没有硝烟的金牌争夺战场。当今，金牌在某种意义上被看作综合国力、政治地位、经济实力、精神状态的标志。例如：中国在第二十八届奥运会上，一举夺得 32 枚金牌，金牌总数名列第二，中国跃身跨入世界竞技体育强国之列。这就大大激励了民族意识，振奋了民族精神，提高了中华民族的威望和国际地位。

（2）加强爱国主义教育，增强民族凝聚力。在当代，每一次国际体育大赛，都会像巨石击水，在国民心中产生巨大的冲击波，使千百万人甚至整个民族沸腾，民族精神得到升华，爱国热情得到激发，万众一心，为国家的腾飞、民族的昌盛提供了难以比拟的精神力量。例如：1984 年洛杉矶奥运会上，中国人第一次突破奖牌零的记录，我国女排获得“五连冠”，这都在国内外引起了空前的轰动。

（3）改善和促进国家间的关系，增进友谊。体育可以促进各国人民相互了解，尤其是现代体育运动的国际化，使体育成为国家间重要的交往手段。通过比赛，可以互相学习和交流，加强国家间的相互理解和联系，缓和协调国际关系与冲突，对维护世界和平起着十分重要的作用。例如，第 31 届世乒赛后，我国运动员用“乒乓外交”与美国建立了友好关系，从而进行互访，为中美建交创造了条件，被人们称为“用小球转动了地球”。

（4）巩固国防，保护国家安全。古代的战争是面对面的战争，为了在战争中获胜，人类就利用体育的手段来训练武士。而当今时代，尖端武器的发展更需要人们在短期内掌握复杂的军事技能，这就要求最大限度地动员人的精神和身体能力。为此，要对士兵进行全面而严格的体力训练，提高其身体素质和作战能力。这就体现了体育对巩固国防，保证国家安全的军事作用。

（五）体育的经济功能

体育的经济功能之一是间接为经济建设服务。体育本身不直接产生物质财富，但体育能使在生产力诸因素中起主导作用的劳动者，通过体育锻炼，达到增强体质、降低伤病率、提高出勤率和工作效率的效果，从而加速创造社会物质财富。经济功能之二是直接为经济建设服务。如举办大型的运动会能促进当地各行各业的发展；提高体育场馆的使用率，促进体育器材、运动服生产等行业的发展；增加体育竞赛的门票收入；出售体育竞赛的电视实况转播权；收取广告费；纪念章、纪念币的销售等，这些都可以直接产生经济效益，为经济建设服务。

知识窗

田径运动与科学技术

高水平的走、跑、跳、投、跨等运动都需要科技、经济的支撑。科学训练、优质的运动装备都有利于最大限度地发挥身体潜能。卡尔·刘易斯于 20 世纪 90 年代在东京创造了 9 秒 86 的 100 米世界纪录，穿的就是“美金龙”公司给他特制的跑鞋，仅重 115 克，脚弓部的材料由航天飞机降落伞料制成，价值 1.5 万美元。

第二节　学校体育与素质教育

【教学目标】使学生了解我国学校体育的发展历程和学校体育的基本手段；掌握素质教育的概念；认识学校体育对素质教育的重要意义。

一、我国学校体育的演进

体育作为人类进步史中最为古老的文化之一，在原始人的生存活动中就出现了一些具有体育雏形特征的内容。但是，学校体育却出现得较晚，它是随着社会政治、经济以及教育和体育的发展而发展，并逐步形成体系的。

（一）古、近代学校体育发展简况

我国古代奴隶社会的官学机构中就有与体育相关的教学内容。我国封建社会的教育思想是重文轻武，虽然在一段时间内有过武举制，但总体来说，体育基本上被排除在学校教育之外。我国近代学校体育是从清末开始，由日本及欧美一些国家传入的。清政府于 1903 年规定各级学堂都设“体操科”。北洋政府于 1923 年正式把“体操科”改为“体育课”，教学内容也由兵操改为田径、球类、体操等综合项目。在国民党统治时期，学校体育比清末和北洋军阀统治时期有了较大的进步和发展。但是，由于经费、场地、设备、师资都很缺乏，学校体育发展缓慢。

（二）新中国成立以来学校体育的发展概况

新中国成立之始，党和政府就非常重视学校体育工作，十分关心青少年的身体健康。毛泽东同志曾两次做出“健康第一”的指示，并将“身体好”作为三好学生评选的第一条标准。从 1952 年开始，国家各级教育、体育主管部门相继设立学校体育机构。教育部于 1952 年规定，从小学一年级到大学二年级均开设体育必修课。1952 年后，国家通过多种途径培养体育师资，缓解了体育教师严重不足的问题。学校体育在新中国成立后短短几年间得到了前所未有的迅速发展。

从 1977 年开始，尤其是改革开放以后，国家先后制定了一系列学校体育的规章制度，加强了学校体育科学研究。通过 6 次全国范围的学生体质健康调研，基本掌握了我国青少年儿童的体质状况、特点和规律。教育部先后公布了中、小学体育教学大纲和普通高校体育教学指导纲要，使体育教学质量不断提高。同时采取多种措施，加快对体育师资的培养，积极改善学校体育的物质条件。

二、学校体育的基本手段

（一）体育手段概述

体育手段是人们为了强身健体、防病祛病、愉悦身心以及提高运动技术水平而采用的各项活动的内容和方法的总称。人们常用的体育手段有游戏、体操、舞蹈、竞技运动项目、极限运动项目和民族传统体育项目等。我国按不同目的和所要解决的主要任务把体育手段分成五类：健身类手段、健美类手段、娱乐类手段、竞技类手段、冒险类手段。

学校体育的基本手段是为完成学校体育教育的基本目标而采用的各项活动的内容和方法。学校教育中选用的体育手段主要有健身类手段、健美类手段和竞技类手段中的体操、竞技运动项目以及游戏、舞蹈和民族传统体育项目的部分内容。

（二）体育手段的构成

1. 身体练习的概念

身体练习是构成体育手段的各种具体动作，它是人们为了增强体质、娱乐身心或提高运动技术水平而专门采用的身体活动。身体练习可能是一个动态的过程，也可能是一个静态的动作。并非所有的动作都可以称为身体练习，只有那些为了实现体育的目的、任务而采用的体育手段中的动作才能称为身体练习。这些动作在形式、内容和方法上都符合体育的要求，有助于实现体育的目的、任务。

2. 身体练习的技术及其结构

身体练习的技术（也称运动技术）是指那些能充分发挥人体机能潜力和合理有效地完成动作的方法。运动技术是不断发展的，它的合理性和有效性都是相对的而不是绝对的。

一个完整动作的技术结构包括技术基础、技术环节和技术细节。技术基础是根据动力学、运动学和节奏性的要求，按照一定的顺序排列起来的各种技术环节的总称。技术环节则是构成技术基础的各组成部分。技术细节是动作的次要特征，也是技术比较灵活的部分。这种次要特征在不违背技术基础的条件下，可以因人而异。

知识窗

运动不足病

运动不足的人跑两步就喘粗气，常有头痛、肩膀酸痛、腰痛、肥胖等感受或特征。运动不足病是指以运动不足为主要致病原因的疾病，主要包括肥胖症、心肌梗死、冠心病、高血压、动脉硬化症、神经官能症、腰痛症、骨质疏松症等。

3. 运动动作要素

任何一个运动动作都具有构成该动作的动作要素。通常认为，构成动作的要素一般有 7 个，即身体姿势、动作轨迹、动作时间、动作速率、动作速度、动作力量和动作节奏。

身体姿势是指身体及身体的各个部分在完成运动动作过程中所处的空间位置。动作轨迹是指完成动作时身体或身体的某部分移动的路线。动作时间是指完成动作所需要的时间或动作持续时间。动作速率是指单位时间内动作重复的次数，也称为频率。动作速度是指身体或身体的某部分在单位时间内位移的距离。动作力量是指完成动作时身体或身体某部分克服阻力的能力。动作节奏是指动作各个部分的强弱与时间间隔的关系。动作的各个要素是相互影响和交织在一起的，普遍存在于各种动作之中。

知识窗

生命在于运动的八大理由

理由一：运动可改善心肺功能。
理由二：运动可增强肌肉和骨骼的功能。
理由三：运动可改善血压。
理由四：运动可提高机体的免疫力。
理由五：运动可使人的体态更健美。
理由六：运动可健脑。
理由七：运动可消除疲劳。
理由八：运动可促进身心健康。

体育锻炼与供氧系统

三、学校体育与素质教育

（一）素质教育的概念

素质教育是以提高全民素质为宗旨的教育，它是依据《中华人民共和国教育法》规定的教育方针，着眼于受教育者及社会发展的要求，以面向全体学生、全面提高学生的基本素质为根本宗旨，以注重培养受教育者的态度、能力，促进他们在德、智、体等方面生动、活泼、主动地发展为基本特征的教育。素质教育要使学生学会做人、学会求知、学会劳动、学会生活、学会健体和学会审美，为培养他们成为有理想、有道德、有文化、有纪律的社会主义公民奠定基础。学校体育既是素质教育的重要内容，也是素质教育的重要手段。

（二）学校体育是素质教育的重要组成部分

提高民族的素质，多出人才，快出人才，出好人才，高校体育肩负着十分重要的使命。“体育非他，养乎吾生，乐乎吾心而已。”毛泽东同志早在1917年的《体育之研究》一文中就强调了体育的重要性，其中“身心皆适，是谓俱泰”以及“德智皆寄于体”的言辞辩证地阐述了体育对全面发展人的素质的重要性。

（三）学校体育是实现素质教育的重要手段

（1）培养学生的道德品质。通过对体育事业的关注，学生将树立起对国家的热爱，且在校与校之间、班与班之间，甚至组与组之间的体育竞争中逐渐培养出热爱集体、团结友爱的道德品质。

（2）提高学生的智力水平。列宁曾说：“从生动的直观到抽象的思维，并从抽象的思维到实践，这正是认识真理、认识客观现实的辩证途径。”学生在进行体育活动掌握技术、技能的过程中，不但可以发现问题、解决问题，还可以通过体质的增强促进智力的发育与提高。

（3）促进学生个性的形成。体育对于提高学生的心理素质和促进个性的完善发展，具有任何其他教育无法代替的作用。现代社会是竞争的社会，通过体育竞赛，学生们将变得勇敢、顽强，自信、坚毅，果断、机敏，开朗、热情。

（4）促使学生个体社会化。个体社会化是指由生物的人变成社会的人（即能够适应社会需要的人）的过程。在体育运动这个“小型社会”中，学生不仅能学到基本的生活技能，还能学会服从规范、规则，服从管理，并且由于在体育活动中担任一定的角色，学生能逐渐培养出良好的人际关系并乐于进行人际交流。

（5）培养学生的审美意识。审美是现代人必备的文化素质，体育活动的直接参与性、动态性、身心合一性等特点，更有利于审美意识的培养。小到对动作、表情、形体，大到对环境、气氛、情感及道德情操的耳濡目染，都将引导学生产生发现美、鉴别美、创造美的审美意识与行动。

第三节　高校体育与终身体育

【教学目标】使学生了解体育在高等学校中的地位、作用和高校体育的组织形式；掌握高校体育的目标、高校体育的特点和终身体育的概念；认识到高校体育对于终身体育的重要性。

一、体育在高等教育中的地位和作用

高等学校体育是我国培养身心健康的高级专门人才的需要；既是国民体育的基础，又是发展我国体育事业的需要；既是丰富大学生课余文化生活、建设校园精神文明的需要，又是高等教育的重要组成部分。健康的身体、强健的体魄对于大学生紧张的学习、丰富多彩的活动、感知与认识世界、形成良好的个性都是十分重要的，也是他们在将来的工作中有所作为的重要保证。

体育运动是大学生感受人生、体验人生最深刻、最直接、最生动的活动。它在培养学生的意志品质、拼搏精神、团队精神等方面，以及对学生人生态度、情感、价值观的形成具有独特的、其他学科无法替代的作用。其作用主要表现在：

第一，完善大学生的身体发育，提高身体素质，保持并增进健康。

第二，体育教育能使大学生获得体育和卫生保健方面的知识及锻炼身体的技巧和方法，提高运动能力。

第三，体育教育有助于大学生个性的全面发展，塑造良好的心理品质，对大学生世界观的形成以及个人的良好道德品质的培养都起着积极的作用。

第四，高校体育可以为国家培养体育骨干和优秀人才。

二、高校体育的目标

（一）基本目标

基本目标是根据大多数学生的基本要求而确定的，分为 5 个领域目标。

（1）运动参与目标：积极参与各种体育活动并基本形成自觉锻炼的习惯，基本形成终身体育意识，能够编制可行的个人锻炼计划，具有一定的体育文化欣赏能力。

（2）运动技能目标：熟练掌握两项以上健身运动的基本方法和技能；能科学地进行体育锻炼，提高自己的运动能力；掌握常见运动创伤的处置方法。

（3）身体健康目标：能测试和评价体质健康状况，掌握有效提高身体素质、全面发展体能的知识和方法；能合理选择人体需要的健康营养食品；养成良好的行为习惯，形成健康生活方式；具有健康体魄。

（4）心理健康目标：根据自己的能力设置体育学习目标；自觉运用体育活动改善心理状态、克服各种心理障碍，养成积极乐观的生活态度；运用适宜方法调节自己的情绪；在运动中体验运动乐趣和成功的感觉。

（5）社会适应目标：表现出良好的体育道德和协作精神；正确处理竞争与合作的关系。

（二）发展目标

发展目标是针对部分学有所长和有余力的学生确定的，也可作为大多数学生努力的目标。

（1）运动参与目标：形成良好的体育锻炼习惯；能独立制订适用于自身需要的健身运动处方；具有较高的体育文化素养和观赏水平。

（2）运动技能目标：积极提高运动技术水平，发展自己的运动才能，在某个项目上达到或相当于国家等级运动员水平；能参加有挑战性的野外活动和运动竞赛。

（3）身体健康目标：能选择良好的运动环境，全面发展体能，提高自身科学锻炼的能力，练就强健的体魄。

（4）心理健康目标：在具有挑战性的运动环境中表现出勇敢顽强的意志品质。

（5）社会适应目标：形成良好的行为习惯，主动关心、积极参加社区体育事务。

三、高校体育的组织形式

根据《学校体育工作条例》的规定，学校体育工作是指体育课教学、课外体育活动、课余体育训练和课余体育竞赛。《全国普通高等学校体育课程教学指导纲要》指出：把有目的、有计划、有组织的课外体育锻炼、校外（社会、野外）活动、运动训练等纳入体育课程，形成课内外、校内外有机联系的课程结构。

体育课堂教学、课外体育活动、课余体育训练和课余体育竞赛是实现我国高校体育目标的基本组织形式。

（一）体育课堂教学

体育课堂教学是高校课程体系的重要组成部分，是实现高校体育教育目的与目标的重要组织形式，是保证全体学生学习并掌握体育与健康的知识技能、达到增进健康、增强体质和提高体育素养目标的中心环节；体育课堂教学是寓促进身心和谐发展、个性培养、科学知识教育、生活与体育技能教育于一体的教育过程。目前，我国高校的体育课程主要有普通体育课、专项体育课、保健体育课和体育选修课等。

（二）课外体育活动

课外体育活动是高校体育课的延续和补充。《学校体育工作条例》规定：普通高等学校除安排有体育课外，每天应当组织学生开展各种课外体育活动。根据学校的实际情况和传统特点，因人、因时、因地制宜地开展多种形式的课外体育活动，对巩固和提高体育课的教学效果，增强大学生体质，提高学习效率，丰富校园生活，增强集体凝聚力，促进精神文明建设等方面都会起到良好的促进作用。课外体育活动主要有早操和课外体育锻炼。

（三）课余体育竞赛

课余体育竞赛是在课余时间进行的，有两个或两个以上的个人或团体，依据一定的规则和比赛规程进行的互相竞赛的体育活动。课余体育竞赛是推动大学群众性体育活动开展、丰富课余生活、提高课余运动训练水平的重要杠杆。大学的课余体育竞赛包括：校内体育竞赛，即校内各系科、各年级、各班级等之间进行的各种小型多样的、丰富多彩的，并有广泛群众性的竞赛活动；全校性的综合或单项竞赛活动。

（四）课余体育训练

课余运动训练是在课余时间对部分体育基础较好，有一定体育运动天赋的学生运动员进行系统的训练。大学的课余运动训练具有两重性：一是作为竞技体育的组成部分，培养竞技体育人才为提高我国的竞技体育运动水平做贡献；二是学校群众性体育的组成部分，培养群众性体育的骨干，推动群众性体育活动的开展。随着我国教育与体育事业的迅速发展，竞技体育体制改革的深入，高校作为我国培养高水平竞技体育人才主要途径的作用必将日益显著。

（五）其他体育活动

1. 野外活动

野外活动是指个人或集体靠智慧和能力，在环境复杂的大自然中，从事郊游、远足、野营、登山、涉水、攀岩等活动。这类活动带有浓厚的探险色彩，可以培养学生的创造性思维和科学探险精神，倡导人与人的协作精神以及弘扬团队精神。

2. 体育节

体育节以其具有的时代特点和独特的表现形式，正在成为校园文化的重要组成部分。它一般是结合有意义的节日或重大国际、国内的体育活动，利用“体育周”或“体育日”形式，开展专题性的体育主题活动，进行体育教育和锻炼等。

四、高职院校体育的特点

高等职业教育是我国高等教育的重要组成部分，担负着为国家培养高素质的专业技能型人才的重任。在高等职业院校里主要通过德育、智育、体育、美育和专业技能教育这几个方面对学生进行培养。

在高职院校实施体育教育的过程中，既要看到当代大学生的共性特点，还要强调高职院校培养高技能专门人才的特点，尤其应重视针对不同专业的特殊性职业要求，发展未来职业所必需的身体素质以及职业保健技能。例如，对地质、采矿等专业学生重视登山、攀爬技能的培养，对航海、水利等专业学生突出掌握游泳技能的要求等。因此，不同类别的高等职业院校，应当在认真贯彻教育方针、培养身心全面发展人才的前提下，结合各校不同专业人才培养的具体要求和特点，改革体育教学内容与方法，建立符合本专业实际的体育课程体系。

五、高校体育与终身体育

（一）终身体育的概念

20 世纪 60 年代中期，法国著名教育家朗格朗提出了终身教育的观点，1972 年联合国教科文组织对终身教育的理论和原则进行了系统的论述。在终身教育的影响下，更主要的是由于人们追求健康长寿、改善生活方式、提高生活质量的主体需求，终身体育思想在 20 世纪 80 年代应运而生。

终身体育是指一个人终身主动接受体育指导、教育、参加体育锻炼。终身体育思想是从人的生涯角度对体育问题的理性认识，它以人为出发点，从哲学的角度探讨人、体育、社会三者的关系，旨在塑造全面发展的人，实现体育运动对人和社会发展的巨大功能。

（二）终身体育正在成为高校体育改革和发展的指导思想

现代教育特别强调“为学生的终身发展奠定基础”。终身体育的指导思想是指以培养学生终身参与体育活动的能力和习惯为主导的思想。这种思想认为，学校体育是终身体育的最重要的、具有决定性意义的中间环节，主张在学校阶段培养学生终身从事体育学习和锻炼的观念和习惯，并使学生掌握终身体育的基本理论和方法。我国推出的《全国普通高等学校体育课程教学指导纲要》中有多处体现高校体育改革要贯彻终身体育思想的表述。

（三）高校体育是终身体育的基础

学校体育是奠定终身体育基础的极好时机。通过体育活动，一方面，可以促进大学生正常生长发育、增强体质，打好体质健康基础；另一方面，使大学生掌握体育的基本理论知识和锻炼方法，培养他们对体育的爱好、兴趣，养成体育锻炼的习惯，使体育活动成为学生生活中不可缺少的内容。这个阶段所产生的体育后效应将在学生毕业后的几十年生涯中表现出来。

终身体育是依靠在高校体育阶段形成的体育意识、习惯和能力，在人生的各个不同阶段继续坚持体育学习和健身，不断修炼个性，充实人生，提高生活乃至生命质量，它是高校体育的长远目标。

知识窗

关于终身体育的含义，联合国教科文组织在《体育运动国际宪章》中明确规定，体育是全面教育体制内一种必要的终身教育因素，它是终身教育的一个有机组成部分，它是指人的一生中所受到的各种教育与培养的总和。

思考题

1. 广义体育和狭义体育的概念分别如何表述？
2. 现代体育有哪几种功能？简述体育的健身功能。
3. 什么是体育手段？
4. 什么是素质教育？试述学校体育与素质教育的关系。
5. 简述体育在高等学校教育中的地位与作用。
6. 简述高校体育的目标。

第2章

体育锻炼的科学方法

【要点提示】人的发育始终伴随着身体、心理和性格的相互作用。遵循锻炼身体的基本原则，采取科学锻炼身体的方法，正确选择和运用多种身体锻炼手段，并能够对身体的锻炼效果进行客观、准确的自我评价。

第一节 大学生的生理和心理特点

【教学目标】掌握大学生的生理和心理特点。

一、大学生的生理特点

（一）身体形态

我国大学生一般处于17~25岁的年龄阶段。进入青春期后2~3年内，人体身高以较快速度增长，女子至17岁，男子至19岁，增长的速度才日趋缓慢，直至完成骨化而终止。我国18~25岁的男大学生身高均值为173厘米，女大学生均值为159厘米。体重一般是男生到20岁，女生到18岁趋于稳定。我国18~25岁男大学生的体重均值为58.5千克，女大学生均值为51.5千克，其他有关指标，如胸围、头围、肩宽、骨盆等生长指标均日趋缓慢。

（二）身体机能

（1）神经系统。大学生的第二信号系统已相当发达，第一和第二信号系统的活动相互关系更为完善，分析与综合能力显著提高，由于神经系统的灵活性高，神经细胞物质代谢机能旺盛，所以容易出现疲劳，但恢复较快。脑的结构和机能迅速发展，致使大脑皮层的发育状况在一定程度上呈现出一种飞跃的状态，这为发展思维提供了良好的物质基础。

（2）心血管系统。大学生心脏发育日趋完善，心缩力量增强，收缩压增高，促使血液供应适应机体负荷增大的需要。根据最新的中国学生体质与健康调查统计资料，我国19~22岁的大学生（汉族，城市）男生心跳均值为76.6次/分，女生均值为77.3次/分，男生血压均值为116.0/60.2 mmHg，女生均值为105.8/57.8 mmHg。

（3）呼吸系统。大学生这个年龄段，肺的横径和纵径都继续增加，肺泡体积也随之增大，男生尤为显著。由于呼吸肌增强，频率减慢，深度加大，肺活量加大，呼吸系统发育日益完善。

（三）身体素质

对于大学生的身体素质，根据最新全国调查对测试结果的快速增长期的分析，男生各项指标的增长高峰，除速度（50米跑）在7~8岁出现外，其他素质均在12~16岁出现，女生大部分素质高峰都出现在7~9岁，而柔韧和耐力素质到18~19岁又出现高峰。

（四）性成熟

性成熟是青春期最重要的变化之一，它包括生殖器官和形态发育、功能发育和第二性征的发育等。男生第二性征的发育，表现在开始长胡须、体毛多、喉结增大突出、音调变低、声音变粗、皮下脂肪减少、肌肉显得强健有力。女生第二性征的发育，表现在随着乳腺的发育和脂肪沉积，乳房逐渐隆起、乳头突出、声调变高、骨盆增宽、皮下脂肪增厚。

二、大学生的心理特点

（一）自我意识方面

进入大学之后，由于环境的变化和达到近期目标引起的心理感受的变化，部分大学生发现原先所认识的自我是家长、教师所塑造出来的，而不是“真正的自我”，因而强烈地要求重新塑造并确定“真正的自我”。为了努力塑造一个真实、理想的自我，他们开始认识自我教育的重要性，并努力朝着既定的方向、目标不断进取。

（二）情感方面

大学生正处于风华正茂之年，他们的情感犹如疾风怒涛，表现出强烈、跌宕的特点，因而大学是体验人生情感最激烈的时期。大学生的情感不再像中、小学生那样天真、纯朴、直露，而是比较内向、曲隐、含蓄。另外，敏感、自尊、好表现自己也是突出的情感特征，随着年级的增高，大学生的情绪波动性逐渐减弱，情感也日臻丰富。

（三）意志方面

从中学升入大学，标志着一个青年已踏上了通往独立生活与成人社会的桥梁，奉献和回报社会的时刻即将到来。全社会渴求人才，更盼望大学生早日成才。在各方面的影响下，大学生已有明显的独立倾向，自觉性明显增强，并能在行为中清晰地意识到自己行为的目的和社会意识。在果断性和自制力方面，其发展则表现得较为缓慢，不少学生常表现出优柔寡断、分不清主次和事情的轻重缓急，或草率，或武断。在坚毅方面大学生也表现出很大的个体差异，个别学生会畏惧困难，经受不起心理挫折。所以大学生的意志品质发展表现出一定的不稳定性。

（四）性格方面

由于大学时期个性倾向日趋形成，自我意识不断发展，大学生的性格基本形成且较稳定。对现实能够持一贯的态度和较稳定的行为方式，是大学生性格的主要方面，它突出体现大学生个性的本质。在意志、理智、情绪等特征方面，大学生也表现出逐渐稳定的趋势。但是，大学生的心理发展尚不成熟，只有自觉地进行良好性格的自我教育和自我锻炼，才能为成才创造良好的主观条件。

第二节　锻炼身体的基本原则

【教学目标】掌握锻炼身体的基本原则，并能在实际中合理应用。

一、自觉积极原则

自觉积极原则是指参加者必须明确目的，能积极主动地去参与锻炼、发展身体、增强体能、增进健康。它是进行身体锻炼的指导性原则，必须贯穿于锻炼活动的始终。

自觉积极性是要求锻炼者在决定进行身体锻炼前，必须要有明确的健身目标，必须懂得“生命在于运动”和“坚实在于锻炼，锻炼在于自觉，欲图体育之有效，非动其主观，促其对体育之自觉不可”以及“体为知识之载”的道理，明白锻炼有益于提高学习效率、提高生活质量、丰富业余生活。要将个人的健身目的、个人的身体锻炼活动与提高民族素质、人口质量以及国家的兴旺发达结合在一起，以此来激发自己锻炼身体的自觉性、积极性和主动性。在此基础上，要认真选择适宜的身体锻炼内容和方法，安排适宜的运动负荷，在锻炼之后能够获得一种精神上的满足，感到有乐趣、心情舒畅。只有进行有兴趣的活动时，才会表现出极大的主动性和自觉性，使身心统一。

二、全面发展原则

全面发展原则是指参加者身体的各个部位、各个器官、系统的机能，以及各种身体素质、基本活动能力，得到全面协调的发展。

人体是一个有机的整体，器官系统的机能、身体素质和基本活动能力是相互影响、相互制约的。任何局部机能的改变，必然会影响其他机能的变化。当某一方面素质得到发展时，其他素质也会不同程度地有所发展。每一项体育活动对身体的影响各有侧重，但都具有一定的局限性，如果锻炼内容和方法单一化，就不能获得良好的整体锻炼效果。例如，长期只从事健美运动而不进行长跑运动的人，心肺系统的功能和耐力素质就不能得到较大的提高；长期只进行长跑锻炼的人，虽然其耐力素质会有较大发展，但其力量素质、速度素质以及上肢灵活性的发展却受到一定的影响。如果能够选择、调节好锻炼内容和方法，就能使各项身体素质互相促进、共同提高，使身体均衡发展，各器官系统机能活动协调，工作效率提高。选择多样的内容和手段，运用灵活的形式和方法，是贯彻这一原则的关键。

三、循序渐进原则

循序渐进原则是指体育锻炼必须根据人体身心发展规律，在锻炼的内容、方法、运动负荷等方面逐步提高，使机体功能不断得到改善。循序渐进是人体适应环境的基本规律，人体对内、外环境变化的适应是一个缓慢的、由量变到质变的过程。只有遵循这个规律，才能取得良好的锻炼效果。

在体育锻炼时怎样的渐进速率是安全有效的呢？对于这个问题不可能有统一的标准，应依个人对锻炼负荷的耐受水平不同而异。“百分之十规则”可作为指导锻炼者掌握循序渐进原则的参考方法。其内容是：每周运动强度或持续时间的增加不能超过前一周运动强度或持续时间的 10%。例如，一个每天跑步 20 分钟的锻炼者，在下一周锻炼时可将每天跑步的时间增加到 22 分钟。又如以前每天跑 3 千米，如果既定的锻炼目标是 5 千米，那么应在每天 3 千米的基础上，按照每周增加 10%的比例进行。

在制订锻炼计划时，必须从锻炼的各个阶段、练习的量、练习强度、密度等方面均体现出渐进性。每次锻炼过程也要遵循循序渐进的原则。即每次锻炼前要做好充分的准备活动，待身体发热后再由小到大逐渐增加练习的量、练习强度、密度等。锻炼计划的完整性和严密的系统性，是贯彻循序渐进原则的关键。

四、持之以恒原则

从生物学角度看，人体机能水平的提高，各种运动能力及素质的发展，运动技能的形成与巩固，均有赖于较长时期经常的锻炼。这样，才能使有机体在解剖形态、生理机能、生化过程等方面产生一系列适应性的变化。这些良好的适应性变化，不是一朝一夕或短时间锻炼所能达到的，而是长期坚持锻炼成效积累的结果。

人体结构和机能的变化，都是通过肌肉活动进行反复、多次的强化来实现的，体育锻炼是对机体给予刺激的过程，每次刺激都产生作用痕迹。连续不断的刺激作用，在机体内产生痕迹的积累，这种积累使机体的结构和机能产生新的适应性，从而使体质不断增强。如果“三天打鱼，两天晒网”，间断地进行，前一次的作用痕迹已经消失，下一次作用的积累就小，机体的适应性变化就小，锻炼效果就不明显。如果长时间停止锻炼，各器官系统的机能和动作技能形成的条件反射就会慢慢减退，使体质水平逐渐下降。研究表明，停止力量练习 8 周后，肌肉力量会下降 10%；停止耐力练习 8 周后，肌肉耐力水平会下降 30%～40%。

持之以恒

强化终生体育意识，养成良好的锻炼习惯，使体育锻炼生活化是贯彻这一原则的关键。

五、因人而异原则

人体生理结构虽然基本相同，但由于年龄、性别、身体功能、基本活动能力等存在着差异，并且每个人的锻炼基础、锻炼条件不同，随着锻炼过程的发展，对机体产生的影响也会不同，因此，在选择、确定锻炼的内容、方法、负荷上应有所区别。要想使体育锻炼收到实效，就必须依照每个人的实际情况而定。既要考虑到兴趣、爱好，又要考虑到具体情况和个体特点，在制订锻炼的任务、内容、方法以及运动量和强度时，必须因人而异，依人处方。

知识窗

1996 年由雅克·德洛尔任主席的国际 21 世纪教育委员会向联合国教科文组织提交的《教育——财富蕴藏其中》的研究报告中明确指出了 21 世纪教育的四大支柱，分别是：

学会求和的能力，也就是学会学习的能力。学会最迅速、最有效地获取信息、处理信息和运用信息的能力。

学会做事的能力，也就是要学会在一定环境中工作的能力。不仅要学会实际动手操作的技能，更重要的是要具备一种综合能力，它包括如何处理人际关系的能力、社会行为、集体合作的态度、主观能动性、管理能力和解决矛盾的能力，以及敢于承担风险的精神。

学会共处的能力，也就是在人类活动中，要学会与他人一起参与。要学会在合作中竞争，在竞争中合作。

学会发展的能力，也就是学会生存、学会做人的能力。要学会适应环境以求生存，改造环境以求发展的能力。

第三节　锻炼身体的手段和方法

【教学目标】了解科学锻炼身体的基本手段和方法；掌握多种提高身体素质以及利用自然力锻炼身体的技能。

一、锻炼身体的手段

（一）散步

散步是一种简单易行、活动量容易掌握又可使全身都得到活动的健身方法。

（1）普通散步法。一般为慢速散步。以每小时 3～4 千米的速度，每分钟 60～90 步的步频，每次散步 30～60 分钟。该种方法适用于以保健为目的的锻炼者。

（2）快速散步法。要求锻炼者以每小时 5～7 千米的速度，每分钟 90～120 步的步频进行 30～60 分钟的锻炼。要求将最高心率控制在 120 次/分钟以下。该种方法适用于以增强心肺功能和减轻体重为目的的锻炼者。

（3）定量散步法，也叫医疗步行。在平地或坡地进行。如在 3°～5°斜坡路面上散步 15 分钟，接着在平地散步 15 分钟。该种方法适用于患有心血管系统慢性病或肥胖症者。

（4）摆臂步行法。要求步行时两臂用力前后摆动，以增加肩带和胸廓活动。该种方法适用于患有呼吸系统慢性病者。

知识窗

2007 年，《中共中央国务院关于加强青少年体育增强青少年体质的意见》中明确指出：“增强青少年体质，促进青少年健康成长是关系国家和民族的未来的大事。广大青少年身心健康、体魄强健、意志坚强、充满活力，是一个民族旺盛生命力的体现，是社会文明进步的标志，是国家综合实力的重要方面。党中央、国务院历来高度重视青少年的健康成长。”

从 2007 年开始，随着《国家学生体质健康标准》的全面实施，全国各级各类学校广泛、深入地开展全国亿万学生阳光体育活动。广泛传播健康理念，使“健康第一”“达标争优、强健体魄”“每天锻炼一小时，健康工作五十年，幸福生活一辈子”等口号家喻户晓，深入人心。

（二）跑步

跑步是一种深受欢迎，锻炼价值较高的健身方法。可根据不同年龄、性别等具体情况选择使用。

（1）走跑结合法。根据不同的体质状况确定距离，逐步增加跑速和跑距。运动负荷应控制在第二天自我感觉不疲劳，基础脉搏可恢复原有水平的程度。该种方法适用于初练者和年龄较大或体质较弱者。

（2）全程耐力跑。可采取跑一定距离和一定时间两种方法进行。跑一定距离可分为跑 1 000 米、1 500 米、3 000 米、5 000 米乃至 10 000 米等不同距离；跑一定时间可分为跑 5 分钟、10 分钟、15 分钟、30 分钟乃至 1 小时等。

锻炼的场所和形式，可以采用田径场跑道跑、越野跑、自然地形跑、原地跑、慢坡跑以及负重跑等灵活多样的形式进行。该种方法适用于已具备一定锻炼水平、体质比较强健的青年人或运动员，以提高其耐力素质。

（三）球类

篮球、排球、足球、乒乓球、羽毛球、网球、棒球、垒球等，是深受学生喜爱，并对身体全面锻炼有良好影响的体育运动项目。经常参加锻炼，能增强身体素质、促进内脏功能的提高、全面增强体质。所以，不同性别、年龄和身体状况的人都可以参加。

（四）体操

（1）竞技体操。能改善和提高中枢神经系统和各感受器官的机能能力，对发展力量和提高健康水平有很大的作用。体操的锻炼方法很多，有单杠、双杠、高低杠、支撑跳跃、平衡木、吊环、鞍马等。在锻炼时一定要特别注意安全，加强保护与帮助，防止伤害事故的发生。该种锻炼方法适用于喜欢竞技体操的健康学生或运动员。

（2）广播体操。我国推行的各套广播体操中每一套、每一节都有它的实际锻炼价值，对增强体质和提高内脏功能有良好的作用。学校应坚持早操、课间操制度，养成习惯，坚持锻炼必有好处。

（3）健美操。健美操是一项十分受学生欢迎，特别受女生青睐的锻炼项目。该项目对场地、器材以及锻炼时间等要求较低，运动量好掌握，锻炼强度好控制，是一种强身健体的好方法。该方法适用于任何健康群体。

（五）武术

武术是具有中华民族特色的传统体育项目，它是以健身和技击相结合的一项运动，同时还可以培养和锻炼参与者的意志品质。在进行该项目的锻炼时，运动量可大可小，不受场地、器材、气候条件等的限制，不同年龄、性别和体质的人均可参加锻炼，因而深受广大人民群众的喜爱。

（六）轮滑与滑冰

轮滑与滑冰运动是健身价值很高的锻炼项目，它能使人体各组织器官的负荷得以增加，从而使机体产生一系列变化，这些变化通过加快新陈代谢，改善神经系统、心血管系统、呼吸系统等机能，促进体质的增强。该锻炼方法适合于任何健康群体。

二、锻炼身体的方法

（一）重复锻炼法

重复锻炼法是对某一锻炼方法按照一定负荷要求，多次重复同一动作进行锻炼的方法。通过重复刺激机体产生一系列变化，加速新陈代谢，以达到增强体质的作用。

重复锻炼法要合理掌握重复次数和时间。两次练习之间的间歇时间原则上应使机体得到较充分的恢复。强度可达极限强度的 90%～100%，达到锻炼负荷的有效价值范围（最有锻炼价值负荷量下的心率）并据此调节重复次数。在重复锻炼中，对负荷量如何控制和怎样去重复才能达到理想效果的负荷强度，应视实际情况而定。通常认为，普通大学生的负荷心率在 130～170 次/分钟的范围内是较适宜的。在这个范围内，心室血液充盈，脉搏输出量以及氧气的运输量等均达到最佳状态，并可以持续地运动；心率低于 130 次/分钟，锻炼效果不明显，应增加重复次数；心率超过 170 次/分钟，则需减少重复次数或安排足够的间歇时间。

（二）间歇锻炼法

间歇锻炼法是指在锻炼过程中，对安排的多组练习之间的间歇时间做出严格规定，而反复进行锻炼的方法。该方法的关键是间歇时间必须严格控制，必须在机体处于未完全恢复的状态下即进行下一组的练习。该方法的特点是每次练习的负荷时间较长，负荷强度适中。

这种方法可使锻炼者的心脏功能明显增强。通过调节负荷强度，可使机体各种机能产生与锻炼项目相匹配的适应性变化；提高有氧代谢供能能力，从而提高学生体质水平。人们认为，体质增强的过程是在运动中实现的，其实体质内部的增强过程主要是在间歇中实现的，是在休息过程中得到了“超量恢复”的结果。

同重复锻炼一样，间歇的时间也要依据负荷的有效价值标准去调节。一般来说，当负荷反应（心率）指标低于有效价值标准时，应缩短间歇时间，而在高于价值标准时则可延长间歇时间。总之，通过适当的间歇，把负荷量调节到负荷有效价值范围以追求良好的锻炼效果。实践中，一般心率在 130 次/分钟左右时，就应再次开始锻炼。间歇时，不要做静止休息，而应当边活动边休息，如慢速走步、放松手脚、伸伸腰或做深而慢的呼吸等。因为轻微活动可使肌肉对血管起到按摩作用，帮助血液回流、加快体内代谢废物的排除。

（三）连续锻炼法

连续锻炼法是按一定要求，持续进行规定动作的身体锻炼方法；是指在运动锻炼的过程中，为了保持有价值的负荷量而不间断地连续进行运动。该方法要求负荷强度较低、负荷时间较长，无间断地连续进行运动。连续的作用在于保证负荷量不下降，并维持在一定的水平上，使身体充分的受到运动的作用。

连续锻炼时间的长短，同样要根据负荷价值有效范围来确定，通常认为在 130 次/分钟左右心率下连续锻炼 20 ~ 30 分钟，可使机体的各个部位都长时间地获得充分的血液和氧的供应，因而能有效地发展有氧代谢能力，发展耐力素质。实践中，用于连续锻炼的内容主要是那些比较容易并已为锻炼者所熟悉的运动，如跑步、游泳，或是跳健美操和迪斯科舞等。

这种方法多用于发展一般耐力，如较长时间的匀速跑；也可在非周期性项目中用于巩固某一技术动作和发展专门耐力，如篮球投篮训练中连续的原地起跳投篮练习等。

（四）循环锻炼法

循环锻炼法是指由几个不同的练习内容联合组成的练习组合。该方法要求练习者必须按照既定的练习顺序和路线，依次完成每个练习站的练习任务。一般的组织形式是锻炼者在完成一个练习站的任务后，迅速转移到下一个练习站继续练习，同时下一个锻炼者依次跟上。每一个锻炼者完成了各个练习站的练习内容时，就算完成了一次循环。其结构因素有：每站的练习内容、运动负荷、练习站点的安排顺序、练习站点之间的间歇形式和时间，每一循环之间的间歇，设置练习站点的数目与循环的组数等。

循环锻炼法对技术的要求不高，且各项目都采用比较轻度的负荷练习，因此练习起来简单有趣，可有效地提高不同层次和水平练习者的运动兴趣和积极性；可以合理地增大锻炼过程的练习密度；可以随时根据具体情况因人制宜地加以调整，做到区别对待；可以防止局部负担过重，延缓疲劳的产生，交替刺激不同部位，有利于综合锻炼，从而达到全面发展的效果。

运用循环锻炼法时，关键是要按照全面性原则去搭配项目。就大学生而言，锻炼时既要发展四肢，又要发展躯干；既要运动胸背部，又要运动腰腹部；既要追求形体的健美，又必须注意机能、素质的全面发展。为此，就必须科学地搭配项目。一般选择 6 ~ 12 个锻炼者已掌握的简单易行的项目。搭配时注意上肢和下肢动作、剧烈的跑跳练习与静力憋气动作之间的合理交替。在健身锻炼中，可根据锻炼项目安排循环练习各练习点的任务，还可分队比赛，增加竞争性，以提高练习兴趣。

（五）变换锻炼法

通过不断变换运动负荷、练习内容、练习形式以及练习条件等，以提高锻炼者的积极性、适应性及应变能力的方法称为变换锻炼法。此方法可有效地调节锻炼者的生理负荷、提高兴奋性，强化锻炼意识，克服疲劳和厌倦情绪，以达到提高锻炼效果的目的。

如刚参加锻炼时，可多做些诱导性和辅助性练习。随着锻炼水平的提高，应加大练习的难度，如用越野跑代替在田径场的长跑等。由于锻炼条件的变化，可使锻炼者的大脑皮层不断地产生新的刺激，提高兴奋性，激发锻炼的兴趣，从而提高机体对负荷的承受能力，提高锻炼效果。另外，不断地对锻炼内容、时间、动作速率等提出新的要求，可有效地调节生理负荷，使机体不断产生适应性变化而达到更好的锻炼身体的目的。

（六）负重锻炼法

负重锻炼法是指利用哑铃、杠铃、沙袋等重物进行身体运动来达到锻炼身体、增强体质目的的一种锻炼方法。负重锻炼法既适用于普通人为增强体质而进行的锻炼，又适用于运动员的身体训练，还适用于身体疾患者的康复锻炼。

一般人增强体质进行负重锻炼，应该采用最大摄氧量和最大心血输出量以下的负荷。因为过大的负荷可能给心血管和呼吸系统带来不良的影响。为了保证这种锻炼方法对身体的良好作用，在运动负荷价值范围内可以多次重复或连续进行。

三、增强身体素质的锻炼方法

（一）增强力量素质的锻炼方法

力量素质是指人体神经肌肉系统紧张或收缩时对抗或克服阻力的能力。肌肉力量是在加大阻力的条件下增加的，锻炼肌肉的抗阻能力是在肌肉收缩时给予负荷，以达到增强肌肉力量的目的。

（1）增强绝对力量。以最大负荷重量的85%～100%的重量，重复1～3次锻炼，完成最大重量或接近最大重量的练习。一般来说，大重量、少次数、高组数、长间歇是提高和发展绝对力量的关键。

（2）增强速度力量。用中等强度负荷（最大负荷重量的60%～80%），以最快的速度完成重复次数较少的练习。

（3）增强爆发力。用较轻的重量，以最快的速度做最多重复次数的练习。增强爆发力必须有绝对力量和速度力量为基础，所以应与以上两种练习结合进行方可收到较好的效果。

（4）增强力量耐力。用最大负荷重量的50%～60%重复练习在12次以上，不要求速度，但重复次数和坚持时间应达到或接近极限。

（5）增大肌肉体积的方法。以中、小重量（约一次可连续举起6～8次的重量），使肌肉工作达最大限度，充分发胀，产生适应性变化，对增长肌肉体积效果较好。

（6）用对抗性静力练习发展力量。根据某部位肌肉力量发展的需要，使身体处于特定位置，站立或仰卧举腿，推或蹬住固定物或器械，用肌肉最大收缩力量坚持8～10秒（初练者4～5秒），做一定次数，对增加肌肉力量效果较为显著。

（二）增强速度素质的练习方法

速度素质是指人体快速运动的能力。包括对外界信号刺激快速反应能力、人体快速获得高速度完成动作的能力、最短时间完成单个动作的能力、最短时间重复多次动作的能力、最短时间移动身体到达最长距离的能力，等等。不同类型的速度素质练习方法各不相同。现简要归纳说明如下。

（1）可采用突发信号的练习方法提高反应速度。

（2）利用追逐跑或追逐接力游戏等方式，提高人体快速获得高速完成动作的能力。

（3）使用高速跑或高速做其他投掷、跳跃练习法，使练习者体会和建立在高速情况下完成各种动作的能力。

（4）运用助力训练法，借助于外力迫使练习者做出快速动作，建立新的动作节奏，从而达到提高速度的目的。如顺风跑、下坡跑、牵引跑等。

（5）可用缩小动作难度或缩小动作幅度的方法，提高完成动作的速度。如小跑等。

（6）利用听觉、视觉等信号诱导练习者伴随信号快速运动，帮助练习者建立新的动作节奏以提高动作速度。

（7）采用改变练习条件、环境等手段，激发或引起练习者的兴奋性，建立快速完成动作的条件反射。

（8）可利用测验或比赛等方法，提高练习的强度，引发练习者高度的兴奋性，有助于建立快速完成动作的条件反射。

（9）提高奔跑速度的练习方法。奔跑的速度取决于步频、步幅和保持步频、步幅的能力。采用重复练习法效果较好，但要根据实际需要配合其他方法进行锻炼。提高步频练习时采用高频率练习较为有效，如快速高抬腿跑、听信号快速跑、快速摆臂等练习，但必须有一定的强度和运动负荷。

（三）增强耐力素质的方法

所谓耐力素质，是指有机体坚持长时间运动的能力，可分为肌肉耐力（又称为力量耐力）和心血管耐力（又分为有氧耐力和无氧耐力）。

增强耐力素质多采用各种形式的中长距离低负荷持续跑、走或长距离的游泳、轮滑、滑冰等周期性动作和长时间从事某些内容的身体锻炼。在练习过程中逐步延长练习的时间并提高练习强度和密度是增强耐力素质的关键，使机体的负担超过原来所能负担的耐力水平是提高耐力素质的重点。

进行耐力训练时，运动强度通常掌握在个人可承受最大强度的 70%～80%的水平。一般通过心率测定来调节，以 120～140 次/分钟为宜。

提高耐力素质应着眼于心血管系统机能的提高，间歇锻炼法是比较好的方法。在采用间歇锻炼法时，间歇时间不应超过负荷时间。当获得一定耐力后，必须适当增加运动负荷。

持续锻炼法对增强耐力素质也有明显效果。长时间的匀速持续跑能较好地改善呼吸系统和心血管系统的机能，对神经也有很大的好处。

（四）增强灵敏素质的方法

灵敏素质是指人在复杂、突变的条件下，能快速、准确、灵活、协调地完成动作的能力，是动作技能熟练程度、身体素质和大脑皮层灵活性等多种因素在运动过程中的综合表现。

增强灵敏素质应从培养各种能力入手，如掌握运动的能力、反应能力、平衡能力、观察判断能力、节奏感等，增强灵敏素质应采用多种练习手段和方法。动作技能掌握得越熟练就越灵敏。各项球类活动、体操、技巧、游戏以及一些专门辅助练习，都是增强灵敏素质的有效手段。但灵敏素质的增强有赖于速度素质的发展，因此，应与各项素质的协调发展结合起来进行锻炼。一般可采用以下方法进行。

（1）提高大脑皮质神经过程的灵活性，一般多采用变向跑、闪躲跑以及多种变化条件下跑的练习。如听数跑、听令急起急停等。

（2）提高灵敏性应加强肌肉的力量及关节柔韧性的锻炼，尤其应注意增强爆发力和培养协调性及放松能力。

（3）体操、球类、技巧、摔跤、武术等项目的锻炼，能有效增强灵敏素质。

（五）增强柔韧素质的方法

柔韧素质是指人体的关节活动幅度、肌肉和韧带等软组织的伸展能力。柔韧素质取决于骨的结构、关节周围组织的体积、韧带、肌腱、肌肉、皮肤的伸展和弹性，以及中枢神经的调节等。增强柔韧素质通常采用伸展性练习。其运动形式有两种，即在助力作用下关节活动的运动形式和主动控制肌肉紧张与放松进行关节活动的运动形式。

增强肩部、腿部、臂部和足部的柔韧性，主要手段有压、搬、劈、摆、踢、绷以及绕环等练习。可以徒手、持器械或在器械上进行主动和被动练习。

练习前要充分地做好准备活动，动作幅度要逐渐增大，速度由慢到快，用力由小到大，使肌肉和结缔组织充分拉长，以承受得住“拉痛”为限，并保持一定时间，同时有意识放松对抗肌。要合理安排时间、次数和练习顺序，以防运动损伤。

四、利用自然力锻炼身体的方法

（一）日光浴

日光浴是一种利用日光进行锻炼或防治慢性病的方法。必须按一定顺序和要求，使人体皮肤直接暴露在阳光下进行身体锻炼。

紫外线能刺激人体的造血机能，使血液中红血球增多，促进钙和磷的吸收利用，还能增加皮肤的抵抗能力，杀灭皮肤和空气中的细菌。红外线对人体血液循环、呼吸加深、新陈代谢都有很好的刺激作用。经常坚持日光浴能使人体血管扩张、血流加快、血液循环得到改善，同时增强人体体温的调节能力。

（二）空气浴

空气浴是让皮肤广泛接触新鲜空气，利用气温和气流形成对人体的刺激，通过神经反射作用，改善体温调节能力，从而提高机体的适应能力的一种锻炼身体的方法。

空气对人体的影响是多方面的。新鲜空气中氧气丰富、阴离子浓度高，对身体各个器官、系统，特别是神经系统有良好的刺激作用，可改善血液循环，提高新陈代谢，增强机体的抵抗能力，预防呼吸系统的各种疾病。

使裸露皮肤感到寒冷的临界温度为28℃。因此按空气温度可把空气浴分为三种：20～30℃为热空气浴，15～20℃为凉空气浴，4～15℃为冷空气浴。气温越低对身体的刺激作用越大，锻炼的作用就越明显。但应先从热空气浴开始，逐步向冷空气浴过渡。

（三）冷水浴

冷水浴是利用水的温度、机械和化学作用对人体产生刺激达到锻炼效果的一种锻炼方法。

冷水浴的主要形式有5种。

（1）冷水洗脸和洗足。一般在晨起或临睡前进行。先摩擦发热，再放入冷水中浸泡1～2分钟，擦干保暖即可。

（2）冷水擦浴。最好是在晨练后进行。先从上肢开始，而后胸、腹、背及下肢，一般时间不宜超过2分钟，摩擦使皮肤发红后擦干即可结束。

（3）冷水淋浴。皮肤适应冷水擦浴后，可开始冷水淋浴全身，时间不宜过长，最后以干摩擦结束。

（4）冷水浸浴。在适应了冷水淋浴的基础上，即可进行冷水浸浴。全身浸在冷水中，并用手按摩，帮助皮下血管扩张和静脉血回流，加速血液循环，按摩从末梢部位到大肌群再逐渐到全身。一般时间不宜过长，在出现打寒战前出水、擦干、保暖即可。

（5）冬泳。经过以上各个阶段的锻炼，身体对冷水的适应能力有了一定的基础，而后便可以进行冬泳锻炼。一般说，水温在10℃以下时，游1～2分钟即可，出水后擦干身体和穿衣的动作一定要快，而后进行适当的活动，使身体逐渐暖和起来。

第四节　体育锻炼方法的选择

【教学目标】学会正确地选择锻炼方法进行身体锻炼，达到增强体质、提高体能的目的。

一、体育锻炼方法的选择

（一）依据不同类型体质选择不同的锻炼内容和方法

（1）健康型，是指身体健壮、有较强参加体育锻炼的热情和欲望，并能承受较大的运动负荷者。可根据自己的兴趣选择一两个运动项目作为健身锻炼的手段。如选择球类、田径、举重、游泳、滑冰、健美操等项目。

常用循环锻炼法、重复锻炼法和间歇锻炼法等进行有计划的锻炼。

（2）一般型，是指身体不太健壮但无疾病，体质水平一般者。此类型的人在学生中占大多数。他们往往认为自身无病而缺乏参加体育锻炼的热情和恒心，对于体育锻炼往往流于形式。该类型的人，应选择对增强体质有实效的、形式多样的、能激发参加锻炼兴趣的项目和方法。如球类、武术、健美操、轮滑等项目。

用循环锻炼法、重复锻炼法往往能收到较好的锻炼效果。

（3）体弱型，是指身体虚弱且多病的学生。为增强体质、战胜疾病、增进健康，可根据个人情况，选择慢跑、定量步行、打太极拳等方法进行锻炼。

先用重复锻炼法、循环锻炼法进行力所能及的锻炼，待体质有所增强时再考虑改用其他方法进行锻炼。

（4）肥胖型，是指体重超过正常标准的学生。他们锻炼多为了减肥，因此可以选择小强度的中长距离跑、较长距离的游泳、轮滑、健美操等运动项目。

多采用重复锻炼法、循环锻炼法进行锻炼。

（5）消瘦型，是指体重轻于正常标准的学生。他们希望通过锻炼能使自己更强壮。可选用举重、体操、健美运动等项目进行锻炼。只要长期坚持，并有一定负荷来刺激肌肉，使之横断面增大，就会发展为肌肉发达、身体匀称的健康体型。

多采用重复锻炼法、循环锻炼法进行锻炼。

（二）依季节不同选择不同的锻炼内容和方法

（1）春季锻炼。一年之计在于春，春季科学地进行体育锻炼可以为一年的体育锻炼和身体健康打下基础。经过寒冷的冬季，身体各器官的功能包括肌肉的功能都处于较低水平，肌肉、韧带也较为僵硬，所以开春后进行体育锻炼，主要以加强体内的新陈代谢为主，逐渐提高各器官的机能水平。体育锻炼应以有氧代谢功能的形式为主，运动强度要逐渐增加，运动形式多为长跑、轮滑、自行车、跳绳、爬山、球类等。在春季进行体育锻炼时，要做好准备活动，充分伸展僵硬的韧带，以减少运动损伤。同时，要注意增减衣服，防止感冒。

（2）夏季锻炼。夏季天气炎热，给体育活动带来很大不便，但如果停止体育锻炼又破坏了锻炼的延续性。所以，夏季一定要坚持锻炼，但在锻炼方法和时间的选择上，要做到科学、合理。夏季最理想的锻炼方法之一是游泳，这项运动不仅可以提高身体机能，同时又可防暑解热。夏季较为理想的另一种锻炼方式就是日光浴。另外夏季供人们选择的体育锻炼项目还有慢跑、散步、太极拳、羽毛球、轮滑等。在进行这些项目运动时，最好是在清晨和傍晚时间，选择那些空气新鲜且流通较好的场所进行，运动后要注意补充水分，以防身体脱水和中暑。

（3）秋季锻炼。秋季秋高气爽，是体育锻炼的大好季节。可有选择地进行篮球、排球、足球、长跑、轮滑、武术、自行车等运动。一些冬季锻炼项目，如冬泳、冷水浴、空气浴等，也应该从秋初就开始准备，以便使身体有一定的适应过程。秋季天气变化无常，早晚气温较低，锻炼时要注意适时增减衣服谨防感冒。另外，秋天的天气干燥，锻炼前后要注意适量补充水分，以保持呼吸道的湿润。

（4）冬季锻炼。冬季参加体育锻炼，不仅可以提高身体健康水平，更重要的是可以提高身体的抗寒和对各种疾病的防御能力。冬季体育锻炼的内容非常丰富，一般人可进行长跑、足球、拔河、冬泳等，少年儿童可选择跳绳、踢毽子、跳橡皮筋，老年人可选择慢跑、太极拳、广播体操，有条件的可选择轮滑、滑雪、滑冰等锻炼方式。冬季锻炼时身体机能惰性较大，肌肉组织容易受伤，所以锻炼前要做好充分的准备活动。运动时最好采用鼻吸口呼的方式或口鼻同时呼吸的方式，防止冷空气直接刺激口腔黏膜而发生上呼吸道感染。

二、体育锻炼常识

对大学生来说，体育锻炼的内容，主要就是自我身体锻炼。自我锻炼的主观能动性，自我锻炼的知识获得，自我锻炼的客观持久性，自我锻炼的身心受益，共同构成了大学生体育锻炼的基本内涵。

（一）确定自我身体锻炼的目标

大学生来源的地区差异、个体差异和性别差异，造成了自我身体锻炼目标的复杂和多样性。锻炼目标可分为下述几类。

（1）体弱多病运动能力较差者，自我身体锻炼的主要任务是提高身体的抵抗力和适应力，促进正常生长发育，提高身体的基本活动能力，以满足学习和生活的基本要求。

（2）体质状况与运动能力一般者，自我锻炼的主要目标应确定在达到《国家学生体质健康标准》及格以上的水平。

（3）体质状况与运动能力较好，但缺乏运动基础和经验者，自我身体锻炼的目标确定应该是达到《国家学生体质健康标准》的优秀等级，并从基础开始，进行适宜的专项活动训练。

（4）体质状况与运动能力较好，并具备一定的运动基础与经验者，身体锻炼的目标确定应该是达到国家二级运动员以上的标准，并在校内外运动竞赛中获得较好成绩。

（二）确定自我身体锻炼的内容与方式

（1）早操。对大学生来讲，每天早晨起床后坚持 30 分钟以上的身体锻炼是极其有效的方式，早操的效果主要取决于内容的选择和完成身体练习的负荷量与强度。

（2）健美健身性活动。大学生正处在人体最具生命力与表现力的年龄阶段，丰富的审美追求和情感体验，使其十分崇尚人体的健美，并因此积极参加自我身体锻炼。现代舞蹈、艺术体操、健美运动与健美操、滑冰、游泳等已成为大学生不可缺少的锻炼内容。

（3）娱乐体育。夏日的草地、冬日的雪野，这些地方应是大学生课余时间、节假日进行娱乐和体育活动的最好场所。娱乐性体育是促进身心协调、健康发展的最好方式。

（4）运动康复与医疗体育。如何预防疾病的发生？如何在病愈后尽快康复？这是每一位大学生都会面临并需要解决的问题，更是由于这方面的需要或教训，不断地加深大学生们对运动康复的认识和对医疗体育活动的积极参与，从而对体育锻炼的意义和作用有进一步的认识。

（三）自我身体锻炼应注意的问题

对于学习任务繁重的现代大学生来说，科学合理的身体锻炼不仅能提高身体素质，还可以起到劳逸结合、促使智力水平充分发挥的作用。但是身体锻炼的内容、方式必须得当，因此，应注意以下几个方面的问题。

（1）科学地安排锻炼。科学地安排锻炼，可以使身体得到全面发展，避免伤病的发生，进行锻炼时要因人、因时、因地，科学安排锻炼时间和进度，充分考虑到季节、地区、自然环境等因素对锻炼效果的影响。运动量、运动强度也要由小到大，并在锻炼过程中逐渐积累经验，掌握好适宜的运动量，以达到自我身体锻炼的最佳效果。

（2）避免有碍健康的锻炼方法。不顾人体的生理特点，一味地追求大运动量；不按人体各器官不同的最佳发育期，选择有针对性的运动项目进行锻炼；不注意身体的全面锻炼；扰乱体力和脑力劳动的生物节律；运动没有规律；不注意运动环境和运动卫生；心血来潮，不能善始善终的突发性锻炼等，这些都是有碍健康的锻炼方法，应及时纠正和避免。如果锻炼方法不当，违反了人体发展规律，就会适得其反。

（3）合理安排一天的锻炼。首先应满足每天有 1～2 小时的锻炼时间，并考虑做如下安排。

早晨活动 20～30 分钟，起床后在室外空气新鲜的地方做做操、打打太极拳或慢跑。应该注意的是早晨活动不宜过久，运动量也不宜太大，运动项目不要太多。

下午课外（一般在 16～18 时）是一天中最好的运动时间，可以安排比赛或进行较剧烈的活动。运动量以不过度疲劳为宜，这对消除一天的学习疲劳，增进健康是大有裨益的。

晚饭后、睡觉前应避免剧烈活动。

（4）加强体育锻炼更显重要。大学生一般都是静坐教室、实验室，处于低头、弯腰的身体状态。如不能充分、合理地参加体育锻炼，往往会引起多种疾病，如供血不足、神经衰弱、胸腔狭窄、心脏疾病、便秘、肾下垂等。因此大学生必须充分认识经常参加体育锻炼可以使心肺和肠胃的功能得到良好的锻炼，使人精力充沛的道理。更应认识到身体锻炼是一种积极的休息，进行身体锻炼时，控制肌肉活动的神经细胞处于兴奋状态，而思考问题的神经细胞处于抑制状态，因此，可以得到很好的休息。

（5）患病后不宜长跑锻炼。长跑对人的心脏功能要求比较高，长跑时脉搏可达 130～200 次/分钟，动脉收缩压可升到 150～200 mmHg，呼吸可达 36 次/分钟左右。因此，患心脏病、肝脏和肾脏等疾病的人，在急性期内都不宜进行长跑锻炼。此外，感冒或扁桃体发炎的病人也不宜长跑锻炼，否则对恢复健康不利。

（四）身体锻炼效果的自我评价

1. 对照评定法

对照评定法是把锻炼前后能够反映体质状况的内容与项目进行对比，观察身体锻炼对促进人体健康、增强体质效果的评定方法。要求锻炼者在每一阶段锻炼开始前，先测定本人体质指标作为评定的基础数据，在每一阶段结束后，重新进行一次测定，同测得的前期数据对照，进行评定。

下面介绍几种利用生理指数进行评定的方法。

（1）体重身高指数（又称“克托莱指数”）

计算公式为：评定指数=体重（克）÷身高（厘米）

计算出的结果是无单位的绝对值。

评定标准：男子 360，女子 350 为正常。若男子超过 450、女子超过 420 为肥胖；低于 300 则为瘦弱。

（2）肺活量指数

计算公式为：评价指数=肺活量（毫升）÷体重（千克）

评价标准：男子为 60，女子为 50。若低于此标准为呼吸功能较差。

2. 综合评定法

它是全面检查与评定体质状况和锻炼效果的一种方法。采用综合评定法评定锻炼效果时，主要从身体形态、机能、身体素质、精神状态、食欲、睡眠、对自然环境的适应能力、健康状况、克服疲劳的能力、思维活动、心理承受能力等多方面进行综合性评价。一般需要定量和定性分析相结合。如形态发育水平、心肺功能、呼吸系统机能、身体素质等可以用客观标准进行定量分析，但其他的内容只能用主观感觉和经验来判断、分析和评价。

思考题

1. 体育锻炼应遵循哪些基本原则？
2. 体育锻炼有哪些方法？怎样正确选择锻炼方法？
3. 进行自然力锻炼有哪些益处？
4. 怎样进行身体锻炼效果的自我评价？

第3章

体育锻炼的卫生与体质健康评价

【要点提示】体育锻炼的营养与医务监督；运动中常见的生理反应；运动损伤的预防与处置；身体形态与技能的评价；学生健康评价标准简介。

第一节　体育锻炼的营养与医务监督

【教学目标】了解合理摄取营养的意义，养成良好的饮食卫生习惯，了解体育锻炼与营养的关系，提高身体健康水平。了解医务监督的意义及自我监督的内容和方法。

一、合理摄取营养的意义

人体的生长发育离不开营养。青年人代谢旺盛，精力充沛，活动量大，各种营养物质的需求量也大，如不及时补充，可导致营养缺乏，有害身体健康。

二、体育锻炼与营养

在影响人体生长、发育的诸多因素中，营养和体育锻炼起着至关重要的作用。营养是构成机体组织的物质基础，体育锻炼可以增强机体活动的能力，二者科学、合理匹配，可以更有效地促进身体的生长、发育，提高健康水平。

在进行体育锻炼时应注意以下问题。

（一）要有足够的进食量

一般情况下，青年学生每日需要的总热量为 11 715.2～12 552 千焦，其中主食可提供 7 531 千焦左右的热量，其余的热量需从豆、肉、蛋、蔬菜、食物油等副食品中补充。因此，应按时定量进食，并注意营养素的搭配。

（二）重视蛋白质的补充

蛋白质中含有 20 多种氨基酸，其中 8 种人体必需的氨基酸在体内无法合成，需要从每日的膳食中摄取。因此，膳食中要注意补充一些肉类、家禽、蛋、鱼、奶及豆类制品等，以增加体内蛋白质的含量。

知识窗

蛋白质的基本单位

蛋白质结构复杂，其基本组成单位是氨基酸。在自然界中已发现的天然氨基酸有 280 余种，但绝大多数是非蛋白质氨基酸，参与蛋白质组成的基本氨基酸只有 20 种。其中 8 种氨基酸人体不能自行合成，必须从外界摄取以满足营养的需要，成为必需氨基酸。人体必需的氨基酸为赖氨酸、色氨酸、苯丙氨酸、蛋氨酸、苏氨酸、异亮氨酸、亮氨酸、缬氨酸，儿童必需的氨基酸还包括组氨酸。非必需氨基酸人体同样需要，只是体内可以合成，并非从外界摄取。

（三）营养成分要全面

日常生活中的任何一种食物，所含的营养成分都不可能十分全面。例如，谷物主要提供糖类；肉禽类等主要提供蛋白质与脂肪，而蔬菜与水果是维生素、无机盐的主要来源。只有各种食物合理搭配，才能实现营养成分互补，满足机体的需要。

（四）养成良好的饮食卫生习惯

盲目节食、偏食，追求高蛋白、高脂肪饮食，有时暴饮暴食，有时忍饥挨饿，偏爱营养补品等，都会导致营养摄取的不平衡，体内的营养物质也随之越来越匮乏，进而机体代谢功能失去平衡，产生多种疾病。因此，一定要养成良好的饮食卫生习惯，根据自身体质状况科学、合理地进食，并采用科学的方法监测和指导。

三、营养平衡的基本原则

（一）保持三大营养成分供热的最佳比例

每日饮食中营养成分所提供热量最佳比例为：50%的热量来自碳水化合物，20%来自蛋白质，30%来自脂肪。这条原则简称为 50∶20∶30 最佳热量来源比例原则。

知识窗

中国人的营养问题

中国运动营养学会在对我国大量的健身人群进行营养调查后发现，我国目前的健身人群普遍存在着不少营养问题。主要表现在以下几个方面。

（1）糖类和蛋白质摄入不足，脂肪摄入严重超标。

（2）运动过程中水和电解质的补充不够或合理，运动能力受影响。

（3）维生素和微量元素的补充经常被忽视，导致多种维生素和微量元素摄入不足。

（4）很少使用抗氧化营养品，导致身体内自由基积累，影响机体免疫力。

（5）钙的补充不够，骨钙流失严重。

（二）合理安排一日三餐

（1）早餐：热能摄入占全天的 25%～30%，蛋白质、脂肪食物应多一些。不吃早餐或者早餐热能摄入量偏低，既影响健康，又影响学习。

（2）午餐：热能摄入占全天的 40%，糖、蛋白质和脂肪的摄入均应增加。

（3）晚餐：热能摄入占全天的 30%～35%，可多吃些谷类、蔬菜和易消化的食物，富含蛋白质、脂肪和较难消化的食物应少吃，否则会影响睡眠。

四、食物要力求多样化

任何一种食物都不能包含机体所需要的全部营养物质，为了保证营养充足、均衡，进食食物要力求多样化，绝不能偏食。

五、医务监督的意义

医务监督是指以医学为内容，指导人们科学合理地进行体育锻炼，促进练习者的身体发育，预防运动性疾病，增进健康的医疗手段。

体育锻炼中实施医务监督，可以使体育运动参加者在体育运动过程中对自己身体的健康和功能状况进行自我观察，并为科学、合理地安排体育锻炼的内容、运动负荷提供重要的依据和参考。

六、体育锻炼自我监督的内容和方法

体育锻炼自我监督的内容主要包括主观感觉和客观检查两个方面。

（一）主观感觉

主观感觉包括身体感觉、运动情绪、睡眠、食欲、排汗量、排尿量等。人的主观感觉是人体功能状况的直接反映。健康并能科学进行体育锻炼的人，总是精力充沛、心情愉快、睡眠正常、食欲良好。反之，则应调整自己的锻炼内容和方法。

（二）客观检查

客观检查包括生理指标、运动成绩和其他伤病情况。生理指标包括脉搏、体重、肺活量。运动成绩包括身体素质和专项运动成绩等。

每个人在锻炼后所呈现出的各种生理反应和自我感觉都是不同的。因此，应根据各自的不同状况，在综合分析的基础上，做出正确的判断，以便更科学地进行体育锻炼。

第二节　运动中常见的生理反应

【教学目标】了解运动中常见的生理反应和一些运动性疾病的知识，掌握处置方法。

运动使人体生理活动过程的有序性受到暂时破坏，从而常常出现某种生理反应，简称“运动生理反应”。

一、肌肉酸痛

在一次运动量较大的锻炼以后，或是隔了很长时间未锻炼又开始锻炼之后，往往会出现肌肉酸痛。这种酸痛不是发生在运动结束后即刻，而是发生在运动结束 1～2 天以后，因此也称为肌肉延迟性疼痛。其原因是运动时肌肉活动量大，引起局部肌纤维及结缔组织的细微损伤，以及部分肌纤维的痉挛。

处置方法：对酸痛的局部肌肉进行热敷按摩，有助于损伤组织的修复及痉挛的缓解；口服维生素 C 以促进结缔组织中胶原的合成，有助加速受损伤结缔组织的修复，从而减轻和缓解酸痛；针灸、电疗等手段对缓解疼痛也有一定作用。

二、肌肉痉挛

肌肉痉挛俗称抽筋，是肌肉不自主地强直收缩，变得坚硬。运动中最容易发生痉挛的肌肉是小腿腓肠肌，其次是足屈拇肌和屈趾肌等。

处置方法：对痉挛部位的肌肉做牵引。例如腓肠肌痉挛时，可伸直膝关节，并使足背屈，配合按摩、揉捏、叩打以及点压委中、承山、涌泉穴等，以促使痉挛缓解和消失。

三、极点和第二次呼吸

（一）极点

在剧烈运动时，由于在运动开始阶段内脏器官的活动赶不上运动器官的需要，往往产生一种非常难受的感觉，出现呼吸困难、胸闷难忍、下肢沉重、动作不协调、恶心呕吐等现象，这在运动生理学上称为“极点”。

（二）第二次呼吸

“极点”出现后，适当减缓运动速度，并注意加深呼吸，坚持下去，上述生理反应就会得到缓解。随后呼吸变得均匀和深长，动作又重新感到轻松，一切不适的感觉消失。这种现象，标志着“极点”已经克服，运动生理学上称为“第二次呼吸”。

处置方法："极点"与"第二次呼吸"是运动中常见的生理现象，无需疑虑和恐惧，只要坚持经常锻炼和处理得当，"极点"现象是可以延缓和减轻的。

四、运动中腹痛

腹痛多在中长跑时发生。有人因为准备活动不充分，运动时过于剧烈，内脏器官功能尚未进入竞技状态，致使脏腑功能失调，引起腹痛；也有人因为运动前吃得过饱，饮水过多，以及腹部受凉，引起胃痉挛；少数人因肝脾淤血，膈肌运动异常，致使两肋部胀痛。

处置方法：一般可采用减慢速度、加深呼吸、按压疼痛部位或弯腰跑一段等方法处理，疼痛就可减轻或消失。如疼痛仍不减轻，甚至加重，就应停止运动，请医生处理。

知识窗

为什么运动后会出现手颤、肉跳的现象

人体神经系统兴奋和抑制是相互对抗、相互转换和相互影响的。人体肌肉是由神经支配的，当神经细胞兴奋时肌肉就会收缩，当神经细胞转为抑制时，肌肉就舒张。

机体运动时，神经系统兴奋占优势，支配肌肉的神经细胞向细胞发放兴奋冲动。而运动停止后，神经细胞由兴奋状态不能立即转变为抑制状态，在兴奋和抑制的相互作用中，神经细胞仍会发放兴奋冲动到所支配的肌肉中去，但此时发放的冲动在强度和量上均低于运动时。所以，运动停止后会出现手颤肉跳的现象。这是正常的生理现象，休息一会儿就会好了。

第三节　运动损伤的预防与处置

【教学目标】了解运动损伤发生的原因；掌握运动损伤的预防原理及方法；学会简单的处置方法。

在体育运动过程中所发生的各种损伤统称为运动损伤。运动损伤的发生与运动项目、训练安排、运动环境、运动者的自身条件以及技术动作有密切关系。运动损伤的发生往往会使锻炼者的身心都受到一定的损害，因此，应采取一些预防措施，使体育锻炼健康安全而富有成效。

一、运动损伤的预防重点

在学校体育课教学和课外活动中，要特别注意急性损伤的预防。同时，也要注意合理安排运动量，以防发生劳损，特别是腱与骨相接部分的劳损和骨组织的劳损。此外，学生锻炼时关节扭伤的发生率也较高。因此，在进行球类和疾跑类运动项目时应注意手指及足踝关节的活动。

二、运动损伤的预防原则

在体育锻炼中运动损伤的预防应做好以下几个方面的工作。

（一）思想上重视预防运动损伤

要从思想上对运动损伤的预防给予重视，并遵守体育锻炼的一般原则，加强身体的全面锻炼，提高机体对运动的适应能力。

（二）调节身体使之处于良好的运动状态

1. 锻炼前应做好充分的准备活动

准备活动的目的是提高中枢神经系统的兴奋性，使它达到适宜的水平，并加强各器官系统活动，克服各种功能惰性（特别是植物性神经的功能惰性）。通过全身各关节肌肉的活动加速血液循环，使肌肉得到充足的血液供应，为大强度运动做好充分的准备。

2. 锻炼后应注意放松活动

放松活动是指在锻炼后通过放松方法使体温、心率、呼吸、肌肉的应激反应恢复到锻炼前的正常水平。从预防损伤的角度来看，这同锻炼前的准备活动一样重要。

3. 自我保护和监督

锻炼者除了认真做好准备活动和放松活动外，也应了解和懂得简单的处理锻炼后肌肉酸痛、关节不适等生理反应的方法。同时锻炼中应密切注意自己的身体反应，及早发现运动损伤的早期症状，以便于早发现、早治疗、早康复。

4. 注意科学锻炼

科学锻炼应包括全面性、渐进性、差异性、经常性、意识性5个方面，前三个方面对预防损伤较为重要。

全面性是指锻炼者应对体能进行全面训练，而不是单纯针对某一特定动作的练习。

渐进性是指锻炼者应逐步提高运动负荷和增加锻炼时间，以防机体一时不能适应而导致运动损伤。

差异性是指锻炼时必须因人而异。

知识窗

运动健身后的四大禁忌

（1）不能立即休息

（2）不可马上淋浴

（3）不宜大量吃糖

（4）不能饮酒解乏

5. 加强易伤部位锻炼

循序渐进地加强易伤部位和相对较弱部位的训练，提高它们的功能，是预防运动损伤的一种积极手段。

6. 创造锻炼的安全环境

体育器械、设备、场地、运动衣着等方面，在锻炼前都应进行严格的安全检查。禁止穿着不合适的服装和鞋子参加运动。

三、常见运动损伤的处置

（一）软组织损伤

这类损伤可分为开放性损伤和闭合性损伤两类。前者有擦伤、刺伤、撕裂伤等，后者有挫伤、肌肉拉伤、肌腱腱鞘炎等。

1. 擦伤

原因与症状：因运动时皮肤受搓致伤。如跑步时摔倒，体操运动时身体擦磨器械受伤，擦伤后皮肤出血或组织液渗出。

处置：小面积擦伤，用红药水涂抹伤口即可；大面积擦伤，先用生理盐水洗净，后涂抹红药水，再用消毒布覆盖，最后用纱布包扎。

2. 撕裂伤

原因与症状：在剧烈、紧张运动时，受到突然强烈撞击，造成肌肉撕裂，其中包括开放伤和闭合伤两种。常见有眉际撕裂、跟腱撕裂等。开放伤会顿时出血，周围肿胀；闭合伤触及时有凹陷感和剧烈疼痛。

处置：轻度开放伤，用红药水涂抹伤口即可；裂口大时，则需止血和缝合伤口，必要时注射破伤风抗毒血清，以防破伤风症，如肌腱断裂，则需手术缝合。

知识窗

运动损伤后的四大禁忌

运动损伤包括扭伤、拉伤、刮伤等，在处理上有四大禁忌。

（1）热敷，在撞伤或扭伤后，切忌用热敷，因为伤处的血液流通不顺畅，如果过早进行热敷，会加剧出血的程度，加重肿胀。

（2）饮酒，受伤后避免饮酒。酒精会加速血液循环，伤处的血液处于滞流的时候，如果太多外来的血液涌入，会使肿胀恶化。

（3）运动，创伤后要好好休息，如果再运动，创痛会加剧。

（4）按摩，受伤后切忌搓揉、按摩受伤之处。

3. 肌肉拉伤

原因与症状：通常在外力直接或间接作用下，使肌肉过度主动收缩或被拉长时引起肌肉拉伤。特别是准备活动不充分，动作不协调以及肌肉弹性、伸展性、肌力差者更易拉伤。损伤后伤处肿胀、压痛、肌肉痉挛，触诊时可摸到硬块。严重的肌肉拉伤是肌肉撕裂。

处置：轻者可即刻冷敷，局部加压包扎，抬高患肢。24 小时后可施行按摩或理疗。如果肌肉已大部分或完全断裂，在加压包扎急救后，立即送医院手术治疗。

（二）关节、韧带扭伤

1. 肩关节扭伤

原因与症状：一般因肩关节用力过猛以及反复劳损所致，也有因技术错误，违反解剖学原理而造成损伤。如投掷、排球扣球和大力发球时常出现这类损伤。其症状有压痛、疼痛，急性期会出现肿胀，慢性期三角肌可能出现萎缩，肩关节活动受限。

处置：单纯韧带扭伤，可冷敷、加压包扎。24 小时后可采用理疗、按摩和针灸治疗。出现韧带断裂时，应立即送医院缝合和固定处理。当肩关节肿胀和疼痛减轻后，可适当施行功能性锻炼，但不宜早活动以防转入慢性。

2. 踝关节扭伤

原因与症状：运动中跳起落地时失去平衡，使踝关节过度内翻或外翻致伤。在准备活动不充分、场地不平坦的情况下，更易造成这类损伤。主要症状为伤处疼痛、肿胀，韧带损伤处明显的压痛，皮下淤血。

处置：受伤后，应立即冷敷，用绷带固定包扎，并抬高伤肢。24 小时后，根据伤情采取综合治疗，如外敷伤药、理疗、按摩等。必要时做封闭治疗。待伤情好转后，施行功能性练习。对重者，可用石膏固定。

3. 急性腰扭伤

原因与症状：运动时，身体重心不稳定或肌肉收缩不协调，引起腰部扭伤。多数因腰部受力过重，或脊柱运动时超过了正常生理范围。例如：挺身式跳远中，展体过大；举重上挺时，过分挺胸塌腰；跳水时，下肢后摆过大，都有可能造成腰部扭伤。

处置：腰部急性扭伤后，让患者平卧，一般不应立即活动。如果剧烈疼痛，则用担架抬送医院诊治。处理后，应卧硬板床或腰部垫一枕头，使肌肉韧带处于放松状态。可针灸、外敷伤药或按摩。

（三）骨折

原因与症状：运动中，身体某部位受到直接或间接的暴力撞击时，造成骨折。例如在踢足球时，小腿被踢，造成胫骨骨折；摔倒时手臂直接撑地引起尺骨或桡骨骨折等。骨折是比较严重的损伤，但发病率很低，骨折分不完全性骨折和完全性骨折两种。常见的骨折有肱骨骨折、前臂骨骨折、手骨骨折、大腿骨骨折等。骨折发生后，患处立即出现肿胀，皮上瘀血，有剧烈疼痛（活动时加剧），肢体失去正常功能，肌肉产生痉挛，有时骨折部位发生变形，移动时可听到骨摩擦声。严重骨折时，伴有出血和神经损伤、发烧、口渴，直至休克等全身性症状。

处置：若出现休克时，应先进行处理，即点按人中穴，并进行口对口人工呼吸或心脏胸外按摩；若伴有伤口出血，应同时实施止血和包扎。骨折后勿移动患肢，应用夹板或其他代用品固定伤肢，及时送医院检查和治疗。

第四节　大学生体质健康评价

【教学目标】了解身体的匀称度，关注身体形态和肥胖状况。了解机能状况，提高机能水平。充分认识全面发展身体素质的重要性。提高心理健康的自我评价能力。了解《国家学生体质健康标准》的评价内容、方法、指标和得分，确立自己的健康目标。

一、运动身体形态的评价（身高标准体重）

（一）测试目的

测试学生身高，与体重测试相配合，评定学生的身体匀称度，评价学生生长发育的水平及营养状况。

（二）场地器材

身高测量计。使用前应校对 0 点，以钢尺测量基准板平面至立柱前面红色刻线的高度是否为 10.0 厘米，误差不得大于 0.1 厘米。同时应检查立柱是否垂直，连接处是否紧密，有无晃动，零件有无松脱等情况，并及时加以纠正。

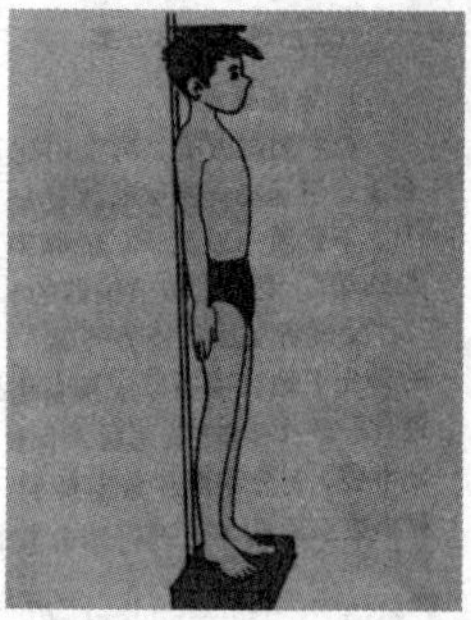

图 3–1

（三）测试方法

受试者赤足，立正姿势站在身高计的底板上（上肢自然下垂，足跟并拢，足尖分开成 60 度角）。足跟、骶骨部及两肩胛区与立柱相接触，躯干自然挺直，头部正直，耳屏上缘与眼眶下缘呈水平位（见图 3-1）。测试人员站在受试者右侧，将水平压板轻轻沿立柱下滑，轻压于受试者头顶。测试人员读数时双眼应与压板水平面等高进行读数，记录员复述后进行记录。以厘米为单位，精确到小数点后一位。测试误差不得超过 0.5 厘米。

（四）注意事项

（1）身高计应选择平坦靠墙的地方放置，立柱的刻度尺应面向光源。

（2）严格掌握“三点靠立柱”、“两点呈水平”的测量姿势要求，测试人员读数时两眼一定与压板等高，两眼高于压板时要下蹲，低于压板时应垫高。

（3）水平压板与头部接触时，松紧要适度，头发蓬松者要压实，头顶的发辫、发结要放开，饰物要取下。

（4）读数完毕，立即将水平压板轻轻推向安全高度，以防碰坏。

（5）测量身高前，受试者应避免进行剧烈体育活动和体力劳动。评价该指标时，身高的单位为厘米，测试时保留一位小数，体重的单位为千克，测试时保留 1 位小数，然后用测试值直接查表评分（评价标准见表 3-1、表 3-2）。

表 3-1　大学男生身高标准体重（体重单位：千克）

（身高在 165～190 厘米）

身高段（厘米）	营养不良 50 分	较低体重 60 分	正常体重 100 分	超重 50 分	肥胖 60 分
165～165.9	<46.5	46.5～53.5	53.6～64.0	64.1～66.5	≥66.6
166～166.9	<47.1	47.1～57.0	57.1～64.7	64.8～67.2	≥67.3
167～167.9	<48.0	48.0～57.8	57.9～65.6	65.7～68.2	≥68.3

续表

身高段（厘米）	营养不良 50 分	较低体重 60 分	正常体重 100 分	超重 50 分	肥胖 60 分
168 ~ 168.9	<48.7	48.7 ~ 58.5	58.6 ~ 66.3	66.4 ~ 68.9	≥69.0
169 ~ 169.9	<49.3	49.3 ~ 59.2	59.3 ~ 67.0	67.1 ~ 69.6	≥69.7
170 ~ 170.9	<50.1	50.1 ~ 60.0	60.1 ~ 67.8	67.9 ~ 70.4	≥70.5
171 ~ 171.9	<50.7	50.7 ~ 60.6	60.7 ~ 68.8	68.9 ~ 71.2	≥71.3
172 ~ 172.9	<51.4	51.4 ~ 61.5	61.6 ~ 69.5	69.6 ~ 72.1	≥72.2
173 ~ 173.9	<52.1	52.1 ~ 62.2	62.3 ~ 70.3	70.4 ~ 73.0	≥73.1
174 ~ 174.9	<52.9	52.9 ~ 63.0	63.1 ~ 71.3	71.4 ~ 74.0	≥74.1
175 ~ 175.9	<53.7	53.7 ~ 63.8	63.9 ~ 72.2	72.3 ~ 75.0	≥75.1
176 ~ 176.9	<54.4	54.4 ~ 64.5	64.6 ~ 73.1	73.2 ~ 75.9	≥76.0
177 ~ 177.9	<55.2	55.2 ~ 65.2	65.3 ~ 73.9	74.0 ~ 76.8	≥76.9
178 ~ 178.9	<55.7	55.7 ~ 66.0	66.1 ~ 74.9	75.0 ~ 77.8	≥77.9
179 ~ 179.9	<56.4	56.4 ~ 66.7	66.8 ~ 75.7	75.8 ~ 78.7	≥78.8
180 ~ 180.9	<57.1	57.1 ~ 67.4	67.5 ~ 76.4	76.5 ~ 79.4	≥79.5
181 ~ 181.9	<57.7	57.7 ~ 68.1	68.2 ~ 77.4	77.5 ~ 80.6	≥80.7
182 ~ 182.9	<58.5	58.5 ~ 68.9	69.0 ~ 78.5	78.6 ~ 81.7	≥81.8
183 ~ 183.9	<59.2	59.2 ~ 69.6	69.7 ~ 79.4	79.5 ~ 82.6	≥82.7
184 ~ 184.9	<60.0	60.0 ~ 70.4	70.5 ~ 80.3	80.4 ~ 83.6	≥83.7
185 ~ 185.9	<60.8	60.8 ~ 71.2	71.3 ~ 81.3	81.4 ~ 84.6	≥84.7
186 ~ 186.9	<61.5	61.5 ~ 72.0	72.1 ~ 82.2	82.3 ~ 85.6	≥85.7
187 ~ 187.9	<62.3	62.3 ~ 72.9	73.0 ~ 83.3	83.4 ~ 86.7	≥86.8
188 ~ 188.9	<63.0	63.0 ~ 73.7	73.8 ~ 84.2	84.3 ~ 87.7	≥87.8
189 ~ 189.9	<63.9	63.9 ~ 74.5	73.6 ~ 85.0	85.1 ~ 88.5	≥88.6
190 ~ 190.9	<64.4	64.6 ~ 75.4	75.5 ~ 86.2	86.3 ~ 89.8	≥89.9

表 3-2　大学女生身高标准体重（体重单位：千克）

（身高在 150～178 厘米）

身高段（厘米）	营养不良 50 分	较低体重 60 分	正常体重 100 分	超重 60 分	肥胖 50 分
150 ~ 150.9	<39.9	39.9 ~ 46.6	46.7 ~ 56.2	56.3 ~ 59.3	≥59.4
151 ~ 151.9	<40.3	40.3 ~ 47.1	47.2 ~ 56.7	56.8 ~ 59.8	≥59.9
152 ~ 152.9	<40.8	40.8 ~ 47.6	47.7 ~ 57.4	57.5 ~ 60.5	≥60.6
153 ~ 153.9	<41.4	41.4 ~ 48.2	48.3 ~ 57.9	58.0 ~ 61.1	≥61.2
154 ~ 154.9	<41.9	41.9 ~ 48.8	48.9 ~ 58.6	58.7 ~ 61.9	≥62.0
155 ~ 155.9	<42.3	423 ~ 49.1	49.2 ~ 59.1	59.2 ~ 62.4	≥62.5
156 ~ 156.9	<42.9	42.9 ~ 49.7	49.8 ~ 59.7	59.8 ~ 63.0	≥63.1
157 ~ 157.9	<43.5	43.5 ~ 50.3	50.4 ~ 60.4	60.5 ~ 63.6	≥63.7
158 ~ 158.9	<44.0	44.0 ~ 50.8	50.9 ~ 61.2	61.3 ~ 64.5	≥64.6
159 ~ 159.9	<44.5	44.5 ~ 51.4	51.5 ~ 61.7	61.8 ~ 65.1	≥65.2
160 ~ 160.9	<45.0	45.0 ~ 52.1	52.2 ~ 62.3	62.4 ~ 65.6	≥65.7
161 ~ 161.9	<45.4	45.4 ~ 52.5	52.6 ~ 62.8	62.9 ~ 66.2	≥66.3

续表

身高段（厘米）	营养不良 50分	较低体重 60分	正常体重 100分	超重 60分	肥胖 50分
162～162.9	<45.9	45.9～53.1	53.2～63.4	63.5～66.8	≥66.9
163～163.9	<46.4	46.4～53.6	53.7～63.9	64.0～67.3	≥67.4
164～164.9	<46.8	46.8～54.2	54.3～64.5	64.6～67.9	≥68.0
165～165.9	<47.4	47.4～54.8	54.9～65.0	65.1～68.3	≥68.4
166～166.9	<48.0	48.0～55.4	55.5～65.5	65.6～68.9	≥69.0
167～167.9	<48.5	48.5～56.0	56.1～66.2	66.3～69.5	≥69.6
168～168.9	<49.0	49.0～56.4	56.5～66.7	66.8～70.1	≥70.2
169～169.9	<49.4	49.4～56.8	56.9～67.3	67.4～70.7	≥70.8
170～170.9	<49.9	49.9～57.3	57.4～67.9	68.0～71.4	≥71.5
171～171.9	<50.2	50.2～57.8	57.9～68.5	68.6～72.1	≥72.2
172～172.9	<50.7	50.7～58.4	58.8～69.1	69.2～72.7	≥72.8
173～173.9	<51.0	51.0～58.8	58.9～69.6	69.7～73.1	≥73.2
174～174.9	<51.3	51.3～59.3	59.4～70.2	70.3～73.6	≥73.7
175～175.9	<51.9	51.9～59.9	60.0～70.8	70.9～74.4	≥74.5
176～176.9	<52.4	52.4～60.4	60.5～71.5	71.6～75.1	≥75.2
177～177.9	<52.8	52.8～61.0	61.1～72.1	72.2～75.7	≥75.8
178～178.9	<53.2	53.2～61.5	61.6～72.6	72.7～76.2	≥76.3

注：身高低于表中所列出的最低身高段的下限值时，身高每低1厘米，实测体重需加上0.5千克，实测身高需加上1厘米再查表确定分值。身高高于表中所列出的最高身高段时，身高每高1厘米，其实测体重需减去0.9千克，实测身高需减去1厘米，再查表确定分值。

二、身体机能的评价（肺活量、肺活量体重指数）

肺活量是反映人体生长发育水平的重要机能指标之一，肺活量的大小与性别、年龄、身高、体重、胸围的关系密切，在同年龄同性别的被试者中，影响测试结果最显著的因素是体重，故采用肺活量体重指数来进行评价。

肺活量体重指数=肺活量 ÷ 体重

（一）测试目的

测试学生的肺通气功能。

（二）场地器材

电子肺活量计。

（三）测试方法

房间通风良好；使用干燥的一次性口嘴（非一次性口嘴，则每换测试对象需消毒一次，每测一人时将口嘴向下倒出唾液并注意消毒后必须使其干燥）。肺活量计主机放置平稳桌面上，检查电源线及接口是否牢固，按工作键，液晶屏显示“0”即表示机器进入工作状态，预热5分钟后测试为佳。

告知受试者不必紧张，并且要尽全力，以中等速度和力度吹气效果最好。令被测试者面对仪器站立、手持吹气口嘴，面对肺活量计站立试吹1～2次，首先看仪表有无反应，还要试口嘴或鼻处是否漏气，调整口嘴和鼻夹（或自已捏鼻孔）；学会深吸气（避免耸肩提气，应该像闻花似的慢吸气）。受试者进行一两次较平日深一些的呼吸动作后，更深地吸一口气，屏住气向口嘴处慢慢呼出至不能再呼为止，防止此时从口嘴处吸气，测试中不得中途二次吸气。吹气完毕后，液晶屏上最终显示的数字即为肺活量毫升值。每位受试者测三次，每次间隔15秒，记录三次数值，选取最大值作为测试结果。以毫升为单位，不保留小数。

（四）注意事项

（1）电子肺活量计的计量部位的通畅和干燥是仪器准确的关键，吹气筒的导管必须在上方，以免口水或杂物堵住气道。

（2）每测试 10 人及测试完毕后用干棉球及时清理和擦干气筒内部。严禁用水、酒精等任何液体冲洗气筒内部。

（3）导气管存放时不能弯折。

（4）定期校对仪器。

（五）评价标准

如表 3-3、表 3-4 所示，计算肺活量体重指数时，肺活量的单位为毫升，测试时保留整数；体重的单位为 kg，测试时保留 1 位小数，计算出指数后，舍去小数，用整数查表评分。例如肺活量指数为 58.6，按 58 查表。

三、身体素质的评价

身体素质的评价内容包括 1 000 米跑（男）、800 米跑（女）、50 米跑、立定跳远、坐位体前屈、引体向上（男）、仰卧起坐（女）等。

（一）50 米跑

1. 测试目的

测试学生速度、灵敏素质及神经系统灵活性的发展水平。

2. 场地器材

50 米直线跑道若干条，地面平坦，地质不限，跑道线要清楚。发令旗一面，口哨一个，秒表若干块（一道一表）。秒表使用前，应用标准秒表校正，每分钟误差不得超过 0.2 秒。标准秒表选定以北京时间为准，每小时误差不超过 0.3 秒。

3. 测试方法

受试者至少两个人一组测试。站立起跑，受试者听到“跑”的口令后开始起跑。发令员在发出口令同时要摆动发令旗。计时员视旗动开表计时，受试者躯干部到达终点线的垂直面停表。以秒为单位记录测试成绩，精确到小数点后一位，小数点后第二位数按非零进 1 原则进位，如 10.11 秒读成 10.2 秒并记录。

4. 注意事项

（1）受试者测试最好穿运动鞋或平底布鞋，赤足也可。但不得穿钉鞋、皮鞋、塑料凉鞋。

（2）发现有抢跑者，要当即召回重跑。

（3）如遇风时一律顺风跑。

5. 评价标准见表 3-3、表 3-4。

（二）800 米或 1 000 米跑

1. 测试目的

测试学生耐力素质的发展水平，特别是心血管呼吸系统的机能及肌肉耐力。

2. 场地器材

400 米、300 米、200 米田径场跑道，地质不限。也可使用其他不规则场地，但必须丈量准确，地面平坦。秒表若干块，使用前需要校正，要求同 50 米跑测试。

3. 测试方法

受试者至少两个人一组进行测试，站立式起跑。当听到“跑”的口令后开始起跑。计时员看到旗动开表计时，当受试者的躯干部到达终点线垂直面时停表。以分、秒为单位记录测试成绩，不计小数。

4. 注意事项

（1）如果在非 400 米标准场地上进行测试，测试人员应向受试者报告剩余圈数，以免跑错距离。

（2）测试人员应告知受试者在跑完后应继续缓慢走动，不要立刻停下，以免发生意外。

（3）受试者不得穿皮鞋、塑料凉鞋、钉鞋参加测试。

（4）对分、秒进行换算时要细心，防止差错。

5. 评价标准见表 3-3、表 3-4。

（三）立定跳远

1. 测试目的

测试学生下肢爆发力及身体协调能力的发展水平。

2. 场地器材

沙坑、丈量尺。沙面应与地面平齐，如无沙坑，可在土质松软的平地上进行。起跳线至沙坑近端不得少于 30 厘米。起跳地面要平坦，不得有坑凹。

3. 测试方法

受试者两脚自然分开站立，站在起跳线后，脚尖不得踩线（最好用线绳做起跳线）。两脚原地同时起跳，不得有垫步或连跳动作。丈量起跳线后缘至最近着地点的垂直距离。每人试跳三次，记录其中成绩最好一次。以厘米为单位，不计小数。

4. 注意事项

（1）发现犯规时，此次成绩无效。三次试跳均无成绩者，应允许再跳，直至取得成绩为止。

（2）可以赤足，但不得穿钉鞋、皮鞋、塑料凉鞋参加测试。

5. 评价标准见表 3-3、表 3-4。

（四）引体向上

1. 测试目的

测试学生上肢肌肉力量的发展水平。

2. 场地器材

高单杠或高横杠，杠粗以手能握住为准。

3. 测试方法

受试者跳起双手正握杠，两手与肩同宽成直臂悬垂。静止后，两臂同时用力引体（身体不能有附加动作），上拉到下颌超过横杠上缘为完成一次。记录引体次数。

4. 注意事项

（1）受试者应双手正握单杠，待身体静止后开始测试。

（2）引体向上时，身体不得做大的摆动，也不得借助其他附加动作撑起。

（3）两次引体向上的间隔时间超过 10 秒停止测试。

5. 评价标准见表 3-3、表 3-4。

（五）坐位体前屈

1. 测试目的

测量学生在静止状态下的躯干、腰、髋等关节可能达到的活动幅度，主要反映这些部位的关节、韧带和肌肉的伸展性和弹性及学生身体柔韧素质的发展水平。

2. 场地器材

坐位体前屈测试计。

3. 测试方法

图 3-2

受试者两腿伸直，两脚平蹬测试纵板坐在平地上，两脚分开 10～15 厘米，上体前屈，两臂伸直前，用两手中指尖逐渐向前推动游标，直到不能前推为止（见图 3-2）。测试计的脚蹬纵板内沿平面为 0 点，向内为负值，向前为正值。记录以厘米为单位，保留一位小数。测试两次，取最好成绩。

4. 注意事项

（1）身体前屈，两臂向前推游标时两腿不能弯曲。

（2）受试者应匀速向前推动游标，不得突然发力。

5. 评价标准见表 3-3、表 3-4。

（六）仰卧起坐

1. 测试目的

测试学生的腹肌耐力。

2. 场地器材

垫子若干块（或代用品）、铺放平坦。

3. 测试方法

受试者仰卧于垫上，两腿稍分开，屈膝呈 90° 角左右，两手手指交叉贴于脑后。另一同伴压住其踝关节，以固定下肢。受试者坐起时两肘触及或超过双膝为完成一次（见图 3-3、图 3-4）。仰卧时两肩胛必须触垫。测试人员发出"开始"口令的同时开表计时，记录 1 分钟内完成次数。1 分钟到时，受试者虽已坐起但肘关节未达到双膝者不计该次数，精确到个位。

图 3-3

图 3-4

4. 注意事项

（1）如发现受试者借用肘部撑垫或臀部起落的力量起坐时，该次不计数。

（2）测试过程中，观测人员应向受试者报数。

（3）受试者双脚必须放于垫上。

5. 评价标准见表 3-3、表 3-4。

四、心理健康的评价

（一）什么是心理健康

心理健康是大学生身心健康、人格健康和谐发展以及社会适应能力发展的需要。心理健康表现为：目的明确合理，自觉性高；善于分析，意志果断；有毅力，心理承受能力强；自制力好，不放纵任性；保持人格的完整性，人格健全。

（二）心理健康的评价标准

评价大学生心理健康的标准包括以下 7 个方面。

（1）认知能力正常。认知能力是人的基本能力，是心理健康的基础，也是衡量心理健康的首要标准。主要表现在视觉、听觉和智力正常。智力由观察力、记忆力、思维能力、想象力和操作能力组成。

（2）情绪稳定。情绪是人心理状态的外部表现，是心理健康的"体温表"。心理健康者表现为情绪反应适度，乐观开朗，富有朝气。

（3）有健康的理想和价值观。理想是人生的方向和原动力。心理健康的人首先是有理想的人，他们对人生和自我有合理、健康的价值取向，并努力为之奋斗。

（4）个性健全、情操健康。情操是个性（人格）的重要组成部分，一个心理健康的人，在兴趣、需要、动机、世界观以及能力、气质和性格上都应是健康的。同时，在组成个性的每一个要素内部和各要素之间，都应是完整和协调的。

（5）人际关系融洽。心理健康的人，在复杂的人际关系中能与人友好地交往，建立起和谐的人际关系。他们对同学热情真诚、团结友爱，能学习与赞美别人的优点和长处，善意地批评和帮助别人克服缺点，改正错误。

（6）自我评价恰当。心理健康的人，能够正确地认识和评价自我。既不骄傲自大，也不妄自菲薄，给自己确立的奋斗目标切合实际，在奋斗过程中行为坚定、有条不紊。

（7）对困难和挫折有良好的承受力。对困难和挫折的心理承受能力，是衡量心理健康与否的又一重要标准，也是鉴定心理健康水平的有效手段。心理健康的人遇到困难的问题和挫折时，能做到处变不惊，具有克服困难的勇气和信心。

五、《国家学生体质健康标准》简介

（一）《国家学生体质健康标准》（以下简称《标准》）的有关规定

（1）为贯彻落实健康第一的指导思想，切实加强学校体育工作，促使学生积极参加体育锻炼，养成良好的锻炼习惯，提高体质健康水平，特制定本标准。

（2）学生体质健康标准成绩每学年评定一次，按评定等级记入《国家学生体质健康标准登记卡》。普通高等学校列入学生档案（含电子档案），作为学生毕业的重要依据。对达到及格以上等级的学生颁发证章。

（3）学生《标准》测试成绩达到良好及以上者，方可参加三好学生、奖学金评选；成绩达到优秀者，方可获体育奖学分。《标准》成绩不及格者，在本学年度准予补测一次，补测仍不及格，则学年《标准》成绩为不及格。普通高等学校学生毕业时，《标准》测试的成绩达不到 50 分者按肄业处理。

（4）因病或残疾学生，可向学校提交免予执行《标准》的申请，经医疗单位证明，体育教学部门核准后，可免予执行《标准》，并填写《免予执行（国家学生体质健康标准）申请表》，存入学生档案。确实丧失运动能力、免予执行《标准》的残疾学生，仍可参加三好学生、奖学金、奖学分评选，毕业时《标准》成绩可记为满分，但不评定等级。

（5）认真上好体育课、积极参加体育活动、每天锻炼时间达到 1 小时者，奖励 5 分，记入学年《标准》总成绩。

（6）属下列情况之一者，其《标准》成绩记为不及格，该学年《标准》成绩最高记为 59 分：

① 评价指标中 1 000 米跑（男）、800 米跑（女）、台阶试验的得分达不到及格者；

② 体育课无故缺勤，一学年累计超过应出勤次数 1/10 者。

（二）评价内容

本《标准》从身体形态、身体机能、身体素质和运动能力等方面综合评定学生的体质健康水平，是促进学生体质健康发展、激励学生积极进行身体锻炼的教育手段，是学生体质健康的个体评价标准。

测试项目为：身高、体重、视力、肺活量 1000 米（男）、800 米（女）、50 米跑、立定跳远、坐位体前屈、引体向上（男）、仰卧起坐（女）。

（三）评价指标和权重系数

测试对象	评价指标	权重系数
大学各年级	身高标准体重	0.1
	肺活量体重指数	0.2
	1000 米（男）、800 米（女）	0.3
	坐位体前屈	0.1
	50 米	0.1
	立定跳远	0.1
	仰卧起坐（女）、引体向上（男）	0.1

（四）评分方法

本《标准》各评价指标的得分之和为最后得分，满分为 100 分。根据最后得分评定等级：90 分及以上为优秀，75～89 分为良好，60～74 分为及格，59 分及以下为不及格。学生毕业时的成绩和等级，按毕业当年得分和其他学年平均得分各占 50%之和进行评定。

（五）《国家学生体质健康标准》评分表

大学男生身体素质评分表见表 3-3，大学女生身体素质评分表见表 3-4。

表 3-3　大学男生身体素质评分表

等　级	单项得分	肺活量体重指数	1 000 米（分、秒）	50 米跑（秒）	立定跳远（米）	引体向上（次）	坐位体前屈（次）
优秀	100	84	3'27	6.0	2.66	26	23.0
	98	83	3'28	6.1	2.65	25	22.6
	96	82	3'31	6.2	2.63	24	22.0
	94	81	3'33	6.3	2.62	23	21.4
	92	80	3'35	6.4	2.60	22	20.6
	90	78	3'39	6.5	2.58	21	19.8
良好	87	72	3'42	6.6	2.56	20	18.9
	84	75	3'35	6.8	2.52	19	17.5
	81	73	3'49	7.0	2.48	18	16.2
	78	71	3'53	7.3	2.43	17	14.3
	75	68	3'58	7.5	2.38	16	12.5
及格	72	66	4'05	7.6	2.35	15	11.3
	69	64	4'12	7.7	2.31	14	9.5
	66	61	4'19	7.8	2.26	13	7.8
	63	58	4'26	8.0	2.20	12	5.4
	60	55	4'33	8.1	2.14	11	3.0
不及格	50	54	4'40	8.2	2.12	9	2.4
	40	52	4'47	8.2	2.09	8	1.4
	30	51	4'54	8.5	2.06	7	0.5
	20	49	5'01	8.6	2.03	6	-0.8
	10	47	5'08	8.8	1.99	5	-2.0

表 3-4　大学女生身体素质评分表

等　级	单项得分	肺活量体重指数	800 米（分、秒）	50 米跑（秒）	立定跳远（米）	仰卧起坐（次）	坐位体前屈（次）
优秀	100	70	3'24	7.2	2.07	52	21.1
	98	69	3'27	7.3	2.06	51	20.8
	96	68	3'29	7.4	2.05	50	20.3
	94	67	3'32	7.5	2.03	49	19.8
	92	65	3'35	7.7	2.01	47	19.2
	90	64	3'38	7.8	1.99	45	18.6
良好	87	63	3'42	7.9	1.97	44	17.7
	84	61	3'46	8.0	1.93	43	16.3
	81	59	3'50	8.2	1.89	42	15
	78	57	3'54	8.3	1.84	40	13.1
	75	54	3'58	8.5	1.79	38	11.3

续表

等　　级	单项得分	肺活量体重指数	800 米（分、秒）	50 米跑（秒）	立定跳远（米）	仰卧起坐（次）	坐位体前屈（次）
及格	72	53	4'03	8.6	1.76	37	10.1
	69	51	4'08	8.7	1.72	35	8.3
	66	49	4'13	8.8	1.69	33	6.5
	63	46	4'18	8.9	1.63	31	4.1
	60	43	4'23	9.0	1.58	28	1.7
不及格	50	42	4'30	9.1	1.56	27	1.5
	40	41	4'37	9.3	1.53	26	1.3
	30	39	4'44	9.5	1.5	25	1
	20	37	4'51	9.8	1.46	23	0.6
	10	35	5'00	10.0	1.42	21	0.2

思　考　题

1. 简述医务监督的意义与方法。
2. 如何预防运动损伤？
3. 你知道心理健康的标准吗？

第4章

体育文化简论

第一节　体育文化概述

【教学目标】使学生了解体育文化的表现形式，掌握体育文化的内涵及其组成。

一、体育文化的含义

文化是指人类所创造的物质财富与精神财富的总和及其创造过程。体育文化则是关于人类体育运动的物质、制度、精神文化的总和，包括体育认识、体育情感、体育价值、体育理想、体育道德、体育制度和体育的物质条件等。体育的技术方法属于体育认识的范畴，它是人类认识过程的一种特殊形式。多种运动形式（如奥林匹克运动项目）、各种竞赛规则、运动服装、运动场地、运动器材以及奥林匹克仪式、奥林匹克精神等，都属于体育文化。

一般情况下，文化包括心理、行为、物质三方面（不同层面）的要素。体育文化也不外乎三个层面：体育文化的心理要素，也就是文化的精神、观念层面，有时称之为精神文化；体育文化的行为要素，也就是文化的行为方式、制度规划层面，有时称为行为制度文化；体育文化的物质要素，也就是文化的物质实体层面，有时称为物质文化，包括凝结体育文化特质的各种物质产品。一般而言，物质文化是最外表的层面，行为制度文化次之，精神文化是内核。

二、体育文化的表现

从体育的不同活动主题、不同活动方式、不同活动目标来分析，体育文化表现为：学校体育文化、竞技体育文化和社会体育文化。学校体育文化是以培养学生的体育意识、体育精神和体育技能为主要形式，以增进学生身心健康和提高学生的体育素养为主要目标的文化过程，它主要是作为文化教育的一部分而存在的；竞技体育文化是人类追求生命价值过程中不断验证自身极限的一种文化过程；社会体育文化是以大众参与为主要特征，以健身健美为主要目的的社会文化生活过程，它是社区文化最重要的内容之一。

从体育发展演进的历史过程来看，体育文化表现为古代体育文化、近代体育文化和现代体育文化三大类。古代体育文化的宗教性、民族性、地域性、自发性和工具性较强，而其商业性和自觉性较弱。近代体育文化以学校体育文化的崛起为主要特征，其宗教性基本消失，民族性、地域性弱化，商业性、工具性和自觉性都明显增强。现代体育文化具有鲜明的国际性、产业化和人性化特点，内容更加全面，形式日益丰富，影响不断扩大，它已是现代人生活方式的重要组成部分。

从体育的空间分布来看，体育文化既可以从最大的方面表现为东方体育文化和西方体育文化两大类，也可以从中等的层次将中国体育文化表现为中东部体育文化和西部体育文化，还可以从较小的方面表现为企业体育文化、社区体育文化、军营体育文化、校园体育文化和村镇体育文化。区域性文化的交融与发展已成为现代人体育文化和生活的主旋律。

体育文化从内在品质上表现为体育观念、体育思想、体育理论、体育科学、体育精神、体育艺术、体育道德、体育法规和体育风尚等若干方面。体育观念是在体育实践活动中形成的一般的体育意识，它对人们的体育活动有一定的影响和制约；体育思想是体育观念的进一步升华，是指导人们从事体育活动的高级的体育意识，比体育观念更加全面、系统；体育理论是体育实践经验的科学总结，是理论化、系统化的体育观念和揭示体育本质和规律的体育思想，在这个意义上也有人把体育理论称为体育哲学；体育科学是侧重于技术上研究体育现象之间内在的、本质的、必然的联系的科学；体育精神是人们在长期的体育实践活动过程中形成的一种内涵厚重、指向明确、易于体验、认同率高的人类精神，是种顽强拼搏、公平竞争、团队协作、超越自我的精神。现代奥林匹克之父顾拜旦曾明确提出"奥林匹克精神首先是一个文化概念"，这是关于体育精神的文化性质的权威论断；体育艺术是体育、艺术高度完美的结合，是在体育活动过程中展现出来的独特的美；体育道德是体育活动过程中规范人与人之间关系的行为准则和主体意识；体育法规则是保证体育活动有序进行的强制手段，正是这种内在自觉和外在约束的统一才使体育活动能够按照一定的程序顺利开展；体育风尚是由于学校体育的有意识教育和竞技体育的有效引导，而在大众体育中表现出来的人们从事体育活动的阶段性、区域性重点倾向和特别嗜好。

从体育活动所依附的文化载体上看，体育文化表现为体育场馆文化、体育用品文化和体育影视文化等若干方面。体育场馆文化是由体育建筑艺术、体育竞赛的氛围和现场媒体宣传（包括广告艺术）等内容构成的综合文化。体育场馆文化建设是体育文化硬件建设与软件开发的最佳结合点；体育用品文化主要包括体育器材文化、体育服饰文化、体育证照文化和体育纪念品文化，这是现代体育文化繁荣的一个十分重要的方面，也是体育文化产业化最具前景的增长点；体育影视文化是现代影视文化非常重要的内容之一，它不仅指那些以反映体育题材为主要内容的影视作品，还包括体育现场直播、现场采访和现场评论。体育影视文化的崛起为体育文化发展提供了有效的手段。

第二节　奥林匹克运动文化

【教学目标】使学生了解奥林匹克运动文化的发展历程，掌握以奥林匹克为核心的思想文化内涵。

一、奥林匹克运动文化概述

奥林匹克运动文化，包括奥林匹克运动的全部思想体系和活动内容，是奥林匹克运动在实践过程中所创造的物质财富与精神财富的总和。物质财富即物质文化，主要指奥林匹克运动对人体技能的改造、发展，以及所采用的各类场馆、器材等设施和由此产生的文化形态。精神财富即精神文化，主要指奥林匹克运动对人的内心世界、社会行为的影响以及与之相关的各项文化艺术活动。古代及现代奥林匹克运动都蕴藏着丰富的物质文化与精神文化。

奥林匹克运动经历100多年的风风雨雨，已发展成为迄今为止人类历史上最盛大的社会文化现象。回顾奥林匹克运动产生与发展的历程，我们不能不追溯它最早的源头——古代奥林匹克运动会，它那追求和平、友谊的神圣休战以及坚持公平竞争的体育原则，组织比赛的竞技模式，对世界体育及现代奥林匹克运动会的发展都产生了深刻的影响。古希腊被称为欧洲文化的发源地，也是古代奥林匹克运动会的发祥地，古代奥运会的竞技场遗址就是奥运火炬熊熊燃起的地方。

知识窗

奥运火炬的起源

奥林匹克火炬起源于古希腊神话中普罗米修斯为人类上天盗取火种的故事。为了纪念这位神话中的英雄，古代奥运会采取点燃圣火的仪式。

古希腊是一个城邦割据的国家，各城邦之间争夺吞并，战争不断。在长期的斗争中，人们厌恶了这种厮杀的局面，希望能有一个至高无上的君主来造就一个和平统一的希腊，并寄托于神的力量实现这一愿望。于是产生了古希腊崇奉的万神之首——宙斯神，在祭奉宙斯神时体育竞技成为祭奉的活动之一。古代奥运会是古希腊人献给万神之首的祭礼赛会，他们认为只有与维持天地间秩序的神建立起和善的关系才有利于生存，只有在神面前展示人的力量、速度、协调、健美，神灵才能降福于人类，从而形成祭礼竞技。

公元前 776 年，宗教信仰和体育竞技合为一体，那时人们组织了大规模的体育祭礼活动，并决定在奥林匹亚每 4 年举行一次。这样，公元前 776 年举行的奥林匹克运动会被正式载入史册，到公元 394 年，历时 1 170 年。由于奥林匹克运动会期间实行神圣休战，奥林匹克运动会不间断地举行了 293 届，创造了人类文明史上的奇迹。古代奥林匹克运动会体现的公平竞争的原则；"永远争第一"、"在生活的一切领域追求最高成绩"的拼搏意识；竞技优胜者的高强技艺、高尚道德、健美体魄都对现代奥林匹克运动产生了积极的影响。

现代奥林匹克运动的产生是在一个广阔的时代背景下长期孕育的结果。14—18 世纪，欧洲大陆出现了三次大的思想文化运动，为奥林匹克运动的兴起奠定了思想基础，资本主义工业化生产和资产阶级教育方式为奥林匹克运动的兴起提供了土壤。资产阶级教育家把体育作为培养人才的重要手段加以大力提倡，恢复了古希腊的体育制度，他们还进一步制定了锻炼身体的各种措施，使体育成为培养全面发展人才不可缺少的教育活动。

知识窗

现代奥运会的举办周期是如何确定的？

古代奥运会的举办周期已制度化，从公元前 776 年开始，每 4 年一次，在 1169 年中，从未间断地举行了 293 届，这是人类历史上的一个奇迹。因此，1894 年在巴黎召开的国际体育运动代表大会上，全体代表一致同意现代奥运会也每 4 年在夏天举办一次。顾拜旦指出："奥运会的庆祝活动必须准确地按照天体运行的节奏举行，它是庆祝 4 年一度的人类佳节的组成部分。意外的情况可能会阻止它的召开，但各届顺序绝不改变。"因此，按期举办奥运会成了国际奥委会的一个原则。这项规定使奥运会从创立开始就形成了制度，为奥运会连续不断地按一定的周期举行提供了保证。

法国教育家顾拜旦是公认的现代奥林匹克运动的创始人，他为现代奥林匹克运动的诞生和发展做出了卓越的贡献。在他的不懈努力下，1894 年 6 月 16—24 日，"国际体育运动代表大会"在巴黎索邦神学院举行，这次大会唤起了与会者对古代奥运会的神往，与会代表一致同意顾拜旦的主张，决定复兴奥林匹克运动会，并通过了复兴奥运会的决议。1896 年 4 月 6—15 日，第一届现代奥林匹克运动会如期在雅典举行。到 2004 年雅典奥运会，参加的国家和地区达到 201 个，参加比赛的运动员达 11 099 人。现代奥林匹克运动的影响力远远超出了体育范畴，在当代世界的政治、经济、哲学、文化、艺术和新闻媒介等诸多方面，产生了一系列不容忽视的影响。奥林匹克运动不仅构成了现代社会所特有的体育文化景观，还以其特有的文化魅力愉悦人们的身心，更以其强烈的人文精神催人奋进，它已成为人类社会友谊、团结的象征，为维护世界和平和推进人类社会的进步做出了巨大贡献。

知识窗

第一届现代奥林匹克运动会

1896 年 4 月 6—15 日，在希腊雅典举行了第一届现代奥林匹克运动会，共有澳大利亚、奥地利、保加利亚、英国、匈牙利、德国、丹麦、美国、法国、智利、瑞士、瑞典和东道主希腊 13 个国家的 311 名运动员参加了 9 个项目的比赛。

二、奥林匹克运动文化的表现形式

奥林匹克运动是在奥林匹克主义指导下，以体育运动和4年一度的奥林匹克庆典为主要活动内容。促进人的生理、心理和社会公德全面发展，促进各国人民之间互相了解，在全世界普及奥林匹克主义、维护世界和平的国际社会活动。奥林匹克运动包括以奥林匹克主义为核心的思想体系，以国际奥委会、国际单项体育联合会、各国奥委会为骨干的组织体系和以奥运会为周期的活动体系。它是以体育为载体的社会文化现象，其文化表现形式有以下几方面。

（一）以奥林匹克主义为核心的思想文化内涵

奥林匹克运动之所以长盛不衰，就是因为它在发展过程中逐渐形成了以奥林匹克主义为核心的思想体系，它为奥林匹克运动注入了灵魂，使奥林匹克运动有了坚实的思想基础和明确的指导方针。奥林匹克文化的内涵集中表现为以奥林匹克主义为核心的思想体系，这一体系主要由奥林匹克主义、奥林匹克宗旨、奥林匹克精神、奥林匹克格言、奥林匹克名言所组成。

奥林匹克主义是将身心和精神方面的品质均衡地结合起来，并使之得到提高的一种人生哲学。它将体育运动与文化和教育融为一体。奥林匹克主义的中心思想是人的和谐发展，它将体育运动作为人和谐发展的途径，并与教育和文化紧密结合赋予它极强的教育价值和文化价值。

奥林匹克宗旨是通过没有任何歧视，具有奥林匹克精神——以友谊、团结和公平竞争的精神相互了解的体育运动来教育青年，从而为建立一个和平和美好的世界做出贡献。奥林匹克运动力图通过体育运动增进各国人民之间的相互了解，达到减少战争、促进和平的目的。

对文化差异的容忍和理解是奥林匹克精神所着重强调的，4 年一度的奥运会将世界上所有的体育文化集中在一个窄小的空间和时间范围内，建立和谐的文化氛围，使人们摆脱各自文化带来的种种偏见。在不同文化的展现中，看到的不是各种文化的差异和排斥，而是人类文化百花齐放、千姿百态的壮丽图景，从而使奥林匹克运动所提倡的国际交流真正得以实现。竞技运动的公平与公正同样是奥林匹克精神的宗旨之一，只有在公平的基础上竞争才有意义。

“更快、更高、更强”是奥林匹克运动的格言，它具有丰富的文化内涵，充分表达了奥林匹克运动不断进取、永不满足的奋斗精神和不畏艰险、勇攀高峰的拼搏精神。在比赛场上，面对强手发扬勇往直前的大无畏精神，敢于斗争，敢于胜利。对自己则是永不满足，不断战胜自己，超越自己，实现新的目标。对自然要敢于征服，挣脱自然的束缚，从而取得更大的自由。

“参与比取胜更重要”是奥林匹克运动广为流传的名言。参与的可贵之处在于参与者有着更高尚的品质、真诚的态度、奉献的精神和对理想的追求，其意义远远超出了名次和奖牌。在参与中，运动员们才能不断地超越自己和超越他人，才能在“更快、更高、更强”之中寻找自我、实现自我。参与意识是各国大多数运动员参加奥林匹克运动的精神支柱，正是由于参与精神，奥林匹克运动才能发展到今天这样的规模，其意义才能大大超出体育的范围。

（二）独特与鲜明的象征性标志

奥林匹克运动是人类社会团结、进步、友谊的“一个伟大的象征”，具有崇高的目标和丰富内涵的奥林匹克运动的思想体系，皆物化成一系列独特而鲜明的象征性标识，如“奥林匹克标志”“奥林匹克会旗”“奥林匹克圣火”“奥林匹克会歌”“奥林匹克奖牌”“奥林匹克吉祥物”等，这些标识有着丰富的文化含义，形象化地体现了奥林匹克思想的价值和文化内涵，用一些简明的艺术形象、符号表达了奥林匹克思想的技术点，将抽象的概念变为可见的、可听的、可触的物质文化，反映了人们对奥林匹克运动认识的深化。例如，奥林匹克标志五环，其颜色为蓝、黄、黑、绿、红，其含义代表着全世界的运动员在奥林匹克运动会上欢聚一堂，而且强调所有参赛运动员应以公正、坦诚的运动员精神在比赛场上相见，充分体现了奥林匹克主义的内容——“所有国家、所有民族”的“奥林匹克大家庭”主题。奥林匹克圣火象征着光明、团结和友谊，象征着和平和正义。吉祥物表示奥运会吉祥如意，表达主办国祝愿奥运会圆满成功、祝福选手们取得好成绩的良好愿望。

（三）奥林匹克仪式

奥林匹克仪式是奥林匹克文化中最具特色和魅力的组成部分，吸引着全世界几十亿人的目光，体现了人类渴望和平、追求创造美好和平世界的崇高理想。如第二十七届悉尼奥运会开幕式，女子 400 米世界冠军弗雷曼站在水中，点燃奥运主火炬的刹那，第二十七届奥运会开幕式的和平主题也随着熊熊的火焰喷射出来。当火炬台沿着奥林匹克体育场逆水而上时，这个和平的主题得到了升华。自古水火不能相容，而从希腊奥林匹亚山传来的圣火，却与水交融在一起。水火都能交融在一起，还有什么不能通过和平的方式解决？当韩国和朝鲜运动员共同走进体育场时，全场震动了，突然间，在悉尼主体育场的 11 万观众爆发出震耳欲聋的掌声。当时的国际奥委会主席萨马兰奇在主席台上站起来，给这个相互隔绝了半个世纪、如今走到一起的代表团鼓掌，在场的无数人激动地流下了热泪，有人感动不已地说："这是和平的力量。"当运动员全部进入会场之后，一条巨幅白绢从主席台正对的看台上飘然而下，渐渐覆盖到数万运动员，一束灯光洒落在白绢之上，映出一个清晰的口衔橄榄枝的和平鸽图案，这些运动员来自全球 200 个国家和地区，几乎遍布了全球每个角落，和平鸽"飞"起，降落在他们的头顶。在奥运圣火中，一切战争将失去理由，在悉尼的奥运圣火里写满了和平的祝福。

知识窗

奥运期间奥林匹克圣火的使用

奥林匹克运动会组委会负责把奥林匹克圣火传入奥林匹克运动会会场。由有关国家奥委会主持的庆祝奥林匹克圣火的传送和到达的仪式，必须尊重奥林匹克礼仪。国际奥委会执行委员会应批准与奥林匹克圣火有关的火炬传递的一切安排。

奥林匹克圣火必须置于场内显著的、清晰可见的地点，并且如果运动场结构允许，还可以从场外看见。

顾拜旦为实现把现代奥运会办成一个神圣的体育祭坛、一个与多种形式合为一体的盛大文化节日的目标，他强调现代奥运会要体现出美和尊严。在这种思想指导下，奥运会逐渐形成了一整套特有的恢宏、庄严、华彩而凝重的传统仪式，如作为奥运会前奏的圣火传递、放飞和平鸽、运动员和裁判员庄严宣誓、严肃而热烈的授奖仪式、欢快而充满激情的闭幕式，这些仪式的作用在于为这一盛会创造一种崇高而神圣的意境，以此来净化人们的心灵，体现人类美好的向往。

知识窗

奥运会的颁奖仪式

颁奖仪式是奥运会上最让获奖运动员和观众感到激动的时刻。它的举行必须根据国际奥委会规定的礼仪：在奥运会期间奖章应由国际奥委会主席在有关的国际单项体育联合会主席（或其代表）陪同下颁发。如果可能，在每项比赛结束后，立即在举行比赛场地以下述方式颁奖：获得前三名的运动员身着正式服装或运动服登上颁奖台，面向官员席。冠军站的位置比亚军（右侧）和季军（左侧）站的位置稍高。之后宣布获奖者的名字。冠军代表团的旗帜应从紧靠中央旗杆右侧和左侧的旗杆升起。奏冠军代表团的国歌时，奖章获得者应面向旗帜。颁奖仪式庄严、隆重、激动人心，许多运动员望着国旗冉冉升起而禁不住流下眼泪。

（四）奥运会展示的人体美与拼搏精神

奥运会是奥林匹克运动的主旋律，它是世界各国体育竞技的一次最高检阅，是世界各国人民和平、团结、进步和奋发向上精神的象征，同时也是盛大的文化庆典。顾拜旦认为："体育运动必须创造美，并为美提供机会，它创造美是因为它创造了活生生的雕塑——运动员，通过建筑、场景和庆典带来美。”奥运会向世人展示第一流的人体美，人们可以看到篮球运动员高大修长的身材、游泳运动员匀称的体态、田径运动员健壮的身体、举重运动员发达的肌肉、体操运动员小巧玲珑的身影……加之各国运动员精心设计的运动服，更显示出无穷的魅力。

奥运比赛同样展示了竞技美，如美国篮球“梦之队”出神入化的技战术配合、巴西队精巧细腻令人叹为观止的足球艺术、艺术体操如诗如画的韵律美、举重运动员“力拔山兮气盖世”的力量美等，同样显示着奥运竞技文化的内涵。

奥运会展示了运动员精湛的技术，拼搏进取的精神。最大限度地挖掘自身潜力，向自身体能的极限挑战，创造一种在努力中求得欢乐幸福、身心愉悦的形象，体现出更快、更高、更强、奋发向上的精神。人们在观赏奥运会竞技比赛，参与奥林匹克运动的过程中受到美的熏陶。

（五）内涵丰富的艺术节

奥林匹克运动力图从不同的角度和不同的层次，去挖掘、展示人类社会中一切美好的东西，以促进人健美的身体与健全的精神和谐发展。奥林匹克宪章规定奥运会必须制订文化活动计划，并至少贯穿在奥运村开放期间，这种文化展示活动就是奥林匹克艺术节。它向人们展示一个五彩缤纷的艺术天地，这里有气势磅礴的奥林匹克建筑，形象生动的绘画、雕塑等视觉艺术，有优美的声乐、器乐等听觉艺术，有文学、诗歌等想象艺术，有戏剧歌舞等综合艺术。充分展示举办国和世界各种文化特色的文化活动，使音乐、文学、绘画、雕刻、摄影、戏剧、建筑艺术、体育集邮等各种文化形式争奇斗艳，各类艺术珍品交相辉映。奥林匹克运动综合地反映了人类文明，并推动着人类文明的进步。

第三节　群众体育文化

【教学目标】使学生了解群众体育文化具有的民族性、传统性、时尚性和实效性表现形式，掌握群众体育文化及其本身的特点和社会需要传播体育文化的主要表现。

一、群众体育文化概述

群众体育文化，是通过民间传统体育或现代体育，集娱乐和健身为一体的、多种多样的现代体育文化生活。群众体育文化作为社会文明的有机整体，反映的是生活在不同区域人民的劳动生活，它不仅具有强烈的民族传统体育的特点，而且融入了现代体育的竞技性；不仅是广大民众强身健体的有效手段，而且是喜庆节日的文化娱乐内容。

群众体育文化以其自身的特点和社会的需要传播着体育文化。

（1）群众体育文化极大地丰富了社会文化生活，是全面建设小康社会的重要组成部分。

（2）群众体育文化促进了民族传统体育的交融和国际文化的交流。

由于群众体育文化目的的多样性、对象的广泛性、时间的业余性、形式的灵活性、项目的随意性、效益的社会性、组织管理的复杂性和活动的娱乐性，因而它是一项容量大、吸引力强、涉及范围极广的社会文化活动。

二、群众体育文化的表现形式

（一）群众体育文化的民族性表现

一般情况下，群众体育能够植根于民众之中的往往是民族体育，而群众体育文化也正是民族兴衰与发展的文化史。因为，不论哪个民族的文化都是人类发展史中的一部分，都展现着不同地域和民族的不同辉煌，所以民族传统体育都以不同的方式走向世界，也以不同的方式推动历史的文明和社会的发展。事实上被称为文化的东西，常常就是一个国家和民族在漫长的历史发展过程中逐步创造、沿袭、进化而形成的传统和习惯，其表现形式多种多样。他们往往具有强烈的民族性、地域性、历史积淀性和继承性以及丰富的文化个性。

群众体育文化的民族性，带有浓厚的民族文化色彩。例如，武术、赛马、中国式摔跤、秋千、蹴鞠、马球、捶丸、龙船、舞狮……其民族体育文化主要表现如下。

（1）适合本区域民族的身心特点、环境气候和资源利用。

（2）在喜庆的节日中，为丰富文化生活，大多开展内容是以娱乐内容为主的竞赛活动。

（3）振奋民族精神，促进对外交流，弘扬民族精神和传统文化。中国民间传统的体育活动，在新疆、西藏、云南、贵州等各少数民族聚集地尤为盛行。

（二）群众体育文化的传统性表现

传统体育文化一般是世代相传，既有古代的传统体育文化，也包括现代人的体育文化生活。

我国传统的武术和养生术，一直以来都以中国“功夫”传承着中华民族的传统文化。古代经典小说《西游记》中的孙悟空、《水浒传》和《三国演义》中的众多英雄豪杰，以及为他们修建的庙宇和墓碑等，通过各种不同形式，塑造了栩栩如生的人物性格和高强的武功，弘扬了传统文化。在现代影视中，以反映中国古代社会进程的传奇英雄和武林高手为题材的作品受到各年龄段、各层面，乃至全世界的欢迎。为古代英雄建造的庙宇，成为各旅游线路中重要的景点。

在现代人体育文化生活中，长期开展体育活动的单位、院校成为体育传统单位和学校，并制定了系列法规进行评比和确定。如长期以来，我国开展的《社会体育评比制度》《群众体育工作评定制度》《争创体育先进制度》和《田径之乡评比制度》等，为推动我国群众体育文化的开展起到了保障作用。

（三）群众体育文化的时尚性表现

时尚是指当时被一部分人认可的最新的风尚。群众体育文化的时尚不仅仅是某一运动项目的传人和兴起，而是往往伴随着一种意识、思想和文化的传播。先后流行于全国的呼啦圈、迪斯科、台球、保龄球、冰雪运动和健身操等，既是对民间传统文化的挖掘和对它们功能的重新认识，又是社会的变迁与新文化的导入。

群众体育文化的时尚性主要表现如下。

（1）激发人们的好奇心，促使着人们去体验和感受新兴体育。

（2）在紧张的学习、工作和生活之余，体育活动可以让人们身心得到调整和放松。

（3）通过娱乐的形式，掌握一项技能，使自己的生活更充实。

（4）群众体育文化的时尚性，尤其是它的文化性，被一部分人所接受。对大多数人而言，新兴体育开始只能是街头巷尾谈论的话题，但是，随着时间的推移，人们对新兴体育的认识会与日俱增。

（四）群众体育文化的实效性表现

群众体育之所以能形成文化，是人类源于生产、生活实践，通过身体的活动，向大家传递一种思想、一种意识，在娱乐中达到锻炼身体的文化活动。群众体育文化的实效性主要表现如下。

（1）鲜明的特点。群众体育文化，以鲜明的特点，反映出民族性、地域性、娱乐性和健身性。

（2）传播快。当某一新颖的大众体育文化现象出现时，即使不借助媒介，也会在短时间内家喻户晓。例如，20 世纪 80 年代在中国先后兴起的甩手疗法和呼啦圈现象。

（3）适宜性强。群众体育适合不同的群体、不同年龄段的人群，可以说有很多群众体育项目是老少皆宜的，如迪斯科、网球和游泳等。

第四节　校园体育文化

【教学目标】使学生了解校园体育文化具有的创新性、开放性、层次性，促进学生身心健康的功能。掌握校园体育文化广义和狭义的内涵，并通过多种多样的体育手段和方法，达到促进学生德、智、体全面发展的目的，激发学生自觉参加体育锻炼的兴趣。

一、校园体育文化概述

校园体育文化是指在学校这一特定的范围里，师生在历史实践过程中所创造的体育精神财富和物质财富的总和。它有广义和狭义之分，广义的校园体育文化指所有的学校师生员工在体育教学、健身运动、运动竞赛、体育设施建设等活动中形成和拥有的所有的物质和精神财富。狭义的校园体育文化指学校师生员工们的体育观念和体育意识。校园体育文化和校园德育、智育、美育文化等一起构成了校园文化群，它又与竞技运动文化、群众体育文化一起组成了广义的体育文化群。根据校园体育文化要素的不同，可将其分为三大类，即意识文化、行为文化和物质文化。这三类文化均有助于人们的心理调节，满足师生员工对精神文明生活的需要。

校园体育文化包括体育教学、健身锻炼、运动竞赛、体育表演、道德行为、制度规范等。通过多种多样的体育手段和方法，可以锻炼学生意志品质、催人奋发进取、培养集体观念、加强组织纪律、协调人际关系、消除精神烦恼，使人身心得以和谐、健康地发展。同时，可以拓宽学生的知识和思维视野，最终达到培养创造精神、丰富课余生活和促进德、智、体全面发展的目的。

校园体育文化是学校教育的重要组成部分，是以培养学生体育精神、体育意识和体育技能，提高体育文化素养，增进学生身心健康为宗旨而发展的各种各样的校园体育文化活动，它在培养身心健康和具有创新精神与实践能力的现代人方面具有重要的作用。

校园文化是一个多层次、立体化的有机整体。作为这个整体的重要组成部分的校园体育文化是推动校园文化发展的最有力的催化剂，同时它也是具有深刻内涵和丰富外延的一种特殊的文化现象，对于加强学校的精神文明建设，提高校园文化质量，全面推进素质教育和全民健身计划的落实，以及培养师生终身体育意识，都具有十分重要的意义。

二、校园体育文化的表现形式

校园体育文化是通过身体运动的方式进行的，它要求身体直接参与活动，这是校园体育活动最本质的特征之一，它决定了校园体育具有促进学生身心健康的功能。其表现形式如下。

（一）校园体育文化的创新性表现

体育运动有一个重要特征，就是鼓励和要求不断创新，正是这种“鼓励创新”的精神，体现出体育运动的文化特质。开展校园体育活动是实现学校体育目标的重要途径，是培养学生“终身体育”和“健康第一”思想的重要环节。《全国普通高等学校体育课程教学指导纲要》指出，“为实现体育课程目标，应使课堂教学与课外、校外的体育活动有机结合，学校与社会紧密联系。要把有目的、有计划、有组织的课外体育锻炼、校外活动、运动训练等纳入体育课程，形成课内外、校内外有机联系的课程结构。”通过课外体育活动与课堂教学互补，实现课内外一体化。

目前，各学校体育的俱乐部和体育协会，是课余锻炼的有效组织创新形式。它向学生提供活动时间、场地、器材及辅导教师，学生在体育俱乐部和体育协会活动中，选择自己的锻炼项目。这不仅能充分调动学生的积极性，促进技术、技能的掌握，养成自觉锻炼的习惯，还能够提高学生的组织活动能力与社会实践能力，逐步实现学校体育向“终身体育”的过渡。

学校体育俱乐部是大众体育的组织形式，同时它还具有竞技体育的特点，其功能与作用超过了体育教学的本身，使校园体育文化更富有创新性，加速学校体育文化的整体发展。

（二）校园体育文化的开放性表现

在校园体育文化中，学生已经从以往的封闭式校园走向社会。学生可以参加各种体育活动，观看和参加世界大学生体育比赛和国内高水平比赛，如全国大学生篮球联赛（CUBA）、全国大学生足球联赛、全国大学生田径锦标赛以及省、市内校际间的各项体育比赛。学校之间、社会各界频繁而广泛的以体育为内容的交流和接触，增进了学生对社会的了解，开阔了他们的眼界。同时，一些学校根据素质教育的要求，组织学生开展户外活动，如滑冰、滑雪、旅游、远足、野外生存等，培养学生自我生存本领，磨练他们的意志品质，提高他们在不同环境中的适应能力和社会交往能力。

（三）校园体育文化的层次性表现

校园体育文化既具有实实在在的内容，又具有深层的结构和丰富的底蕴，这种深层的东西往往能使生活在这个体育文化氛围中的人受到潜移默化的影响。另外，校园体育文化本身具有不同的层次，雅俗共赏，能够适合不同层次大学生的需求。

高校具有体育场地充裕、器材设施相对齐全、师资力量雄厚、图书资料丰富的优势，为完成高校体育教学任务、开展好校园体育文化、推动全面健身运动和校园精神文明建设提供了物质保证。加上广大师生较高的知识水平，就决定了高校校园体育文化的高层次特征。

体育竞赛作为校园文化的重要内容，是在全面锻炼身体，最大限度地挖掘和发挥人的体力、心理、智力等方面潜力的基础上，提高运动技术水平的一种活动。学校通常以课外体育竞赛为龙头，多种体育锻炼形式并存，每年举行全校性球类、田径、健美操、武术等比赛；同时开展小型多样活动，以院、系、专业、班为单位的趣味运动会，及各种友谊对抗赛等。通过进行多方位的体育交流，使学生在浓郁的校园体育文化氛围中，增强团队精神，提高竞争意识。

体育文化节，是建设校园文化的主要形式之一。如今大学校园内举办的体育文化节，已成为校园文化必不可少的一部分；也成为高校“弘扬体育精神，倡导人文关怀”的窗口，成为广大学子施展个人才华、发挥各自特长的广阔舞台，是激发学生体育兴趣的有效手段。体育文化节，使体育的感性与文化的理性相结合，融体育知识、体育游戏、体育表演、体育比赛、体育征文、体育绘画、体育摄影等多种体育相关活动为一体。以体育活动为载体，为师生提供一方舞台；以公开竞争、团结协助、拼搏进取为宗旨，以“健康、快乐、文明”为目标，来培养师生的体育道德修养。体育节具有浓厚的节日气氛，能提高学生的兴趣，吸引广大学生积极参与。体育文化节，使体育不仅仅成为一种锻炼身体、增强体质的手段，还成为一种享受、一种快乐、一种体验。这种热烈而激情的文化氛围会吸引更多的人关注、支持并乐于参与其中。此外，让师生们树立“每天锻炼 1 小时，健康工作 50 年，幸福生活一辈子”的体育理念，采取科学的健身方法，养成终身锻炼的习惯，使体育成为人们健康的生活方式，也是举办体育文化节的宗旨之一。

（四）校园体育文化的聚散性表现

体育文化对一个学校的发展具有“内聚和外散”的互动功能。丰富多彩的校园体育文化，对广大师生有着巨大的吸引力；各种体育活动的开展和参与，使人们彼此之间的感情和心灵得以沟通。通过体育竞赛以及各种方式的活动，可以培养学生公平竞争、尊重裁判、尊重对方、遵守规则的良好体育道德风尚。比赛中，场内运动员顾全大局、积极配合，场下的观众呐喊助威、群情激昂，场上场下升腾着强烈的集体荣誉感，就会形成一种无形而巨大的内聚力，对加强校园的精神文明建设起到积极的作用。

参加一些全国性的高校或地方组织的体育比赛和交流，运动员的竞技水平和道德风貌等都会向社会传播，这对于树立学校的形象，体现学校的精神风貌，扩大学校在社会的影响，都会产生积极而深远的影响。

思　考　题

1. 学校体育文化的培养形式及培养目标有哪些？
2. 奥林匹克运动的格言是什么？2008 年北京奥运会有哪三大理念？
3. 大众体育文化以其本身的特点和社会的需要传播着体育文化，主要体现在哪些方面？
4. 校园体育文化的层次性表现主要有哪些？

第 5 章

田径运动

【重点提示】本章介绍了田径运动的起源和发展历程，从田赛和径赛中选取了大学生喜闻乐见的跑、投、跳的部分项目：跳高、跳远、三级跳远、推铅球、短距离跑、中长距离跑、跨栏跑、接力跑，就其具体技术进行了详细阐述。

第一节　田径运动的简介

【教学目标】本节概述了田径运动的起源和现代田径的发展，对标准田径场进行了介绍。

一、田径运动的起源

田径是世界上最为普及的体育运动之一，也是历史上最悠久的运动项目，被誉为“运动之母”。其起源大致可以归纳为以下几种：生存并与自然界斗争的手段，古代祭祀中的一项活动，战争的需要，教育的内容等。

远在上古时代，田径运动在人类生活中便占据着极其重要的地位。快速的奔跑、敏捷的跳跃和准确的投掷是原始人获得生活资料的必须手段。劳动中这些动作不断重复，长久积累便形成了走、跑、跳、投的各种技能。在古希腊阿尔菲斯河岸的峭壁上，刻有这样一段至理名言：

如果你想聪明，跑步吧！

如果你想强壮，跑步吧！

如果你想健康，跑步吧！

据记载，田径比赛成为正式比赛项目，是公元前 776 年在希腊奥林匹克村举行的第一届古代奥运会上，项目只有一个——短距离赛跑，跑道是一条直道，长 192.27 米。

二、现代田径运动的发展

田径运动（Track and Field/Athletics）是由田赛、径赛、公路赛、竞走和越野赛组成的运动项目。以高度和远度计算成绩的跳跃、投掷项目统称为田赛。以时间计算成绩的竞走和跑的项目统称为径赛。全能运动由跑、跳、投的部分项目组成，以各单项成绩按《田径全能运动评分表》换算分数计算成绩。

1896 年，在希腊举行的第一届现代奥运会上，走、跑、跳跃、投掷等 12 个田径项目被列为主要比赛项目，这成为现代田径运动开始的标志。1912 年，国际业余田径联合会（I.A.A.F.）成立，确立了国际统一的田径竞赛项目和竞赛规则，开始组织国际田径比赛。

田径运动是比速度、比高度、比远度、比耐力的体能项目，很好地体现了“更高、更快、更强”的奥林匹克运动精神。奥运会中田径运动设有 47 枚金牌，是奥运金牌最多的项目，所以有“得田径者得天下”之说。

标准的田径场一般由外场、中场及内场三部分组成。

（一）外场

径赛跑道外侧，主要包括建筑看台或其他有关设施。一般而言，仅供教学和训练的田径场外场几米即可，而标准田径场四周则要留有几十米的空间。

（二）中场

径赛跑道所占有的空间，内圈周长 400 米，为椭圆形。弯道为半圆形，半径为 36.5 米。直道要沿南北方向，避免太阳位置低时的炫目影响。一般设 8～10 条分道，每条分道宽 1.22～1.25 米。跑道内侧安全区域不少于 1 米，起跑区不少于 3 米，冲刺缓冲段不少于 17 米。跑道左右倾斜度最大不得超过 1∶1 000，跑的方向上的向下倾斜度不得超过 1∶1 000。

（三）内场

供田赛或球类比赛使用的部分。

三、田径运动的重大赛事

- 奥运会田径赛（四年一届）；
- 世界田径锦标赛（两年一届）；
- 世界杯田径赛（四年一届）；
- 世界青年田径锦标赛（18 岁、19 岁级别）；
- 世界少年田径锦标赛（17 岁以下含 17 岁级别）；
- 世界室内田径锦标赛（基本上是两年一届）；
- 国际田联黄金联赛（每年有）；
- 国际田径总决赛（每年有）；
- 国际田联超级大奖赛、一级大奖赛、二级大奖赛。

第二节　田　赛

【教学目标】本节介绍了跳高、跳远、三级跳远、推铅球的概况，详细阐述了其技术要领。

田赛包括跳跃项目和投掷项目。跳跃项目分为高度类和远度类，其中高度类有跳高（High Jump）和撑杆跳高（Pole Vault），远度类有跳远（Long Jump/Broad Jump）和三级跳远（Triple Jump/Hop Step and Jump）。投掷项目包括推铅球（Putting the Shot/Shot Put）、掷铁饼（Throwing the Discus）、掷标枪（Throwing the Javelin）和掷链球（Throwing the Hammer）。比赛时，人体或人投掷器械位移距离大者名次列前。

一、跳高

跳高要求运动员通过快速助跑，经单脚起跳，越过一定高度的横杆。它能有效地增强腿部肌肉力量，提高弹跳力、灵敏度和协调性，培养勇敢、果断的意志品质。

跳高起源于古代人类在生活和劳动中越过垂直障碍的活动。从生存的本能到战争的需要，再到健身的手段、娱乐的项目，跳高随着社会经济、文化的发展而演变。最初的跳高比赛是在草地上进行的，运动员面对两根木桩之间的绳子，通过助跑起跳双腿屈膝越过。现代跳高始于欧洲，19 世纪 60 年代开始流行于欧美国家。男、女跳高分别于 1896 年（第一届奥运会）、1928 年（第九届奥运会）被列为奥运会比赛项目。

跳高的技术动作先后出现过五次重大演变，即跨越式（见图 5-1）、剪式（见图 5-2）、滚式（见图 5-3）、俯卧式（见图 5-4）和背越式（见图 5-5）。当代跳高运动趋向于速度核心，即要求助跑速度快、起跳速度快、过杆速度快。

背越式跳高是现代最为常用的一种跳高技术，由助跑、起跳、过杆和落地几个不同的技术环节组成。背越式跳高以特定的弧线助跑，起跳后背对横杆腾起，背越过杆（见图 5-6）。

图 5-1　跨越式跳高

图 5-2　剪式跳高图

图 5-3　滚式跳高

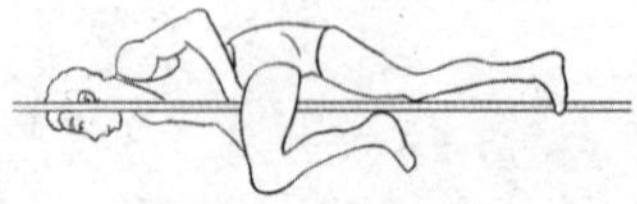
图 5-4　俯卧式跳高

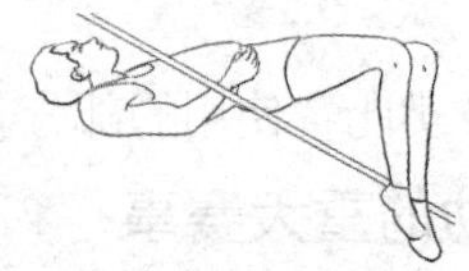
图 5-5　背越式跳高

图 5-6　背越式跳高连续动作

（一）助跑技术

助跑的任务是获得必要的水平速度和蹬地力量，调整适宜的动作节奏，形成合理的身体内倾姿势，为起跳和顺利过杆创造有利条件。

1. 助跑的起动

助跑起动的方式有两种：原地起动（直接从助跑点上开始助跑的方式）和行进间起动（预先走动或跑动 3～5 步，然后踏上助跑点开始助跑的方式）。原地起动有利于助跑步点的准确性，步长相对固定，但动作较紧张，加速较慢。行进间起动则动作自然放松，加速较快，但助跑步点不易准确。

2. 助跑的路线

如图 5-7 所示，背越式跳高助跑的前段为直线或近似直线，后段 4 ～5 步跑弧线。如图 5-8 所示，直线助跑时，上体略前倾，步幅开阔，后蹬充分，身体重心平稳且保持高位；弧线助跑时，身体逐渐内倾，外侧的肩略高于内侧的肩，外侧臂和腿的摆动幅度较内侧要大。

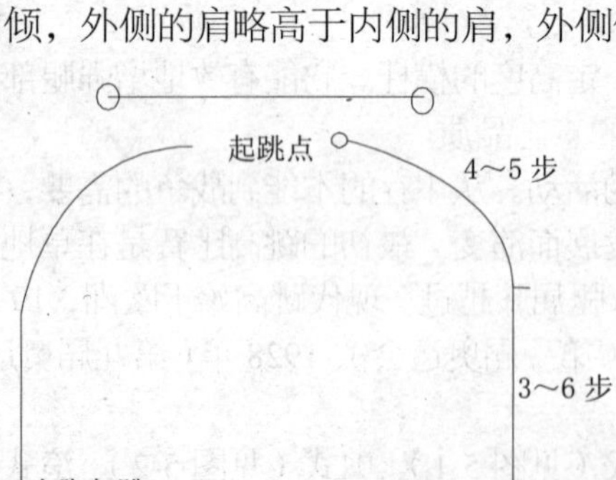

图 5-7　背越式跳高助跑路线

图 5-8　助跑动作要领

图 5-7 所示的弧线助跑的步点及助跑路线，通常采用“走步丈量”法确定。首先确定起跳点，然后从起跳点沿横杆平行地朝助跑一侧自然走 5 步；再向助跑起点方向走 6 步，做一个标记，这个标记就是直线和弧线助跑的交界点。从这个标记点再向前走 7 步画个标记，即助跑的起跑点。最后，

从直弧交界点到起跳点画一条曲率不太大的弧线，与前面的直线助跑相连，就构成了背越式跳高的助跑路线。画好助跑线后，要经过反复练习才能确定。

3. 助跑的距离

助跑距离指从助跑点到起跳点的距离。全程一般 8 ~ 12 步，距离最长可达 30 米左右。

4. 助跑的节奏

助跑节奏具体表现为步频（单位时间内两腿的交换次数）与步长在助跑中的变化。背越式跳高助跑的节奏要求从慢到快，前几步慢，后蹬充分，腾空较大。最后 3 ~ 5 步加快频率，但步长变化要小。最后一步，争取最快。

5. 助跑的技术要点

背越式跳高助跑的方式具有自身的特点，前段的直线助跑基本上采用普通的加速跑，在转入弧线助跑时，身体应向圆心方向倾斜，类似于弯道跑技术，重心不应起伏太大，此时应注意大腿高抬，以膝领先，并带动摆动腿同侧髋积极向前迈步。

（二）起跳技术

起跳是背越式跳高的关键技术。其任务是迅速改变人体运动方向，实现最大垂直速度和合理的腾空角度，为顺利过杆创造条件。

起跳阶段，起跳脚踏上起跳点，起跳腿经过支撑、缓冲、蹬伸，蹬离地面跳起，摆动腿蹬离地面和臂协调摆动，达到最高位置。起跳腿指用于蹬伸起跳的腿，多选择较有力的腿。摆动腿指起跳时用于协调配合起到摆动作用的腿。

如图 5-9 所示，在助跑最后一步身体内倾达到最大程度时，摆动腿有力后蹬，推动髋部迅速前移，使起跳腿快速踏上起跳点，形成肩轴与髋轴交叉扭紧姿势。接着，起跳脚以脚跟外侧着地并迅速过渡到全脚掌，脚尖朝向助跑弧线的切线方向，起跳腿自然屈膝并被压紧。随着身体由内倾转为垂直，起跳腿的髋、膝、踝三个关节依次迅猛发力，快速完成蹬伸起跳的动作。

如图 5-10 所示，蹬伸结束时，起跳腿的髋、膝、踝三个关节应该充分伸直，使身体垂直于地面，以保证身体向垂直方向充分腾起。

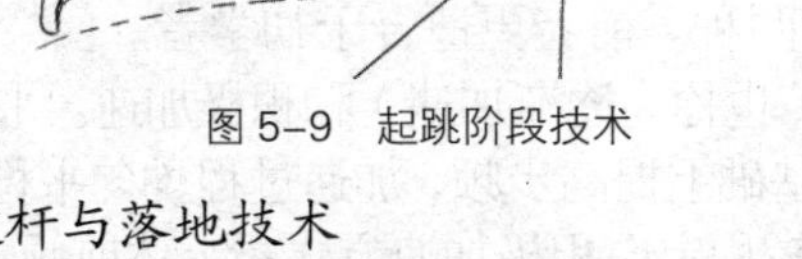

图 5-9　起跳阶段技术

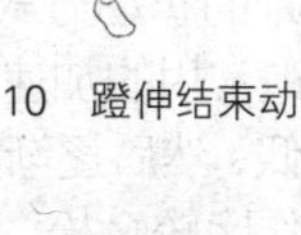

图 5-10　蹬伸结束动作

（三）过杆与落地技术

过杆与落地阶段指起跳腾空后，头、肩、背、腰、髋、腿等身体各部分利用合理的技术动作依次越过横杆，并安全地落在海绵包上的技术阶段。

如图 5-11 所示，起跳结束时，充分伸展身体，向上腾起。利用摆动腿的力量尽量提高髋部位置，然后以摆动腿同侧的臂，肩领先过杆，顺势仰头、倒肩、挺髋。头与肩过杆后下沉，髋部高过两膝，身体形成反弓形。当髋部越过横杆时，顺势收腹，带动小腿向上甩，整个身体越过横杆，保持屈髋、伸膝的姿势下落，以肩背先着垫。

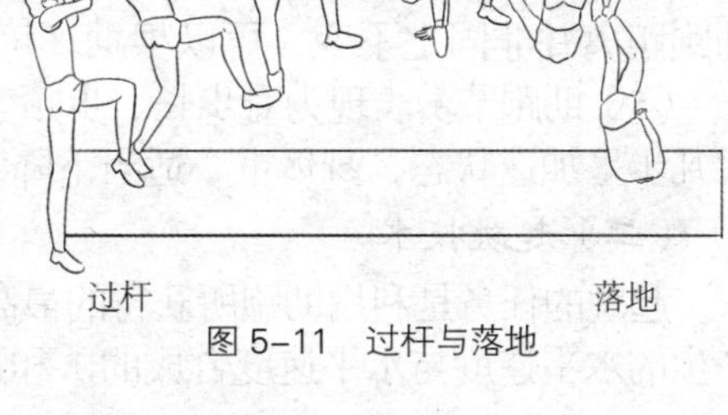

图 5-11　过杆与落地

（四）背越式跳高练习方法

（1）弧线跑：按助跑弧线的半径画一半弧线，沿弧线进行快速跑。

（2）原地摆腿转体：直立开始，起跳脚向同侧 45 度迈出支撑，摆动腿原地向异侧摆动。

背越式跳高

（3）起跳转体：3～5 步助跑起跳后，沿身体纵轴转体 180 度，背对横杆落地。

（4）起跳摸高：起跳后，身体旋转时用内侧手去摸悬挂物。

（5）原地练习背弓：背对垫子双脚开立，上体向后做背弓，背部落在垫子上。

（6）跳起后倒练习：背对垫子双脚开立，双腿屈膝发力向后上方蹬伸起跳，两臂配合由体侧向上摆动。腾空后，肩、背积极后倒，以肩背部着垫。

（7）进一步做背越式跳高练习；弧线助跑 3～4 步做背越式跳高练习；直线助跑 2～4 步，弧线助跑 3～4 步做背越式跳高练习。

二、跳远

跳远是通过快速的助跑和有力的起跳，采用合理的腾空姿势和动作，使人体腾跃尽可能远的水平距离的运动项目。它能有效地提高速度，发展弹跳力和协调性，增强神经系统、循环系统和运动器官的机能，培养勇敢、顽强的意志品质。

跳远起源于远古人类猎取或逃避野兽时跨越河沟的活动，后成为军事训练的手段。为公元前 708 年古代奥运会五项全能项目之一。现代跳远运动始于英国。男、女跳远分别于 1896 年（第一届奥运会）和 1948 年（第十四届奥运会）被列为奥运会比赛项目。

跳远

如图 5-12 所示，跳远技术包括助跑、起跳、腾空和落地四个环节。

图 5–12　跳远技术包括的四个环节

（一）助跑技术

（1）助跑的任务是获得最大的水平速度，为准确踏板和迅速有力的起跳做好准备。

（2）助跑的起动方式有原地起动和行进间起动两种。前者更适合于初学者。

（3）助跑常用的加速方式有两种，即平稳加速（也称为逐渐加速）和积极加速。平稳加速方式：开始步频较低，然后逐渐加大步长或在保持步长的基础上提高步频，加速过程均匀平稳，时间较长。这种助跑动作比较轻松，起跳的准确性好，成绩比较稳定。积极加速方式：上体前倾较大，步频始终保持较高的水平。这种助跑动作比较紧张，起跳的准确性差，适合于绝对速度较快的运动员。

（4）助跑距离指从助跑起点到起跳脚踏上踏跳板的距离。一般而言，技术水平越高，速度越快，助跑距离越长。男子助跑距离为 35～45 米，18～24 步；女子助跑距离为 30～35 米，16～18 步。助跑距离并非固定不变，可以根据环境条件的变化和个人身体情况进行相应的调整。

（5）助跑节奏表现为对步长、步频变化的控制，以利于最高速度的发挥及利用。跳远助跑的最后几步呈加速状态，身体重心适当下降，为快速起跳做好准备。

（二）起跳技术

起跳的任务是利用助跑所获得的最高速度，瞬间创造尽可能大的腾起初速度（由助跑、起跳所产生的水平速度与水平速度合成的）和适宜的腾起角度，使身体充分向前上方腾起。

起跳是跳远技术中最重要的环节。如图 5-13 所示，起跳的动作过程可分为起跳脚着地（上板）、缓冲和蹬伸三个阶段。着地要迅速且富有弹性，缓冲时及时地、积极地前移身体，蹬伸是爆发式动作，要快而有力。

起跳时，抬头挺胸，上体正直，提肩、拔腰，髋、膝、踝三个关节要充分蹬直，蹬摆配合要协调，一致用力。

（三）腾空技术

腾空阶段指起跳后人体在空中维持身体平衡，完成各种动作的阶段。如图 5-14 所示，跳远的腾空动作目前主要有三种姿势：蹲踞式、挺身式、走步式。

图 5-13 起跳动作

图 5-14 跳远腾空动作的三种姿势

（1）蹲踞式。起跳成腾空步（起跳结束时，身体姿势在空中的延续）后，上体保持正直，摆动腿继续向上摆动，起跳腿顺势屈膝前摆，逐渐靠近摆动腿，使两腿屈膝在空中成蹲踞姿势。然后收腹举腿并前伸小腿，两臂由后向前摆动，使身体重心前移，顺势落地。

（2）挺身式。起跳成腾空步后，摆动腿下落，膝关节伸展，小腿由前向下向后呈弧形摆动，两臂下垂经由体侧向后上方绕环摆动，起跳腿自然回摆与摆动腿靠拢，形成空中挺胸展髋的姿势。继而收腹举腿，大腿向胸部靠拢，小腿前伸，两臂上举或后摆，顺势落地。

（3）走步式。起跳成腾空步后，以髋关节为轴，摆动腿大腿带动小腿，由前向后下方摆动。同时起跳腿屈膝前摆，向上抬起大腿，前伸小腿，在空中自然地完成换步动作。两臂与下肢协调配合做大幅度直臂绕环摆动或自然前后摆动，然后摆动腿顺势前摆，两腿靠拢，收腹举腿，前伸小腿，顺势落地。在空中完成一次换步后落地的称为“两步半”走步式，完成两次换步后落地的称为“三步半”的走步式。

（四）落地技术

落地阶段指腾空后落入沙坑的着地动作阶段。其任务是选择合理的技术，获得较大的跳跃距离，并防止伤害事故的发生。

完成腾空动作后，收腹举腿，小腿前伸，脚尖勾起，两臂向后摆动。脚跟触及沙面后，迅速屈膝缓冲，臀部顺势前移，两臂由后向前摆动，上体前倾，成团身姿势，平稳地落入沙坑。

此外，落地时，还可以采用侧倒式。脚跟着地后，一条腿保持稍紧张状态支撑沙地，另一条腿放松，上体顺势向放松腿的前侧方卧倒。

（五）挺身式跳远练习方法

（1）在助跑道上进行半程或全程助跑练习。

（2）第一标记至第二标记间全速跑，第二标记后惯性跑。

（3）原地站立，起跳腿抬起，然后积极下放，摆动腿摆出，快速完成起跳动作模仿练习。

（4）连续做一步助跑起跳成腾空步动作，再做 5～8 步助跑做腾空步动作。

（5）原地一步起跳，进行摆臂、摆腿动作的协调配合练习。

（6）全程助跑起跳，迅速成挺身姿势，收腿落地。

三、三级跳远

三级跳远是经过一定距离的直线助跑后，通过三次连续跳跃（单足跳、跨步跳、跳跃）达到尽可能远的水平距离的运动项目，如图 5-15 所示。它能有效地发展速度和下肢力量，提升弹跳力、灵敏度和协调性，增强支撑器官（腿、足、膝、踝等）和内脏器官的功能，培养勇敢顽强、勇往直前的意志品质。

图 5–15　三级跳远

三级跳远起源于爱尔兰，当时的跳法是“单足跳＋单足跳＋跳跃”。后来，又出现了希腊式的“跨步跳＋跨步跳＋跳跃”和苏格兰式的“单足跳＋跨步跳＋跳跃”。1908 年，国际田径联合会确定苏格兰跳法为正式的三级跳远比赛技术。

比赛时，运动员助跑后应连续完成三次不同形式的跳跃，第一跳为单足跳，用起跳腿落地；第二跳为跨步跳，用摆动腿落地；第三跳为跳跃，必须用双脚落入沙坑。男、女三级跳远分别于 1896 年（第一届奥运会）和 1992 年（第二十五届奥运会）被列为奥运会比赛项目。

三级跳远技术可以分为助跑、第一跳（单足跳）、第二跳（跨步跳）、第三跳（跳跃）几个部分。每一跳均包括起跳、腾空和落地阶段。

（一）助跑技术

水平速度是决定三级跳远成绩的关键因素。助跑的目的就在于获得尽可能大的水平速度，为单足起跳做好准备。

三级跳远的助跑技术与跳远基本相同，但第一跳起跳的腾起角（指人体离地时，身体重心腾起初速度方向与水平线构成的角度）较小，因此整个助跑过程身体重心较高，加速平稳，强调向前行。最后几步，大腿高抬，上体正直，保持步长或适当减少步长的情况下，加快步频，准备起跳。

助跑距离取决于个人的加速能力。加速能力强，助跑距离则短，反之助跑距离则长。助跑距离一般为 35 ~ 40 米，相当于 18 ~ 22 步。

（二）第一跳（单足跳）技术

如图 5-16 所示，三级跳远的起跳是以单足跳的形式完成起跳的。这一跳不仅要达到必要的远度，还应尽可能地减少水平速度的损失，为后两跳创造条件。

图 5–16　第一跳技术

第一跳以有力的腿做起跳腿。助跑最后一步，摆动腿积极蹬地向前送髋时，起跳腿大腿快速下压，小腿自然前伸，用全脚掌迅速积极踏板。起跳腿着地后，迅速屈膝屈踝缓冲，摆动腿快速向前上方大幅度摆出，两臂配合下肢动作有力摆动，起跳腿迅速及时地进行爆发性蹬伸。

起跳离地后，身体保持腾空步姿势。摆动腿小腿随大腿下放自然地从前向下、向后摆动，同时髋部上提，体后的起跳腿屈膝前摆高抬，带动髋部前移，两臂配合经体前摆向身体侧后方，形成空中交换步的动作，幅度大且平稳。单足跳的腾空轨迹应尽量低而平，理想的起跳角为 12° ~ 15° 。

完成交换步的起跳腿前摆蹬伸，迅速有力地用全脚掌拔地式着地，两臂和摆动腿配合起跳腿动作向前摆动。落地点尽量接近身体重心投影点，上体保持正直。

（三）第二跳（跨步跳）技术

如图 5-17 所示，三级跳远的第二跳为跨步跳，在三跳中难度最大，距离最短，身体重心的抛物线最低。起跳角度与单足跳几乎相同，一般为 12°～14°。

当单足跳落地时，起跳腿积极完成缓冲并快速有力地蹬离地面，髋、膝、踝关节充分伸展。摆动腿迅速屈膝向前上方摆动，足尖上挑，大小腿成 90° 角，膝部应抬至身体重心的上方。同时，上体保持正直或稍前倾，两臂成弧形向侧后方摆动，完成跨步跳的腾空跨步动作。注意维持身体平衡，并达到必要的远度。

腾空跨步跳结束时，髋部前移，摆动腿大腿下压，膝关节伸展，小腿顺势由前向后用全脚掌落地并积极“后扒”，两臂由后向前上方摆动，完成第二跳的落地动作。

（四）第三跳（跳跃）技术

如图 5-18 所示，第三跳是以第二跳的摆动腿做起跳腿，起跳角应稍大，一般为 18°～20°。

起跳腿着地后应适度屈膝屈踝积极缓冲，上体正直，髋部上提，迅速有力地蹬直离地。同时，摆动腿迅速屈膝向前上方高抬摆动，两臂则由体侧后方积极向前上方摆动，保持腾空步动作。

图 5–17　第二跳技术

图 5–18　第三跳技术

第三跳的空中和落地动作与跳远时一样，可以选择蹲踞式、挺身式或走步式。

四、推铅球

推铅球是一种速度力量型投掷项目，它协调利用人体全身力量，以最快的出手速度，将铅球从肩上锁骨窝处单手推出。它能有效地增强躯干及四肢尤其是腰背的肌肉力量，提高速度，发展协调性，培养坚韧、沉着的意志品质。

推铅球起源于古代人类用石块猎取禽兽或防御攻击的活动，大致经历了投掷石块，投掷炮弹和推铅球三个阶段。现代推铅球运动始于 14 世纪 40 年代欧洲炮兵闲暇期间推掷炮弹的游戏和比赛。铅球的制作经历了铅、铁以及外铁内铅的过程。推铅球的技术大致经历了四个阶段的演变：原地推铅球、侧向滑步推铅球、背向滑步推铅球、旋转推铅球。

正式比赛时，男子铅球的重量为 7.26 千克，直径为 11～13 厘米；女子铅球的重量为 4 千克，直径为 9.5～11 厘米。投掷圈直径为 2.135 米，前缘装有抵趾板。扇形有效落地区的角度为 34.92 度。男、女铅球分别于 1896 年（第一届奥运会）和 1948 年（第十四届奥运会）被列为奥运会比赛项目。

如图 5-19 所示，背向滑步推铅球的技术要领包括（以右手为例）：握球和持球、预备姿势、滑步、最后用力、缓冲。

图 5–19　背向滑步推铅球技术要领

（一）握球和持球

如图 5-20 所示，五指自然分开，球体置于食指、中指和无名指的指根处，拇指和小指扶住球体两侧，手腕后屈防止球体滑动并便于控制出球的方向。

手指力量较强者，可将球适当移向手指上方，有利于拨球和发挥手腕的力量。

握好球后，将球放在右肩锁骨窝处，紧贴颈部，掌心向前，右臂屈肘，肘部稍外展且略低于肩，上臂与身体的夹角约为 45 度。

（二）预备姿势

预备姿势是滑步前的准备动作，目的是为协调、平稳地进入滑步创造条件。

（1）高姿势。如图 5-21 所示，持球后背对投掷方向，两脚前后开立，相距 20～30 厘米。右脚尖靠近投掷圈后端内沿（脚也可稍向内转），体重主要落在伸直的右腿上；左腿在后自然弯曲，以前脚掌或脚尖着地；上体放松，头部和躯干保持正直，左臂自然上举。

（2）低姿势。如图 5-22 所示，持球后背对投掷方向，两脚前后开立，相距 50～60 厘米（根据身高和下蹲的程度而定）。两腿弯曲（弯曲程度视个人力量而定），体重落于右腿。右脚尖贴近投掷圈后端内沿（脚也可稍向内转），左脚在后，以前脚掌或脚尖着地。左臂自然下垂，左肩稍向内扣，上体前屈与地面平行，两眼目视前下方。铅球的投影点在右脚的右侧前方。

（三）滑步

滑步使铅球获得一定水平方向的预先速度，并使身体形成最后用力的有利姿势。

滑步前可以先做一两次预摆（也可不做），以改变身体的静止状态。预摆时，左腿自然弯曲，大腿用力向后上方摆起，右腿伸直，同时上体前屈，左臂微屈前伸或下垂并稍向内，头与背保持一条直线。当左腿摆至与地面平行时，回收左腿，同时右腿弯曲，形成屈膝团身的姿势（见图 5-23）。

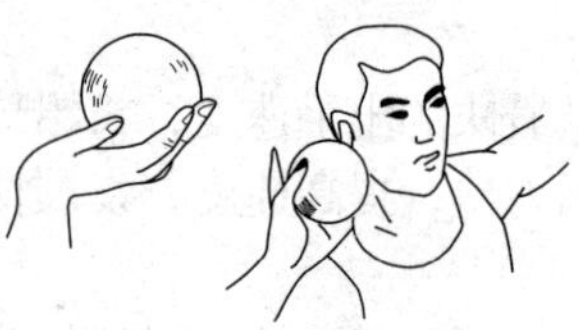

图 5-20　握球和持球

图 5-21　高姿势

图 5-22　低姿势

图 5-23　滑步

如图 5-24 所示，当左腿回收靠近右腿时，臀部后移。左腿向投掷方向快速摆出，同时右腿用力蹬伸。当右脚蹬离地面后，迅速拉收小腿并向内转动，用前脚掌着地，落于圆心附近。同时左脚积极下落，以前脚掌内侧落在圆圈直径的左侧。两脚着地时间相隔越短越好。此时肩轴与髋轴成扭紧状态，左脚尖与右脚跟约在一条直线上（对投掷方向而言）。

滑步过程中左臂和左肩保持内扣，头部保持向右后方的姿势，以保证上体处于扭紧状态。

图 5-24　滑步技术要领

（四）最后用力

最后用力阶段为从左脚落地到铅球出手。

左脚落地瞬间，右腿继续向投掷方向转动并积极蹬伸，转髋转体。同时上体逐渐抬起，左臂向胸前左上方摆动，左肩高于右肩，大部分重心仍落在弯曲而压紧的右腿上，身体呈“侧弓状”（见图 5-25）。

随着右腿蹬伸，右髋和右肩前送，身体重心由右腿快速移至左腿（见图 5-26）。随即两腿充分蹬伸，抬头（稍有后仰），屈腕且稍向内转，右臂迅速而有力地将球推出（见图 5-27）。

图 5-25　最后用力阶段 1

图 5-26　最后用力阶段 2

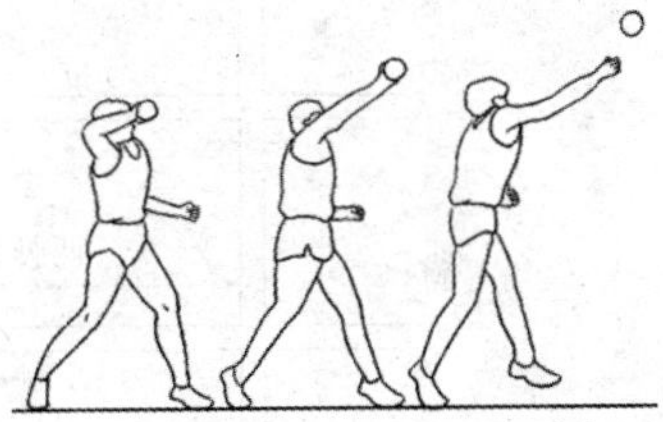

图 5-27　推出铅球动作

（五）缓冲

铅球出手后，右腿随势前摆，着地于左脚附近，左腿后摆，两腿交换并弯曲，以降低身体重心，缓冲向前的冲力，维持身体平衡，防止出圈犯规。

第三节　径　　赛

【教学目标】本节介绍了短距离跑、中长距离跑、跨栏跑、接力跑的概况，详细阐述了其技术要领。

竞赛项目包括短跑（Sprint/Dash）、中跑（Middle-distance Race）、长跑（Long-distance Race）、接力跑（Relay Race）、跨栏跑（Hurdle Race）、障碍跑（Obstacle Race）等。位移距离相同，耗时少者名次列前。

一、短跑

短距离跑（简称短跑），包括 400 米及 400 米以下各种距离的赛跑和接力跑，是高速度的极限性运动项目。它能有效地提高大脑皮层的兴奋性、中枢神经的协调性和意志转换的灵活性，增强呼吸系统和循环系统的能力，发展速度、力量、灵敏性和协调性，培养拼搏、竞争、坚毅、顽强的意志品质。

短跑

跑是人类与生俱来的基本能力，几乎每个国家的文献中都有对跑这种比赛形式的描述。现代短跑起源于欧洲，最早的正式比赛始于 1850 年牛津大学运动会。19 世纪末，赛跑距离由码制改为米制。初为职业选手的表演项目，后逐渐扩展到业余运动员。

短跑技术经历了从“踏步式”到“迈步式”再到“摆动式”的演变。起跑技术也从古希腊人的“站立式”起跑发展为“蹲踞式”起跑。

1896 年第一届现代奥运会，设有男子 100 米和 400 米比赛；1900 年第二届奥运会，增设了男子 200 米比赛项目；1928 年第九届奥运会，开始设女子 100 米跑；1948 年第十四届奥运会，增设女子 200 米比赛；1964 年第十八届奥运会，女子 400 米被列为比赛项目。

短跑全程由起跑、起跑后的加速跑、途中跑和终点跑四个紧密相连的阶段组成。

（一）起跑技术

起跑包括起跑前的准备姿势和起动动作。在短跑比赛中，必须用蹲踞式起跑，并使用起跑器。

如图 5-28 所示，起跑器的安装方法有普通式、接近式和拉长式三种。前起跑器抵足板与地面的夹角约为 45°，后起跑器为 60°～80°。安装起跑器的目的在于蹬离时能充分发挥腿部肌肉的最大力量，从而获得向前的最大初速度，起跑后使身体能保持较大的前倾。

起跑过程包括“各就位”“预备”“鸣枪”三个环节。

如图 5-29 所示，听到“各就位”口令后，可稍做放松（如深呼吸），然后俯身两手于起跑线后撑地，两脚依次踏在前、后起跑器抵足板上，脚尖触地。将有力的腿放在前面，后膝跪地。两臂伸直约与肩同宽，四指并拢或稍分开和拇指成“人”字形，身体重心稍前移，肩约与起跑线平行。背微弓，颈部自然放松，注意听“预备”口令。

听到“预备”口令后，后膝离地，抬起臀部，使之稍高于肩。重心适当前移，体重主要落于两臂和前腿上。两小腿趋于平行，前腿膝角约为 90°，后腿膝角约为 120°，注意力高度集中等候发令枪声。

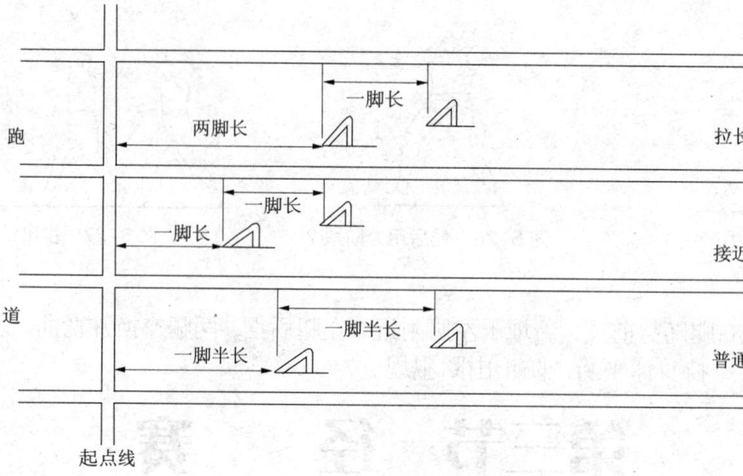

图 5-28　起跑器安装方法

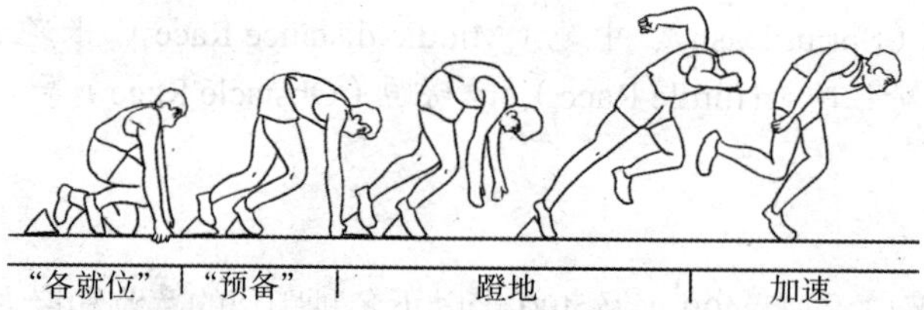

图 5-29　起跑过程

听到枪声后，两手迅速推离地面，屈肘做有力的前后摆臂，同时两脚用力蹬离起跑器，使身体以前倾姿势向前上方运动，躯干与地面成 15° ~20° 角。后腿迅速屈膝向前上方摆出，但不宜过高。后腿前摆并积极下压着地的同时，前腿快速蹬伸髋、膝、踝三个关节。躯干逐渐抬起，头部也随之上抬，视线逐渐向前移。

（二）起跑后的加速跑技术

加速跑的任务是充分利用起跑的初速度，在较短距离内尽快获得最高速度。

起跑后，第一步不宜过大，为 3.5 ~ 4 脚长，第二步为 4 ~ 4.5 脚长，以后逐渐增大。上体随着步长和速度的增加而逐渐抬起，两脚落点逐渐靠拢人体中线，形成一条直线（在起跑后 10 ~ 15 米处）。同时，两臂应积极摆动，上下肢协调配合。加速距离一般为 25 ~ 30 米。

（三）途中跑技术

一个跑的周期包括两个腾空时期和两个支撑时期（左支撑和右支撑）。单腿均要经历后蹬、摆动、着地缓冲等阶段。

途中跑指从完成加速跑开始，到距终点 10 米左右的一段距离，其任务是继续发挥和保持最高速度。进入途中跑时，应顺惯性放松跑 2 ~ 3 步，以消除肌肉的过分紧张。在百米跑中，途中跑的距离为 65 ~ 70 米。

摆臂动作：途中跑时上体稍前倾，两眼平视，颈肩放松，手半握拳，两臂屈肘，以肩关节为轴，用力前后摆动，如图 5-30 所示，前摆时，肘稍向内，肘关节角度变小；后摆时，肘稍向外，角度变大。手和小臂不能摆过身体胸前的中线形成两臂的交叉摆动。正确的摆臂动作能够维持平衡、调节节奏，有利于加快步频和步幅。

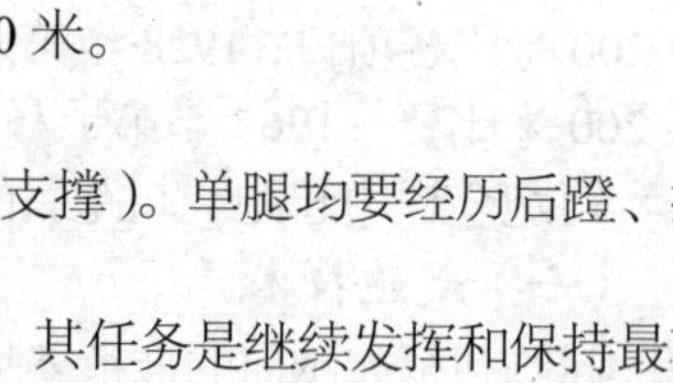

图 5-30　途中跑技术动作

摆腿动作：

（1）后蹬伸展阶段，支撑腿从伸展髋关节开始，依次蹬伸膝、踝关节，直到脚掌蹬离地面。后蹬动作中速度极为重要；

（2）折叠前摆阶段，后蹬结束后，摆动腿大小腿尽力折叠，快速积极地向前摆动。同侧髋部随之前移；

（3）下压缓冲阶段，前摆至大腿高抬后，随即积极下压，前脚掌积极“扒地”。着地瞬间小腿与地面接近垂直，迅速屈膝、屈踝缓冲，摆动腿随惯性快速向前摆动与支撑腿靠拢，使身体重心迅速前移，膝踝关节屈曲角度达到最大，转入后蹬待发状态。

支撑腿与摆动腿的蹬摆协调配合是途中跑技术的关键。一般情况下，摆动腿前摆速度快，步频也快，前摆幅度大，步幅也大。

（四）终点跑技术

终点跑包括终点冲刺和撞线，其任务是尽量保持途中跑的高速度跑过终点。在距离终点约 15～20 米时，上体前倾，以增强后蹬力，同时加大摆臂的幅度和速度，在距离终点线最后一步时，上体达到最大前倾，用胸部或肩部撞线。通过终点后，要调整步频和步幅，逐渐减速。

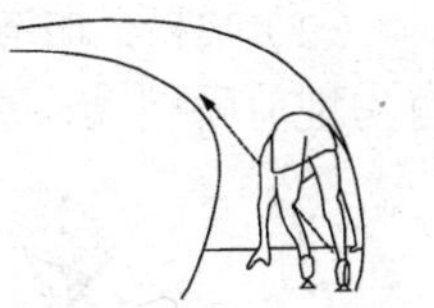

图 5–31　弯道起跑姿势

（五）弯道跑技术

如图 5-31 所示，弯道起跑时，为了形成一段直线距离的加速跑，应将起跑器安装在跑道右侧、正对左侧弯道的切点方向。左手撑于起跑线后 5～10 厘米处，身体正对弯道的切点。加速跑距离较短，上体抬起较早，沿切线跑进。

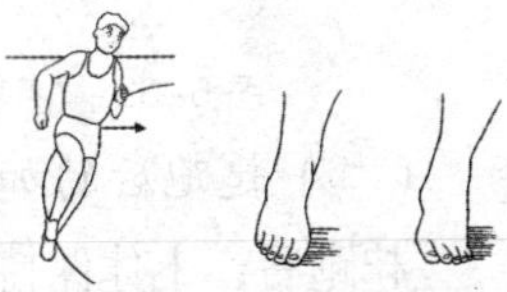

图 5–32　直道进入弯道

如图 5-32 所示，从直道进入弯道，身体应有意识地稍向圆心方向倾斜。后蹬时，右脚前脚掌内侧用力，左脚前脚掌外侧用力。摆动时，右腿膝关节稍向内，左腿膝关节稍向外。右臂的摆动幅度和力量略大于左臂。尽可能沿跑道内侧前进。

从弯道进入直道，最后几米，应逐渐减小身体内倾程度，惯性跑 2～3 步后转入正常途中跑。

二、中长跑

中长跑是中距离跑和长距离跑的简称，全程为 800～10 000 米。它能有效地改善呼吸系统和心血管系统的功能，促进心肺功能（增强心肌，增厚心壁，增加心脏容积），提高速度和耐力，培养坚韧不拔、吃苦耐劳的意志品质。

中长跑

中长跑作为一种竞赛项目起源于 18 世纪的英国。奥运会中跑比赛项目男、女均为 800 米跑和 1 500 米跑。男子项目 1896 年（第一届奥运会）列入；女子 800 米跑 1928 年（第九届奥运会）列入，1 500 米跑 1972 年（第二十届奥运会）列入。奥运会长跑比赛项目男、女均为 5 000 米跑和 10 000 米跑，男子项目 1912 年（第五届奥运会）列入；女子 5 000 米跑 1996 年（第二十六届奥运会）列入，10 000 米跑 1988 年（第二十四届奥运会）列入。

知识窗

我国长跑佼佼者

我国张林丽在 1993 年破中长跑 3 000 米世界纪录，成绩为 8 分 29 秒 25。

曲云霞在 1993 年破 1 500 米世界纪录，成绩为 3 分 50 秒 46；破 3 000 米纪录，成绩为 8 分 12 秒 18。

王军霞在 1993 年破 10 000 米世界纪录，成绩为 29 分 31 秒 78；破 3 000 米世界纪录，成绩为 8 分 06 秒 11。

姜波在 1997 年创造了 5 000 米世界纪录，成绩为 14 分 28 秒 09。

王军霞至今仍保持着 10 000 米的世界纪录。

现代中长跑各项目因距离不同，在动作技术的速度、幅度等细节方面存在区别，但整体动作结构基本相同，均要求保持较高的速度、积极有效的伸髋和快速有力的蹬摆。

（一）起跑技术

中长跑的起跑按“各就位”、鸣枪两个口令进行，起跑姿势有“站立式”和“半蹲踞式”两种。

（1）“各就位”时，先做一两次深呼吸，“站立式”起跑的运动员两脚前后开立，有力的腿在前，前脚尖紧靠起跑线后沿，全脚掌着地，后脚以前脚掌着地，两脚前后间距约一脚，左右间距约半脚，两膝弯曲，上体前倾（跑的距离越短，腿的弯曲度越大，上体前倾也越大），颈部放松，两臂在体前自然下垂或一前一后，身体重心落于前脚，保持稳定姿势（见图 5-33）。

“半蹲踞式”起跑的动作与“站立式”基本相同，但其前腿的异侧臂的拇指和其他四指成“八”字形撑在起跑线后。两脚均用前脚掌支撑，前后相距约一小腿长，左右间隔约一脚宽，两膝弯曲角略小，体重主要落在前腿和支撑臂上。

（2）鸣枪。听到枪声后，后腿用力蹬地后积极前摆，前腿用力蹬伸。两臂配合腿部动作做快而有力地前后摆动，身体向前冲出（见图 5-34）。

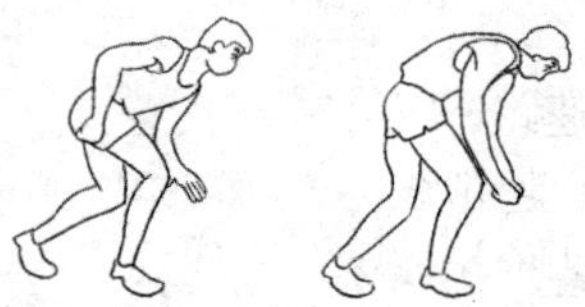

图 5-33 “各就位”时动作要领

图 5-34 鸣枪时动作要领

（二）起跑后的加速跑技术

起跑后，上体保持一定的前倾，两臂的摆动和腿脚的蹬摆都应迅速有力，逐渐加速，同时，上体随之抬起，跑向对自己有利的战术位置，然后转入途中跑。加速跑的距离和速度，应根据个人特点、战术要求和临场情况而定。

（三）途中跑技术

途中跑是中长跑技术中的主要部分，其任务是保持速度，节省体力，讲求节奏，并充分运用战术为获取优异成绩奠定良好基础。

如图 5-35 所示，就途中跑的技术而言，中长跑与短跑实质相同，但由于距离和速度的不同，两者仍存在一定差异。

1. 上体姿势

在中长跑的途中跑阶段，上体自然伸直或稍向前倾，中跑上体前倾约 5 度，长跑上体前倾 1°～2°。上体前倾的角度小于短跑。

2. 腿部动作

后蹬时，角度较短跑稍大，用力程度和蹬伸幅度较短跑稍小。前摆时，大腿上摆的高度较短跑低，大小腿的折叠程度较短跑小。

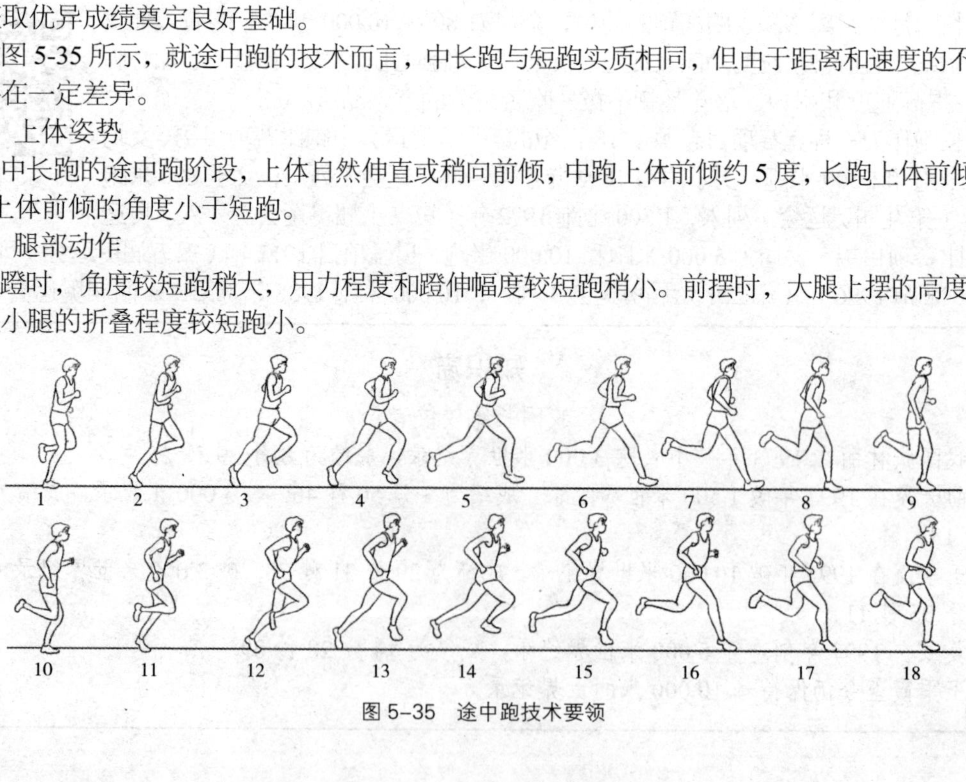

图 5-35 途中跑技术要领

此外，中长跑的途中跑阶段，特别强调动作与呼吸的配合，此阶段身体重心的上下波动、弯道跑时摆臂幅度、跑的频率系数（腾空时间与支撑时间的比值）均小于短跑。

3．终点跑技术

终点跑是临近终点前一段距离的加速跑。其任务是以顽强的意志，调动全部力量，克服高度疲劳，加大摆臂速度和幅度，加快步频，冲刺终点。

终点冲刺的距离应根据个人的体力情况、战术要求和临场情况而定，一般中跑为 200～400 米，长跑在 400 米以上。应注意观察对手情况，抢占有利位置，把握冲刺时机。速度占优势的运动员，宜紧跟并晚冲刺，一般在进入最后直道时开始冲刺；耐力占优势的运动员，宜早冲刺。

4．中长跑的呼吸

中长跑途中，为了保证机体对氧气的需求，采用口鼻同时进行呼吸的方法。呼吸的节奏应和跑的节奏相配合，并注意加大呼吸的深度（特别是呼气，只有充分地呼出二氧化碳，才能吸入更多的氧气）。一般采用两步一呼，两步一吸（也有一步一呼，一步一吸；三步一呼，三步一吸等）。

“极点”是一种正常的生理现象，是指中长跑途中，由于氧气的供应落后于机体活动的需要，代谢物质无法及时转移，而出现的胸部发闷、呼吸困难、动作无力、难以继续跑进等感觉。此时要以顽强的意志坚持跑下去，加强呼吸，适当调整步速。经过一段时间后，“极点”现象就会消失或减轻，身体运动能力逐渐提高，出现“第二次呼吸”。

三、跨栏跑

跨栏跑是在规定距离中，跑并跨越一定数量、一定间距和一定高度栏架的径赛项目，也是田径运动中技术较复杂、节奏性较强、锻炼价值较高的项目之一。它能有效地提高中枢神经系统对运动肌群的调控和支配能力，改善呼吸系统和循环系统的机能，使各关节活动幅度增大，肌肉和韧带的伸展增强，骨骼增粗，使速度、力量、耐力、弹跳力、柔韧性、灵敏性、协调性、准确性、节奏感等身体素质得到全面发展，可以培养勇敢顽强、不屈不挠、坚定果断的意志品质。

现代跨栏跑起源于英国，是由牧羊人跨越羊圈栅栏的游戏演变而来。其技术经历了由“跳栏”到“跨栏”再到“跑栏”的演变过程。最初以埋在地下无法移动的木支架或栅栏为栏架，1900 年出现了可移动的倒“T”字形栏架，1935 年“L”形栏架诞生并沿用至今。

奥运会比赛项目设男子 110 米跨栏跑（1896 年列入，当时为 100 米跨栏跑，1900 年改为 110 米跨栏跑）、400 米跨栏跑（1900 年列入）；女子 100 米跨栏跑（1932 年列入，当时为 80 米跨栏跑，1972 年改为 100 米跨栏跑）、400 米跨栏跑（1984 年列入）（见表 5-1）。

表 5-1　奥运会跨栏跑比赛项目及要求

<table>
<tr><th>性　别</th><th>项　目</th><th>栏间距离（米）</th><th>起点到第一栏距离（米）</th><th>最后一栏到终点距离（米）</th><th>栏高（米）</th><th>栏数（个）</th></tr>
<tr><td rowspan="2">男</td><td>110 米栏</td><td>9.14</td><td>13.72</td><td>14.02</td><td>1.067</td><td rowspan="4">10</td></tr>
<tr><td rowspan="2">400 米栏</td><td rowspan="2">35</td><td rowspan="2">45</td><td rowspan="2">40</td><td>0.914</td></tr>
<tr><td rowspan="2">女</td><td>0.762</td></tr>
<tr><td>100 米栏</td><td>8.50</td><td>13</td><td>10.50</td><td>0.84</td></tr>
</table>

男子 110 米栏的栏架较高，过栏和栏间跑的速度较快，是跨栏跑中技术难度最大的项目。以此为例，讲解跨栏跑技术。

（一）起跑至第一栏技术

起跑至第一栏的任务是在固定的距离内用固定的步数完成加速跑，为全程过栏奠定良好的速度和节奏。

其技术与短跑基本相同。起跑采用蹲踞式，一般跑 7～8 步，采用 7 步上栏，应将起跨腿置于后起跑器上；采用 8 步上栏，则应将起跨腿置于前起跑器上。

这一阶段，跨栏跑与短跑动作技术的差异主要表现为：

（1）预备时，臂部抬起相对较高；

（2）起跑后，身体前倾角度较小，上体抬起较早，大约在第六步时，基本达到短跑途中跑的姿势；

（3）加速中，后蹬角度较大，步长增加较快。跨栏前倒数第二步达到最大步长，最后一步是短步（比前一步短 10～20 厘米），起跨腿以前脚掌迅速准确地踏上起跨点。

（二）跨栏步技术

如图 5-36 所示，跨栏步是指从起跨脚踏上起跨点到摆动腿过栏落地的过程，距离为 3.30～3.50 米。其技术分为起跨攻栏和腾空过栏两个动作阶段。

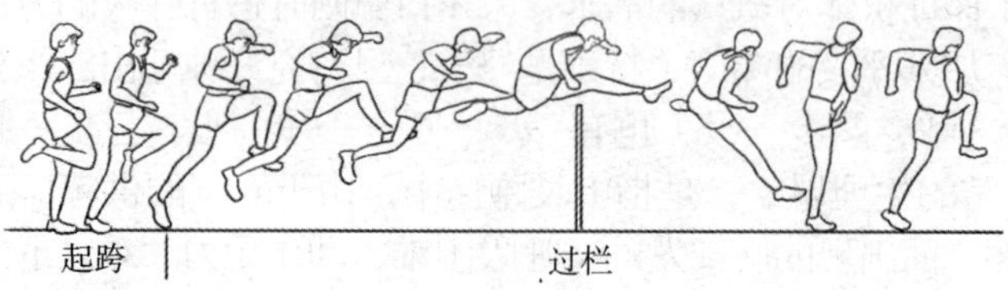

图 5-36　跨栏步技术

1. 起跨攻栏

起跨攻栏是指从起跨脚踏上起跨点开始至后蹬结束的整个支撑时期。起跨的动作质量直接决定过栏速度、下栏时间和栏间跑进，是跨栏步技术的关键。

起跨点距栏架的距离一般为 2.00～2.20 米。后蹬要求迅猛有力，起跨腿髋、膝、踝关节充分伸展，并与躯干、头部基本成一条直线，起跨角度（起跨离地时，身体重心与支撑点的连线同地面之间的夹角）约为 70 度。同时，摆动腿在体后屈膝折叠，足跟靠近臀部，膝向下，并以髋为轴，膝领先，大腿带动小腿充分向前摆超过腰部高度。上体随之前倾，摆动腿异侧臂屈肘向前上方摆出，肘关节达到肩的高度，另一臂屈肘摆至体侧，整个身体集中向前用力，形成良好的攻栏姿势。

2. 腾空过栏

腾空过栏是指从蹬离地面身体转入无支撑阶段起，到摆动腿过栏后落地时止的动作阶段。

身体腾空后，摆动腿随惯性继续向前上方攻摆，膝关节高过栏架后，小腿向前伸展，脚尖勾起。其异侧臂前伸，与摆动腿基本平行，同侧臂屈肘后摆，上体达到最大前倾，角度为 45°～55°。同时，起跨腿屈膝提拉，小腿收紧抬平，约与地面平行或略高，两腿在栏前形成一个约 120° 以上夹角的大幅度劈叉动作。

如图 5-37 所示，摆动腿的脚掌移过栏架后，起跨腿屈膝外展，脚背屈并外翻，以膝领先，经腋下迅速向前上方提拉过栏。两腿在空中完成一个协调有力的以髋关节为轴的剪绞动作。同时，两臂配合积极摆动，起跨腿同侧臂由前伸位置向侧后方做较大幅度的划摆，另一臂屈肘前摆，以维持身体平衡。

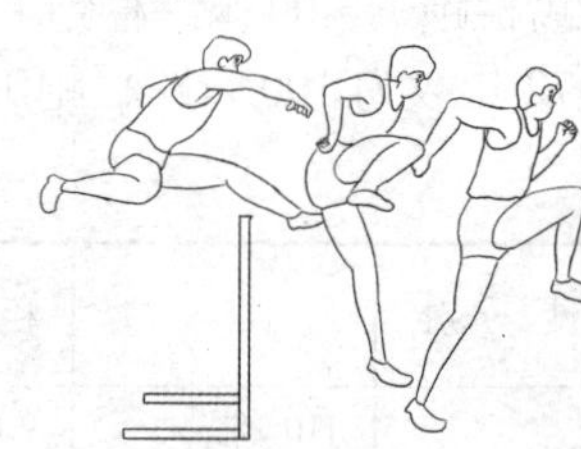

图 5-37　腾空过栏

摆动腿膝关节过栏瞬间，大腿积极下压，膝、踝关节伸直，以脚前掌后扒着地，身体重心处于较高位置。上体保持适当前倾，起跨腿加速向前提拉，至身体正前方，大腿高抬，转入栏间跑。下栏着地点距栏架约 1.40 米。

（三）栏间跑技术

栏间跑是从下栏着地点到下一栏起跨点之间的跑段。其任务是以正确的节奏，继续发挥和保持最快速度，为下一栏的顺利起跨创造有利条件。

栏间跑的技术同短跑的途中跑实质基本相同，但由于受栏间距离和跨栏步的限制，其节奏与短跑明显不同。栏间距离为 9.14 米，除去跨栏步余 5.30～5.50 米，需跑三步。三步步长各不相同，第一步最小为 1.50～1.60 米，第二步最大为 2.00～2.15 米，第三步中等为 1.85～1.95 米。

提高栏间跑的速度主要靠加快步频和改进跑的节奏，使三步步长比例合理，频率快、节奏稳、方向正、直线性强，身体重心稍高、起伏较小。

（四）终点跑技术

类似于短跑的冲刺跑技术，撞线动作与短跑相同。

（五）全程跑技术

全程跑中，要合理地将跨栏步技术与栏间跑技术紧密地结合起来。起跑后，首先跨好第一栏并在第二、第三栏继续积极加速，充分发挥出最高速度。第四至第八栏尽量保持速度，并注意控制动作的准确性。第九、第十栏保持跑的节奏并准备冲刺。跨过第十个栏架后，把跨栏节奏调整为短跑节奏，加快步频，加大上体前倾，加强蹬地和摆臂力度，全力以赴冲向终点。

其他跨栏跑项目基本技术结构与 110 米栏相同，但上体前倾和手臂摆动较小，摆动腿抬起较低，起跨腿前伸幅度稍小，下栏着地点较近，整体动作更接近于短跑。

女子 100 米跨栏跑的起跨点距栏架为 1.95～2.00 米，起跨角度为 62° ～65° ，下栏着地点距栏架为 1.00～1.20 米，栏间跑三步步长分别为 1.60～1.65 米、1.95 米、1.80～1.85 米。

400 米跨栏跑，起跑之第一栏的距离为 45 米，男子跑 21～23 步，女子跑 23～25 步。起跨点，男子为 2.10～2.15 米，女子为 1.90～2.00 米。栏间跑距离为 35 米，男子一般跑 15～17 步（部分优秀选手跑 13 步），女子一般跑 17～19 步（部分优秀选手跑 15 步）。弯道过栏时，以右腿起跨较为有利。起跨时，右脚前脚掌内侧蹬地，左腿向左前方攻摆，右臂内侧倾斜向左前上方摆出，上体前倾时略向左转，右肩高于左肩。下栏时，用左腿前脚掌外侧在靠近左侧分道线处着地，右腿提拉过栏时向左前方用力。

四、接力跑

接力跑是田径运动中唯一的集体项目。以队为单位，每队四人，每人跑相同距离。它能有效地发展速度、灵敏等身体素质，培养团结协作的集体主义精神。

接力跑的起源众说纷纭，有古代奥运会祭祀仪式中火炬传递说，有非洲盛行的“搬运木料（搬运水坛）”游戏说，有传递信件文书的邮驿演变说。

目前，奥运会比赛项目分男、女 4×100 米接力跑和 4×400 米接力跑。接力棒为光滑、彩色的空心圆柱，由整段木料、金属或其他适宜的坚固材料制成，长度为 20～30 厘米，周长为 12～13 厘米，重量不少于 50 克。

如图 5-38 所示，传棒人必须持棒跑完各自规定的距离，接棒者可以在接力区前 10 米内起跑，两人必须在 20 米的接力区内完成传、接棒。

接力跑技术包括短跑技术和传、接棒技术。要求各队员在快速跑进的同时，配合默契。接力跑的距离越短，传、接棒技术要求越高。以 4×100 米接力跑为例，下面讲解接力跑技术。

（一）起跑技术

1. 持棒起跑

第一棒运动员通常采用蹲踞式起跑，其技术和短跑弯道起跑基本相同。如图 5-39 所示，用右手的中指、无名指和小指握住棒的末端，拇指和食指分开撑地，接力棒不得触及起跑线和起跑线前的地面。

2. 接棒起跑

接棒人选择恰当的起跑姿势，标准有二：第一是否有利于快速起跑和加速跑，第二是否能清楚地看到传棒队员及设定的起跑标志线。

如图 5-40 所示，第二、第三、第四棒运动员可用站立式或一手撑地的半蹲踞式起跑姿势。第二、第四棒运动员应站在跑道外侧，左腿在前（也可右腿在前），右手撑地，身体重心稍向右偏，头转向左后方，目视传棒队员的跑进和自己的起跑标志线（见图 5-41）。第三棒运动员应站在跑道内侧，右腿在前（也可左腿在前），左手撑地，身体重心稍向左偏，头转向右后方，目视传棒队员的跑进和自己的起跑标志线（见图 5-42）。

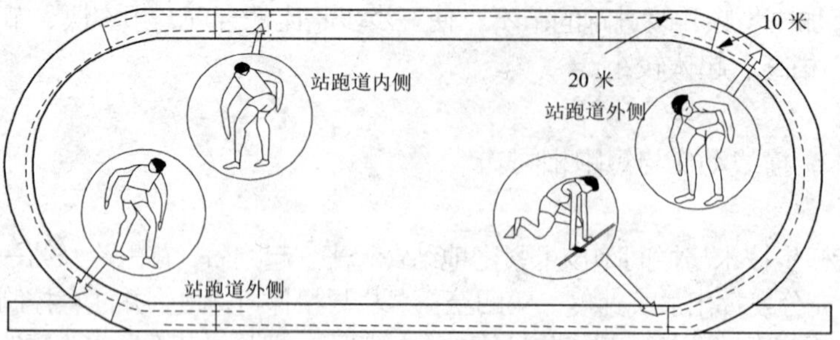

图 5-38 传、接棒位置

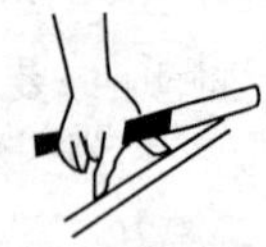
图 5-39 持棒起跑姿势

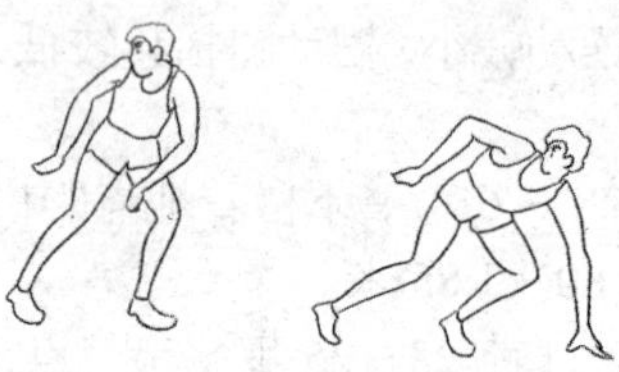
图 5-40 半蹲踞式起跑姿势

图 5-41 第二、第四棒运动员接棒动作

图 5-42 第三棒运动员接棒动作

持棒运动员保持最快速度，接棒运动员根据持棒者的跑速有控制地进行加速，以便于顺利快速地接棒。

（二）传、接棒技术

1. 传、接棒的方法

（1）上挑式。如图 5-43 所示，接棒人的手臂自然后伸，与躯干成 40° ~45° 夹角，掌心向后，拇指与其他四指张开，虎口朝下，传棒人将棒由下向前上方“挑”送入接棒人手中。上挑式动作自然，容易掌握，但第二棒接棒人手握棒的中段，第三、第四棒传接时由于棒的前端部分越来越少而易造成掉棒。

（2）下压式。如图 5-44 所示，接棒人的手臂后伸，与躯干成 50° ~60° 夹角，手腕内旋，掌心向上，虎口朝后，拇指向内，其余四指并拢向外，传棒人将棒的前端由上向前下方“压”入接棒人手中。下压式，各棒次接棒人均能握于棒的一端，但接棒时手腕动作紧张，掌心向上引起身体前倾而影响加速跑。

（3）混合式。这种方法综合了上述两种方法的优点。第一、第三棒运动员以右手持棒，沿弯道内侧跑进，用“上挑式”将棒传入第二、第四棒运动员左手中；第二棒运动员左手持棒，沿跑道外侧跑进，用“下压式”将棒传入第三棒运动员右手中。

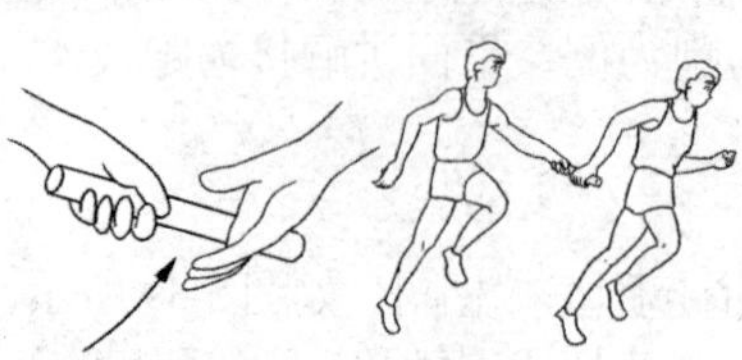
图 5-43 上挑式

图 5-44 下压式

4×400 米接力跑，多采用换手传接棒技术。接棒人用左手接棒后，立即换到右手。也可以用右手接棒，跑至最后一个直道时再换到左手传棒（第四棒可免）。

2. 传、接棒的时机

为了集中精神保持高速度，4×100 米接力运动员均采用听传棒人信号而不看棒的接棒方式。传、接棒运动员在 20 米接力区内，双方均达到相对稳定的高速时，便是传、接棒的最佳时机。此时，一般距接力区前端 3~5 米。

传棒人跑到标志线时，接棒人开始由预跑区内或接力区后端迅速起跑。传棒人跑至接力区内，距接棒人 1～1.5 米时，向其发出“嘿”或“接”等传、接棒信号，接棒人听到后迅速向后伸手接棒（见图 5-45）。

3. 起跑标志线的确定

起跑标志线与起跑点的距离，是根据传、接棒队员的跑速和传、接棒技术的熟练程度以及最佳传、接棒时机而定的，一般为 5～6 米。起跑标志线要在训练中多次实践反复调整才能准确确定。

图 5-45　传、接棒的时机

4. 各棒队员的分配

接力跑要求各棒队员之间协调配合，并能够充分运用每个人的特长，保证在快速跑进中精确、默契、迅速地完成传、接棒动作。一般而言，第一棒应起跑好，并善于跑弯道；第二棒应速度快，耐力好，善于传、接棒；第三棒除应具备第二棒的长处外，还要善于跑弯道；第四棒通常是 100 米成绩最好、冲刺能力最强的。

第四节　田径运动规则简介

【教学目标】本节主要介绍了田径比赛规则要点。

一、田赛项目竞赛规则要点

（一）比赛方法

奥运会田赛项目的比赛通常先分两组进行及格赛，达到及格标准的直接进入决赛，如达到及格标准的运动员不足 12 人，不足的人数按及格赛成绩递补。远度项目决赛前三轮比赛的顺序抽签决定。决赛前三轮比赛结束后，按成绩取前 8 名运动员进行最后三轮比赛；第四、第五轮比赛排序按前三轮成绩的倒序排列，第六轮比赛排序则按前五轮成绩的倒序排列，成绩最好的最后跳（掷）。

（二）有效成绩

除犯规外，跳跃远度项目比赛中，运动员每次试跳的成绩均为有效成绩。除犯规外，高度项目比赛中，运动员每次跳过的高度为有效成绩。投掷项目比赛除犯规以外，当运动员投出的器械完全落在落地区内（不包括落地区边线）才算有效，丈量成绩时从距离投掷区最近的落地点算起。其中标枪必须是枪尖首先触地成绩才算有效。

（三）录取名次

远度项目比赛结束以后，以运动员最好的一次试跳（掷）成绩（包括因第一名成绩相等而进行的决名次赛的成绩），作为最后的决定成绩判定名次，成绩好者列前。如成绩相等，按下列规定解决：在远度项目比赛中，如出现最好成绩相等，则以第二好成绩来确定名次，依此类推，直到最后一个成绩。如果还是相同，除了第一名以外，可以并列；如果涉及第一名成绩相同，必须让这些涉及第一名的运动员继续比赛，直到决出第一名为止。

在高度项目比赛中，如出现最好成绩相等，则按以下规定解决：在出现成绩相等的高度上，试跳次数较少者名次列前；如成绩仍然相等，则在包括最后跳过的高度在内的决赛全部比赛中，试跳失败次数较少者名次列前；如成绩仍相等，当涉及第一名时，进行决名次赛，直到分出名次为止，当成绩不涉及第一名时名次并列。

（四）犯规

（1）跳远、三级跳远有下列情况之一即判犯规：

① 运动员以身体任何部位触及起跳线之前的地面；

② 从起跳板两端之外起跳，无论是否超过起跳线的延长线；

③ 触及起跳线和落地区之间的地面；

④ 在落地过程中触及落地区以外的地面，而落地区外的触地点较落地区内的最近触地点更靠

近起跳线；

⑤ 离开落地区时，运动员在落地区外地面的第一触地点较落地区内最近触地点和在落地区内因身体失去平衡而留下的任何痕迹更靠近起跳线；

⑥ 在助跑或跳跃中采用任何空翻姿势；

⑦ 还未通知该运动员试跳如其进行试跳，不管是否成功，都应判该次试跳失败；

⑧ 无故错过该次试跳顺序；

⑨ 无故延误时限。

比赛时，运动员无故延误时间，即不准参加该次试跳，以失败论处。如果在比赛中再次无故延误比赛时间，即取消该运动员的比赛资格，但在此之前的比赛成绩仍然有效。每次试跳的时限为 1 分钟，只有当一名运动员连续两次试跳时，其试跳时限为 2 分钟。在时限只剩最后 15 秒时，计时员举黄旗示意，当时限到时，落下黄旗，主裁判应判定运动员该次试跳失败。如时限到的同时，运动员已开始试跳，应允许其进行该次试跳。裁判员通知运动员试跳开始后，运动员才决定免跳，此时若时限已过，应判为该次试跳失败。

（2）跳高有下列情况之一即判犯规：

① 使用双脚起跳；

② 由于运动员的试跳动作致使横杆未能停留在横杆托上；

③ 在越过横杆之前，身体触及立柱前沿垂直面以外的地面或落地区，但如果裁判员认为运动员并没有受益，则不应由此而判该次试跳失败；

④ 无故延误时限；

⑤ 当裁判员通知运动员试跳开始后，运动员才决定免跳，此时若时限已过，应判该次试跳失败；

⑥ 试跳时，运动员有意用手或手指把即将从横杆托上掉下的横杆放回；

⑦ 无故错过该次试跳顺序。

（3）撑竿跳高有下列情况之一即判犯规：

① 试跳后，由于运动员的试跳动作致使横杆未能停留在横杆托上；

② 在越过横杆之前，运动员的身体或所用撑竿的任何部位触及插斗前壁上沿垂直面以外的地面或落地区；

③ 起跳离地后，将原来握在下方的手移握至上方的手以上或原来握在上方的手向上移握；

④ 试跳时，运动员用手稳定横杆或将横杆放回；

⑤ 无故延误时限；

⑥ 当裁判员通知运动员试跳开始后，运动员才决定免跳，此时若时限已过，应判该次试跳失败；

⑦ 裁判员根据运动员登记的架距调整好架距，计时员已开始计时，运动员再提出调整架距，则再次调整架距的时间应计入运动员的试跳时间内，如因此而超出试跳时限，则应判定试跳失败；

⑧ 无故错过该次试跳顺序；

⑨ 试跳中，当撑竿不是朝远离横杆或撑竿跳高架方向倾倒时，如有人接触撑竿，且有关裁判长认为，如果撑竿不被接触将会碰落横杆，则应判此次试跳失败。

（4）投掷项目运动员如果有下列违反规则的行为，则会被判犯规，成绩无效：

① 超出时间限制；

② 投掷铅球或标枪技术不符合规则规定（规则要求铅球或标枪必须由单手从肩上掷出）；

③ 在投掷过程中，身体和器械的任何一部分不得触及投掷圈铁圈上沿，或圈外的地面和标枪投掷弧、延长线以及线以外地面任何一部分，包括铅球抵趾板的上面，否则即为投掷失败；

④ 只有当器械落地以后，运动员才允许离开投掷圈或助跑道。标枪运动员在投出的枪落地前，不能在投掷后转身完全背对其投出的标枪，完成投掷后，链球、铁饼和铅球运动员必须从投掷圈后半圈的延长线后面退出，标枪运动员必须从投掷弧以及延长线以后退出；

⑤ 在没有犯规的情况下，参赛者可以中止已开始的试掷动作，将器材放下以后暂时离开投掷区，重新开始后，必须在规定的时限内完成投掷；

⑥ 参赛者可以在比赛期间离开比赛区域，但必须由裁判员许可并由裁判员陪伴；

⑦ 比赛过程中，运动员不能在比赛场地使用以下电子设备：摄像机、便携式录放机、收音机、CD 机、报话机、手机、MP3 以及类似的电子设备。

（五）裁判员的旗示

在跳跃项目比赛中，通常有一名主裁判手中持红、白旗帜各一面，用来示意运动员试跳是否成功。举红旗表示试跳失败，成绩无效；举白旗表示成功，成绩有效。

在投掷项目比赛中，通常有两名主裁判手中持红、白旗帜各一面，用来示意运动员试投是否成功。举红旗表示试投失败，成绩无效；举白旗表示成功，成绩有效。其中一名站在投掷区附近的称为内场主裁判，主要判定运动员在试投过程中是否犯规；另一名在落地区内的称为外场主裁判，主要判定器械落地点是否有效。

二、径赛项目竞赛规则要点

（一）短跑、中长跑的名次判定

在田径比赛中，所有赛跑项目参赛者的名次取决于其身体躯干（不包括头、颈、臂、腿、手或足）抵达终点线后沿垂直面为止时的顺序，先到达者名次列前。在任一赛次中，按成绩录取进入下一赛次运动员时，如遇运动员成绩相等，则终点摄像主裁判应考虑有关运动员的 1/1 000 秒的实际成绩。如果成绩依然相等，则有关运动员均应进入下一赛次。如实际条件不允许，应抽签决定进入下一赛次的人选。在决赛中第一名成绩相同，裁判长有权决定是否重赛，若无条件重赛，则并列第一；其他名次成绩相同，按并列处理。

径赛的主要规则

（二）短跑及中长跑的起跑

在国际赛事中，所有 400 米或以下的径赛项目，必须采用蹲踞式起跑及起跑器。

发令员口令为“各就位”（on your marks）、“预备”（set），最后发令枪响。在“各就位”（on your marks）及“预备”（set）口令之后，参赛者应立即完成有关动作，否则属起跑犯规。如果有运动员抢跑，发令员就会宣布起跑犯规。对第一次起跑犯规的运动员应给予警告，除了全能项目之外，每项比赛只允许一次起跑犯规而运动员不被取消资格，之后每次起跑犯规的运动员均将被取消该项目的比赛资格。

全能比赛中，如果一名运动员两次起跑犯规，将被取消比赛资格。

除此以外，在“各就位”口令发出后，以声音或动作扰乱他人者，也将被判为起跑犯规。在枪声响起前有任何起跑动作，均属起跑犯规。如因仪器或其他原因而非运动员造成的起跑犯规，应向所有运动员出示绿牌。

400 米以上（不含 400 米）的径赛项目，均采取站立式起跑。发令员口令为“各就位”，当所有参赛者在起跑线后准备妥当并静止后，便可鸣枪开始比赛。

（三）分道跑

在分道跑和部分分道跑的径赛项目中，参赛者越出跑道，获得实际利益或冲撞、阻碍其他参赛者，会被取消资格。如果参赛者被推或挤出指定的跑道，只要未获得实际利益也未影响他人，可不取消其参赛资格。同样，任何参赛者在直道中越出其跑道或在弯道中越出其跑道的外侧，只要没有获得实际利益及阻碍他人，均不算犯规。

（四）赛次和分组

径赛一般分为第一轮（round1）、第二轮（round 2）、半决赛（semi-finals）和决赛（finals）四个赛次。赛次的安排和分组，以及每一赛次的录取人数等将根据报名参加比赛的人数决定。预赛分组时要尽可能把成绩好的运动员平均分配到不同的小组中去。在其后的各轮比赛中，分组依据运动员在前一轮的比赛成绩。如果可能，相同国家或地区的运动员应分开。

（五）分道

运动员在所有短跑、跨栏和 4×100 米接力赛中自始至终都必须在自己的跑道里。800 米和 4×

400 米接力赛，在自己的跑道里起跑，当运动员通过抢道标志线以后才能离开自己的跑道，切入里道。运动员的跑道由技术代表抽签确定。第二轮开始的各轮比赛，跑道的选择还需依据运动员在上一轮的比赛结果，如排名前四位的运动员抽签后分别占据第 3、第 4、第 5、第 6 跑道，后四名抽签排定第 1、第 2、第 7、第 8 跑道。

（六）接力赛

4×100 米接力跑是分道进行的，接棒者可以在接力区前 10 米内起跑。

接力赛中，运动员必须在 20 米的接力区内完成交接棒。“接力区内”的判定是根据接力棒的位置，而不是根据参赛者的身体或四肢的位置。

在 4×400 米接力跑中，第一棒全程及第二棒的第一弯道分道跑，第二棒运动员要跑至抢道线后方可自由抢道。第一棒的传接必须在参赛者指定的跑道内进行，其余各棒的传接，裁判员根据第二棒及第三棒运动员通过 200 米起点处的先后，按次序让其第三及第四棒的队友在接力区内，由内至外排列等候接棒。所有接棒者均不可在接力区外起跑。

接力棒必须拿在手上，直到比赛结束为止。完成交接棒后，运动员应留在本队的跑道中以免因影响他人而被取消比赛资格。任何人掉了棒，必须由其本人拾回，而且要在不影响别人的情况下，方可越出自己的跑道以拾回接力棒。

（七）跨栏

各参赛者必须在自己的跑道内完成比赛，当参赛者跨越栏架时，若其腿或足从低于栏架顶的水平线跨越，或跨越并非自己赛道上的栏架，或故意以手或足撞倒任何栏架，均取消其参赛资格。

（八）风速

在 100 米、200 米和 100 米栏、110 米栏比赛中，如果顺风超过 2 米/秒，运动员创造的成绩就不能成为新的纪录。

（九）公路赛

奥运会公路赛包括男、女 20 公里竞走、男 50 公里竞走以及男、女马拉松比赛。

（1）起跑。当发令员召集运动员到出发线以后，运动员按抽签排定的顺序排列。发令员枪响以后比赛开始，任何人两次抢跑都会被取消比赛资格。

（2）取胜。躯干第一个触到终点线的运动员为优胜者。

（3）饮料站。在比赛的起点和终点应提供水和其他饮料，在比赛路线上每隔 5 公里设置一个饮料站。每一个饮料站内分别设有组委会提供的饮料和运动员自己准备的饮料。在两个饮料站之间还要设置饮水、用水站，运动员经过时可以取饮用水，还可以取浸了水的海绵为身体降温。除了已经设置的站点之外，运动员不能从比赛线路的其他地方获得饮料，否则将被取消比赛资格。

（十）竞走

竞走比赛有两个核心规则。首先，竞走运动员必须始终保持至少有一只脚与地面接触。其次，前腿从着地的一瞬间起直到垂直位置必须始终伸直，膝关节不能弯曲。

比赛中有 6～9 名专职的竞走裁判员监督运动员。按规则规定，他们不能借助任何设备帮助判断，只能依靠自己的眼睛来判断运动员是否犯规。当竞走裁判员看到竞走运动员的动作有违反竞走技术的迹象时，应予以黄牌警告，并在赛后报告给主裁判。当运动员的行进方式违反竞走技术的规定，表现出肉眼可见的腾空或膝关节弯曲时，竞走裁判员须将一张红卡送交竞走主裁判。当竞走主裁判收到针对同一名运动员的 3 张来自不同竞走裁判员的红卡时，该运动员即被取消比赛资格，并由主裁判或主裁判助理向其出示红牌通知。

思 考 题

1. 标准田径场的组成部分有哪些？
2. 跳高、跳远、三级跳远、推铅球、短跑、中长跑、跨栏跑、接力跑的动作技术有哪些？

第 6 章

足球运动

【重点提示】本章概述了足球运动的起源、发展、规则等，并详细讲解了其基本技术和战术要求。

第一节 足球运动概述

【教学目标】本节介绍了现代足球运动的起源，简述了其发展。

一、足球运动的起源

足球运动起源于我国。早在 3500 年前的殷代，就有了“足球舞”。这是古代足球游戏的雏形。战国时代民间已盛行集体的“蹴鞠”游戏。及至西汉，足球已进一步发展成为竞赛性的运动。作为古代中国文明内容之一的足球，公元前 4 世纪即因古希腊马其顿国王亚历山大发动的战争而传入中东。以后传入罗马，发展成一种把球带到对方一端为胜的竞赛性游戏。接着，这种游戏又因战争传到法国，1066 年传入英国。现代足球始于英国。1863 年 10 月，英国足球协会在伦敦成立了第一个足球俱乐部，制定了最初的比赛规则，现代足球运动随之逐渐兴起。

二、足球运动的发展

最早的比赛阵形是英国人创造的“九锋一卫”式，即九个前锋，一个后卫，再加一名守门员。随着技术水平的提高，一名后卫难以敌挡九名前锋的进攻，于是产生了“七锋三卫”式阵形，使攻守力量达到相对平衡。

由于技术水平的进一步提高，战术的发展，前锋活动的加强，防守力量又日趋薄弱。为了改变这种状况，1870 年，苏格兰人创造了“六锋四卫”式阵形。接着，英国人又创造了“1+2+3+5”阵形。这一阵形对当时世界足球运动的发展影响很大，因为它体现了攻守力量的基本平衡。为了适应足球运动发展的需要，1904 年 5 月 21 日，法国、比利时、丹麦、荷兰、西班牙、瑞典、瑞士等国在巴黎发起成立了国际足球联合会。1925 年，国际足联公布了新的“越位”规则，加重了防守任务，攻防矛盾又趋尖锐。据此，英国人契甫曼于 1930 年创造了“WM”式阵形，使攻防人数的比例达到均衡状态。这一阵形虽然在 1940 年前后盛行于全世界，但因“W”式的进攻很容易被“M”式的防守看死，故此阵形的出现对技、战术的发展并没有起到重大的推动作用。1950 年以后，世界足球运动经历了三次革命性的变革。

1953 年，匈牙利人突破了“WM”式的传统打法，运用四前锋制的打法击败了足球王国——英国队，并在第五届世界杯赛中以创纪录的进球数战胜了大多数世界强队，震动了世界足坛。由于这一阵形开创了以攻为主的局面，因而有力地推动了当时的世界足球运动。1958 年，巴西人在技术、技巧上有了新的发展，并创造了攻守趋于平衡的“四二四”阵形，使其夺取第六、七、九届世界杯的辉煌胜利，轰动了世界足坛。由于这一阵形与现代足球“全攻全守”打法相适应，因而很快被世界各国广泛采用，“WM”式打法被彻底抛弃。此后，又出现了“四三三”式及其变体，但基本特点与“四二四”式相同，只不过在力量分配上更侧重于防守。1974 年，在第十届世界锦标赛上出现了以荷兰、波兰为代表的总体型打法。按照这种打法，阵形只是在比赛开始前队员站位时看得出来。

比赛开始后，由于全攻全守，阵形就难以辨认。这种踢法打破了严格的位置分工，每个队员既能进攻又善防守，且守中有攻，攻中有守，攻守转换快速，战术灵活多变，体现了技术、战术和身体素质全面发展的趋势，因而被誉为足球运动史上的第三次革命。

目前，国际上规模较大的足球比赛有两种：一种是由国际足球联合会举办，每四年一次的世界足球锦标赛，这是水平最高，影响最大的世界杯足球比赛；另一种是奥林匹克运动会的足球赛。为了培养后备力量，国际足联还从 1977 年起，举办两年一届的世界青年足球锦标赛；从 1981 年起，举办世界少年足球锦标赛。1934 年，我国加入了国际足联。现在，足球运动已经成为亿万人民喜爱的“世界第一运动”。足球运动水平的高低，不仅代表了一个国家的体育运动水平，还是一个国家物质文明和精神文明的标志之一。现代女子足球运动于 16 世纪初开始于英格兰。1890 年，英格兰首次举办了有一万多人观看的女子足球赛，并于 1894 年建立女子足球俱乐部。

第二节 足球运动的基本技术

【教学目标】本节讲解了踢球、接球、运球、头顶球、抢断、假动作等足球运动的基本技术。

一、踢球

踢球

踢球指运动员有目的地用脚把球击向预定目标的技术。踢球是足球技术中最重要的技术，主要用于传球和射门。

踢球的方法很多，主要有脚内侧踢球，脚背正面踢球，脚背内侧踢球，脚背外侧踢球，脚尖踢球和脚跟踢球。这些动作结构完全一致，均由助跑、支撑脚站位、踢球腿摆动、脚触球、踢球后的随前动作五个环节组成。

（一）脚内侧踢球（又称脚弓踢球）

（1）脚内侧踢定位球。如图 6-1 所示，直线助跑，支撑前的最后一步稍大些，支撑脚站在球的侧面约 15 厘米处，脚尖正对出球方向，支撑腿膝关节微屈。在支撑脚着地时，踢球腿大腿带动小腿由后向前摆动，在前摆的过程中大腿外展，当膝关节摆动至接近球的正上方时，小腿做爆发式摆动，在触球前将脚跟送出使得脚内侧部位所形成的平面与出球方向垂直，踢球脚脚尖微微翘起，脚底与地面平行，踝关节功能性地紧张使脚型固定，触（击）球后身体跟随向前移动。

图 6-1　脚内侧踢定位球

（2）脚内侧踢空中球。如图 6-2 所示，根据来球速度和运行轨迹及时移动到位，踢球腿的大腿抬起并外展，小腿绕额状轴后摆，而后小腿由后向前摆动，当摆至额状面时与球接触，击球的中部。

（二）脚背正面踢球（又称正脚背踢球）

（1）脚背正面踢定位球。如图 6-3 所示，直线助跑，最后一步稍大些，支撑脚积极着地支撑，在球的侧面 10～12 厘米处，脚尖正对出球方向，膝关节微屈，踢球腿随跑动向后摆动，小腿弯曲，支撑的同时踢球腿以髋关节为轴，大腿带动小腿由后向前摆动。当膝关节摆至接近球的正上方时，小腿做爆发式的摆动，脚趾屈，以脚背正面部位击球的后中部。击球后身体及踢球腿随球前移。

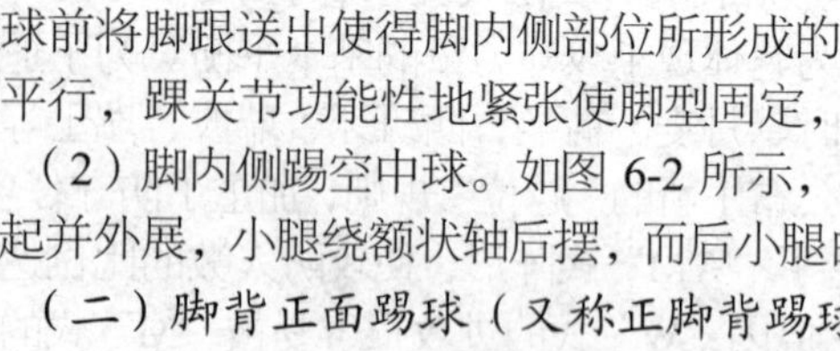

图 6-2　脚内侧踢空中球

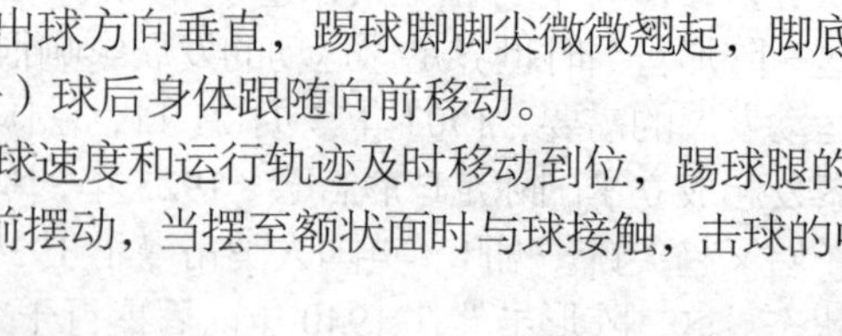

图 6-3　脚背正面踢定位球

（2）脚背正面踢反弹球。根据来球的速度、运行轨迹、落点，支撑脚踏在球落点的侧面。在球落地时，踢球腿爆发式前摆，在球刚弹离地面时，用脚背正面击球的中部，并控制小腿的上摆（送髋、膝关节向前平移），出球则不会过高。

（3）凌空踢倒勾球。根据来球的速度、运行轨迹，选好击球点，及时移动到位，以踢球腿为起跳腿蹬地起跳，同时另一腿上摆，身体后仰腾空，眼睛注视来球，蹬地腿在离地后迅速上摆的同时，另一腿则向下摆动，以脚背正面击球的后部。踢球后，两臂微屈，手掌向下，手指指向头部相反方向着地，屈肘，然后背、腰、臀部依次滚动式着地。

（三）脚背内侧踢球（又称内脚背踢球）

（1）脚背内侧踢定位球。如图 6-4 所示，斜线助跑，助跑方向与出球方向约成 45 度，最后一步稍大，以支撑脚底积极着地，脚尖指向出球方向，距球内侧后方 20～25 厘米，膝关节微屈。在支撑同时，踢球腿已完成后摆，并开始以髋关节为轴大腿带动小腿由后向前摆动，当大腿摆至与支撑腿接近同一平面时，小腿做爆发式摆动，此时脚尖外转、脚背绷直，以脚背内侧部位触击球。击球后踢球腿及身体继续随球向前。

图 6–4　脚背内侧踢定位球

（2）脚背内侧转身踢球。助跑结束前倒数第二步应向球的侧前方跨出（即与出球方向在支撑脚一侧的侧前方），最后一步略跳动并伴随转身支撑，脚尖对准出球方向，膝关节微屈，身体向支撑脚一侧倾斜，其余各环节与踢定位球同。

（3）脚背内侧踢反弹球。根据来球的落点及时移动到位，在球离地（反弹）的瞬间踢球，其他的动作要求与踢定位球相同。这种踢球方法多用于踢侧方或侧前方来的由空中下落的球。

（4）脚背外侧踢球（又称外脚背踢球）。由于踢这种球的脚踝灵活性较大，摆腿方向变化较多，且助跑时又是正常的跑动姿势，故其出球隐蔽性较强。足球比赛中各种距离的弧线球及非弧线球均可使用。

① 脚背外侧踢定位球。助跑、支撑脚站位及踢球腿摆动均与脚背正面踢球技术的三个环节相同，触球是用脚背外侧部位。此时要求膝关节和脚尖内转，脚背绷紧，触（击）球后身体随踢球腿的摆动前移。

② 脚背外侧踢地滚球。可用于踢正前方、侧前方及侧后方来的地滚球。踢球的动作、要求与踢定位球相同，但支撑脚站位时应考虑球的滚动速度，以保证在脚触球的瞬间支撑脚与球的相对位置符合要求。

③ 脚背外侧踢反弹球。与脚背正面踢反弹球的方法相同，只是接触球时用脚背外侧部位触（击）球。

④ 脚尖踢球（又称脚尖捅球）。由于脚尖踢球时出球异常迅速，雨天场地泥泞时多使用这种踢法。还可以借助踢球腿的最大长度，踢距离身体较远的球。具体方法是用支撑脚跳跃上步，踢球腿屈膝前跨，髋关节尽量前送，两臂上摆协助身体向前，小腿前伸，在踢球脚落地前用脚尖捅球的后中部。

⑤ 脚跟踢球。这是用脚跟（跟骨的后面）接触球的一种踢球方法。球在支撑脚外侧时，踢球脚在支撑脚前面交叉摆到支撑脚外侧用脚跟击球。球在支撑脚内侧时，踢球脚后摆用脚跟踢球。虽然人体结构的特点，决定了这种踢球方法（大腿微伸小腿屈）产生的力量小，但其出球方向向后，故有隐蔽性和突然性。

二、接球

接球是指运动员有目的地用身体的合理部位把运行中的球停下来，控制在所需要的范围内，以便更好地衔接下一个技术动作。接球的方法有多种，常用的有脚内侧、脚背正面、脚底、大腿、胸部、头部等部位的接球。

接球

（一）脚内侧接球

由于脚触球面积大，动作简单，较易掌握，比赛中经常使用这种技术接各种地滚球、反弹球、空中球。

（1）接地滚球。如图 6-5 所示，身体正对来球，判断来球的速度和方向，选好支撑脚位置，膝关节微屈。接球脚根据来球的状态相应提起，膝、踝关节旋外，脚趾稍翘，用脚内侧对准来球，触球刹那，接球部位做相应的引撤或变向接球动作，将球控制在所需要的位置上。

（2）接反弹球。如图 6-6 所示，接球腿小腿应与地面形成一定的夹角，向下做压推动作时，膝要领先，小腿留在后面。

（3）接空中球。如图 6-7 所示，接球腿要屈膝抬起，可根据需要采用引撤或切挡动作，接球落地后应随即将球在地面控制住。

（二）脚背正面接球

此方法多用于接有较大抛物线的来球。如图 6-8 所示，根据球的落点，及时移动到位，脚背正面上迎下落的球，当球与脚面接触的一瞬间，接球脚与球下落的速度同步下撤，此时接球腿膝关节、踝关节、脚趾均保持适度的紧张，脚尖微翘将球接到需要的地方。

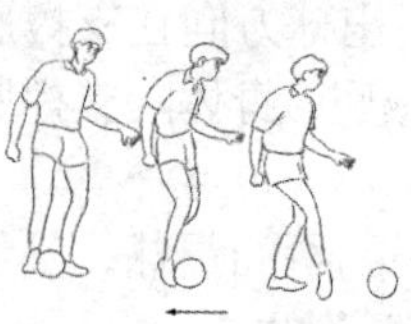
图 6–5　接地滚球

图 6–6　接反弹球

图 6–7　接空中球

图 6–8　脚背正面接球

（三）脚底接球

由于脚底接球技术便于掌握，易于将球接到位置，故常被用来接各种地滚球和反弹球。

（1）脚底接地滚球。身体正对来球方向，移动前迎，支撑脚站在球的侧面（前后均可），脚尖正对来球方向，膝关节微屈。同时接球腿提起，膝关节微屈，脚背略屈，使脚底与地面成角小于 45 度（且脚跟离开地面），一般以前脚掌接触球的上部为宜。在触球瞬间接球脚可轻微屈趾（前脚掌下点）将球停住，也可根据需要在接球同时将球推向前方或拉向身后。

（2）脚底接反弹球。根据来球落点，及时前移迎球，支撑脚站在落点侧后方，脚尖正对来球方向，球落地瞬间，用前脚掌去触球的中上部，微伸膝，用脚掌将球接在体前。若需接球到身后则应在触球瞬间继续屈膝，将球回拉，并伴随支撑脚以前脚掌为轴旋转 90 度以上。

（四）大腿接球

大腿接球一般可以用来接抛物线较大的高空球和略高于膝的低平球。

（1）接抛物线较大的下落球。如图 6-9 所示，面对来球方向，根据球的落点迅速移动到位，接球腿大腿抬起，球与大腿接触的瞬间大腿下撤将球接到需要的位置上。

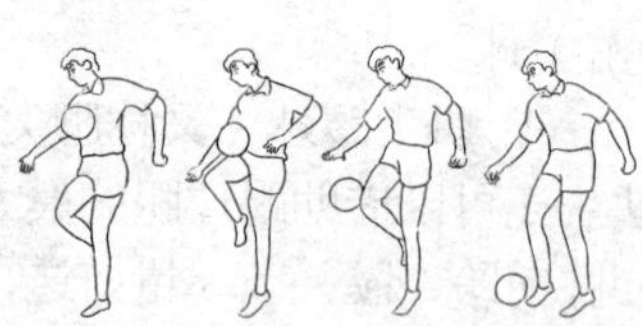
图 6–9　大腿接球

（2）接低平球。面对来球方向，根据来球高度，接球腿大腿微屈，送髋前迎来球，球与大腿接触瞬间收撤大腿，使球落在所需要的位置上。

（五）胸部接球

由于胸部接球部位较高，加之胸部面积大、肌肉较丰满，所以此动作易于掌握，故是接高球的一种好方法。胸部接球包括挺胸式、收胸式两种方法。

（1）挺胸式接球。接球时，身体正对来球，两腿自然开立，膝微屈，两臂在体侧自然屈抬，上体稍后仰与来球形成一定的角度。触球刹那，胸部主动挺送，使球触胸后向前上方弹起落于体前。一般用于接有一定弧度的高球。

（2）收胸式接球。面对来球，两脚左右或前后开立，两臂自然张开，挺胸迎球，触球瞬间收胸、收腹、臀部后移将球接在体前。若需将球接在体侧时，则触球瞬间转体将球接在转体后相应的一侧。多用于接齐胸高的平直球。

（六）头部接球

高于胸部的来球可用头部接球。根据球的运行路线，面对来球，用前额正面接触球的中下部。下颌微抬，两臂自然张开，提踵伸膝。触球瞬间全脚掌着地，屈膝、塌腰、缩颈，全身保持上述姿势下撤将球接在附近。

（七）练习方法

（1）对墙练习。

（2）两人一组练习。

（3）三角练习。

（4）强调支撑脚的位置与方向。

（5）正确而完整的示范。

（6）两人一组抛高球练习。

（八）常见错误

（1）接球时机把握不准。

（2）接球部位不准。

（3）缓冲不明显。

（4）衔接不好。

（九）纠正方法

（1）做模仿练习。

（2）降低练习难度。

三、运球

运球是运动员在跑动中用脚连续推拨球，使球处于自己控制范围内的动作。常用的运球技术有脚内侧、脚背正面、脚背外侧、脚背内侧运球。

（一）脚内侧运球

运球前进时支撑脚位于球的侧前方，肩部指向运球方向，支撑腿膝关节微屈，重心放在支撑腿上，另一条腿提起屈膝，用脚内侧推球前进，然后运球脚着地。由于肩部指向运球方向，身体侧转，虽然移动速度较慢，但身体前倾有利于将对方与球隔开，因而这种技术多用在运球中做配合传球，或有对方阻拦需用身体做掩护时。

运球

（二）脚背正面运球

运球时身体持正常跑动姿势，上体稍前倾，步幅不宜过大，运球腿提起，膝关节稍屈，髋关节前送，提踵，脚尖下指，在着地前用脚背正面部位触球后中部将球推送前进。

由于脚背正面运球时身体持正常跑动姿势，故可以发挥出较快的速度，因而这种技术多用在运球前方一定距离内无对手阻拦时。

（三）脚背外侧运球

如图 6-10 所示，运球时身体持正常跑动姿势，上体稍前倾，步幅不宜过大，运球腿提起，膝关节稍屈，髋关节前送，提踵，脚尖绕矢状轴向内旋转，使脚背外侧正对运球方向，在运球脚落地前用脚背外侧推拨球的后中部。

图 6-10　脚背外侧运球

脚背外侧运球时，身体姿势与正常跑动时相同，因而可以发挥出较快的速度，故与脚背正面运球有相同的用途。另外，利用脚踝关节的动作可以很快改变脚背外侧面所正对的方向，故在运球脚一侧改变方向时也多采用这种运球方法。这种方法能用身体将对手与球隔开，故掩护时也常使用。

（四）脚背内侧运球

身体稍侧转并协调放松，步幅小，上体前倾，运球腿提起外展，膝微屈外转，提踵，脚尖外转，使脚背内侧正对运球方向，在运球脚落地前用脚背内侧推拨球，使球随身体前进。

脚背内侧运球时由于身体稍侧转，不能采用正常跑动姿势，因而不适用于高速运球。但由于接触部位和支撑位置的特点易于完成向支撑脚一侧的转动，故多用于向支撑脚一侧的变向运球。

四、头顶球

头顶球技术是传球、射门、抢断的有效手段，特别是争高空球时头顶球技术更为重要。顶球技术的特点是争取时间，不需要等球落地就可以在空中直接处理来球。因此，它可以争取时间上的优势和主动。

顶球一般分为正额顶球和额侧顶球两种。具体方法有原地、助跑跳起（单脚和双脚）和鱼跃头顶球等。

（一）正额原地顶球

面对来球，两脚前后开立，膝微屈，重心放在两脚上。顶球前，上体先后仰，重心移到后脚上，两臂自然摆动，维持身体平衡，两眼注视来球。顶球时，两腿用力蹬地，迅速伸直，上体由后向前快速摆动，借助腰、腹和颈部力量，用前额正面将球顶出。顶球过程中，身体重心从后脚移到前脚，然后再单脚跳起顶球。

（二）助跑单脚跳起顶球

起跳前要有 3~5 步的助跑。最后一步踏跳时要用力，步幅要稍大些，踏跳脚以脚跟先着地再迅速移到脚掌，同时另一腿屈膝上提，两臂向上摆动。身体腾起后上体随之后仰。顶球时，上体由后向前摆动，借助腰、腹和颈部力量将球顶出。然后两脚自然落地。

（三）鱼跃头顶球

对于离身体较远的低空球来不及移动到位处理，必须抢点击球时（如抢救险球、射门等）可使用鱼跃头顶球技术。当判断好来球的路线和选择好顶球点后，以单脚或双脚用力向前蹬地，身体接近水平态向前跃出，同时两臂微屈前伸，手掌向下，眼睛注视来球，利用身体向前跃出的冲力以额头正面顶球。顶球后，两手先着地，手指向前，接着以胸部、腹部和大腿依次着地。

五、抢断

抢断技术是一种积极有效的防守手段。抢断是防守技术的综合体现，是用争夺、堵截、破坏等方式的延缓或阻拦对方进攻的一种技术。一旦把球争夺过来，就意味着组织进攻的开始。

抢断球

（一）正面抢断

在对方带球队员迎面而来时，便可采用这种抢断方式。

两脚前后稍开立，两膝稍屈，身体重心下降，并均匀落在两脚上，面向对手。当对方带球或触球即将着地或刚刚着地时，立即抢球。抢球脚的脚弓正对球，并跨出一步，膝关节弯曲，上体前倾，身体重心移至抢球脚上。如对方已有准备，在双方脚同时触球时，脚触球后要顺势向上提拉，使球从对方脚背滚过，身体迅速跟上，把球控制住。双方上体接触时，抢球人可用合理部位冲撞对方，使之失去平衡，从而将球控制在自己脚下。

（二）侧面抢断

当防守队员与带球进攻的队员并肩跑动，或两人争夺迎面来球时，双方都可采用这种抢断方式。

当与对方平行跑动争球时，身体重心要降低，两臂贴紧身体。在对方靠近自己的脚离地时，可用肩和上臂做合理的冲撞动作，使对方身体失去平衡，从而把球抢过来。

（三）后面抢断（铲球）

这是抢断技术中较困难的一种，一般是在用其他方法抢不到球时才采用铲球方式。

铲球有两种方法：一种是脚掌铲球，另一种是脚尖或是脚背铲球。

当防守人追至离运球人右后方 1 米左右时，可用右脚掌或左脚尖（脚背）进行铲球。在运球人的左侧时，则用左脚掌或是右脚尖（脚背）进行铲球。如用右（左）脚掌铲球，可在运球人刚刚将球拨出时，先蹬左（右）腿，跨右（左）腿，膝关节弯曲，以脚外侧从地面滑出，用脚掌将球踢出。然后小腿、臀部、上体依次着地，身体随铲球动作向前滚动。

温馨提示 铲球脚离地面超过球的高度时，易伤害对手造成犯规。

六、假动作

假动作是指运动员在比赛中，为了隐蔽自己真实动作意图，利用各种动作的假象，来调动迷惑对方；使对方对其动作产生错误的判断或失去身体重心，造成对自己有利的形势，从而取得时间、空间位置的优势，达到自己真实动作的意图。

（一）踢球假动作技术

如图 6-11 所示，运动员已控制球或正准备控制球，准备与同伴配合及接球时，对手前来堵抢，挡住其路线时，可先向一方做假动作，当对手以假当真去封堵假动作路线时，应突然改变踢球脚法将球传或接向另一方向。

假动作

（二）头顶球与胸接球假动作技术

当队员面对胸部以上的高空来球，准备接时，对手迎面逼近准备抢截，此时接球的队员做出胸或头、接或顶的假动作诱使对手立定，以假当真，在其封堵接、传路线时，突然改变动作，用头或胸将球顶出或接住。

（三）运球假动作技术

运球假动作技术在比赛中是最常见的，它不仅用来突破正面对手，还可以用来摆脱来自侧面和后面的对手。

如图 6-12 所示，对手迎面跑来抢截球时，可用左（右）脚的脚背内侧扣拨球动作结合身体的虚晃动作，诱使对手的重心发生偏移，然后用左（右）脚的脚背外侧向同侧方向拨运球越过对手。

图 6–11 踢球假动作技术

图 6–12 运球假动作技术

对手从侧面来抢截球时，先做快速向前运球动作，诱使对手紧追，这时突然减速并做停球假动作，当对手上当时，再突然起动加速推球向前甩掉对手。

当对手从身后来抢截球时，运球者用左（右）脚掌从球的上方擦过，做大交叉步，身体也随动作前移，诱使对手向运球者的移动方向堵截，然后以运球脚脚掌为轴，突然向右（左）后方转身，再用右（左）脚脚背内侧将球扣回，把对手甩掉。

第三节 足球运动的基本战术

【教学目标】本节讲解了比赛阵形、进攻战术、防守战术等足球运动的基本战术。

一、比赛阵形

比赛阵形

为了适应攻守战术的需要，全队队员在场上的位置排列和职责分工称为比赛阵形。比赛阵形是本队攻守力量搭配和分工的形式。

根据队员的职责和排列的层次分为后卫线、前卫线和前锋线。阵形的人数排列原则是从后卫数向前锋的，守门员不计算。

目前，世界上普遍采用的阵形有“4-3-3”“4-4-2”“4-1-2-3”“3-5-2”等。在以上阵形中，除“4-4-2”阵形以防守为主反击为辅外，其他阵形均以进攻为主，尤以“3-5-2”阵形更为突出。

选择阵形要以本队队员的特长、技能、技术水平与赛队的特点为依据。此外，阵形绝不是僵化的规定，每个队员都应在明确基本位置和主要职责前提下，进行创造性的活动。

二、局部配合进攻战术

（一）“二过一”战术配合

“二过一”战术配合是指两个进攻队员在局部地区通过两次或两次以上的连续传球配合，越过一个防守队员的战术行动。“二过一”是集体配合的基础，可以在任何场区、任何位置上运用这种方法来摆脱对方的抢断或突破防线。“二过一”是进攻的两个队员之间相距 10 米左右，进行一传一切的配合。要求传球平稳及时，一般多用“脚内侧”“脚外侧”等脚法，以传地平球为主。球传的位置，尽可能是接球人脚下或前面两三步远的地方。

（二）“三过二”战术配合

“三过二”是在比赛场地中的局部地区，通过三个进攻队员的连续配合突破两个防守队员防守的战术行动。由于这种配合有两个同队队员可以同时接应传球，因此使持球人传球路线更多，进攻面也更大。

三、整体进攻战术

整体进攻战术是指在比赛中一方获得球后，通过队员之间的传递配合达到射门的目的而采用的配合方法。与局部进攻战术相比较，整体进攻战术具有进攻面更加扩大、进攻和反击速度更加快速等特点。

（一）边路进攻

边路进攻一般是围绕边锋进行的配合方法，因此边锋的速度要快，个人突破能力要强，传中技术要突出。其方法是由守转攻时，获球队员将球传给边锋或其他边路上的队员，从边路发起进攻，经过局部配合突破后，一般采用下底和回扣传中方式，将球传到中央，由其他队员包抄射门。

（二）中路进攻

中路进攻时，必须要求边锋拉开，借以牵制对方的后卫，诱使对方中间区域出现较大的空隙，为中路进攻创造有利条件。前场和中场队员要机动灵活地跑位，以有效调动来拉开对方的防线。进攻的推进应有层次和梯队。传球要准确，技术动作应在跑动中准确简练地完成。

（三）快速反击

比赛中当攻方进攻时，后卫线往往压至中场附近，防守人数也由于插上进攻和助攻而相对减少，此时如防守方能抓住对方防区空隙较大和回防速度较慢的机会，乘攻方失球之机发动快速反击，往往能取得良好的效果。但快速反击难度较大，既要冒险，又要有准确、快速的传切配合技能。

四、局部配合防守战术

（一）补位

补位是足球比赛中局部地区队员集体进行配合的一种方法。防守过程中，一个防守队员被对手突破时，另一个队员应立即上前进行封堵。

（二）围抢

围抢是足球比赛中在某局部位置上，防守一方利用人数上的相对优势（通常是两三个队员）同时围堵对方的持球队员，以求在短暂时间内达到抢断球或破坏对方进攻（防守）的目的。

（三）造越位战术

造越位战术是利用规则而设计的一种防守战术，是一种以巧制胜的省力打法，因而成为一种重要的防守手段。由于该战术配合难度较大，搞不好会适得其反，让对手钻空子，因此，往往为水平较高的球队所采用，但也不宜过多运用。

五、整体防守战术

整体防守战术主要有盯人防守、区域防守和综合防守三种。

（一）盯人防守

盯人防守是指被盯防的对手不管跑到哪个位置就盯防到哪里。盯人防守分为全场盯人和半场盯人。这种防守方法是对口盯人，分工明确，但体力消耗大，一旦被突破，很难补位，会使整个防线出现很大的漏洞。因此，在比赛中，单纯采用人盯人防守方法是不利的。

（二）区域防守

由攻转守时，根据场上位置的分布，每个防守队员负责防守一定的区域，当对方队员跑到本区域时，就负责盯防，离开这个区域，就不再跟踪盯防。这种战术较为省力。但是，对方可以任意交叉换位，容易造成局部以少防多的被动局面。因此，目前在比赛中已很少采用这种防守方法。

（三）综合防守

综合防守是指盯人防守与区域防守相结合的防守方法。综合防守是目前在比赛中普遍采用的一种防守方法，它集中了盯人防守和区域防守的优点，从而在防守中能根据场上情况进行逼抢、盯人、保护与补位，以达到防守的目的。

第四节　足球运动的主要规则

【教学目标】本节讲解了足球运动的基本竞赛规则，包括赛制、运动员和裁判员、任意球、罚球点球、红黄牌、伤停补时、越位、暂停比赛、进球等。

足球的竞赛规则

一、赛制

正式的国际足球比赛分为上、下两个半场，每半场45分钟，中间休息不得超过15分钟。

正式的国际比赛，在国际足联公平竞赛旗及参赛双方国旗的引导下，参赛队伍伴随国际足联公平竞赛曲列队入场；按规定位置站定，然后先奏客队国歌，再奏主队国歌。比赛场地的选择是以裁判员掷硬币的方式决定，猜中者选择上半场比赛的进攻方向，另一方开球开始比赛。

足球比赛分组循环赛期间的积分为胜一场积3分，平1场积1分，负1场积0分，最终以积分多少决定小组名次。如积分相等，则根据赛前规程确定的不同名次判定标准的规定来排定名次。

二、运动员和裁判员

每队上场队员不得多于11名，其中必须有一名守门员。如果场上一队的队员少于七人，则比赛不能开始。奥运会足球比赛中，每场比赛最多可以使用三名替补队员，场外和场上队员未经裁判员许可不能擅自进出场地。比赛时，守门员和其他队员的位置不能随意交换，如需要交换，须经过裁判员同意。

一场正式的足球比赛由一名裁判员、两名助理裁判员、一名第四官员担任裁判工作。裁判员的职责：场上最终判决权，决定比赛时间是否延长，比赛是否推迟和中止。

助理裁判员的职责：示意越位及球出界，协助裁判员的场上判罚，但没有最终判决权。

三、任意球

足球比赛的任意球分两种，一种是直接任意球，主要是针对恶意踢人、打人、绊倒对方的行为，另外用手拉扯、推搡对方，手触球也属于这一类，还有辱骂裁判员、辱骂他人也要判罚直接任意球。这种任意球可直接射门得分。如果这些行为发生在罚球区，就要判罚球点球。还有一种是间接任意球的判罚，危险动作、阻挡、定位球的连踢就属于这一类。这种任意球不能直接射门得分，只有当球进门前，触及另外一名队员才可得分，罚球区内这种犯规不能判罚点球。

无论直接任意球还是间接任意球，防守方都要退出 9.15 米线以外。如果不按要求退出 9.15 米，裁判员可出示黄牌。

四、罚球点球

在罚球区内直接任意球的犯规要判罚球点球。罚球点球时，双方队员不能进入罚球区。如防守方进入罚球区，进球有效，不进则重罚；如进攻方进入罚球区，进球应重踢，如不进则为防守方球门球。在罚球点球时，守门员可以在球门线上左右移动，但不可以向前移动。

五、红、黄牌

足球裁判员在判罚时，根据犯规性质不同可出示两种不同颜色的牌。对于足球比赛中出现的一些严重犯规，裁判员要出示红、黄牌。如果是恶意的犯规或暴力行为要出示红牌。故意手球、辱骂他人或同一场比赛同一人得到两张黄牌时，也要被出示红牌。

比赛中，有违反体育道德行为，用语言和行为表示不满的就要被出示黄牌。连续犯规、故意延误比赛、擅自进出场地的队员也要被出示黄牌。

六、伤停补时

足球比赛有时根据场上情况需要补时。有时是 1、2 分钟，最长时可达 5、6 分钟，时间长短的确定由裁判员决定。造成补时的原因主要有：一是处理场上受伤者；二是拖延时间；三是其他原因。

七、越位

足球比赛构成越位要满足以下条件：在同伴传球时，脚触球的瞬间，在对方半场内如果同伴的位置与最后第二名对方队员的位置相比更靠近对方球门线，这时该队员处于越位位置。需要说明的是，与对方最后第二名队员处于平行时不判越位。处于越位位置的队员裁判员在下列情况中判罚越位犯规：干扰比赛、干扰对方队员、利用越位位置获得利益。

八、暂停比赛

正式足球比赛一般场上不能暂停，只有在极特殊的情况下，如队员受伤或发生意外纠纷才鸣哨暂停。恢复比赛是在比赛停止时球所在的地点坠球，重新开始比赛。现在足球比赛道德水准普遍很高，通常一方如看到场上有受伤队员，都会将球踢出界。恢复比赛时，对方也会将球踢回。

九、进球

球的整体从球门柱间及横梁下越过球门线，而此前未违反竞赛规则，即为进球得分。

有时在比赛中会看到球打到横梁后落地又弹回场内，裁判员可以根据自己的观察来确认球是否越过球门线，这种判决有时会引起很大争议。

思 考 题

1. 足球的基本技术有哪些？
2. 足球的基本战术有哪些？
3. 足球的竞赛规则有哪些？

第 7 章 篮球运动

【重点提示】本章概述了篮球运动的起源、发展、规则等，并详细讲解了其基本动作和战术技巧。

第一节　篮球运动概述

【教学目标】本节介绍了篮球运动的起源和发展历程。

一、篮球运动的起源

1891 年，在美国马萨诸塞州斯普林菲尔德基督教青年会国际训练学校（后为春田学院）任教的詹姆斯·奈史密斯（James Naismith）博士从当地儿童喜欢用球投向桃子筐的游戏中得到启发，创编了篮球（basketball）游戏。为了怀念这位篮球运动先驱，国际篮联于 1950 年将世界男子篮球锦标赛的金杯命名为“奈史密斯杯”。

二、篮球运动的发展

1904 年，在第三届奥林匹克运动会上第一次进行了篮球表演赛。1932 年，国际业余篮球联合会宣告成立。1936 年第十一届奥运会上，男子篮球被列为正式比赛项目。1976 年第二十一届奥运会上，女子篮球被列为奥运会的正式比赛项目。自 1992 年第二十五届奥运会开始，职业篮球运动员被允许参加奥运会的篮球比赛。美国“梦之队”的参赛使世界篮坛更为精彩纷呈。

篮球运动以其特有的魅力，深受世界各国人民的喜爱，国际篮球联合会成为单项体育人口最多的国际单项运动协会。奥林匹克运动会篮球比赛、世界篮球锦标赛、美国 NBA 职业联赛，这三大赛事代表着世界篮球运动的最高水平。

第二节　篮球运动的基本技术

【教学目标】本节讲解了篮球的进攻和防守技术，阐述了移动、投篮、传接球、运球、抢篮板球、防守等基本技术。

篮球技术分为进攻和防守两大部分，进攻技术有传球、接球、运球、持球突破、投篮等，防守技术有防守对手、抢球、打球、断球、盖帽等。此外，移动、抢篮板等技术的攻防含义皆有。

一、移动

进攻者运用急起、急停、转身、变速、变向跑等动作，摆脱防守去完成进攻任务。防守者则运用跑、停、滑步、后撤步、交叉步等动作阻止进攻。这些争取比赛主动权的行动都离不开快速灵活的脚步动作。

二、投篮

按照持球的方法不同，可分为双手投篮和单手投篮；依据投篮前球置于身体部位的不同，可分为胸前、肩上、头上等不同的投篮动作；就运动员投篮时移动形式而言，又可分为原地、行进间和跳起投篮。

投篮基本技术

（一）原地双手胸前投篮

如图 7-1 所示，两脚左右或前后站立，两膝微屈，两脚脚跟略离地面，上体稍向前倾，两手手指自然张开，握球两侧略后的部位，两拇指相对成“八”字形，掌心空出，持球于胸前，屈肘靠近身体。投篮时，两脚蹬地身体伸展，同时两臂向前上方伸出，拇指向前上方用力推送，手腕稍外翻，使球从拇指、食指、中指指尖投出，球向后旋转飞行。

（二）原地单手肩上投篮（以右手为例）

如图 7-2 所示，右手五指自然分开，手心空出，用指根以上部位持球，大拇指和小拇指控制球体，左手扶球的左侧，右手屈肘，肘关节自然弯曲，置球于右肩上方。投篮时，下肢蹬地发力，右臂向前上方伸直，手腕前屈，食、中指用力拨球，通过指端将球柔和地送出。球出手的同时，身体随投篮动作向前伸展。

图 7–1　原地双手胸前投篮

图 7–2　原地单手肩上投篮

（三）行进间单手低手投篮（以右手为例）

如图 7-3 所示，在跑动中接球或运球突破上篮时，应先跨右脚接球或拿球，接着第二步跨左脚起跳，左脚跨的步子稍小一些（已能掌握基本动作者，其左脚跨出的步子大小，可根据对方防守的情况和进攻的需要选择），右腿屈膝上抬，身体上升到最高点时，右臂向上伸或向前上方伸，掌心向上，用手指和手腕的力量，将球上拨。

（四）运球急停跳投（以右手为例）

如图 7-4 所示，在快速运球中，用一步或两步的方式接球停步，两膝微屈，身体重心下降，迅速蹬地起跳，同时两手迅速举球于右肩上。当身体接近最高点处于稳定的一刹那，迅速向上伸臂，用右手的手腕和手指的力量将球投出。

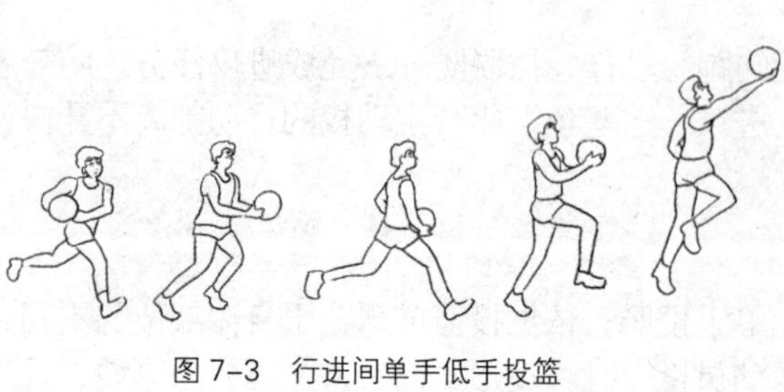

图 7–3　行进间单手低手投篮

图 7–4　运球急停跳投

知识窗

投篮之最

投篮最准的运动员：美国佛罗里达州“杰克森维尔”职业男子篮球明星马丁，在 1975 年 2 月 28 日的一次投篮表演中，站在罚球线后连续投进 1 740 个球；1977 年 6 月 25 日，他又站在罚球线后连续投进 2 036 个球，创造了世界上连续投球最准的纪录。

投篮命中率最高的运动员：美国加利福尼亚州圣约瑟城神投手纽曼，在 1975 年 5 月 31 日到 6 月 1 日的 24 小时内，连续投篮 13 116 次，命中 12 874 次，命中率高达 98.15%。1977 年 10 月 23 日，他在加利福尼亚州乔斯城中央青年会，蒙着眼睛进行罚球表演，命中率也达到 80%，成为世界上投篮命中率最高的运动员。

三、传、接球

（一）传球基本技术

图 7–5　双手胸前传球

（1）双手胸前传球。如图 7-5 所示，两手五指自然分开，拇指相对成“八”字形，用指根以上部位握球的两侧后下方，掌心空出，两臂自然弯曲于体侧，将球置于胸前。肩、臂、腕肌肉放松，两眼注视传球目标，身体成基本姿势。传球时，后脚蹬地，身体重心前移，同时两臂前伸，手腕由下向上翻转，同时拇指用力下压，食、中指用力弹拨，将球传出。双手胸前传球是一种最基本、最常用的传球方法，具有准确性高、容易控制、便于变化的优点。

（2）单手肩上传球（以右手为例）。如图 7-6 所示，原地右手肩上传球时，两脚前后开立，左脚在前，侧对传球方向，右手肩上托球于头侧，掌心空出，以转体、挥臂、甩腕以及手指拨球的力量将球传出。单手肩上传球是一种中远距离的传球方法。其特点是传球力量大、速度快、距离远，在长传快攻和突破起跳分球时经常采用。

（3）单手体侧传球（以右手为例）。如图 7-7 所示，两脚开立，两腿微屈，双手持球于胸前。传球时，左脚向左跨步的同时将球移至右手引到身体右侧，出球前一刹那，持球手的拇指在上，掌心向前，手腕后屈，出球前臂向前做弧线摆动，当球摆过身体右前方时，迅速收前臂，用手腕、手指的力量将球传出。其特点是隐蔽、动作快而幅度小。

图 7–6　单手肩上传球

图 7–7　单手体侧传球

（4）反弹传球。反弹传球是一种近距离较隐蔽的传球方法，是小个队员对付高大防守者的有效传球手段。反弹传球方法很多，如单、双手胸前，单手体侧，单手背后等反弹传球，都可通过地面反弹传球给同伴。所以动作方法与各种传球相同，但运用反弹传球时要掌握好球的击地点，一般应在传球者距离接球者 2/3 的地方。如防守自己的对手距离自己较远，而传球的距离又较近时，可向防守者的脚侧击地传出。球弹起的高度一般在接球人的腰部为宜。

（二）接球基本技术

接球时眼睛要注视来球，肩、臂都要放松，手臂应迎球伸出，手指自然分开。当手指触球时，屈肘、臂后引，缓冲来球的力量，两手握球，保持身体平衡，以便做下一个动作。

（1）接反弹球。掌心要向着来球反弹的方向，屈膝弯腰并向前下方伸手迎球，五指自然分开呈上、下手接球动作。在球刚刚离地弹起时，手指触球将球接住。接球后手腕迅速向上翻，持球于胸腹前保持身体平衡，成基本站立姿势。

（2）接球后急停。安全接球后急停已成为进攻技术的基础。要点是正确运用转入下次进攻的衔接点，不要犯带球走违例的错误。

（3）摆脱接球。摆脱接球是抢先一步接球的动作。为了安全准确地接球，无球队员以切入、策应等配合创造接球机会。

图 7–8　身前换手变换方向运球

四、运球

运球技术

运球不仅是个人摆脱防守进攻的有利手段，还是组织全队进攻战术配合的重要桥梁。下面介绍几种主要运球技术。

（一）身前换手变换方向运球

如图 7-8 所示，右手运球向左侧做变向时，右手拍球的右侧上方，使球从右侧反弹向左侧，同时右脚向左侧前方跨步，侧右肩向前，并迅速用左手拍球的正后方继续运球前进。左手运球向右变向时，则与右手动作相反。其特点是便于结合假动作，变化突然，易造成防守者错误判断，可伺机进行运、传、从左至右、从右至左改变方向的运球。以娴熟的左、右假动作和反弹高运球突然降低至 30～50 厘米低运球来控制身体重心是该方法的决窍。

图 7–9　胯下运球

（二）胯下运球

如图 7-9 所示，使球穿过两腿之间来改变运球方向的运球技术。近来有更多使用胯下运球技术的倾向。其理由是两腿可以保护球，且可以安全转换方向，防守者的手难以够到。

（三）后转身运球

如图 7-10 所示，身体左侧对防守者，左脚在前做中枢脚，右手左、右后侧运球或向后运球，同时做后转身，换左手拍球的后上方运至左侧，右脚落地贴近防守者的右侧（脚尖向前），然后运球继续前进。其特点是转身时便于保护球、改变球的路线幅度大、攻击力强、灵活多变。

（四）运球急停急起

如图 7-11 所示，可用两步急停。两腿屈膝前后开立，跨出第一步时，身体稍后仰。同时，拍球的上方，降低球的反弹高度，使球在原地反弹，同时降低身体的重心，用腿和异侧臂护球。急起时，拍球的后上方。身体重心移至前脚掌，同时后脚迅速蹬地跨出超越防守者，迅速向前推进。其特点是动作突然、起动快、线路多变、攻击力强、易摆脱防守。

图 7–10　后转身运球

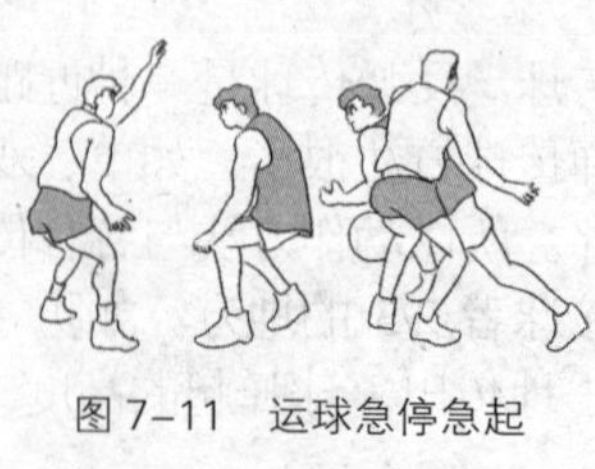

图 7–11　运球急停急起

知识窗

熟悉球性练习的几种方法

（1）双手指腕拨球：双脚左右开立，与肩同宽，双手持球于体前，靠手指和手腕力量在两手间来回拨球，与此同时，两臂以肩关节为轴，由体前到头顶上下绕转。

（2）单手托球经腋下、头上绕环：两脚左右开立，右手持球，上臂自然下垂，前臂平举托球。绕环时，肘关节外展并上提，同时手掌托球内旋，球经腋下至反手托球时，手迅速顺球由侧后向上绕环举起，再将球落下成开始姿势。再换左手练习。

（3）双手腰腹部转球：两脚左右开立，与肩同宽，两手持球从腹前以腰腹前为轴绕转，两手交替接球。

（4）胯下“8”字转球：两脚左右开立一大步，弯腰曲背，两手交替接球绕两腿做“8”字绕转，球不落地。

（5）单手头上抛接球：两脚左右开立，与肩同宽，单手直臂托球于体侧，由肩关节发力带动上臂、前臂传至腕指将球拨出，与此同时，异侧臂准备接球，接球后，再以同样的动作进行逆向抛接球。

（6）双手胯下前抛后接、后抛前接：两脚左右开立一大步，两膝微屈，双手持球由体前经胯下反弹至体后，同时两手迅速从背后将球接住，再将球由背后从胯下反弹至体前，最后用两手在体前将球接住。

（7）双手低接高抛反弹球：两脚左右开立，与肩同宽，双手将球由体前抛至身体的前上方，在球落地反弹的瞬间，用两手将球接住。

五、抢篮板球

抢篮板球分为抢进攻篮板球和抢防守篮板球两种。

（一）抢进攻篮板球

当同伴或自己投篮时，处在近篮的进攻队员首先应判断球的反弹方向，然后先向相反方向的侧前方跨步，利用身体虚晃的假动作，诱开身前的防守队员，绕跨挤到对手的前面或侧前方，抢占有利位置，借助跨步或助跑起跳，跳至最高点补篮或抢篮板球。

（二）抢防守篮板球

如图 7-12 所示，当对方投篮出手后，首先应注意对手的动向，并根据当时与进攻队员所处的位置和距离的远近，运用上步、撤步和转身抢占有利位置，把进攻队员挡在身后，与此同时还要判断球的落点准备起跳。

图 7-12　抢防守篮板球

六、防守

（一）防守无球队员

防守队员应站在对手与球篮之间的内侧，保持与对手适当的距离和角度，做到以人为主，人球兼顾，使对手和球处于自己的视野之内，随对手的动作积极跟进移动，调整防守位置，堵截其移动和接球的路线，手臂配合做出伸出、挥摆、上举等动作，干扰对手接球，争取抢、断球。

（1）防纵切。如图 7-13 所示，A 传球给 B，a 及时偏向球侧错位防守，当 A 向篮下纵切要球时，a 应抢前防守，合理运用身体堵住对方的切入路线，同时伸臂封锁接球，迫使对手向远离球的方向移动。

（2）防横插。如图 7-14 所示，A 持球，C 欲横插过去要球，c 应上步挡住对手，并伸臂不让对手接球，用背贴着对手，随其移动到有球一侧。

（3）防溜底。如图 7-15 所示，A 持球，C 溜底的时候，c 要面向球滑步移动，至纵轴线时，迅速上右脚前转身，错位防守，右臂伸出不让对方接球。

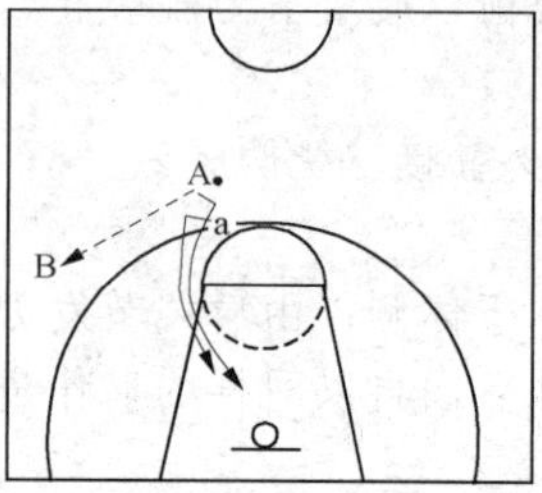

图 7-13　防纵切

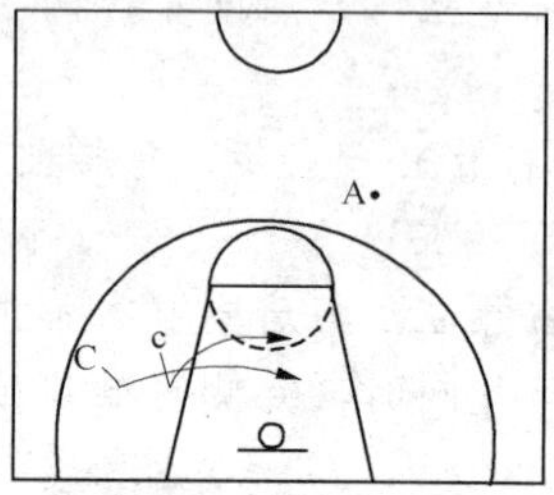

图 7-14　防横插

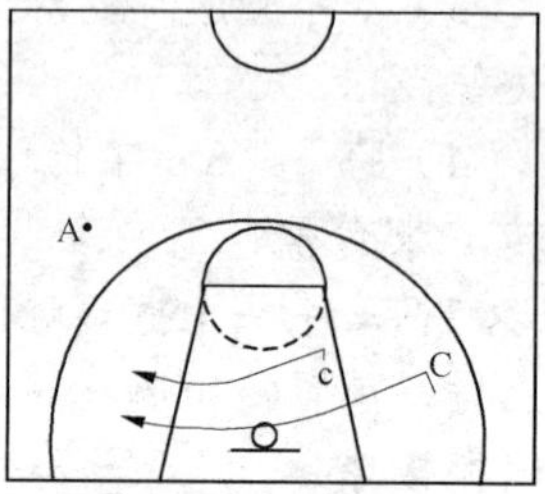

图 7-15　防溜底

（二）防守持球队员

当对手接球后，迅速调整防守位置和距离，占据对手与球篮之间的有利位置，还要与对手保持适当的距离（一臂左右）。一般来说，离球板远则远，近则近，并根据对手的特点（投篮或突破）而有所调整。防守持球队员在离球篮近时采用贴近的攻击步防守，离球远时则采用平步防守，无论采用哪一种防守，都要积极移动，阻截和干扰对方传球、投篮，同时伺机抢、断球。

第三节　篮球运动的基本战术

【教学目标】本节介绍了篮球的基本配合、快攻与防守快攻、攻防半场人盯人等基本战术。

一、基础配合

（一）进攻基础配合

进攻基础配合，是指两三名进攻队员，为了创造投篮机会，合理运用技术而组成的合作方法。

进攻基础配合

（1）传切配合。传切配合有两种，分别为一传一切配合和空切配合。

一传一切配合。如图 7-16 所示，A 传球给 D 后，立刻摆脱对手 a 向篮下切入，接 D 的回传球投篮。

空切配合。如图 7-17 所示，A 传球给 D 时，C 突然切向篮下接 D 的传球投篮。

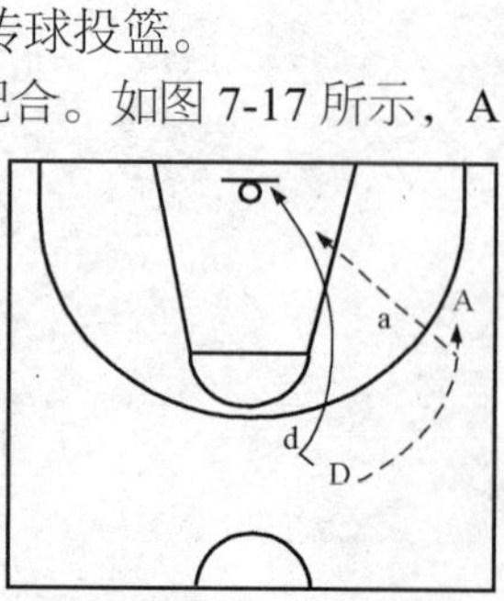

图 7-16　一传一切配合

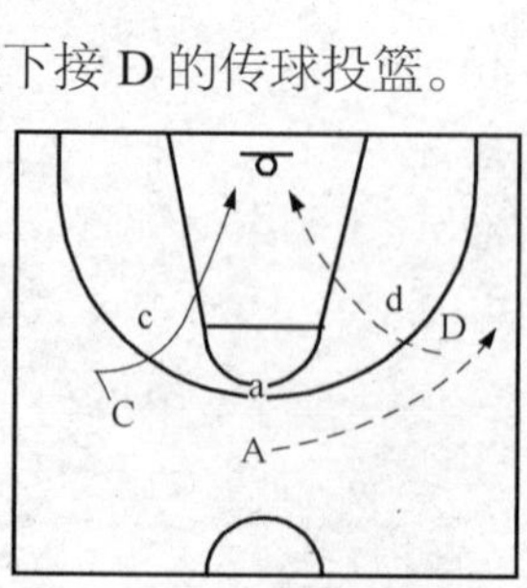

图 7-17　空切配合

（2）突分配合。有球队员持球突破后，主动地或应变地利用传球与同伴配合的方法。其要求是，突破动作要突然、快速，在突破过程中，要随时观察场上攻、守队员行动和位置的变化，既要做好投篮的准备，又要及时、准确地传球给同伴。其他进攻队员要掌握时机及时跑到有利于进攻的位置上接球。

（3）掩护配合。掩护配合是掩护队员采用合理的行动，用自己的身体挡住同伴的防守者的移动路线，使同伴得以摆脱防守，或利用同伴的身体和位置使自己摆脱防守的一种配合方法。掩护配合的形式根据掩护的位置和方向不同，分为前掩护、后掩护、侧掩护三种。

（二）防守基础配合

防守基础配合，是指两三名防守队员，为破坏对方进行配合，或当同伴防守出现困难时，及时互相协作行动的方法。以下是几种常用的配合。

防守基础配合

（1）关门配合。关门是两个防守队员靠拢协同防守突破的配合方法。如图 7-18 所示，当 D 从正面突破时，a，d 或 d，c 进行关门配合。

关门配合的要求是，防守队员应积极堵住进攻者的突破路线；临近突破一侧的防守队员要及时向同伴靠拢进行关门，不给突破者留有通过的空隙。关门配合也运用于区域联防。

（2）夹击配合。两个防守队员积极防守一个进攻队员互相配合的方法。如图 7-19 所示，A 从底线突破，a 封堵底线，迫使 A 停球，d 同时向底线迅速跑去与 a 协同夹击 A，封堵其传球路线，迫使其违例或失误。

夹击配合要正确地掌握夹击的时机和区域。行动要果断，出其不意。在形成夹击时要用身体和腿部限制进攻队员的活动，用手臂封堵传球或接球，但要防止不必要的犯规。

（3）补防配合。防守队员在同伴漏防时，立即放弃自己的对手，去补防那个威胁最大的进攻者，而与漏人的防守队员及时换防的一种协同防守方法。如图 7-20 所示，D 传球给 A，突然摆脱 d 的防守直插篮下，此时 c 放弃 C 的防守补防 D，d 去补防 C。

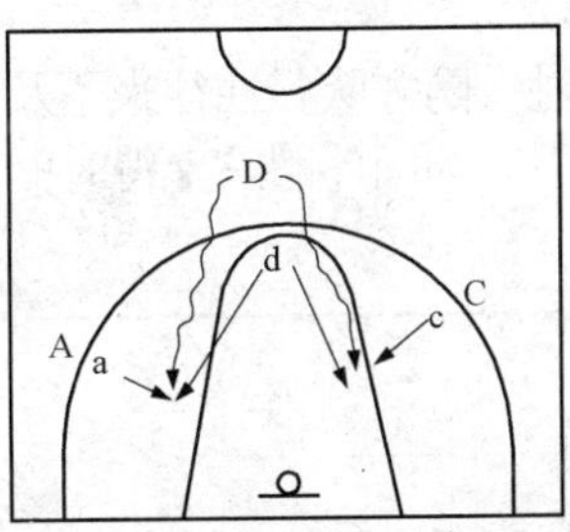

图 7–18　关门配合

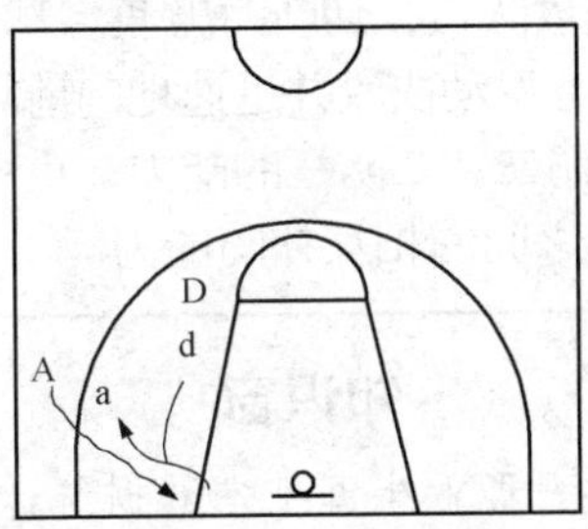

图 7–19　夹击配合

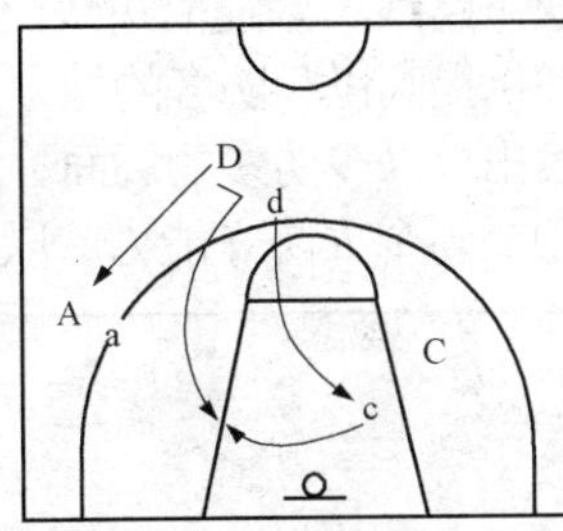

图 7–20　补防配合

温馨提示　应特别注意整体配合，包括配合的位置、距离、路线和时机，其中以配合时机尤为关键。此外，还要注意保持攻守平衡。

二、快攻与防守快攻

（一）快攻

快攻是由防守转入进攻时，趁对方未站稳阵脚之前，抓住战机以最快的速度、最短的时间，果断而合理地发动攻击的一种速决性战术配合。发动快攻的时机是在抢获后场篮板球、抢球、断球和跳球获球后。快攻的形式有长传快攻、短传和运球快攻相结合等。

（1）抢后场篮板球长传快攻。如图 7-21 所示，D 抢到后场篮板球后，首先观察场上的情况，寻找长传快攻机会。B 和 C 判断 D 有可能抢到篮板球时，便立即起动快下，争取超越防守队员接 D 的长传球投篮。

（2）断球长传快攻。如图 7-22 所示，c 断球后，看到 b 已快下，可立即传球或运球后传球给 b 投篮。

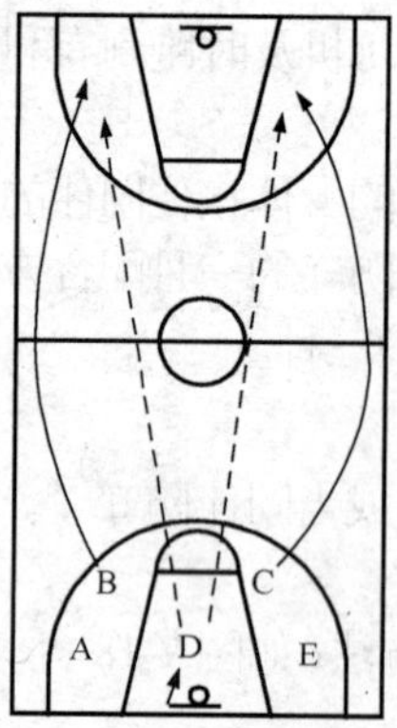

图 7-21　抢后场篮板球长传快攻

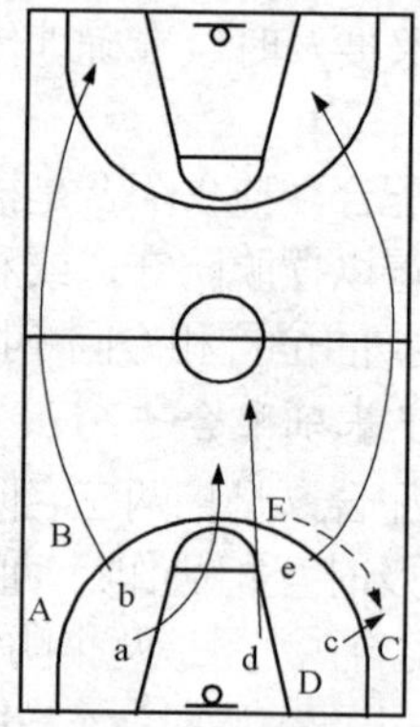

图 7-22　断球长传快攻

（3）短传与运球结合快攻。指队员在后场获球后，利用快速的短传球和运球推进相结合的方法迅速推进到前场进行攻击的一种配合。其特点是参加人数多、机动灵活、层次清楚、容易成功，但对队员配合的技巧要求较高。

（二）防守快攻

篮板球是发动快攻的主要先决条件之一，积极地与对方争抢前场篮板球是防止发动快攻的重要步骤。

（1）有组织积极地堵截对方发动快攻的第一传，是防守快攻的关键。

（2）防守快下队员。快下队员是对方长传快攻的主要成员，如果快下队员接到球，将给防守造成极大的困难。因此，当对方抢获篮板球时，外线队员要迅速退守，在退守过程中，控制好中路，堵截快下路线，紧逼沿边线快下的进攻队员，切断对方长传球的路线。

（3）提高以少防多的能力。当对方发动快攻并迅速地向前场推进时，防守队员往往来不及全部退防，出现以少防多的局面。提高一防二、二防三的能力，重点防篮下，为同伴回防赢得时间，这就必须提高个人防守能力，以及同伴之间的相互补防能力。

知识窗

乔丹职业生涯基本数据统计

效力时间：13 个赛季	参赛场次：930 场	出站时间：35 887 分钟	场均得分：31.5 分
场均篮板：6.3 个	场均助攻：5.4 次	前场篮板：1 547 个	后场篮板：4 289 个
篮板总数：5 836 个	助攻总数：5 012 个	抢断总数：2 306 次	盖帽总数：826 次
犯规总数：2 480 次	命中总数：10 962 个	出手总数：21 686 个	命中率：50.5%
远投命中：555 个	远投出手：1 670 次	远投命中率：33.2%	罚中总数：6 798 个
罚球总数：8 115 个	罚球命中率：83.8%	总得分：29 277 分	单场最高分：69 分

三、攻防半场人盯人

（一）人盯人防守战术

该战术是在由攻转守时，放弃前场的防守，全队迅速退回后场，每人盯住自己对手的配合方法。它以个人防守为基础，综合运用挤过、穿过、交换、关门、夹击等几个人之间的防守基础配合所组成的全队战术。

防守要点：人盯人防守要从由攻转守时开始。此时，每个队员都要快速退向自己的后场，立即找到对手，形成集体防守；要根据对手、球、球篮选择有利位置，做到球、人、区兼顾，与同伴协同防守。

防守原则："以球为主，人球兼顾"，"有球紧，无球松"，"近球紧，远球松"，积极移动，抢占有利位置。

运用时机：半场扩大人盯人防守主要用于对付外围远投较难、突破与篮下进攻能力和后卫控制球能力相对较差的队，而本队需要扩大战果，争抢时间时；半场缩小人盯人防守用于对付中远距离投篮不准、突破和篮下攻击能力较强的队，本队得分已占优势，保持体力再扩大战果时。

（二）进攻人盯人防守战术

进攻人盯人防守是根据人盯人防守战术的特点，从每个队员的具体实际出发，综合运用传接球、投篮、运球、突破等个人技术动作和传切、掩护、策应等几个人之间的战术基础配合所组成的一种全队进攻战术。

进攻人盯人战术的要点为：由守转攻后，要迅速到位。

第四节　篮球运动的主要规则

【教学目标】本节讲解了篮球比赛的基本情况和违例、犯规等违规现象。

一、篮球比赛的概况

篮球比赛由两个队参加，每队上场五人，其中一人为队长，替补球员有七人。

将球投入对方球篮得 2 分；在 3 分区外投入对方球篮得 3 分；罚球中 1 次得 1 分。

比赛由四节组成，每节 10 分钟。在第一节和第二节（第一半时）之间，第三节和第四节（第二半时）之间以及每一决胜期之前有 2 分钟的比赛休息时间；两个半时的比赛休息时间为 15 分钟，以全场得分多者为胜。如果在第四节比赛时间终了时比分相等，需要一个或多个 5 分钟的决胜期来继续比赛，直至决出胜负。

比赛中每队的换人次数不限。但是，要登记的暂停在第一半时的任何时间每队可准予两次；在第二半时任何时间可准予三次；每一决胜期的任何时间每队可准予一次。

整个比赛过程由裁判员（三人制：包括主裁判员，第一副裁判员和第二副裁判员；二人制：包括主裁判员和副裁判员）、记录台人员（包括记录员、助理记录员、计时员和 24 秒钟计时员）和技术代表管理。

二、篮球比赛的违规现象

篮球比赛中对规则的违反有违例和犯规两大类。

（一）违例

违例是违反规则。

罚则是将球权判给对方队在靠近发生违例的地点掷球入界。

带球走——持活球的队员用同一脚向任何方向踏出一次或多次后，其另一脚（称为中枢脚）不得离开与地面的接触点，如果中枢脚离开了这个接触点就构成带球走违例。

非法运球——队员在运球后，用双手同时触及球或允许球在一手或双手中停留时，运球即完毕。运球结束后，除非失去控球权后又重新控制球，否则不得再次运球，如果再次运球，则为非法运球违例。

拳击球或脚踢球——比赛中队员不得故意用拳击球或用腿的任何部分去阻挡球，否则将判违例。如果球偶然地接触到腿的任何部分，或腿的任何部分无意碰到球，不算违例。

球回后场——在比赛中，前场控制球的队，不得使球再回到后场，否则为球回后场违例。具体判定球回后场有三个条件：（1）该队必须控制球；（2）球进入前场后，在球又回到后场前该队队员（或裁判员）最后触及球；（3）球回后场后，该队队员在后场最先触及球。这三个条件必须依次连续发生。

干涉得分和干扰——投篮（罚球）的球在飞行下落并完全在篮圈水平面之上时，双方队员不可触及球。当投篮的球触及篮圈时，双方队员都不得触及球篮或篮板，不得从下方伸手穿过球篮并触及球，不得使篮板和篮圈摇动。如果进攻队员违犯这一规定，中篮无效，将球判给对方在罚球线延长部分的界外掷球入界；如果防守队员违犯这一规定，不论是否投中，均判投篮（罚球）队员得分。

3 秒违例——当某队在前场控制活球并且比赛计时钟正在运行时，该队队员在对方的限制区内持续停留的时间不得超过 3 秒。

5 秒违例——进攻球员必须在 5 秒之内掷出界外球；或在被严密防守时，必须在 5 秒之内传、投或运球；当裁判员将球递给罚球队员可处罚时，该队员必须在 5 秒内出手。

8 秒违例——一个球队从后场控制活球开始，必须在 8 秒内使球进入前场（对方的半场）。

24 秒违例——每当一名队员在场上获得控制并活球时，该队必须在 24 秒内尝试投篮。

（二）犯规

犯规是对规则的违犯，含有与对方队员的非法身体接触和/或违反体育道德的举止。对违犯者登记犯规并随后按规则予以处罚。

侵人犯规——队员与对方队员的接触犯规。无论球是活球还是死球，队员均不应通过伸展其手、臂、肘、肩、髋、腿、膝或脚来拉、阻挡、推、撞、绊、阻止对方队员行进；以及不应将其身体弯曲成“反常的”姿势（超出其圆柱体）；也不应放纵任何粗野或猛烈的动作。在所有情况下都要给犯规队员登记一次侵人犯规。如果对未做投篮动作的队员犯规，由非犯规队在靠近犯规地点的界外掷球入界重新开始比赛。如果犯规队处于全队犯规处罚状态，则应判给未做投篮动作的队员两次罚球，代替掷球入界。若对正在做投篮动作的队员犯规，则按以下方法判罚：如果投篮成功，应计得分并判给一次追加罚球；如投篮未中，则要根据投篮的地点，判给两次或三次罚球。

技术犯规——包含（但不限于）行为性质的队员的非接触犯规。如不顾裁判员警告；没有礼貌地触犯裁判员、技术代表、记录台人员或球队席人员；使用冒犯或煽动观众的语言和举止；戏弄对方队员或在对方队员的眼睛附近摇手妨碍其视觉；在球穿过球篮后，故意触及球以延误比赛；阻碍迅速地执行掷球入界以延误比赛；假摔以伪造一次犯规等。

队员技术犯规，应给其登记一次技术犯规，作为全队犯规之一计数。教练员、替补队员和随队人员的技术犯规，对每一起违犯行为都要登记教练员一次技术犯规，但不作全队犯规之一计数。

对技术犯规的处罚，是判给对方两次罚球，以及随后在记录台对面的中线延长部分掷球入界或在中圈跳球开始第一节（如犯规发生在第一节比赛前）。

违反体育道德的犯规——根据裁判员的判断，一名队员不是在规则规定的范围内合法地试图去直接抢球，发生的接触犯规是违反体育道德的犯规。应给犯规队员登记一次违反体育道德的犯规。判给对方罚球，以及随后在记录台对面的中线延长部分掷球入界或在中圈跳球开始第一节（如犯规发生在第一节比赛前）。

罚球的次数按如下规定：对没有做投篮动作队员的犯规应判给两次罚球。对正在做投篮的队员发生的犯规，如中篮，应计得分并加判给一次罚球；如未中篮，应判给两次或三次罚球。

思 考 题

1. 篮球的基本技术有哪些？
2. 篮球的基本战术有哪些？
3. 篮球的竞赛规则有哪些？

第 8 章

排球运动

【重点提示】本章概述了排球运动的起源、发展、规则等，并详细讲解了其基本动作和战术技巧。

第一节　排球运动概述

【教学目标】本节介绍了排球运动的起源，阐述了我国排球运动的发展。

一、排球运动的起源

排球（Volleyball）运动始于 1895 年，创始人是美国人威廉·摩根。第一个排球竞赛规则发表在 1896 年 7 月出版的美国《体育》杂志上。最初排球比赛没有人数规定，赛前由双方临时商定，只要双方人数相等即可。

在美国，排球很快受到教会、学校和社会的广泛重视，同时也被列为军事体育项目。1896 年美国开始举行排球比赛。1947 年国际排球联合会成立，1949 年第一届世界男子排球锦标赛举行，1964 年排球运动被列为第十八届奥运会正式比赛项目。世界级排球比赛主要包括世界锦标赛、世界杯赛、奥运会排球赛、世界沙滩排球锦标巡回赛、残疾人奥运会排球赛等。

20 世纪 50 年代初，东欧各国主要依靠高点强攻和个人进攻战术的变化取胜，并一直处于世界领先地位。20 世纪 60 年代，日本女排在国际排坛崛起，创造了垫球、滚翻救球、勾手飘球等技术。1965 年，排球规则进行了重大修改，允许伸手过网拦网。

二、我国排球运动的发展

排球运动 1905 年传入我国时，仅在广东等地开展。1914 年第二届全国运动会上，排球正式被列为比赛项目。其后，经历了 16 人制、12 人制、9 人制和 6 人制的演变过程。

中华人民共和国成立后，我国排球运动有了较快的发展，形成了一套以快球为中心的快攻掩护战术，此后男排在“盖帽”拦网技术的基础上，创造了“平拉开”扣球新技术，发展了我国排球快攻打法的特点。20 世纪 70 年代中期，我国首创了“时间差”打法。男排创造的前飞、背飞、拉三、拉四等技术，丰富了快中有变的自我掩护打法，在世界比赛中取得了良好的效果。1979 年，中国男、女排取得亚洲冠军的光荣称号，实现了冲出亚洲的愿望。1981—1986 年，中国女排五次连获世界冠军，在国际排坛上创下了辉煌的纪录。

三、排球运动的功能和价值

排球运动之所以在全球范围内得到如此广泛的开展和普及，是因为它具有独特的健身价值和社会价值。

（一）多样性和群众性

排球场地设备简单，规则容易掌握。既可以在球场上比赛，也可以在空地、草地、沙滩上进行，运动量可大可小，适合不同年龄、不同性别、不同体质、不同训练程度的人。沙滩排球、软式排球、气排球的出现，更加丰富了排球的内容。

(二)健身和健心功能

排球运动锻炼了人的走、跑、跳、投等多种基本活动能力，又发展了人体的力量、速度、耐力、灵敏等各种运动素质。一场激烈的比赛使人全身心的投入，从而忘却心理上的紧张与烦恼，使心情变得愉快，精神压力得到缓解，进而使自己拥有最佳的心态，更具活力。

(三)激烈的对抗和严密的集体性

高水平比赛中，对抗的焦点在网上的扣、拦上。在一场比赛中，夺取一分往往需要进行六七个回合的交锋。没有严密的集体配合，再好的个人技术也难以发挥，更无法发挥战术的作用。

(四)娱乐性和休闲性

排球运动不拘泥于形式，可支网相斗、也可围圈嬉戏，只要有一块空地就可以尽情地享受技击的乐趣。排球比赛隔网进行，没有身体接触，安全儒雅，是人们理想的休闲娱乐体育项目。

四、排球的重大赛事

目前排球世界性的比赛有世界锦标赛、世界杯赛、奥运会排球赛、奥运会沙滩排球赛、残奥会坐式排球赛。

“世界排球三赛”指的是世界杯赛、世界锦标赛、奥运会比赛。

第二节　排球运动的基本技术

【教学目标】本节讲解了准备姿势、移动、发球、垫球、传球、扣球、拦网等排球的基本技术。

发球、垫球、传球、扣球、拦网是排球的五项基本击球动作，这种直接触球的动作技术称为有球技术。而各种准备姿势、移动、助跑、起跳、倒地等没有直接触及球的配合动作，称为无球技术。

一、准备姿势

如图 8-1 所示，按照身体重心的高低，准备姿势可分为半蹲准备姿势、低蹲准备姿势和稍蹲准备姿势三种。

图 8–1　发球准备姿势

(一)半蹲准备姿势

两脚开立略比肩宽，两膝弯曲，脚跟自然提起，上体前倾，重心靠前，膝部的垂直线应在脚尖前面，两臂放松，自然弯曲置于腹前，两眼平视，注意来球，两脚始终保持微动。

(二)低蹲准备姿势

身体重心比半蹲准备姿势更低更靠前，两脚左右、前后的距离更宽一些，膝部弯曲的程度大于半蹲准备姿势。身体重心要更靠前，肩部垂直线过膝，膝部垂直线超过脚尖。两手臂置于胸腹之间。

(三)稍蹲准备姿势

两脚左右开立与肩同宽，一脚在前，两膝微屈，身体重心位于两脚之间，并稍靠近前脚，后脚跟稍提起，上体稍前倾，两臂放松，自然弯曲置于腹前。两眼注视球并兼顾场上各种情况，两脚保持微动状态。

二、移动

移动由起动、移动步法和制动三个环节构成。

(一)起动

起动是移动发力的开始，它的快慢是移动的关键，起动的速度取决于正确的准备姿势、反应能力和腰腿部的速度力量。

(二)移动步法

起动后应根据临场技战术的需要，灵活地采用各种移动步法进行移动。

（1）并步与滑步。并步如向前移动，则后腿蹬地，前脚向来球方向跨出一步，后腿迅速跟上做好击球准备。连续并步就是滑步。

（2）跨步与跨跳步。跨步如向前移动，则后腿用力蹬地，前脚向来球方向跨出一大步，膝部弯曲，上体前倾，身体重心移至前腿上。跨步过程中有跳跃腾空即为跨跳步。

（3）交叉步。以向右交叉步为例，上体稍向右转，左脚从右脚前面向右交叉迈出一步，然后右脚再向右跨出一大步，同时身体转向来球方向，保持击球前的姿势。

（4）跑步。跑步时两臂要配合摆动，如球在侧方或后方时应边转身边跑。

（5）综合步。以上各种步法的综合运用。

（三）制动

在快速移动之后，为了保持稳定的击球姿势和克服身体惯性的冲力，必须运用制动技术。

（1）一步制动法。一步制动时，最后跨出一大步，同时降低重心，膝和脚尖适当内转，全脚掌横向蹬地，抵住身体重心继续移动的趋势，并用腰腹力量控制上体，使身体重心的投影落在两脚所构成的支撑面内。

（2）两步制动法。两步制动时，以倒数第二步做第一次制动，接着跨出最后一步做第二次制动，同时身体后仰，重心下降，双脚用力蹬地，使身体处于有利于做下个动作的姿势。

重点：身体重心偏前，放松微动，把准备姿势和移动相结合。

难点：每一次移动均从准备姿势开始，养成做完一个技术动作即回到准备姿势的习惯。

（四）练习方法

（1）结合口令、手势进行练习。由准备姿势开始，根据信号或手势做出并步、跨步、交叉步等步伐练习。

（2）抛接球练习，两人一组，一人抛不到位球，另一人由准备姿势开始，移动到位，双手接住球再将球抛回。

（3）面对进攻线站在中线上，向前移动双手摸进攻线，向后移动双手摸中线，若干次一组。

三、发球

发球是 1 号位队员在发球区内自己抛球后，用一只手将球直接击入对方场区的一种击球方法。发球是排球技术中唯一不受他人制约的技术。

发球

（一）正面上手发球

如图 8-2 所示，队员面对球网，两脚前后自然开立，左脚在前，用手托球于身前，用抬臂和手掌的平托上送，将球平稳地垂直抛于右肩前上方，高度适中。在左手抛球的同时，右臂抬起，屈肘后引，肘与肩平，上体稍向右转。击球时，利用蹬地、转体和收腹带动手臂挥动，在右肩前上方伸直手臂的最高点，以全手掌击球的中下部。击球时，手指自然张开吻合球，手腕要迅速主动地做推压动作，使击出的球呈上旋飞行。为了加强发球的力量和攻击性，还可采用一步、两步或多步的助跑发球方法。

（二）正面上手发飘球

正面上手发飘球是采用正面上手的形式，发出球不旋转、不规则地飘晃飞行的一种发球方法。该方法面对球网，便于观察对方接发球情况。

如图 8-3 所示，准备姿势同正面上手发球，但抛球比正面上手发球稍低、稍靠前。击球前，手臂自后向前做直线挥动。击球时，五指并拢，手腕稍后仰，用掌根平面击球的中下部，作用力通过球体重心。击球瞬间手指、手腕紧张，手型固定，不加推压动作，手臂并有突停动作。

（三）正面下手发球

正面下手发球是正面对网，手臂由后下方向前摆动，在腹前将球击入对方场区的发球方法。

如图 8-4 所示，面对球网，两脚前后开立，左脚在前，两膝微屈。上身稍前倾，重心偏后脚。

左手持球于腹前，将球轻轻抛起在体前右侧，离手高约 20 厘米，在抛球的同时右臂伸直以肩为轴向后摆动，借右腿蹬地力量，身体重心随着右手向前摆动击球而移至前脚上。在腹前以全手掌、掌根或虎口击球后下方。

图 8–2 正面上手发球

图 8–3 正面上手发飘球

图 8–4 正面下手发球

（四）勾手飘球

发勾手飘球采用侧面对网站位，可利用身体转动和腰部力量带动手臂的快速挥动去击球，比较省力。勾手飘球是目前排球比赛常用的一种主要发球方法，男女队员均可采用。

发球队员应左肩对网，左手将球平衡抛向左肩前上方，抛至相同于击球点的高度。在抛球同时，右臂伸直向身体右侧后下方摆动，身体重心移至右脚。当球开始上升到最高点时，右脚蹬地，身体向左侧转动，带动手臂沿弧线轨迹挥动，在右肩前上方以掌根或半握拳拇指根部坚硬平面击球后中下部，击球一瞬间，手腕稍后仰并保持紧张，用力集中，作用力要通过球体的重心。击球后，可做突停或下拖动作，但不能有推压的动作。

重点：抛球后，利用蹬地、转体带动手臂挥动，以全手掌、掌根或虎口等部位击球。

难点：把握抛球的高度和蹬地、转体及挥臂击球的时机。

（五）练习方法

（1）做空抛动作，引臂击定位球或吊球，体会蹬、转、挥臂动作。

（2）一人一球，练习抛球，抛出球的高度、位置要稳定。

（3）对墙发球或两人一球近距离隔网对发，掌握击球动作、发力和方向。

（4）在端线后发球过网，体会发球时全身协调用力。

（5）要求落点的发球。

温馨提示 无论采用哪种发球动作，都必须做到以下三点：一是平稳抛球，二是击球要准，三是手法要正确。

四、垫球

垫球在比赛中主要用于接发球、接扣球、接拦回球以及防守和处理各种困难球。现将几种常用的垫球技术做如下介绍。

（一）正面双手垫球

正面双手垫球是双手在腹前垫击来球的一种垫球方法，是各种垫球技术的基础，是最基本的垫球方法，适合于接各种发球、扣球和拦回球，在困难时也可以用来组织进攻。

如图 8-5 所示，正面双手垫球的基本手型有抱拳式、叠掌式和互靠式。

正面双手垫球在垫轻球、垫中等力量来球和垫重球时，其动作方法是有一定区别的。

（1）垫轻球。如图 8-6 所示，采用半蹲准备姿势，当球飞来时，双手成垫球手型，手腕下压，两臂外翻形成一个平面，当球飞到腹前一臂距离时，两臂夹紧前伸，插到球下，向前上方蹬地抬臂，迎击来球，利用腕关节以上 10 厘米左右处的桡骨内侧平面击球的后下部，身体重心随击球动作前移。击球点保持在腹前一臂距离。

（2）垫中等力量来球。动作方法与垫轻球相同，由于来球有一定力量，因此击球动作要小，速度要慢，手臂适当放松。

图 8–5　正面双手垫球基本手型

图 8–6　垫轻球

（3）垫重球。根据来球的高低和角度，采用半蹲或低蹲准备姿势，击球时采用含胸、收腹的动作，帮助手臂随球屈肘后撤，适当放松，以缓冲来球力量。在撤臂缓冲的同时，用微小的小臂和手腕动作控制垫球方向和角度。

（二）体侧垫球

简称侧垫，是在身体侧面垫球的一种垫球方法。其特点是控制面宽，但较难把握垫击的方向、弧度和落点。

如图 8-7 所示，左侧垫球时，以右脚前脚掌内侧蹬地，左脚向左跨出一步，身体重心随即移至左脚，并保持左膝弯曲，两臂夹紧向侧伸出，左臂高于右臂，右肩向下倾斜，再用向右转腰和收腹的力量，配合两臂在体侧截击球的后下部。

（三）跨步垫球

队员向前或向侧跨出一步的垫球方法称为跨步垫球。当来球的速度较快、弧线低、距身体 1 米左右时，可采用跨步垫球的方法。如图 8-8 所示，跨步垫球时，当判断来球的落点后，迅速向来球方向跨出一大步，屈膝深蹲，臀部下降，两臂夹紧伸直插入球下，用两前臂的内侧平面击球的后下部，对准垫出方向，将球平稳垫起。

图 8–7　左侧垫球

图 8–8　跨步垫球

（四）单手垫球

当来球较远、速度快、来不及或不便用双手垫球时，可采用单手垫球。单手垫球动作快、垫击范围大，但触球面积小、不易控制。单手垫球可采用各种步法接近球，可采用虎口、半握拳、掌根、手背以及前臂内侧击球。

重点：含胸、弯腰、臂伸直，用蹬地、提肩、抬臂的力量将球垫出。

难点：判断来球的落点，并快速移动至球前；根据来球的力量，大则撤臂缓冲、小则抬臂迎击。

（五）练习方法

（1）徒手练习手型，练习完整的垫球动作。体会两臂插、夹、抬及全身协调用力。

（2）自垫球练习，一人一球，自己抛球后，连续向上垫起。

（3）两人一组垫固定球，一人持球于对方正确的击球点，另一人将手臂插入球下，用垫球动作击球（不要把球击出）。

（4）两人一组抛垫球练习，两人相距 3～4 米，一人抛到位球，一人垫球。练习一段时间后，可以把距离拉长或抛不到位球，进行抛垫练习。

（5）三人三角形互垫球练习。

五、传球

传球是排球运动的一项重要技术，是组织进攻战术的基础。传球主要运用在第二传，用于衔接防守和进攻。

按照传球的方向基本上把传球动作分为正面传球、背传球和侧传球，这三种传球技术均指在原地完成。跳起在空中完成的传球动作，称为跳传。

（一）正面传球

面对出球方向的传球动作，称为正面传球。正面传球是最基本的传球方法，是其他一切传球技术的基础。

如图 8-9 所示，采用稍蹲准备姿势，当来球接近额头时，开始蹬地、伸膝、伸臂，两手微张经脸前向前上方迎球。击球点在额头前上方约一球距离处。当手触球时，两手自然张开呈半球形，手腕稍后仰，两拇指相对呈“一”字形或“八”字形，两手间有一定距离，用拇指内侧，食指全部，中指的二、三指节触球的后下部，无名指和小指在球两侧辅助控制传球方向。两肘适当分开，两前臂之间约成 90° 夹角，传球时主要靠蹬地伸臂和手指、手腕力量，以及球的反弹力将球传出。

图 8–9　正面传球

（二）背传

背对传球目标的传球动作叫背传。如图 8-10 所示，身体背面要对正传球目标，上体保持正直或稍后仰，身体重心在两脚之间，双手自然抬起，放松置于脸前。迎球时，抬上臂、挺胸、上体后仰。击球点保持在额上方，比正传稍高、稍后。触球时，手腕后仰并适当放松，掌心向上，击球的下部，手型与正面传球相同。背传用力要靠蹬地、展腹、抬臂、伸肘和手指、手腕的弹力，把球向后上方传出。

图 8–10　背传

（三）跳传

跳传是当一传弧线较高而又接近球网时，所采用的跳起传球技术。目前在比赛中运用比较广泛，一般用于二传。跳传可起到加快进攻速度和迷惑对方的作用，并且可使进攻战术多样化，扩大进攻的范围，减少二传环节中的失误。

如图 8-11 所示，起跳时，首先选好起跳点并掌握好起跳时间。起跳后，两臂屈肘抬起，两手放置脸前，击球点保持在额上方，在身体跳至最高点时，用伸臂动作及手指、手腕的弹力将球传出。由于人在空中，无法用上伸腿蹬地的力量去传球，因此，要加大伸臂的幅度和速度。

图 8–11　跳传

重点：手型呈半球形，用蹬地、伸臂和手指的力量将球传出。

难点：手指弹拨球。手腕回落，缓冲来球的力量；手掌伴送球，控制出球的方向。

（四）练习方法

（1）一人一球，将球上抛 1 米左右，用传球手型在额头前上方接住球，查看手型是否正确。

（2）传固定球，一人持球于对方额前上方，另一人做传球动作，体会发力。

（3）对墙练习，距离墙 10 ~ 20 厘米，进行对墙轻传球，体会手指弹拨球。

（4）一人一球连续向上自传练习，传球高度约 30 厘米，然后逐渐增加传球高度。

（5）两人相距 4 米进行抛传球练习，一人抛球，另一人传球。先原地传，再移动传球。

（6）两人相距 3 ~ 5 米对传球，传球距离由近到远，培养判断、取位、传球到位的能力。

（7）三人呈三角形站立练习传球。

六、扣球

扣球

扣球是攻击性最强、最有效的进攻手段，在比赛中占有非常重要的地位。

（一）正面扣球

正面扣球是扣球技术中一种重要的方法，是比赛中运用得最多的一项进攻性技术，适合于近网和远网扣球。

（1）准备姿势。扣球助跑前采用稍蹲姿势，两臂自然下垂，站在离网 3 米左右处，身体转向来球方向，观察来球，做好向各个方向助跑起跳的准备。

（2）助跑。助跑开始时，左脚先向前迈出一步，紧接着右脚再快速跨出一大步，左脚及时并上，踏在右脚之前，两脚尖稍向右转。两臂绕体侧向上引摆。

（3）起跳。在助跑跨出最后一步（即第二步），左脚并上踏地制动的同时，两臂自后积极向前摆动，随着双腿蹬地向上起跳，两臂配合起跳有力地向上摆动。

（4）空中击球。起跳后，挺胸展腹，上体稍向右转，右臂向后上方抬起，身体呈反弓形。挥臂时，以迅速转体、收腹动作发力，依次带动肩、肘、腕各部位关节向前上方成鞭甩动作挥动。击球时，五指微张，以掌心为主，全掌包满球，在手臂伸直的最高点的前上方击球的后中部，同时主动用力屈腕屈指向前推压，使扣出的球呈上旋。

（5）落地。落地时，以两脚前脚掌先着地，再迅速过渡到全脚掌着地，同时顺势屈膝、收腹，以缓冲下落的力量，立即做好下一个动作的准备。

（二）调整扣球

调整扣球是指在接发球或后排防守垫球不到位时，二传队员从后场区将球传到网前所进行的扣球。调整扣球技术动作与正面扣球相同，但由于二传球来自后场区，有近网球，也有远网球，还有拉开球和集中球，与球网有一定的角度并且弧线不固定，扣球队员难以判断，所以扣这种球难度较大。因此，扣球队员要准确判断来球的方向、弧线、速度和落点。调整好人和球的关系，选择好起跳点，掌握好起跳时间。根据人和球网的距离，合理地采用不同的扣球方法，控制好扣球的力量、速度、方向、路线和落点。

（三）扣快球

扣快球是扣球队员在二传队员传球前或传球的同时起跳，并迅速将二传队员传出的球，击入对方场区的扣球。快球在时间上争取主动，起着攻其不备、突然袭击的作用，可使对方拦网和防守产生判断错误。这种扣球的特点是速度快、力量大、时间短、落点近、突然性强、牵制能力大。快球技术动作方法较多，有近体快球、半快球、短平快球、平拉开快球、背快球、背平快球、调整快球等。

（四）自我掩护扣球

（1）时间差扣球。扣球队员利用起跳时间的差异迷惑对方拦网的扣球，为时间差扣球。这种扣球可在近体快、背快、短平快等扣球中使用。扣球时，按快球的助跑、摆臂节奏佯作起跳，以诱使对方起跳拦网。待对方拦网队员下落后，扣球队员立即原地起跳扣半高球。

（2）位置差扣球。扣球队员按原来扣球的时间助跑，在助跑后佯做踏蹬动作逼真、下蹲与摆臂动作明显的起跳扣球，但助跑后不起跳，待对方队员拦网起跳时，突然变向侧跨出一步，动作幅度、挥臂幅度要小，速度要快，用双足或单足“错”开拦网人的位置起跳扣球，即为“位置差”扣球，或称错位扣球。

（3）空间差扣球。扣球队员利用助跑的冲力和专门的踏蹬技术，使身体向前上方跃出，把正面取位盯人拦网的对手甩开，使扣、拦在空中出现差误，即为“空间差”扣球，也叫冲飞扣球。常用的“空间差”扣球有：佯扣短平快球突然向前冲跳到二传手向前扣半高球的“前飞”，佯扣快球而冲跳向二传人背后小弧度球的“背飞”，佯扣前快球而侧身向左起跳追击扣球的“拉三”，以及佯扣短平快球而侧身向左起跳追击扣球的“拉四”。

重点：两步助跑起跳第一步单脚迈步子要小，第二步双脚迈步子要大，屈膝缓冲向上跳。

难点：选择好起跳点和起跳时机。球应该在自己右肩的前上方。

> **知识窗**
>
> 中国排球技术创新的特色
>
> 男排创造并掌握了“盖帽”拦网技术、“平拉开快球”扣球技术。
>
> 男排汪嘉伟创造了“前飞”“背飞”等进攻打法。
>
> 女排创造了“快速反击”战术、“全攻全守”“高快结合”的新型打法、单脚起跳背飞扣球、前快错位背飞等快攻战术。

（五）练习方法

（1）听口令或者看手势练习助跑起跳，要注意助跑的步幅和节奏。

（2）对墙练习扣球，距墙 5 ~ 6 米，对地扣球，经墙反弹后继续扣。练习判断、取位。

（3）助跑起跳击吊球，体会展髋、引臂、收腹、挥臂击球。

（4）一人站在网前高台上，单手持球于球网上沿，另一人练习扣固定球。

（5）一人一球，3 米线后持球，自抛自扣。

（6）两人一组，一人传球，一人助跑起跳练习扣球。

（7）结合站位接一传、扣二传组织的球。

拦网

七、拦网

（一）单人拦网

单人拦网是集体拦网的基础。如图 8-12 所示，其动作结构分为准备姿势、移动、起跳、空中动作和落地 5 个互相衔接的部分。

图 8–12　单人拦网

（1）准备姿势。队员面对球网，两脚左右开立，约与肩同宽，距网 30 ~ 40 厘米。两膝微屈，两臂屈肘置于胸前。

（2）移动。常用步法有一步、并步、交叉步、跑步等。无论采用哪种移动步法，都要做好制动动作，以保证向上起跳，避免触网和冲撞同队队员。

（3）起跳。原地起跳时，两腿屈膝，重心降低，随即用力蹬地，两臂以肩发力，于体侧近身处，做画弧或前后摆动，帮助身体迅速跳起。移动后的起跳，其起跳动作与原地起跳一样，但要注意制动并使移动与起跳动作紧密衔接。

（4）空中动作。起跳时，两手从额前沿球网向上方伸出，两臂伸直并保持平行，两肩上提。拦网时，两臂应伸过网去接近球。两手自然张开，屈指屈腕成半球状。当手触球时，两手要突然收紧，手腕下压盖在球的前上方。

（5）落地。拦球后，要做含胸动作，以保持身体平衡。手臂要先后摆或上提，从网上收回至本方上空，再屈肘向下收臂，以保持身体平衡。与此同时屈膝缓冲，双脚落地，随即转身面向后场，准备接应来球或做下一个动作准备。

（二）双人拦网

由前排两个队员互相靠近，同时起跳组成的拦网，称双人拦网。双人拦网是集体拦网的一种，是比赛中最常用的一种拦网形式，主要在对方大力扣球时采用。

双人拦网时，应以一人为主拦队员，另一人为配合队员。但主拦队员不是固定的，一般情况下距对方扣球点近的队员应为主拦队员。主拦队员必须抢先移动到对正扣球点的位置，做好起跳准备，配合队员则迅速移动靠近主拦队员准备同时起跳。两队员之间的距离一定要合适，距离太远，跳起后将出现“空门”；距离太近，起跳时互相干扰，致使双方都跳不高。双人拦网起跳时，两人的手臂应该在体前画小弧向上摆伸，都要尽量垂直向上起跳，要防止互相碰撞或干扰。手臂在空中既不能重叠，以免造成拦击面缩小，又不能间隔太宽，以免造成中间漏球。扣球靠近边线时，靠边线近的拦网队员外侧的手应适当内转，以防打手出界。

（三）三人拦网

三人拦网也是集体拦网的一种形式。它是在对扣球进攻力强，路线变化多，但很少轻扣和吊球时采用。三人拦网的动作方法与双人拦网相同，关键在于移动迅速，取位恰当，配合密切。无论对方从哪个位置进行扣球，一般都以3号位队员为主拦队员，2号和4号位队员为配合队员。由于三人拦网对配合的要求高，加之减弱了防守、保护的力量，故要在很有必要的情况下才采用。

拦网队员要在短短的瞬间从防守转为进攻，从被动转为主动，而完成这些都要在空中进行，所以难度较大，这就要求拦网应积极主动，判断准、起动快、跳得高、下手狠。

重点：十指张开、绷紧，伸臂过网罩住球后利用压腕将球拦住。

难点：准确判断对方球的攻击点，快速移动完成拦网。

（四）练习方法

（1）徒手原地或移动练习拦网，体会含胸、收腹、伸臂过网。

（2）网前做原地起跳徒手拦网动作，或两人一组隔网相对做并步、交叉步等徒手拦网动作。要求两人迅速移动、密切配合。

（3）两人一球，一人自抛自扣，另一人隔网起跳拦网。

（4）单人或集体定位扣球，注意变化拦网手型和相互的配合。

（5）结合比赛中的各种进攻战术进行拦网。

第三节　排球运动的基本战术

【教学目标】本节阐述了阵容配备、进攻战术、防守战术等排球基本战术。

排球运动是一项集体竞赛项目，因而不仅要求每个队员有比较熟练的基本技术，而且要求全队密切配合，运用得当的战术，发挥全队每个队员的特长，才能取得比赛的胜利。

一、阵容配备

（一）“三三”配备

由三名进攻队员和三名二传队员组成。站位时，一名进攻队员间隔一名二传队员。目前采用这种配备形式的队伍比较少。这种配备一般适用于初学者和水平较低的球队。

（二）“四二”配备

由四名进攻队员（主攻和副攻队员各两名）和两名二传队员组成，他们分别站在对角的位置上。目前，在水平一般的球队中采用这种配备形式的比较多。

“四二”配备的优点是每一轮次前排都有一个二传队员和两个进攻队员，便于组织“中二三”“边二三”进攻，战术配合有一定的稳定性。缺点是前排进攻点相对较少，隐蔽性差，不能适应高水平球队的要求。

阵容配备与进攻战术

（三）“五一”配备

由五名进攻队员和一名二传队员组成。位置的安排与“四二”配备基本相同，只是由一名进攻队员站在与二传对应的位置上作为接应二传，其目的是弥补在主二传来不及到位传球时所出现的被动局面，但主要还是承担进攻任务。这种阵容配备在水平较高的球队中普遍采用。

“五一”配备的优点是加强了拦网和前排进攻力量，使全队的进攻队员只需适应一名二传队员的技术特点，有利于统一指挥、相互配合，能够更好地控制比赛的进行，使进攻战术富于变化。缺点是当二传队员轮转到前排时，有三轮前排只有两名进攻队员，影响了前排整体进攻的威力。

二、进攻战术

进攻战术主要有以下三种形式："中一二"进攻阵形、"边一二"进攻阵形、"插上"进攻阵形。

（一）"中一二"战术形式特点

容易组织，但战术变化少，只能两点进攻，战术意图容易被识破，战术的突然性和攻击性小。其变化形式有：扣球队员通过二传队员传出集中、拉开、背传和平快等各种球，采用斜线助跑、直线助跑和跑动中变步起跳扣球等。

（二）"边一二"战术形式特点

形式简单，容易掌握，也是基本战术形式之一。其变化形式有：除"中一二"战术形式变化外，还可组织"快球掩护拉开""前交叉""围绕""快球掩护夹塞""梯次""短平快掩护拉开""掩护活点进攻"等战术变化。

（三）"插上"战术形式特点

保持前排三人进攻，能充分利用网的全长，发挥每个队员的特点，组成快速多变的各种战术变化。进攻的突破点多，突然性大，使对方难以有效地组织集体拦网和防守。

三、防守战术

主要介绍"心跟进"和"边跟进"两种防守战术。

（一）"心跟进"防守形式

在本方拦网能力强，对方采取打吊结合时采用。当甲方 4 号位队员进攻时，乙方 2 号和 3 号位队员拦网，后排中心的 6 号位队员在本方拦网时跟在拦网队员之后进行保护，其余三名队员组成后排弧形防守。其优点是加强了前区的防守能力，缺点是后排防守队员之间的空档较大。

（二）"边跟进"防守形式

多在对方进攻较强，吊球较少时采用。当甲方 4 号位队员进攻时，乙方 2 号和 3 号位队员拦网，其他四个队员组成半圆弧形防守。如遇甲方吊前区，由边上 1 号位队员跟进防守。其优点是加强了拦网，缺点是边上的队员既要防直线，又要跟进防前区，比较困难。

第四节　排球运动的主要规则

【教学目标】本节介绍了发球犯规、位置错误、击球时犯规、暂停、换人等排球运动的规则要点。

一、排球规则简介

排球是一项集体比赛项目，每队由 12 名队员组成，两队各派 6 名队员在由球网分开的场地上进行比赛。

比赛的目的是各队遵照规则，将球击过球网，使其落在对方场区的地面上，而防止球落在本方场区的地面上。每队可击球三次（拦网触球除外），将球击回对方场区。

比赛由发球开始，发球队员击球使其从网上飞至对方场区，比赛由此连续进行，直至球落地、出界或某一队不能合法地将球击回对方场区。

排球比赛采用五局三胜制，胜三局的队胜一场。比赛中，某队胜 1 球，即得 1 分（每球得分制）。接发球队胜 1 球时得 1 分，同时获得发球权，队员按顺时针方向轮转一个位置。每局比赛（决胜局第五局除外）先得 25 分并同时领先对手 2 分的队胜一局。当比分为 24：24 时，比赛继续进行至某队领先 2 分（26：24，27：25…）为止。决胜局先得 15 分并同时领先对手 2 分的队获胜。当比分为 14：14 时，比赛继续进行至某队领先 2 分（16：14，17：15…）为止。

二、发球犯规

（一）发球击球时的犯规

（1）发球次序错误；（2）发球队员在击球时或击球起跳时，踏及场区（包括端线）或发球区以外地面；（3）发球队员在第一裁判员鸣哨允许发球后 8 秒内未将球击出；（4）球未被抛起或持球手未清楚撤离就击球；（5）双手击球或单手将球抛出、推出；（6）将球抛起准备发球却未击球。

（二）发球击球后的犯规

（1）球触及发球队其他队员或球的整体没有从过网区内通过球网的垂直平面；（2）界外球；（3）球越过发球掩护的个人或集体（在发球时，某一队员或两名以上队员密集站位或挥臂跳跃、移动遮挡接发球队员，且发出去的球从他或他们上空飞过，则构成个人或集体发球掩护犯规）。

三、位置错误

排球规则规定，当发球队员击球时，如果场上队员不在其正确位置上，则构成位置错误犯规。下列情况之一者均为位置错误犯规：（1）发球队员击球时，场上其他队员未完全站在本场区内；（2）发球队员击球时，场上队员未按“每一名前排队员至少有一只脚的一部分比同列后排队员的双脚距中线更近”的规定站位；（3）发球队员击球时，场上队员未按“每一名左边（右边）队员至少有一只脚的一部分比同排中间队员的双脚距左（右）边线更近”的规定站位。

四、击球时的犯规

（一）连击犯规

排球比赛时，运动员身体任何部分均可触球，但一名队员（拦网队员除外）连续击球两次或球连续触及其身体的不同部位即为连击犯规。在第一次击球时，允许队员在同一击球动作中，球连续触及其身体的不同部位。

（二）持球犯规

排球运动员在比赛中，身体任何部分均可触球，但球必须被击出，不得接住或抛出，否则即为持球犯规。

（三）四次击球犯规

一个队连续触球四次（拦网除外）为四次击球犯规。队员不论是主动击球还是被动触及，均算该队员击球一次。

（四）借助击球犯规

队员在比赛场地内借助同伴或任何物体的支持进行击球，皆为借助击球犯规。

（五）队员在球网附近的犯规

队员在球网附近的犯规包括过网击球犯规、过中线犯规、触网犯规和网下穿越进入对方空间妨碍对方比赛犯规等。对方进攻性击球前或击球时，在对方空间触及球为过网击球犯规。比赛进行中，队员整只脚、手或身体其他任何部分越过中线并接触对方场区，为过中线犯规。比赛过程中，队员触网或触标志杆不是犯规。但队员在击球时或干扰比赛情况下的触网或触标志杆为犯规。队员击球后可以触及网柱、全网以外的网绳或其他任何物体，但不得影响比赛。比赛过程中，在不妨碍比赛的情况下，允许队员在网下穿越进入对方空间。若网下穿越进入对方空间的队员妨碍了对方比赛则为犯规。

（六）同时击球

双方队员或同队队员可以同时触球。同队的两名或两名以上队员同时触到球，被计为两次或两次以上击球（拦网除外）。双方队员在网上同时击球后，如果球落入场内，应继续比赛，获得球的一方仍可击球三次。

（七）拦网犯规

拦网犯规包括过网拦网犯规、后排队员拦网犯规、拦发球犯规和从标志杆外伸入对方空间拦网犯规几种情况。对方进攻性击球前或击球时，在对方空间拦网触球为过网拦网犯规。判断过网拦网的依据是进攻队员与拦网队员触球时间的先后。后排队员完成拦网或参加了完成拦网的集体，为后排队员拦网犯规。拦对方发过来的球为拦发球犯规。从标志杆外伸入对方空间拦网并触球为拦网犯规。

（八）后排队员进攻性击球犯规

后排队员在前场区内或踏及进攻线（或其延长线），将整体高于球网上沿的球，击过球网垂直面或触及对方拦网队员，则为后排队员进攻性击球犯规。

五、暂停和换人

在比赛中，每队最多可以请求两次暂停和六人次换人。暂停时间限制为 30 秒。第 1～4 局，每局另外有两次时间各为 60 秒的技术暂停，每当领先队达到 8 分和 16 分时自动执行。决胜局（第 5 局），没有技术暂停，每队在该局中可请求两次 30 秒的普通暂停。

自由防守队员的有关规定。排球比赛的各队可以在最后确认的 12 名队员中选择一名作为自由防守队员（Libero）。自由防守队员身着区别于其他队员颜色的服装。比赛前，自由防守队员必须登记在记分表上，并在旁边注明“L”字样，其号码必须登记在第一局上场阵容位置表上。自由防守队员仅作为特殊的后排队员参加比赛，在任何位置上（包括比赛场区和无障碍区）都不得将高于球网的球直接击入对方场区完成进攻性击球。自由防守队员不得发球、拦网或试图拦网。自由防守队员在前场区进行上手传球且所传球的整体高于球网上沿时，其同伴不得在高于球网处完成对该球的进攻性击球。

思 考 题

1. 排球运动的基本技术有哪些？
2. 排球运动的基本战术有哪些？
3. 排球运动的主要规则有哪些？

第 9 章

乒乓球运动

【重点提示】本章概述了乒乓球运动的起源、发展、场地、器材、规则等，并详细讲解了其基本动作、战术技巧等。

第一节　乒乓球运动简介

【教学目标】本节介绍了乒乓球运动的起源和发展。

一、乒乓球运动的起源

乒乓球（Table Tennis）起源于英国，由网球发展而来，欧洲人把其称为“桌上的网球”。19 世纪末，欧洲盛行网球运动，但极其受到场地和天气的限制，英国大学生便把网球移到室内，以餐桌为球台，书做球网，用羊皮纸做球拍，在餐桌上打来打去。球台和球网的大小、高度及记分方法均无统一规定，发球的方法也无严格限制。最初，这种游戏叫“弗利姆—弗拉姆”（Flim-Flam），又称“高西马”（Goossime）。

约 1890 年，英格兰运动员詹姆斯·吉布从美国带回了赛璐璐空心玩具球，将其稍加改进，逐步在英国和世界各地推广运用。后有人根据球触拍、触桌时发出“乒”“乓”的声音，又称这项运动为“乒乓球”。

二、乒乓球运动的发展

1926 年 12 月，国际乒乓球联合会在英国伦敦成立，举行了第一届世界乒乓球锦标赛。世界乒乓球运动的发展主要经历了五个阶段：第一阶段欧洲全盛期（1926—1951 年），第二阶段日本称雄世界乒坛（1952—1959 年），第三阶段中国乒乓球运动的崛起（1960—1965 年），第四阶段欧洲的复兴和欧亚对抗（1971—1987 年），第五阶段进入奥运时代（1988 年至今）。

1904 年，乒乓球运动由日本传入中国上海。由于器材均从国外进口，故仅限于上层社会人士参加，运动水平极低。1930 年，中国队首次参加了第九届远东运动会的乒乓球赛。1935 年，中华全国乒乓球协进会在上海成立。新中国成立后，乒乓球运动得到迅速的普及与发展。20 世纪 50 年代，我国在全国范围内开展了群众性的乒乓球运动，使其技术水平得以飞速提高。1952 年 10 月，在北京举行了第一次全国乒乓球比赛。1959 年，我国优秀运动员容国团在第二十五届世乒赛中获得第一个男子单打世界冠军，这标志着我国乒乓球运动在世界乒坛的崛起。自此，我国乒乓球技术水平进入了世界最先进的行列，并长盛不衰。

第一是奥运会，有男单、男双、女单、女双。在 2008 年北京第二十九届奥运会上，增加了团体赛。

第二是世界乒乓球锦标赛，分单项赛和团体赛。

单项赛包括男单、男双、女单、女双、混双。

团体赛包括男团斯韦斯林杯和女团考比伦杯。

只是单项赛和团体赛不在同一年举行，也不在同一地点。

第三是世界杯，有男单、男双、女单、女双、混双。

第四是国际乒联职业循环赛总决赛。

第五是世界明星邀请赛等。

第二节　乒乓球运动的基本技术

【教学目标】本节阐述了握拍、基本站位、基本姿势、基本步法、发球、接发球、推挡、攻球、搓球等乒乓球运动的基本技术。

乒乓球技术主要由握拍法、基本站位、基本姿势、基本步法、发球和接发球，以及各种击球方法所组成。

一、握拍

当前世界上流行的握拍法有两种：一是直拍握法；二是横拍握法。

（一）直拍握法

此握法正反手都用球拍的同一拍面击球，一般情况下不需要两面转换，出手较快；正手攻球快速有力，攻斜、直线球时拍形变化不大，对手不易判断，便于从速度、球路和力量上取得主动；手腕动作灵活，发球可做较多变化；但反手攻球时，因受身体阻碍较难掌握，不易起重板；攻削交替时手法变化大，影响击球速度和准确性；防守时照顾面积较小。

基本握法：如图 9-1 所示，用拇指和食指握住球拍拍柄与拍面的结合部位。拍柄右侧贴在食指的第三关节内侧。食指的第二关节压住球拍的右肩，第一关节自然向内弯曲，拇指的第一关节压住球拍的左肩，其他三指自然弯曲斜形重叠，以中指第一关节贴于球拍的 1/3 上端。

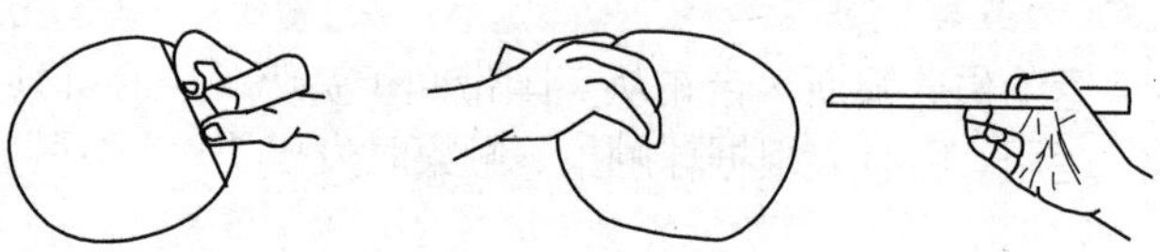

图 9-1　直拍握法

（二）横拍握法

此握法照顾面比直拍大，攻球和削球时握拍的手法变化不大；反手攻球不受身体阻碍，便于发力；削球时用力方便，易于发挥手臂的力量和掌握旋转变化。但在还击左右两面来球时，需变换击球拍面；攻斜、直线球时调节拍形的幅度大、动作明显，易被对方识破；台内正手攻球也较难掌握。

基本握法：如图 9-2 所示，以中指、无名指、小指自然地握住拍柄，拇指在球拍正面轻贴在中指旁边，食指自然伸直斜于球拍的背面，虎口轻微贴拍。

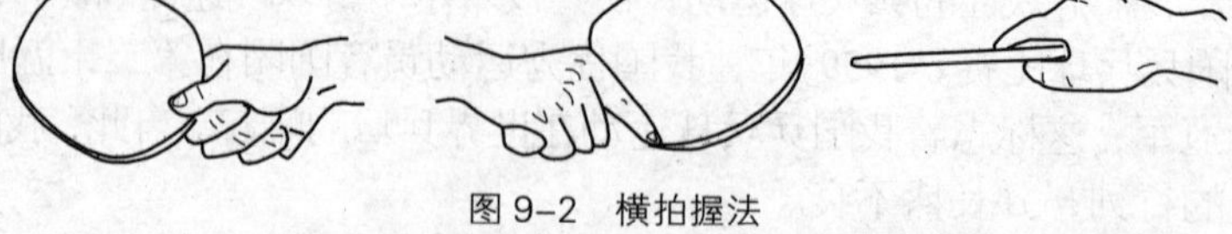

图 9-2　横拍握法

在准备击球时或将球击出后，握拍都不宜过紧或过松。过紧会使手腕僵硬，影响球的飞行弧线；过松会因拍面不稳，影响发力和击球的准确性。

二、基本站位

乒乓球运动员的基本站位应根据不同类型的打法、个人技术特点和身体特点来选定。一般情形如下（以右手持拍为例）。

（1）左推右攻打法的运动员，其站位在近台偏左，距球台 30～40 厘米。

（2）两面攻打法的运动员，基本站位也在近台中间偏左，距球台 40～50 厘米。

（3）弧圈球打法的运动员，基本站位在中台偏左，距球台约 50 厘米。两面拉弧圈球的运动员，其站位中间略偏左。

（4）横板攻削结合打法的运动员，基本站位在中台附近；削球打法的运动员，基本站位则在中远台附近。

三、基本姿势

击球前身体的基本姿势（见图 9-3）

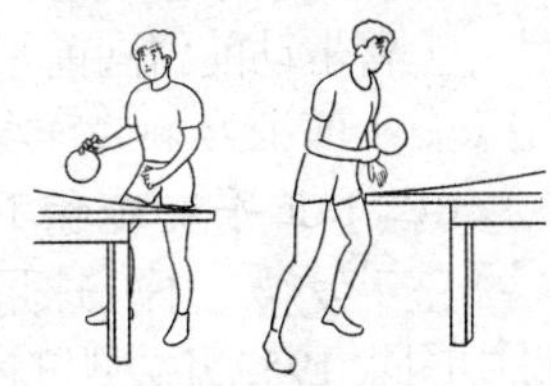

图 9–3　基本姿势

（1）两脚平行站立，距离略比肩宽，保持身体平稳，重心置于两脚之间。

（2）两脚稍微提踵，前掌内侧着地，两膝微屈内扣，上体含胸略前倾。

（3）右手握拍腹前，手臂自然弯曲，持拍手腕放松，左手协调平衡。

（4）下颌稍向下收，两眼注视来球；形如箭在弦上，视球以外无物。

关键是要做到重心低，起动快。两脚略比肩宽和屈膝内扣是为了保持身体重心的稳定性；脚掌内侧着地和稍微提踵是为了保证快速起动。横握球拍时肘部向下，前臂自然平举即可，其余与直握拍相同。

四、基本步法

乒乓球运动常用的基本步法有单步、跨步、跳步、并步、交叉步等。

（一）单步

以一脚为轴心，另一脚向前或向后、左、右移动一步，身体重心随之落到移动脚上，挥拍击球。其特点是移动简单，范围小，身体重心平稳。当来球离身体较近时采用。

（二）跨步

以来球方向的异侧脚蹬地，同侧脚向来球方向跨出一大步，身体重心随即移到同侧脚，异侧脚迅速跟上。特点是移动范围比单步大。当来球离身体较远时采用。移动速度快，多用于借力回击。

（三）跳步

以来球方向的异侧脚蹬地为主，两脚发力同时离地，异侧脚先落地，另一脚随即着地即挥拍击球。跳移过程中，身体重心起伏不宜过大，落地要稳。特点是移动范围比单步和跨步大，移动速度快，一般在来球离身体较远较急时采用。

（四）并步

将来球方向的异侧脚向同侧脚并一步，然后同侧脚再向来球方向迈一步，挥拍击球。特点是移动时脚步不腾空，身体重心平稳，移动范围不如跳步大。

（五）交叉步

来球方向的同侧脚发力，异侧脚迅速从体前做平行交叉横跨一大步，同侧脚迅速跟上落地还原，挥拍击球。特点是移动范围比其他步法大，适用于主动发力进攻，一般在来球距身体较远时采用。

（六）练习方法

（1）徒手模仿各种步法的移动练习。

（2）手法结合各种步法进行徒手练习。

（3）单球进行各种步法练习。

（4）多球进行各种步法练习。

发球

五、发球

乒乓球比赛是从发球开始的，其技术的好坏将直接影响到得分和失分，发球是力争主动、先发制人的第一个环节。现介绍几种常用的发球技术。

（一）平击发球

平击发球速度慢，力量轻，几乎不带旋转，易掌握，是初学者的入门技术，也是掌握其他发球技术的基础。它分为正手平击发球和反手平击发球两种。

正、反手平击发球时，站位近台，抛球的同时，向右（左）侧后方引拍。当球下降至稍高于网时，上臂带动前臂向前平行挥动，拍形稍前倾，或接近垂直，击球的中上部。击球后，手臂继续向左（右）前上方顺势挥动，并迅速还原。

（二）正手发转和不转的球

正手发转与不转球是用相似的动作迷惑对方，发出旋转差异较大的球，往往能够取得主动。它是中国队 1959 年发明的一种技术。

其准备姿势与正手平击发球相似。发加转球时，拍面后仰，用球拍下半部靠左的一侧去摩擦球的底部。发不转球时，拍面的后仰角度小一些，用球拍上半部偏右的一侧碰击球的中下部。

（三）发短球

指发至对方距球网约 40 厘米范围内的球，且第二跳不出台。具有动作小、出手快、落点短的特点。正反手均可发短球。

在抛球时，向身体右后方引拍，手腕放松。当球从高点下降至稍高于网时，前臂向前下方稍用力，拍面后仰，击球瞬间主要以手腕发力为主，触球中上部并向底部摩擦。

（四）正手发左侧上、下旋球

用近似的发球方法发出两种旋转方向完全不同的球，此方法极易迷惑对方，并具有较大的威胁性，是极常用的发球技术。所发出的球均具有较强烈的左侧旋。

方法：如图 9-4 所示，右脚在后，抛球时，持拍手向右上方引拍，手腕略向外展。当球下落时，手臂迅速向左下方挥动，在与网同高时触球，触球瞬间手腕快速向左上方挥动，使球拍从球的中部略偏下向左上方摩擦。发左侧下旋球时，手腕快速向左下方转动，使球拍从球的中下部向左下方摩擦。

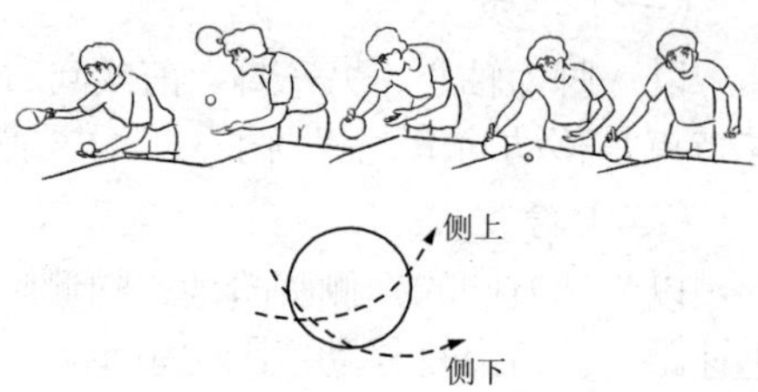

图 9-4　正手发左侧上、下旋球

（五）侧身正、反手发高抛球

如图 9-5 所示，由于将球高抛至 2～3 米，故下降的球获得加速度，从而增大球与拍的合力，增强了发球的旋转；也因高抛球下落时间长，改变了击球节奏，可影响对手的注意力和心理状态，从而增大发球的威胁性。

图 9-5　侧身正、反手发高抛球

（六）发球的练习方法

（1）徒手做发球前的预备姿势，模仿抛球及发球的动作。

（2）多球发球练习。

（3）先练习发斜线球，后练习发直线球；先练习发不定点球，后练习发定点球。

（4）练习发各种旋转球。

（5）练习用同一手法发不同旋转和落点的球。

（6）结合个人技术特点，练一至两套质量高的特长发球。

六、接发球

接发球的基本方法由点、拨、带、拉、攻、推、搓、削、摆短等技术综合组成。运用这些方法接发球时，存在着一般的规律，即用某单一接发球方法可以接稳对方某种性能的发球。下面介绍一般接发球的规律和最基本的接发球方法。

（一）接上旋球

一般采用推、拨、攻、拉等技术回接。

（二）接下旋球

发过来的球速度较慢，触拍后向下反弹，用搓球回接时，注意拍面后仰以增加向前上方的发力。用拉攻或弧圈球回接时，一定要增加向上提拉的力量。

（三）接左侧上、下旋球

接左侧上旋球一般采用推、攻为宜。回接时，拍面角度要稍前倾，拍面向左偏斜以抵消来球的左侧旋，向前下方用力要相对加大，防止球触拍时向自己右上方反弹。接左侧下旋球一般采用搓、削为宜。回接时，拍面角度要稍后仰，拍面所朝方向向左偏斜以抵消来球的左侧旋，稍向上用力，防止球触拍时向自己左下方反弹。

（四）接旋转不明发球

如图 9-6 所示，当旋转判断不明时，站位应稍远，运用慢搓，在球下降中期时击球，这样有利于增加判断时间，降低来球旋转强度和赢得接球的技术选择时间。

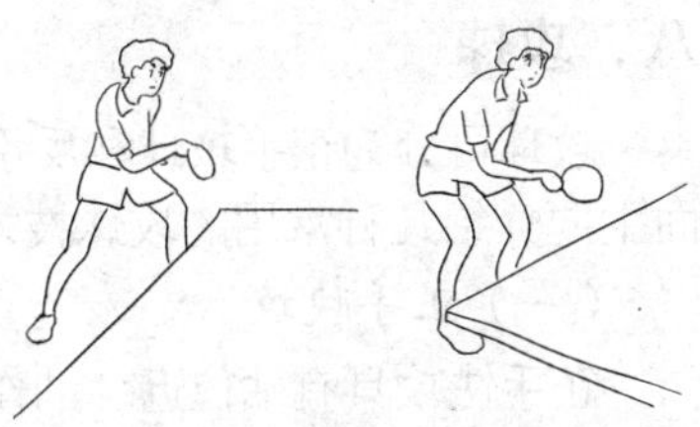

图 9-6　接旋转不明发球

（五）接短球

由于对方发来的球是台内近网短球，回接时最重要的是注意及时上前，以获得最适合的击球位置。同时要控制好身体的前冲力量。接发球后要迅速还原，准备下一来球。无论采用搓、削、挑、带哪一种方法回接短球，都应特别注意，来球是在台内，台面会影响引拍，因此要充分依靠前臂和手腕发力，同时要根据来球的旋转性能调节拍面角度、击球部位、击球时间和用力方向。

关键是判断和步法移动。

七、推挡

推挡，顾名思义具有推和挡的两种功能。“挡”着重防守，强调借力，如在接重板或速度较快的球时，多采用“挡”，其主要技术有平挡、减力挡、侧挡等；“推”力主进攻，强调主动加力，加快球速，主要技术有快推、加力推、推挤、下旋推挡等。这里着重介绍平挡、快推和加力推三种技术。

推挡

（一）平挡（挡球）

两脚平行站位，身体靠近球台。击球前，上臂贴近身体，前臂约与台面平行，球拍置于腹前，略高于台面呈半横状，拍面近乎垂直。击球时，调整好拍形，在来球上升前期触球中部或中上部，借来球的反弹力将球挡回。平挡具有速度慢、发力均匀柔和、力量小等特点。

（二）快推

近台中偏左站位，右脚稍前，上臂和肘关节靠近右侧身旁。拍面垂直，当球弹起至上升前或中期时，拍面略前倾，大臂带动前臂向前或前上方加速推出，击球中上部。

（三）加力推

动作较大，回球力量重，球速快，主要用于对付反手位速度较慢、反弹偏高的球。当来球弹至上升后期或高点期时，拍面前倾，大臂带动前臂，前臂带动手腕向前或前下方加速发力推出，击球中上部或上中部。加力推时，可以配合髋、腰以及身体前移共同发力。

（四）练习方法

（1）做徒手模仿练习，体会动作要领。

（2）对墙做推挡练习。

（3）把球抛到本方台面上推挡。

（4）推固定球练习。

（5）两点推挡练习。

（6）不定点推挡练习。

（五）易犯错误

球下网或出台。

（六）错误原因

拍面压得过多或过后仰。

（七）纠正方法

强调拍面垂直，多做徒手练习，固定动作。

八、攻球

攻球

攻球可分为正手攻球和反手攻球两种。每种又可包括许多不同的攻球方法。下面主要介绍几种常用的攻球技术。

（一）正手快攻

正手快攻具有站位近、动作小、速度快、攻击性强的特点。左脚稍前，身体离球台 40～50 厘米，呈基本姿势站立。以前臂为主引拍至身体右侧方。球拍呈半横状。击球时，在上臂带动下前臂和手腕由右侧方向左前上方挥动，拇指压拍、食指放松、拍面稍前倾，在来球弹起上升期，击球的中上部。击球后，手臂随势向前挥摆，迅速还原成击球前的准备姿势。

（二）正手台内攻

正手台内攻具有站位近、动作小、速度快、突然性强等特点。站位近台，右方大角度来球时右脚上步，中间或偏左方向来球时左脚上步。上步同时上臂和肘部前移，前臂伸进台内迎球。当来球弹至高点期、下旋强时，拍面稍后仰，前臂和手腕向前上方发力，击球的中下部；下旋弱时，拍面接近垂直，前臂和手腕以向前发力为主击球的中部；上旋球时，拍面稍前倾，前臂和手腕向前发力击球的中上部。

（三）正手中远台攻

正手中远台攻具有站位远、动作大、力量重的特点。左脚稍前，身体离球台 1 米左右。持拍手臂较大幅度向右后方引拍，拍面接近垂直。击球时，右脚蹬地、向左转体，同时，上臂带动前臂由右后方加速向左前上方发力挥动，手腕边挥边转使拍形逐渐前倾，在来球弹起至下降前期，击球中部或中上部。

（四）正手扣杀

正手扣杀具有力量重、速度快、攻击性强的特点。前臂内旋使拍面稍前倾，随着身体向右转动的同时，持拍手臂引拍于身体右后方。随着右脚蹬地、身体左转的同时，持拍手上臂带动前臂加速向左前上方发力挥动，拍面稍前倾，来球弹起至高点期时，击球的中上部。一般击球点在胸前 50 厘米为宜。

（五）反手快攻

左脚稍后，身体离球台 40～50 厘米。持拍手臂自然弯曲并外旋使拍面前倾，上臂与肘关节自然靠近身体，引拍至腹前偏左的位置。击球时，在上臂带动下前臂和手腕向右前上方挥动，同时配合外旋转腕动作，使拍面稍前倾，在来球弹起上升期，击球中上部。

（六）反手中远台攻

右脚稍前，身体离球台 0.7～1 米。身体左转的同时，持拍手的上臂和肘关节靠近身体，前臂向左下方移动，引拍至身体左侧下方，拍面稍前倾。击球时，身体右转，同时，手臂由左后向前挥动，前臂在上臂带动下，向前上方用力，并配合向外转腕，使拍面稍倾，在来球弹起下降期，击球中下部。

（七）正手攻球练习方法

（1）徒手模仿练习。

（2）自己放攻练习。

（3）攻固定球练习，过渡到多球练习。

（4）两点攻练习。

（八）易犯错误

（1）球从左侧出台。

（2）球下网或端线出台。

（九）错误原因

（1）攻球时机过早，台内攻球时拍面方向控制不好。

（2）拍面压得过多或过后仰。

（十）纠正方法

（1）听信号攻球，提醒拍面方向。

（2）拍面固定垂直，徒手练习。

九、搓球

对初学者来说，首先应学反手搓球，再学正手搓球。先练习慢搓，再练习快搓。在基本熟悉以上技术之后，再练习搓转与不转的球。

（一）快搓

快搓动作幅度较小，回球速度较快，能借助来球的前进力去回击。它是对付削球和搓球的一种方法。

右脚稍前，身体靠近球台。来球在身体左侧时，可运用反手搓球。击球时，上臂迅速前伸，前臂跟随向前，拍形稍后仰，利用上臂前送力量，在上升期击球中下部。来球在身体右侧，可以运用正手搓球。搓球时，身体稍向右转，手臂向右前上引拍，然后前臂和手腕向前下方用力，在上升期击球中下部。

（二）慢搓

慢搓的动作幅度较大，回球速度较慢，靠主动发力回击，回球有一定旋转强度。

如图 9-7 所示，反手搓球时，向左上方引拍，前臂以肘关节为轴，快速向前下方用力挥摆，伸手腕辅助用力，手指配合使拍面后仰，在球的下降前期切击球的中下部。

如图 9-8 所示，正手搓球时，手臂外旋使拍面后仰，前臂提起，向右上方引拍至右肩高度。当来球至下降前期，手臂快速向左前下方挥摆，屈手腕辅助用力，切击球的中下部。

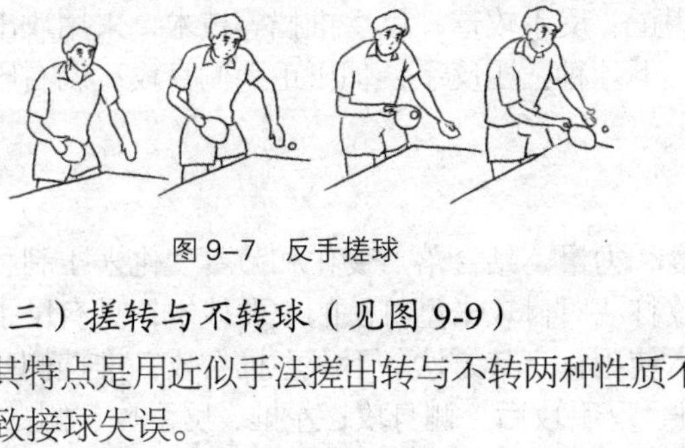

图 9–7 反手搓球

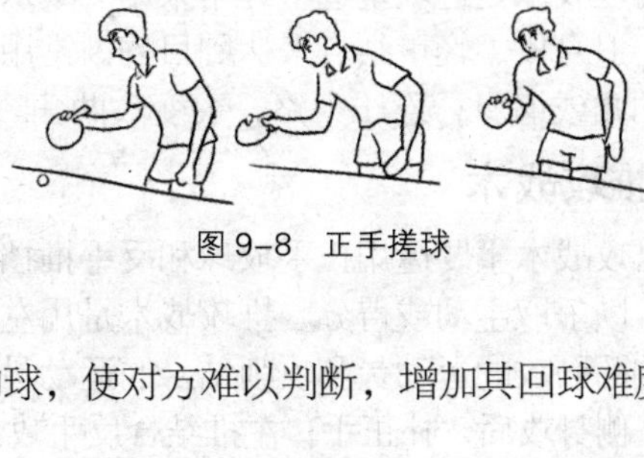

图 9–8 正手搓球

（三）搓转与不转球（见图 9-9）

其特点是用近似手法搓出转与不转两种性质不同的球，使对方难以判断，增加其回球难度或直接导致接球失误。

动作方法：搓转与不转球的动作方法与快搓技术的动作相同。决定转与不转要看击球作用力是偏离球心还是通过球心。搓转球时，除击球速度、击球力量和拍面后仰角度要加大以外，还要在球拍切击球时切薄一些，使其作用力远离球心，形成旋转的下旋球。而搓不转球时，减小拍面后仰角度，击球中下部并向前上推，使击球力量接近或通过球心，这样就形成相对的不转球。搓转与不转球时，一定要在相似的动作上下工夫，如若搓不转球的动作意图很明显，则会弄巧成拙，送给对方进攻机会。

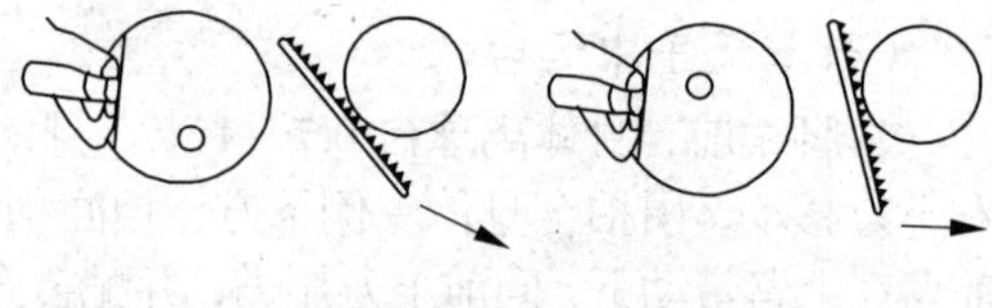

图 9-9　搓转与不转

练习方法参照正手攻球练习。

第三节　乒乓球运动的基本战术

【教学目标】本节介绍了乒乓球的基本战术：发球抢攻战术、接发球战术、对攻战术、推攻战术、搓攻战术、削攻战术等。

一、发球抢攻战术

发球抢攻战术是乒乓球所有打法特别是进攻型打法的主要战术和得分手段。

（一）发球抢攻战术以发球的旋转、速度、落点灵活变化为主要技术特征

（1）发下旋转与不转球抢攻。

（2）发正、反手奔球抢攻。

（3）发正、反手侧上、下旋球抢攻。

发球抢攻战术

（二）发球抢攻注意事项

（1）发球要有线路和落点变化，以便使对方在前、后、左、右走动中接发球。

（2）发球后要有抢攻准备，以便不失抢攻的机会。

（3）自己发什么球，对方可能以什么技术回击，这些要在发球前做到心中有数。这样，才能较好地做好抢攻的准备。

二、接发球战术

接发球战术是发球抢攻战术的直接对立面。接发球战术一方面要抑制、扰乱或破坏对方运用发球抢攻的战术，降低发球抢攻的质量，形成相持状态；另一方面要从被动中求主动，通过过渡性接发球技术力争在第四板抢先上手，转入对己方有利的战局，同时抓住机会采用接发球抢攻直接得分或设法取得明显的战术优势。接发球战术是各类型打法的选手都必须掌握的战术，主要有主动法、稳健法和相持法。

三、对攻战术

对攻战术是进攻型选手经常采用的战术。运用正、反手攻球、反手推挡等技术，采用攻击对方两角、追身攻、轻重结合来达到目的。常用的有以下几种：压反手，伺机正手侧身攻；调右压左，转攻两角或追身；连压中路，突变攻两角。

四、推攻战术

推攻战术主要运用正手攻球和反手推挡的速度和力量、结合落点变化和节奏变化来压制和调动对方，以争取主动或得分。推攻战术是用左推右攻打法对付攻击型打法的主要战术，具有反手推挡能力的两面攻的运动员和攻削结合的运动员也时常使用它。其方法如下：左推右攻；推挡侧身攻；推挡、侧身攻后，扑正手；左推结合反手攻；左推、反手攻后，侧身攻；左推、反手攻、侧身攻后，

扑正手。

五、搓攻战术

搓攻战术主要运用“转、低、快、变”的搓球方法控制对方，以寻找战机，然后采用低突、快点或快拉等技术展开攻势并进入连续攻；在搓球中遇到机会球时进行扣杀，常常带有突然性，往往可以直接得分。搓攻战术是乒乓球各种打法都不可缺少的辅助战术。其方法如下：正、反手搓球结合正手快拉、快点、突击或扣杀；正、反手搓球结合反手快拉、快点、突击或扣杀。

六、削攻战术

削攻是利用削球的旋转、节奏、落点变化来控制对方的攻势，并为进攻创造机会，达到反击对方目的的一种手段。削攻战术是削攻型打法对付进攻型、弧圈型打法的重要战术，常用的有以下几种：削转与不转球，伺机反攻；削长、短球反攻；削逼两角，伺机反攻；逢直变斜，逢斜变直，伺机反攻。

第四节　乒乓球运动的主要规则

【教学目标】本节阐述了发球、击球、先分、次序、方位、间歇等乒乓球比赛的主要规则。

一、发球

发球开始时，球自然地置于不持拍手的手掌上，手掌张开，保持静止。

发球时，发球员需用手将球几乎垂直地向上抛起，不得使球旋转，并使球在离开不执拍手的手掌之后上升不少于16厘米，球下降到被击出前不能碰到任何物体。

当球从抛起的最高点下降时，发球员方可击球，使球首先触及本方台区，然后越过或绕过球网装置，再触及接发球员的台区。双打中，球应先后触及发球员和接发球员的右半区。

乒乓球运动的竞赛规则

从发球开始，到球被击出，球要始终在台面以上和发球员的端线以外，而且不能被发球员或其双打同伴的身体或衣服的任何部分挡住。

在运动员发球时，球与球拍接触的一瞬间，球与网柱连线所形成的虚拟三角形之内和一定高度的上方不能有任何遮挡物，并且其中一名裁判员要能看清运动员的击球点。

二、比赛装置

（一）球台

（1）球台的上层表面叫作比赛台面，应是水平的长方形，长2.74米、宽1.525米，离地面高76厘米；比赛台面包括球台上面的边缘，不包括上面边缘以下的侧面。

（2）比赛台面应呈均匀的暗色（浅蓝色），无光泽，分别有两条2厘米宽的白色边线和白色端。

（3）比赛台面由一个与端线平行的垂直的球网划分为两个相等的台区，各台区的整个面积应是一个整体。

（4）球处于比赛状态时，运动员或其穿戴的任何物品移动了比赛台面或者运动员的不执拍手触及比赛台面，将被判失分。

（二）球网装置

（1）球网装置包括球网、悬网绳、网柱及将它们固定在球台上的夹钳部分，网柱外缘离开球台边缘的距离为15.25厘米。

（2）球网应悬挂在一根绳子上，绳子两端系在高15.25厘米的直立网柱上，整个球网的顶端距离比赛台面15.25厘米。

（3）球处于比赛状态时，运动员或其穿戴的任何物品触及球网装置，将被判失分。

（三）球

（1）球的直径为38毫米，重量为2.5克，呈白色、黄色或橙色，且无光泽。

（2）如果双方运动员不能就比赛用球达成一致意见而使比赛不能进行时，裁判员任意决定一个比赛用球，拒绝接受该比赛用球的运动员，裁判长可取消其比赛资格。

（四）服装

（1）比赛服装一般包括短袖运动衫、短裤或短裙、短袜和运动鞋，其他服装如半套或全套运动服不得在比赛时穿着（得到裁判长允许的除外）。

（2）短袖运动衫、短裤或短裙可以是任何颜色，但其颜色应与比赛用球的颜色明显不同，短袖运动衫的袖子和领子除外。

（3）团体赛同队运动员服装款式和颜色应一致（鞋袜除外）。

（4）比赛双方运动员应穿着颜色明显不同的运动衫，以使观众能够容易区分队别。

（5）当双方运动员或运动队所穿服装颜色类似且均不愿意更换时，应抽签决定某一方必须更换。

（6）有关比赛服的合法性及可接受性问题应由裁判长决定。

（五）比赛条件

（1）赛区空间应不少于14米长、7米宽、4米高。赛区应由75厘米高的同一深色的挡板围起，以与相邻的赛区及观众隔开。

（2）从台面高度测得的照明度不得低于600勒克斯，赛区其他部位的照明不得低于比赛台面照明度的一半。光源距离地面不得小于4米。

（3）地板不应是浅色或明显反光的，其表面不得为砖、水泥或石头。

（4）场地四周一般应为暗色，不应有明亮光源或从窗户透过未加遮盖的强光。

三、击球

对方发球或还击后，本方运动员必须击球，使球直接越过或绕过球网装置，或触及球网装置后，再触及对方台区。

四、失分

（1）未能合法发球。

（2）未能合法还击。

（3）击球后，该球没有触及对方台区而越过对方端线。

（4）阻挡。

（5）连击。

（6）用不符合规则的拍面击球。

（7）运动员或运动员穿戴的任何物件使球台移动。

（8）运动员或运动员穿戴的任何物件触及球网装置。

（9）不执拍手触及比赛台面。

（10）双打运动员击球次序错误。

（11）执行轮换发球法时，发球一方被接发球一方或其双打同伴（包括接发球一击）完成了13次合法还击。

五、一局比赛

在一局比赛中，先得11分的一方为胜方；10平后，先多得2分的一方为胜方。一场单打或双打（男、女双打和混合双打）比赛的淘汰赛采用七局四胜制，团体赛中的一场单打或双打采用五局三胜制。

六、次序和方位

在获得2分后，接发球方变为发球方，依次类推，直到该局比赛结束，或直至双方比分为10

平，或采用轮换发球法时，发球和接发球次序不变，但每人只轮发 1 分球。

在双打中，每次换发球时，前面的接发球员应成为发球员，前面的发球员的同伴应成为接发球员。

在一局比赛中首先发球的一方，在该场比赛的下一局中应首先接发球，在双打比赛的决胜局中，当一方先得 5 分后，接发球一方必须交换接发球次序。

一局中，在某一方位比赛的一方，在该场比赛的下一局应换到另一方位。在决胜局中，一方先得 5 分时，双方应交换方位。

七、间歇

在局与局之间，有不超过 1 分钟的休息。

在一场比赛中，双方各有一次不超过 1 分钟的暂停。

每局比赛中，每得 6 分球后，或决胜局交换方位时，有短暂的时间擦汗。

八、竞赛方法

已经举办过的几届奥运会乒乓球比赛，竞赛方法大同小异，但均不完全相同，主要是采用分组预选和单淘汰加附加赛或排名淘汰赛加附加赛的方式。

思　考　题

1. 乒乓球运动的基本技术有哪些？
2. 乒乓球运动的基本战术有哪些？
3. 乒乓球运动的竞赛规则有哪些？

第10章

羽毛球运动

【重点提示】本章概述了羽毛球运动的起源、发展、场地、器材、规则等，并详细讲解了其基本动作、战术技巧等。

第一节　羽毛球运动概述

【教学目标】本节介绍了羽毛球运动的起源和发展。

一、羽毛球运动的起源

据有关资料表明，最早出现有关羽毛球运动的文字记载是法国著名画家乔丹（1699～1779年）所画的一幅题为“羽毛球”（Theshuttlecoack）油画。画中的一名少女，手握穿有网弦的羽毛球拍，球由球托插上七根不同颜色的羽毛制成。

传说早在 14～15 世纪时，日本已出现了一种两个人用木制球拍，将插上羽毛的樱桃核当做球来回对击的游戏。这种运动很快传到了欧洲和亚洲其他国家。但因这种球不坚固耐用，飞行速度又太快，所以虽风行一时却很快就又销声匿迹了。

此后，又有类似羽毛球的游戏方式相继在印度和俄国出现，印度称此游戏方式为“普那”，它是用绒线缠成球形，上插羽毛，用木拍对击。俄国称其为“伏朗”，用球和我们现在的毽子非常相似。

由此可见，羽毛球运动的起源与类似“毽子板”的游戏有着密切的联系。由于国家、民族、文化以及语言的差异，对原始羽毛球运动名称的称呼有所不同。所以，目前世界上对于这项运动究竟始于何时何地仍众说纷纭。但对于现在羽毛球运动名称的说法却基本一致。现代羽毛球运动被大众普遍认为起源于英国。1873年，在英国格洛斯特郡的伯明顿（Badminton）有一位叫鲍弗特的公爵，一次他在家中宴请宾客，恰逢下雨，客人只得聚在客厅，时间一长，大家都感到乏味，当时，有位从印度退役的英国军官，将其在印度孟买见到的“普那”向大家做了介绍，于是大家就在大厅内进行这种羽毛球的游戏。因这项活动极富趣味性，很快就风行起来。由于这项活动诞生在伯明顿，有人就提议以这个庄园的名称命名了这项运动，所以，英语中羽毛球叫作“Badminton”。原来鲍弗特公爵的庄园现在也改名为“羽毛球馆”以示纪念，馆内陈列着19世纪中叶最初的羽毛球拍和球。那时的活动场地是葫芦形，两头宽中间窄，窄处挂网，直至1901年才改作长方形。

二、羽毛球运动的发展

1877年，第一本羽毛球比赛规则在英国出版。

1893 年，在英国成立了世界上第一个羽毛球协会。1899 年，该协会举办了第一界“全英羽毛球锦标赛（All Englang Badminton Champinships）”，这就是自1899年起在英国伦敦温布利体育中心举行的传统性、非正式世界羽毛球锦标赛。

此后，羽毛球运动从不列颠诸岛流传到斯堪的纳维亚半岛和英联邦各国，20世纪初流传到亚洲、美洲、大洋洲，最后传到非洲。

随着这项运动在世界上开展的国家越来越多，1934 年成立了“国际羽毛球联合会”，总部设在伦敦。1939 年国际羽毛球联合会通过了各会员国共同遵守的《羽毛球竞赛规则》。

从 20 世纪 20 年代到 40 年代，欧美国家的羽毛球运动发展很快。特别是英国和丹麦，历次重大国际比赛的桂冠几乎都被他们所垄断。其次，美国和加拿大也具有相当高的水平。

1948～1949 年举行了首届世界男子羽毛球团体锦标赛——“汤姆斯杯”赛，马来西亚队击败了美国、英国和丹麦等强队荣获冠军，从而开辟了亚洲人称雄国际羽坛的时代。

20 世纪 50 年代亚洲羽毛球运动发展较快，特别是马来西亚涌现出了不少优秀选手，蝉联了 1951 年和 1955 年之间所举行的两届汤姆斯杯赛冠军，同时在全英锦标赛中获男子单、双打的冠军。

20 世纪 50 年代末，印度尼西亚羽毛球队在国际羽坛开始崛起，他们在学习欧洲选手的技术与打法的基础上有所创新，加快了羽毛球场上的速度和对落点的控制，使羽毛球技术水平提高到了一个新的阶段。在第 4 届汤姆斯杯赛中一举击败马来西亚队而夺得冠军。在 20 世纪 60 年代和 70 年代，印度尼西亚队的技术水平（除中国以外）在国际羽坛一直处于遥遥领先的地位，从第 4 届到第 11 届的汤姆斯杯赛，除第 7 届被马来西亚队获得外，其余全被印度尼西亚队所斩获，并且几乎垄断了在此期间的全英锦标赛的男子单、双打的冠军。

在女子方面，20 世纪 50 年代中期至 60 年代初，美国占据世界的优势，连续三届获得世界女子团体比赛（尤伯杯赛）的冠军。20 世纪 60 年代后期至 70 年代，世界的优势转向日本。

1981 年 5 月，国际羽联重新恢复了我国在国际羽联的合法席位，从此揭开了国际羽坛历史上新的一页，进入了中国羽毛球选手称霸国际羽坛的辉煌时期。

1988 年，在第二十四届汉城奥运会上，羽毛球运动被国际奥委会列为表演项目。1989 年 5 月，在印度尼西亚雅加达举办了首届苏迪曼杯羽毛球大赛。1992 年，在第二十五届巴塞罗那奥运会上，羽毛球运动被正式列为比赛项目，设男、女单打和男、女双打四个项目。1996 年，第二十六届亚特兰大奥运会又增设了男女混合双打。从此，羽毛球运动进入了新的发展阶段。

第二节　羽毛球运动的基本技术

【教学目标】本节阐述了羽毛球运动的握拍、发球、接发球、后场击球、前场击球、中场击球、基本步法等基本技术。

一、握拍

羽毛球的握拍一般分为正手握拍法和反手握拍法两种方法。

（一）正手握拍法

右手虎口对准拍柄窄面内侧斜棱，小指、无名指、中指自然并拢，食指和中指稍分开，大拇指的内侧和食指贴在拍柄的两个宽面上将球拍柄握住。握拍时掌心不要贴紧拍柄，要使掌心与拍柄保持一定的空隙。

（二）反手握拍法

在正手握拍的基础上，将大拇指伸直用其第一指节内侧顶贴在拍柄内侧的宽面上，食指收回，与拇指同（或略）高，用大拇指和食指将球拍稍向外转，中指、无名指、小指紧握拍柄，拍柄端靠近小指根部。握拍手心与拍柄之间留有空隙，以便能充分利用手腕力量和大拇指的内侧压力击球。

（三）练习方法

（1）正确握拍后，反复练习无球挥拍动作。

（2）正手握拍垫球，反手握拍垫球。

二、发球

羽毛球运动的发球技术，按其动作分为正手发球和反手发球两种。按球在空中飞行的弧线可分为发高远球、平高球、平快球和网前短球四种（见图 10-1：1-网前球，2-平快球，3-平高球，4-高远球）。

发球

（一）正手发高远球

所谓高远球，主要是把球发得又高又远，使球飞行到对方底线上空时，几乎垂直下落。

如图 10-2 所示，发球时，重心由后脚前移至前脚，带动转腰，同时右手持拍沿着向下而上的弧线自然地沿着身体向前上方挥拍。球拍触球前刹那，小臂带动手腕向前上方闪动发力，手紧握拍柄，利用手腕、手指爆发力以及拍面的前半部击球。击球瞬间，拍面正对出球方向，击球点在发球员的右前下方。出球飞行弧度与地面仰角一般大于 45 度。

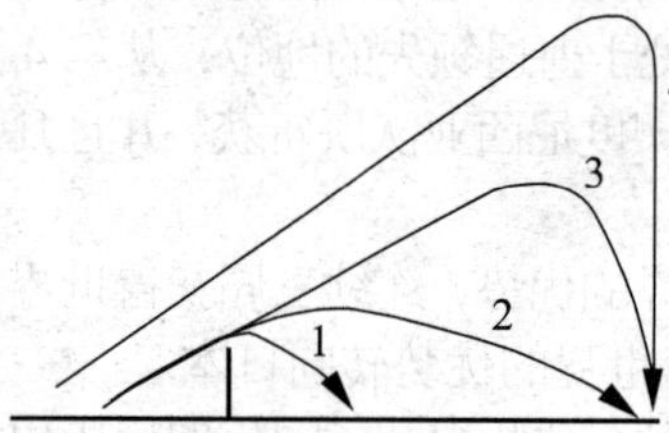

图 10–1　发球技术

图 10–2　正手发高远球

（二）正手发网前短球（见图 10-3）

发网前短球是把球发至对方发球区内前发球线附近。球的飞行速度较慢，飞行弧度较低，使球贴网而过。它是双打比赛最常用的发球方法。在单打比赛，用于对付接网前球较差的对手，有时也可以作为过渡性的发球，或发球抢攻战术的手段。在发球时，挥拍幅度较小，击球瞬间无需紧握拍柄，而是利用手腕和手指的力量从右向左横切推送，将球轻轻发出，使球贴网而过。

图 10–3　正手发网前短球

（三）正手发平快球

正手发平快球又称发平球，是把球发得又平又快，使球快速落在对方场内端线附近。平快球突袭性强，往往能使对手措手不及而造成被动或失误。准备姿势同发高远球，站位稍靠后些。击球瞬间紧握球拍柄，利用小臂挥动力量带动手腕、手指力量快速向前击球，球的飞行路线与地面形成的仰角小于 30 度。

（四）反手发网前球。

如图 10-4 所示，准备击球时手腕内屈，击球瞬间利用小臂带动手腕、手指力量向前横切推送，将球击出。发球时，挥拍较慢，力量较轻，球的落点近网，当球贴网而过后即往下坠落在对方发球区内前发球线附近。

（五）练习方法

（1）徒手挥拍模仿各种发球练习。

（2）发球区多球反复练习不同发球技术。

（3）指定落点区域，练习不同发球技术。

（4）发球区多球练习发直线球、斜线球、定点球和不定点球。

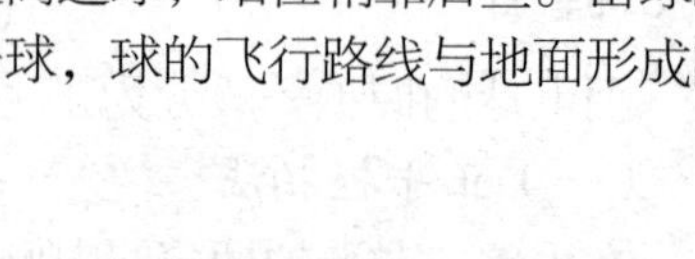
图 10–4　反手发网前球

三、接发球

单打站位一般是在离发球线 1.5 米处，站在右发球区靠近中线的位置；在左发球区则站在中间的位置。双打发球多以发网前球为主，所以双打的接发球站位要在靠近前发球线的地方。

接发球

（一）接平高/高远球

可以用平高球、吊球或扣杀球进行回击（见图 10-5：1-平高球，2-吊球，3-扣杀球）。一般来说，接高远球是一次进攻的机会，回击得好就能掌握主动权。因此，初学羽毛球者必须努力提高后场进攻的能力。

（二）接网前球

可以用平高球、高远球、放网前球或平球进行回击（见图 10-6：1-虚线为发网前球，2-平球，3-平高/高远球，4-网前球）。如果对方发球的质量不高，或球离网顶较高过网，则可采用扑球进攻。若对方企图发球抢攻，而自己防守能力较差，则以放网前球或平推球为宜，落点要远离对方站位，控制住球，不让对方进攻。

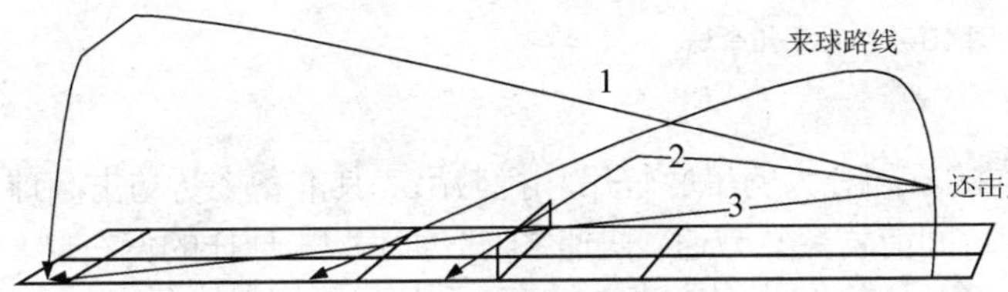

图 10–5　接平高/高远球

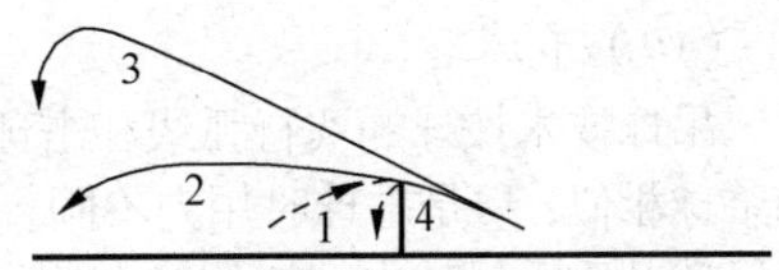

图 10–6　接网前球

四、后场击球

后场击球主要由高远球、平高球、扣杀球和吊球等几项技术及相应的后退步法组成。其特点是击球点高、力量大、速度快、威力大。

（一）高远球

高远球飞行弧度高、速度慢，主要是迫使对方离开中心部位去击球；或者是当自己位置错乱时，用击这种球来争取回位时间,所以比赛中在被动情况下常采用这种球进行过渡。

图 10–7　正手击高远球

（1）正手击高远球。如图 10-7 所示，用后场退步法迅速向来球方向移动，调整好身体与来球间的位置，使球恰好在右肩稍前方上空。当球落到一定的高度时，右手肘上抬，手臂后倒引拍，以肩为轴做回环动作，同时身体左转，前臂充分向后下方摆动并外旋，手腕充分伸展。击球时，前臂迅速内旋带动手腕加速向前方挥动，手腕屈，收手指屈指发力，将球击出。

（2）反手击高远球。准备击球前，右脚在前（先不着地，与击球动作完成的瞬间同时着地），身体背向球网，持拍臂向上抬举，身体稍向左转，含胸收腹，左腿微屈，同时手臂回环内旋引拍，握拍手尽量放松，手腕稍向外展。当球下落至右肩前上方一定高度时，以上臂、前臂迅速外旋带动手腕加速，由左下方经胸前向右前上挥动。击球时手腕由伸展至屈收快速屈指发力，用反拍面将球击出。

后场高空击球技术

（二）平高球

平高球与击高远球一样，也可分为正手、头顶和反手三种击球技术，是一种进攻性的击球技术。其技术动作与击高远球基本相同，所不同的是引拍、击球动作较高远球小而快，击球的瞬间运用前臂内旋带动手腕，向前快速发力击球。

（三）扣杀球

扣杀球从动作结构上可分为重杀、点杀、劈杀；从击球点距身体的位置可分为正手扣杀、头顶扣杀和反手扣杀三种。而正手扣杀球是各种扣杀球的基础，初学者必须首先掌握好这一扣杀技术。

正手扣杀球如图 10-8 所示，准备姿势、击球动作与正手击高球大致相同，不同的是在击球瞬间需用全力，充分利用右腿的蹬力、腰腹力、手臂腕力及重心的转移，快速将球向前下方击出。球拍触球时拍面前倾向前下方用力，手握紧球拍，击球点在右肩稍前上方。

温馨提示 在实战中，扣杀球必须同其他各项进攻技术有机地结合起来，如盲目地进行单一的大力扣杀，往往不能争取主动，反而使自己陷入被动。

图 10-8　正手扣杀球

（四）吊球

吊球技术按球的飞行弧线和击球动作的不同分为劈吊、轻吊和拦截吊。其准备姿势与击高球、扣杀球相似，只是击球时用力不同。击球瞬间前臂突然减速，快速“闪”动手腕击球托的偏右侧（头顶吊球及反手吊球击球托的偏左侧）。打对角吊球时，当对方来球较高，手腕向下切削的角度要大些，力量稍大些；当对方来球较平时，手腕向前推的动作要大些，向下切削的力量要小一些。吊直线球时，拍面正对前方，向前下压。

不论劈吊还是轻吊，都要注意手腕灵活闪动，即注意爆发力的运用，同时还要注意掌握好击球点和控制好击球力量，将球吊准。拦截吊球和假动作配合运用便具有一定的威力。拦截对方击来的半场球或弧线较低的平高球能出其不意地达到进攻的效果。

五、前场击球

前场击球包括网前的放、搓、推、勾、扑、挑球等。因球飞行距离较短，落地快，常使对手措手不及而直接得分。即使不能直接得分，也能迫使对方被动回球，创造下一拍的机会。现介绍几种常用的前场击球技术。

图 10-9　正手放网前球

（一）放网前球

（1）正手放网前球。如图 10-9 所示，准确判断来球路线和落点，跨速上网，最后一步右脚在前左脚在后呈弓箭步，上体前倾重心在右脚，侧身对网。右手正手握拍向前下方伸臂，小臂外旋展腕，左臂自然后伸，起平衡作用，拍面几乎朝上迎击来球。击球瞬间，手腕稍内屈轻轻闪动，食指和大拇指控制拍面角度和用力大小，球拍向前上方轻轻一托，把球轻击送过球网。

前场网上击球技术

（2）反手放网前球。快速向前左侧上网，右脚前跨呈弓箭步，侧背对网，上体前倾重心在右脚。右手反手握拍向前下方伸臂，小臂内旋展腕，左臂自然后伸，起平衡作用，拍面几乎朝上迎击来球。击球瞬间，伸腕轻闪动，食指和拇指控制拍面角度和用力大小，球拍向前上方轻轻一托，把球轻击送过球网。

（二）搓球

网前搓球是羽毛球技术中动作较细腻的一种，是网前技术中的高难击球动作。

（1）正手搓球。用正手上网步法迅速向来球方向移动，当右脚向前跨出时，持拍手向来球方向伸出，争取高的击球点。左手于身后拉举与右手对称，以保持身体的平衡。挥拍时，手腕动作由展腕至收腕发力，由右向左以斜拍面切击球托的右后侧部位，此时球呈下旋翻滚过网；或者手腕动作由收腕至展腕发力，由左向右以斜拍面切击球托的左后侧部位，球则呈上旋翻滚过网。

（2）反手搓球（见图 10-10）。用反手上网步法迅速向来球方向移动，其余动作与正手网前搓球相同。反手网前搓球也有两种击球方式。一种是手腕动作由展腕至收腕发力，由左至右切击球托左后侧部位。另一种是手腕动作由收腕至展腕发力，由右向左切击球托的右后侧部位。

（三）扑球

扑球是在对方回球刚越过网顶上空时，运用跨步或蹬跳步迅速上前，利用前臂、手腕和手指的力量，快速地由上向下将球击回对方场区的击球方法。

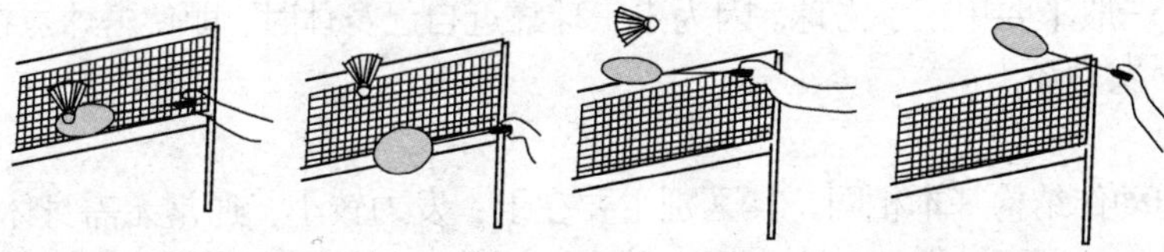
图 10-10　反手搓球

（1）正手扑球。如图 10-11 所示，对方来球距网较高时，快速跨步上网，身体向右前倾，手臂充分伸展，同时迅速变换握拍手法，使拍面与球网平行正对来球。击球时，主要利用中指、无名指、小指突然紧握拍柄和手腕闪动，将球向前下方击出。击球后，随前动作甚微，右脚落地制动。

（2）反手扑球。反手握拍于左侧前，当身体向左侧前方跃起时，持拍手小臂前伸上举，手腕外展，拍面正对来球。击球时，手臂伸直，手腕由外展到内收闪动，手握紧拍柄，拇指顶压，加速挥拍扑击球。击球后即刻屈肘，球拍回收，以免球拍触网违例。

图 10-11　正手扑球

（四）挑球

挑球是指将对方击来的网前区域低手位的球以较高的弧线向上击至对方端线附近上空。它是在被动情况下运用的一种过渡球。

（1）正手挑球。如图 10-12 所示，右脚向网前跨出一大步，左脚在后，侧身向网，重心在右脚上。同时右臂向后摆，自然伸腕，使球拍后引。以肘关节为轴，屈臂内旋，并捏紧球拍。用食指及手腕的力量，从右下向右前方至左上方挥拍击球，将球向前上方击出。

（2）反手挑球。如图 10-13 所示，右脚跨步向前呈弓箭步，重心在右脚，侧身背对网。反手握拍，手臂向左前方伸出，小臂内旋屈肘屈腕，左臂自然后伸起平衡作用。击球时，以肘关节为轴，小臂带动手腕、手指快速由左下方向前上方呈半圆形挥拍击球。

图 10-12　正手挑球

图 10-13　反手挑球

六、中场击球

中场击球技术主要包括接杀球、平抽、平挡技术。它要求运动员判断反应快，出手击球快，引拍预摆动作弧度小和由防转攻或由攻转防的意识要强。

（一）接杀球

把对方扣杀过来的球还击回去，称为接杀球。接杀球主要由挡网前、挑后场和平抽球三种技术组成。

接杀球的站位一般在中场，两脚屈膝平行站立。右侧来球用正手挡，身体重心移向右脚。右手向右侧伸出，放松握拍，拍面略后仰对准来球。左侧来球用反手挡，身体重心移向左脚，右脚向左前方跨出一步，换成反手握拍，拍面略向后仰对准来球回击。

（二）平抽球

平抽球是指击球点在肩以下，以较平的弧度、较快的球速、接近球网的高度，还击到对方场区的一种进攻性技术。击球时，应借助腰部的转体带动前臂、手腕和手指的力量快速协调地发力。击球点尽可能地在身体的侧前方，这样有利于转动腰部和前臂旋内、旋外地发力。如果来球正对自己而又来不及闪让时，一般不要用正手击球。因为当来球靠近自己身体时，即使击球点在自己右侧腋下，反手也比正手容易发力还击。

（三）平挡球

平挡和平抽的动作结构基本相同，其区别主要在于：发力较小，通常无需身体部位发力，当对方来球力量较大时，还应有所缓冲；由于发力较小，通常击球时不要握紧球拍，以免影响击球时对力量和出球方向的精确控制；羽毛球的飞行路线较短，一般落在对方前半场。

（四）击球练习方法

（1）击高远球的无球挥拍练习。

（2）用拍垫出高空垂直下落球，再挥拍击球。

（3）一人发高远球，一人击球（高远球、吊球、杀球）。

（4）双人对击高远球或一人吊球，一人挑高球、扣杀球。

（5）一人发高远球，另一人原地杀球、跳起杀球或定位劈吊对角。

（6）两人一组，高、吊、杀组合练习。

七、基本步法

羽毛球步法一般分为起动、移动、到位配合击球和回位四个环节。根据场上移动的方向和场区的位置，可以将羽毛球步法划分为上网步法、后退步法和两侧移动步法。

（一）上网步法

从中心位置移动到网前击球的步法，称为上网步法。上网步法可根据各人习惯采用交叉步、并步、垫步或蹬跨步。不论正手还是反手，根据来球远近，上网步法可采用三步、两步或一步上网击球。

（1）右边上网步法。可采用两步或三步交叉步加蹬跨步移动的方法；也可采用垫一步再跨一大步移动的方法（见图 10-14）。

（2）左边上网步法。同右边上网步法，只是移动方向是朝左边网前，如两步跨步上网（见图 10-15）。

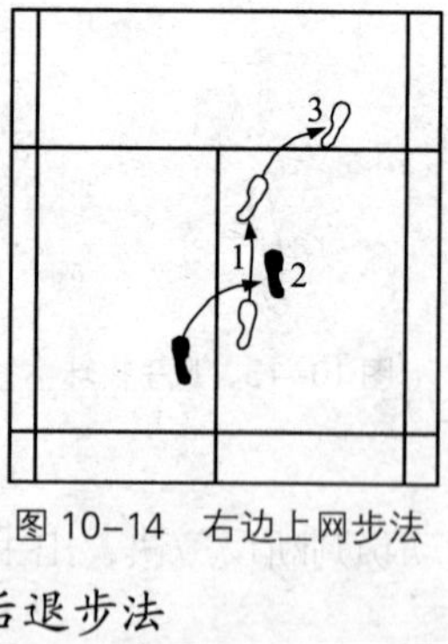

图 10–14　右边上网步法

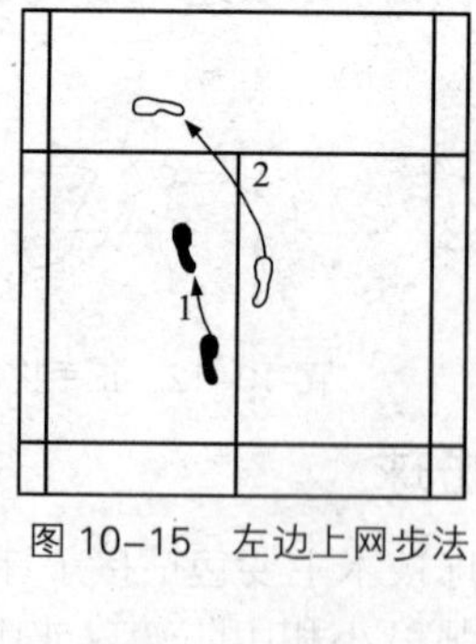

图 10–15　左边上网步法

（二）后退步法

从中心移动到后场各个击球点的位置上击球的步法，称为后退步法。

（1）正手击球后退步法（见图 10-16：（a）三步并步后退，（b）三步交叉步后退）。分为侧身并步后退和交叉步后退两种。主要动作方法：在对方击球刹那间，判断来球，迅速调整重心至右脚。接着右脚蹬地快速向右后撤一小步，上体右转侧身对网，以交叉步或并步移动到接近击球点的位置。在移动的同时必须完成举拍准备动作，最后一步利用右脚（或双脚）蹬地起跳并在空中转体，击球后左脚后撤落地缓冲，右脚前跨以利于迅速回动。

（2）反手击球后退步法（见图 10-17：（a）三步后交叉后退，（b）两步后退）。调整重心后，右脚后撤一步，接着上体左转，左脚随即向左后退一步，右脚再跨出一步，背对网，做底线反手击球。反手击球后退步法应根据来球距离的远近调整步法。如离来球较近，可采用两步后退步法：上体向左后转，左脚同时后撤一步，右脚再向左后跨一步，做底线反手击球。如距来球较远，则采用三步或五步后退步法：右脚先垫一步，而后左脚向后方跨一步，再按右、左、右向后退。但无论是几步，反手击球后退步法最后一步应右脚在后，重心在右脚上。

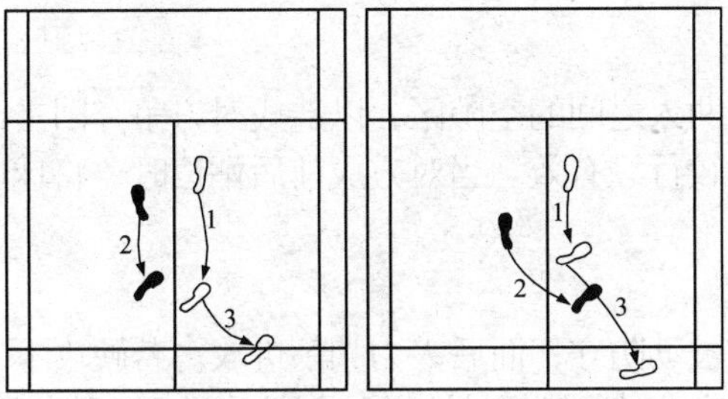

（a）三步并步后退　（b）三步交叉步后退

图 10-16　正手击球后退步法

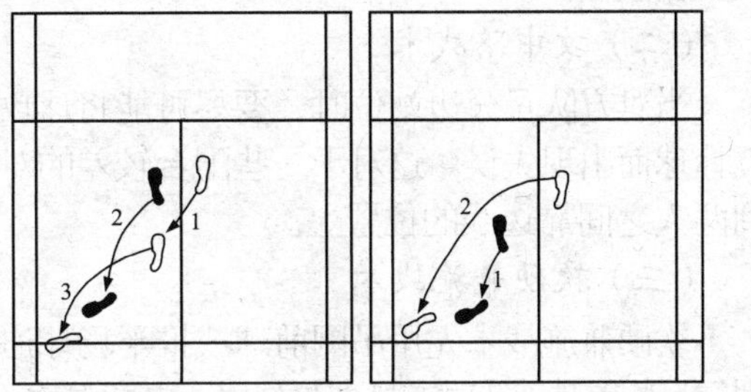

（a）三步后交叉后退　（b）两步后退

图 10-17　反手击球后退步法

（三）两侧移动步法

两侧移动步法多用于接对方的杀球和击来的半场低平球。其站位和准备姿势与上网步法基本相同。

（1）向右侧移动步法。两脚左右开立脚跟稍提起，根据来球，调整重心，上体稍倒向左侧，左脚掌内侧用力起蹬，右脚同时向右侧转跨大步。如距来球较远，左脚向右垫一小步再起蹬，右脚同时向右侧转跨大步。

（2）向左侧移动步法。根据来球，调整重心，上体稍倒向右侧，右脚掌内侧用力起蹬，左脚同时向左侧转跨大步。来球较远时，左脚先向左侧移半步，上体向左转身的同时右脚向左前交叉跨大步。

第三节　羽毛球运动的基本战术

【教学目标】本节讲解了羽毛球的单打战术和双打战术。

一、单打战术

（一）发球抢攻战术

运动员利用发球使对方被动，为自己创造进攻的一种战术。这种战术一般用发网前球结合平快球、平高球，争取第三拍的主动进攻。运动员使用这一战术，可以打乱对方的整个战略部署，造成对方措手不及。运用此战术时，要求运动员应具有高质量的发球，否则难以成功。

（二）攻前击后战术

这种战术是先以吊球、放网前球、搓球吸引对方到网前，然后用推球、平高球或杀球突击对方的后场底线。它一般用于对付上网步法较慢或网前球技术较差的对手。采用此战术，要求运动员首先具有较好的网前击球技术。

（三）打四方球战术

这种战术是以快速、准确的落点攻击对方场区的四个角落，逼迫对方前后奔跑、被动应付，并在其回球质量下降或露出破绽时乘虚而攻之。它多用于对付体力差、反应和步法移动慢的对手。

（四）打对角线战术

这种战术无论是进攻还是防守均以打对角线为主。迫使对方在移动中多做转体，多走曲线。它用于对付身体灵活性差、转体较慢的对手。

二、双打战术

（一）攻人战术

攻人战术是双打比赛常用的一种战术。攻人战术，即“二打一”或避强击弱战术。对方两个队员的技术水平一般是不均衡的，集中力量攻击对方较弱的队员，尽量使对方的特长得不到发挥，充分暴露对方的弱点，是此战术的目的。两个人对付对方的强者，消耗其体力，减弱其进攻威力，伺机突击空当。

（二）攻中路战术

当对方队员分边站位时，要尽可能将球攻到对方两人之间的空隙区，以造成对方争夺回击或相互让球而出现失误。这对于一些配合较差的对手，比较行之有效。当对方成前后站位时，将球还击到两人之间靠边线的位置上。

（三）软硬兼施战术

软硬兼施战术先用吊网前球或推半场球迫使对方被动防守，而后大力扣杀进攻。若硬攻不下，则重吊网前球，待对方挑球欠佳时，再度强攻。此时，攻击对象最好是选择对方刚后退而立足未稳者。

（四）后压前封战术

当本方取得主动欲采取攻势时，站在后场者见高球则强攻杀球或吊网前球，迫使对方被动还击；站在前场者则应立即积极移位，准备封网扑杀。这种战术要求打法比较积极，前半场技术要好，步法移动要快，配合要默契。

第四节　羽毛球运动的主要规则

【教学目标】本节介绍了挑边、计分、站位、间歇、违例、重发球、交换场区等基本竞赛规则。

一、羽毛球场地标准尺寸

球场应是一个长方形，用宽 40 毫米的线画出。羽毛球场地标准尺寸为长 13.40 米，单打场地宽 5.18 米、双打场地宽 6.10 米。

场地线的颜色最好是白色、黄色或其他容易辨别的颜色。

测试正常球速区域的 4 个 40 毫米 × 40 毫米的标记，应画在双方单打右发球区边线内沿，距端线 530 毫米和 990 毫米处。

这些标记的宽度均包括在所画的尺寸内，即距端线外沿 530 毫米至 570 毫米和 950 毫米至 990 毫米。

所有场地线都是它所确定区域的组成部分。

如面积不够画出双打球场，可画一单打球场，端线也为后发球线，网柱或代表网柱的条状物应放置在边线上。

二、羽毛球标准场地的网柱

从球场地面起，网柱高 1.55 米。网柱必须稳固地同地面垂直，并使球网保持紧拉状态。网柱应放置在双打的边线上。如不能设置网柱，必须采用其他办法标出边线通过的位置。

在双打球场上，不论进行的是双打还是单打比赛，网柱或代表网柱的条状物均应置于双打边线上。

三、羽毛球标准场地的球网

球网应是深色、优质的细绳织成。网孔方形，各边长均在 15～20 毫米。网上下宽 760 毫米。

网的顶端用 75 毫米宽的白布对折而成，用绳索或钢丝从夹层穿过。白布边的上沿必须紧贴绳索或钢丝。绳索或钢丝须有足够的长度和强度，能牢固地拉紧并与网柱顶部取平。

球场中央网高 1.524 米，双打边线处网高 1.55 米。球网的两端必须与网柱系紧，它们之间不应有空隙。

四、羽毛球标准场地的灯光

比赛应在场地四周比较暗的环境中进行，因此，赛场上空的灯光至关重要。

灯光的设计和布局有两种方法：一种是白炽灯泡，安装在每一球场两侧网柱的上空，另一种是荧光灯，挂在与球场边线平行并且长度一样的地方。

为避免自然光线的干扰，场馆内应挂上窗帘，场地上的照明度要求达到 500 ~ 750 勒克斯。

五、羽毛球标准场地的地面画法

（一）中线

画中线，并取中心点，这条 13 ~ 40 米线应把长方形场地宽平分成两半，它的 1/2 处便是中心点 O。从 O 点向纵轴线的两个方向各量 6.7 米，即为场地的中线，a、b 在中线的端点。

（二）端线

过 a 和 b 各作一条垂直中线的直线，从 a 和 b 各向直线两端量出 3.05 米的距离，分别得出 c、d 和 e、f 四点。使 cd 和 ef 这两条线的外缘分别通过 a 和 b，cd 和 ef 即是球场的端线，也是单打场地的后发球线。连接 ce 和 df，并使其外缘通过 c、e、d、f，ce 和 df 即为双打场地的两条边线。

（三）单打场地的两条边线

从双打场地的四个顶点 c、d、e、f 分别向端线内量 0.46 米，找出 g、h、i、j 四点，这就是单打场地的四个顶点。连接 g、j 和 h、i 即为单打比赛的两条边线。同样，这两条线的外缘分别通过 g、j 和 h、i。

（四）双打比赛的后发球线

从双打场地的四个顶点 c、d、e、f 分别向边线内量 0.76 米，找出 k、l、m、n 四点，用直线连接 k、l、连接 n、m，这两条线即为双打比赛的后发球线。

（五）前发球线

从双打场地的四个顶点 c、d、e、f 分别向边线内量出 4.68 米，找出 p、q、r、s 四点，连接 p、q 并使直线外缘通过 p、q，连接 r、s 并使直线外缘通过 r、s，就画出了 pq 和 rs 两条前发球线。

（六）检验标准

一块羽毛球比赛场地能否画得标准，关键是要找准场地四个顶点 c、d、e、f 的位置。检验的方法是用钢尺测量场地两条对角线 cf 和 de 的长度。标准场地 cf 和 de 的长度均为 14.723 米。

六、挑边

赛前，采用挑边的方法（抛硬币）来决定发球方和场区。挑边赢者将优先选择是发球、接发球，还是在一个半场区或另一个半场区比赛。输者在余下的一项中选择。

七、计分方法

羽毛球世界联合会于 2006 年 5 月在日本东京举行的年度代表大会上，正式决定实行 21 分的新赛制。2006 年 5 月在日本东京举行的汤姆斯杯和尤伯杯赛上率先试行三局 21 分的赛制。这一赛制成为今后所有羽毛球国际大赛的通用赛制，第二十九届奥运会也将采用这一赛制。21 分的赛制对于提高运动员的积极性、减少运动员受伤以及电视转播等方面较十五分制有更大的优势。

世界羽联 21 分制实行每球得分制，所有单项的每局获胜分皆为 21 分，最高不超过 30 分。每场比赛采取三局两胜制，先到 21 分的一方赢得当局比赛。如果双方比分为 20 : 20 时，获胜一方需超过对手 2 分才算取胜；直至双方比分打成 29 : 29 时，那么先到第 30 分的一方获胜。首局获胜一方在接下来的一局比赛中先发球。

八、站位方式

（一）单打

当发球方得分为0或偶数时，双方运动员均在各自的右发球区发球或接发球；当发球方的分数为奇数时，双方运动员均在各自的左发球区发球或接发球。

（二）双打

比赛中，当比分为0或偶数时，球由右发球区对角发向对方场地的右接发球区；当比分为奇数时，球由左发球区对角发向对方场地的左接发球区。比赛中，只有当一方连续得分时，发球者必须在右或左发球区交替发球，而接发球方队员的位置不变。其他情况下，选手应站在上一回合的各自发球区不变，以此保证发球者的交替。

双打比赛无论是在开始还是在赛中，皆为单发球权，也就是说每次一方只有一次发球权。发球方失误不仅丢失发球权也将丢失1分，如果这时得发球权的一方得分为奇数时，则必须是位于左发球区的选手发球，如果此时得发球权的一方得分为偶数时，则必须是位于右发球区选手发球。

双打比赛只有接发球队员才能接发球，若其同伴接发球或被球触及则“违例”，判发球方得分，当发球被回击后，球可由两人中任一人击回，不得连击，如此往返直至死球。双打比赛发球时，发球队员和接发球队员必须站在规定的发球区和接发球区内发球和接发球，他们的同伴站位可以不受限制，但不得妨碍对方。运动员发球和接发球顺序有误，已得比分有效，纠正方位或顺序即可。

九、赛中间歇方式

每场比赛均采用三局两胜制。当任一方在比赛中得到11分后，比赛将间歇1分钟；两局比赛之间的间歇时间为2分钟。

十、比赛中常见的违例

过手违例——发球时，在击球的瞬间，发球员的拍杆应指向下方。否则，将判违例。

过腰违例——发球时，在击球的瞬间，整个球应低于发球员的腰部。否则，将判违例。

挥拍有停顿——发球开始后，挥拍动作不连贯，将判违例。

脚移动、触线或不在发球区内——自发球开始至发球结束，发球员或接发球员的两脚都必须有一部分与球场地面接触，不得移动，且都必须站在斜对面的发球区内，脚不得触及发球区或接发球区的界线。否则，将判违例。

最初击球点不在球托上或发球时未能击中球，将判违例。最初击球点不在球托上是指发球时，球拍先触及羽毛或同时击中羽毛和球托。

发球时，球没有落在规定的接发球区内，将判违例。如发出的球没有落于对角的场区内、不过网，或挂在网上、停在网顶等。球从网下、网孔穿过、触及天花板、触及运动员的身体或衣服，将判违例。

球触及球场、其他物体或人，将判违例。击球点超过网的向上延伸面，即在对方场区上空击球，将判违例。

运动员的球拍从网上、网下侵入对方场区导致妨碍对方或分散对方注意力或妨碍对方、阻挡对方靠近球网的合法击球，将判违例。

同一运动员连续两次挥拍击中球，或双打的同方两名队员连续各击中球一次，将判违例。

球停在球拍上，紧接着被拖带抛出，将判违例。

运动员严重违反或屡次违反比赛的连续性的规定或运动员行为不端，将判违例。如擅自离开比赛场地喝水、擦汗、换球拍、接受场外指导等，或故意改变球形、破坏羽毛球、举止无礼等。

十一、重发球

重发球时，原回合无效，由原发球员重新发球。

除发球外，球过网后，挂在网上或停在网顶，判重发球。

发球时，发球方和接发球方同时被判违例，将重发球。

发球方在接发球方未做好准备时，将球发出，判重发球。

球在飞行时，球托与球的其他部分完全分离，判重发球。

裁判员对该回合不能做出判决时，将判重发球。

出现意外情况，判重发球。

十二、交换场区

第一局比赛结束时，双方应交换场地。

若局数为 1∶1 时，在第三局比赛开始前，双方应交换场地。

在第三局比赛中，领先一方比分达到 11 分时，双方应交换场地。

若应交换场地而未交换时，一旦发现应立即交换，已得分数有效。

思 考 题

1. 羽毛球运动的基本技术有哪些?
2. 羽毛球运动的基本战术有哪些?
3. 羽毛球运动的竞赛规则有哪些?

第11章

网球运动

【重点提示】本章概述了网球运动的起源、发展、场地、器材、规则等，并详细讲解了其基本动作、战术技巧等。

第一节　网球运动概述

【教学目标】本节介绍了网球运动的起源和发展。

网球（Tennis）运动历史悠久，其早在13世纪至14世纪，便盛行于法国、英国的宫廷，被称为皇家网球。1873年，英国人温菲尔德改进了早期的网球打法，使之成为能在草坪上进行的一项运动，取名为“草地网球”，并出版了《草地网球》手册，制定了最早的网球运动规则。温菲尔德因此被人们称为近代网球运动的创始人。1877年7月，在英国的温布尔登举行了第一届草地网球比赛，这标志着近代网球运动的开始。

网球比赛分男子单打、女子单打、男子双打、女子双打、混合双打、男子团体和女子团体七个项目。影响较大、较著名的网球赛事包括温布尔顿网球锦标赛、美国网球公开赛、法国网球公开赛、澳大利亚网球公开赛。凡参加“四大赛”的选手，如有一名（单打）或两名（双打）运动员能在一个年度内赢得这四个锦标赛的单打或双打冠军，便被誉为“大满贯得主”。

第二节　网球运动的基本技术

【教学目标】本节阐述了握拍、基本步法、发球、接发球、底线正手击球、底线反手击球、截击球等网球运动的基本技术。

一、握拍

目前，网球基本的握拍法可分为三种：东方式握拍法、西方式握拍法、大陆式握拍法。

（一）东方式握拍法

东方式握拍法分为正手握拍法和反手握拍法。

（1）正手握拍法。如图11-1所示，握拍手的虎口对正拍柄右上侧棱，手掌根与拍柄右上斜面紧贴，拇指垫握住拍柄的左垂直面，食指稍离中指，食指下关节压住拍柄右垂直面，五指紧握拍柄。拍面与地面垂直，手握拍柄好像与人握手一样。也称“握手式”握拍法。

（2）反手握拍法。在正手握拍法的基础上把手向左转动1/4（即转动90度）或拍柄向右转动1/4（即转动90度），虎口对正拍柄左侧棱面。即用手掌根压住拍柄的左上斜面，拇指直贴在拍柄的左垂直面上，食指下关节压住右上斜面。

（二）西方式握拍法

如图11-2所示，握拍时，球拍面与地面平行，拇指与食指几乎成直角，拇指直伸压住拍上平面，食指下关节握住右上斜面，与拍底平面对齐，手掌从上面握住拍柄。这是底线上旋攻击型打法的首选握拍方法。这种握拍法的优点在于能击出强有力的上旋球，且稳定性强。但是其技术难度相对较大，初学者在开始学习时较难掌握。

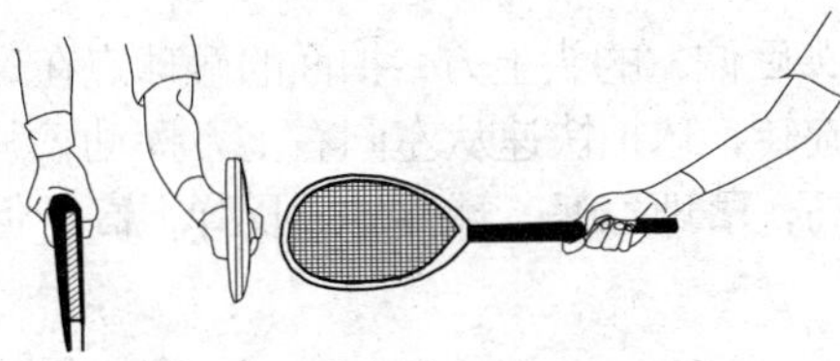

图 11–1　东方式握拍法

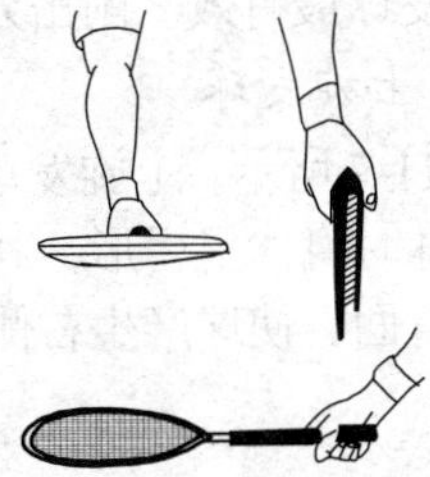

图 11–2　西方式握拍法

（三）大陆式握拍法

如图 11-3 所示，由于其形状像握着锤子的样子，所以又称为握锤式握拍法。由拇指与食指形成的“V”字形，虎口放在拍柄的上平面与左上斜面的交界线上，手掌根部贴住上平面，与拍柄底部平齐，大拇指与食指不分开，食指与其余三个手指稍分开，食指下关节紧贴在右上斜面上。这种握拍法的优点在于正、反手击球时都不需要转换握拍，简单灵活。但是底线击球时不容易发力，因此是底线的攻击性打法所不适宜采用的握拍方法。

图 11–3　大陆式握拍法

二、基本步法

网球击球时，其脚步主要采用“开放式”和“关闭式”两种步法。

（一）“关闭式”步法。如图 11-4 所示，左脚向来球的方向迈出一步，两脚的假想连线与来球的方向平行。这种步法在底线正、反手击球和网前截击中大量运用。初学者应首先学习这种步法。

（二）“开放式”步法。如图 11-5 所示，击球时，两脚平行站立，以前脚掌为轴，转胯转体形成击球步法。通常在有一定技术基础的前提下运用这种步法。

图 11–4　“关闭式”步法

图 11–5　“开放式”步法

三、发球

发球动作由准备姿势和站位、抛球与后摆动作、挥拍击球和随挥动作四个技术环节组成。下面介绍几种常见的几种发球方法。

发球

（一）平击发球

见图 11-6，平击发球的击球点应在身体的右前上方，击球的后上部，挥拍时“鞭击”动作发力要集中，充分向上伸展身体以获得最高的击球点来提高命中率。这种发球几乎没有旋转，球差不多笔直地下去，力量大，往往贴着网才能进入场内。在绝大多数场地上球反弹较低，一般用于第一发球，发球成功后有时能直接得分，但平击发球失误率较高。

（二）切削发球

这种发球实用且易掌握，对初学者最适宜。它是一种以右侧旋转（稍带上旋）为主的发球法，球抛在右侧前上方，球拍击球部位在球的右侧偏上方，整个挥拍动作是从右侧上方至左下方，使球产生右侧旋转。球的飞行路线是一条从右向左的弧线，可以提高命中率并把对方拉出场外回击，尤其在右区发球最有效。削击发球的准确率高，常用于第二发球。

（三）上旋发球

如图 11-7 所示，上旋发球时，抛出球的位置在头后偏左的头上方；拍面的触球点在球的中部偏下方；击球时身体呈弓形，利用杠杆力量对球施加旋转，球拍快速从左向右上方挥动，并从下向上擦击球的背面，使球产生右侧上旋。球的过网点较高，落地急速，球落地后反弹很高，但这种发球难度较大。

图 11-6　平击发球

图 11-7　上旋发球

（四）发球的练习方法

（1）徒手做发球前的预备姿势，模仿抛球及发球的动作。
（2）多球发球练习。
（3）先练习发不定点球，后练习发定点球。
（4）练习发各种旋转球。
（5）练习用同一手法发不同旋转和落点的球。
（6）结合个人技术特点，练一至两套质量高的特长发球。

四、接发球

接发球在态势上是被动的，受发球方的制约，并且发球在瞬间千变万化，多数发球都指向接球方薄弱的地方。因此，接发球技术是最难掌握的技术之一。

温馨提示　接发球的指导思想：摆脱被动，力争主动，敢于迎接强有力的发球挑战。

接发球的站位，一般位于端线附近，力求在接发球时向前移动击球。同时，保持着两脚平行站位、比肩略宽，右手持拍者一般右脚稍前、两膝微屈、上体稍前倾、脚跟提起，将球拍置于体前。

在接发球的全过程中眼睛始终要注视来球，一直到完成还击动作。要观察对手的抛球，这样有利于判断发球的方向和旋转。对方第一次发球时多采用大力发球，站位应偏后一些；如果对方是第二次发球，站位可略向前移，这样有利于采取攻击性的还击。

接大力发球时不要做大幅度的后摆动作，主要是控制好拍面角度，并握紧球拍，以免拍面被震转动。还击来球之前要观察对方行动，对自己的回球路线和落点要有所考虑。选择好接发球落点，对控制对手发球后抢攻有重要意义。

关键是判断和步法移动。

五、底线正手击球

（一）正手平击球

如图 11-8 所示，后摆引拍时，手腕稍上翘使拍头高于手腕，并引拍至头部同高。挥拍时手腕相对固定握拍，以减少拍面挥动过程中的变化。击球时拍面与地面保持垂直并以同样拍面继续前挥。击球后，球拍向前挥动于左肩上方自然收拍。这种击球方法简单易学，适合初学者使用。

底线正手击球

（二）正手上旋击球

如图 11-9 所示，正手上旋球是从网球的后下方向前上方挥拍，整个球体受摩擦，产生一种从后下方朝前上方的旋转。其特点是飞行弧线高，落地迅速，落地后弹起的反射角度较小，产生较大的前冲力。这种击球方法适合于有一定技术基础，能发力击球的人使用。

图 11–8　正手平击球

图 11–9　正手上旋击球

（三）正手削球

如图 11-10 所示，是指以底线正手切削方法击出下旋球的技术动作。后摆引拍时，直线将球拍引至身体后侧，动作较小。挥拍时手腕固定握拍，使拍面斜向地面稳定前挥。击球时用斜向地面的拍面以切削动作在身体侧前方击球。击球后球拍随球前送，并在身体前方以左手扶拍结束动作。正手削球的底线正手击球是主要技术方法的补充，在比赛中较少使用。

图 11–10　正手削球

底线反手击球

六、底线反手击球

（一）反手平击球

特点是球速快，球的飞行路线比较平直，球落地后的前冲力量大。其动作方法：后摆引拍时右脚向左侧前方跨出并用力踏地，屈膝降低重心。击球时手腕绷紧，使球拍与地面垂直。挥拍击球的路线是从后向前上方比较平缓地挥击，同时左臂自然展开留在身后，保持身体的平衡。击球后，球拍应随着惯性挥至右肩上方，持拍手臂挥直。

（二）反手下旋球

如图 11-11 所示，反手下旋球一般是防御性的，反手下旋球又称为反手削球。削球时挥拍不要过于用力，击球后拍面向上做托盘状运动。击球后，不要急于把球拍提拉起来，应该让球拍平稳向前运动一段距离。下旋球的好处是击出的球向下旋转，飘向对方场区后回弹高度较低，落地后还可向前滑行。这种击球方法较为简单易学，且比较安全，适合于初学者使用。

（三）双手反手击球

这种击球方法由于双手握拍，拍面容易稳定，初学者易于学习和掌握。如图 11-12 所示，双手反手击球的准备姿势与单手反手击球相同，左手在转肩引拍的同时，顺着拍柄下滑至双手相接变成双手反手握拍，引拍尽量向后，转动上体，使右肩前探侧身对网，手腕固定球拍稍稍低于击球点，右脚向左前方跨一步，重心落在左脚上，球拍从低向高向前挥出，击球点同腰高，比单手反手击球点略靠后，重心前移，随上体移动将球拍充分挥向右前上方，拍头朝上。然后迅速回到准备姿势。

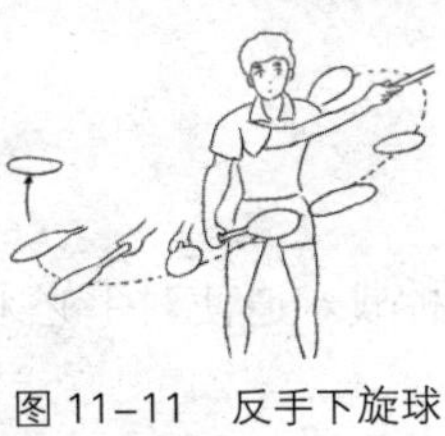

图 11–11　反手下旋球

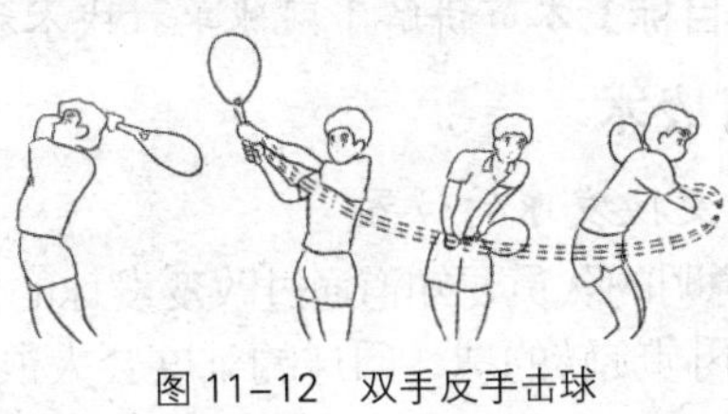

图 11–12　双手反手击球

（四）练习方法

（1）做徒手模仿练习，体会动作要领。

（2）对墙做击球练习。

（3）推固定球练习。

（4）两点推挡练习。

（5）不定点击球练习。

（五）易犯错误

球下网或出界。

（六）错误原因

拍面压得过多或过后仰。

（七）纠正方法

强调拍面垂直，多做徒手练习，固定动作。

七、截击球

截击球是指凌空击对方来球的技术动作，即当球在落地之前将来球击回对方场区，可以在网前截击，也可以在场内任何地方截击空中球。截击球以网前截击为主。截击球的特点是缩短击球距离，扩大击球的角度，加快回球速度，在网球比赛中成为一种主要打法和进攻手段。

（一）正手截击球

如图 11-13 所示，后摆引拍时，左脚立即向右前方跨出，同时转肩，带动球拍向后引，拍头要高于握拍手，绷紧手腕，握紧球拍。截击球的动作有点像挡击或撞击，在拍面短促向前撞击的同时微微向下做切削球的动作，击球时保持拍头上翘、拍面稍向后仰。击球后有一个小幅度向前的随挥动作，随挥过程仍紧握拍。

（二）反手截击球

对大多数人来说，反拍截击比正拍截击更容易，因为它更符合人体解剖学肌肉用力结构特点。其技术要点如下：如图 11-14 所示，后摆引拍时，右脚立即向左前方跨出，左手扶拍手向后拉拍，同时转肩，做短距离后摆引拍动作，拍头高于握拍手，眼睛注视来球。挥拍击球时，左手松开稍后伸，右手握紧球拍前挥并在身体前方切削来球。向前挥拍时，两只手的动作好像在拉长一根橡皮筋，以保持身体平衡。

图 11–13　正手截击球

图 11–14　反手截击球

第三节　网球运动的基本战术

【教学目标】本节讲解了网球单打战术和双打战术。

一、单打战术

（一）变换发球的位置

一个聪明的队员要知道通过改变发球的位置来取得优势。因为这种战术迫使对手必须从不同角度来判断不同旋转的球，回球的难度会大很多。

（二）发球上网战术

发球上网是利用发球的力量进行主动进攻，先发制人，然后上网抢攻的一项主要战术。它是上网型选手在比赛中的主要得分手段。

（三）接发球破网战术

对付发球后直接冲到网前的对手，挑出有深度的高球是相当有效的破网方法。

（四）攻击对方反手

众所周知，绝大部分球员的反手是比较弱的，只要加大力量攻击对方反手，迫使对方逐步离开场区的位置，就可掌握主动权。

（五）不上网战术

发球或接发球之后，如果自己不上网，应该把对方也控制在端线后面，使对手也难以找到得分的机会。在一次较长的端线来回球中，谁耐不住性子，谁就有可能因失误而失分。

二、双打战术

（一）发球上网抢网战术

运用抢网战术首先是网前同伴可以在背后做手势，告诉发球员应发什么落点，抢与不抢；采取此战术可以干扰对方接发球，为发上网前得分及抢网得分创造条件。其次要强调发球员的发球质量、成功率和落点的变化。

（二）澳大利亚网前战术

澳大利亚网前战术的特别之处是发球方的一名同伴以低姿势在网前的中央准备截击。这样能给接发方造成很大的压力，起到破坏对方接发球节奏，为发球上网截击和抢网创造有利条件。运用这一战术时，要求同伴告知发球落点和抢与不抢，另外第一发球成功率要高，这样才能有良好的战术效果。

第四节　网球运动的基本规则

【教学目标】本节介绍了选手数量、赛制等网球比赛的基本规则。

网球比赛参赛选手数量为：男、女单打各 64 名，男、女双打各 32 对。为了避免高水平球员的过早相遇，按照世界排名，单打前 16 位和双打前 8 位的球员和组合被列为种子选手，抽签时提前分开，同时来自同一国家或地区的选手也要分到不同的半区。

比赛采取单淘汰赛制，每轮只有获胜者才能进入下一轮比赛。除了在男子单打决赛中采用五盘三胜制外，其他所有的比赛将采用三盘两胜制；除了在男子单打的第五盘以及其他比赛的第三盘，即决胜盘的比赛中，只有净胜两局才能赢得该盘比赛（长盘制）外，其他每盘比赛都采用平局决胜制（抢七局）。

基本规则

一片标准网球场地的占地面积不小于 670 平方米（南北长 36.6 米×东西宽 18.3 米），这一尺寸也是一片标准网球场地四周围挡网或室内建筑内墙面的净尺寸。在这个面积内，有效双打场地的标准尺寸是：23.77 米（长）×10.98 米（宽），在每条端线后应留有的余地不小于 6.40 米，在每条边线外应留有的余地不小于 3.66 米。在球场安装网柱，两柱中心间距 12.80 米，网柱顶端距地面 0.914 米。

思　考　题

1. 网球运动的基本技术有哪些？
2. 网球运动的基本战术有哪些？
3. 网球运动的主要规则有哪些？

第12章

毽球运动

【重点提示】本章概述了毽球的起源、发展、规则等，并详细讲解了其基本动作和战术技巧。

第一节　毽球运动概述

【教学目标】本节介绍了现代毽球运动的起源，简述了其发展。

一、毽球运动的起源

踢毽源于古时蹴鞠，与蹴鞠同宗、同源，是蹴鞠的一个分支。踢毽子（毽球）是一项简便易行的健身运动，在中国流传很广，有着悠久历史汉族民间体育活动。据历史文献和出土文物证明，踢毽子起源于中国汉代，盛行于六朝、隋、唐。中国毽子的第一次正式比赛是广州市体委于1956年举办的，当时制定了简单的规则。1984年春，《毽球竞赛规则》诞生，它是根据踢毽子的特点，吸收了几种球类比赛的形式综合而成的。

二、毽球运动的发展

毽球是一项新兴的体育运动项目，1984年3月国家体委批准将毽球列为全国的正式比赛项目，毽球运动以其具有的坚实的群众基础，在全国各民族、各地区蓬勃发展，在此基础上还成立了中国毽球协会。

目前全国性的毽球比赛有一年一度的全国锦标赛；全国职工甲级赛与乙级赛；全国大、中、小学生邀请赛，以及地方组织的各级各类比赛。

1986年为了适应毽球运动发展的需要。由国家体委主持制定了《毽球竞赛规则》，1991年又对规则进行了修改完善，制定了毽球竞赛规则、裁判法，经国家体委审定，已在全国各级各类比赛中正式执行。规则和裁判法的制定与执行，对规范我国的毽球竞赛工作和推动毽球运动的发展都起到了积极的作用。

第二节　毽球运动的基本技术

【教学目标】本节介绍了毽球的基本技术。

一、基本站立姿势

毽球运动中的站立姿势也就是准备姿势，是运动员在场上未接球时身体的一种等待状态，保持良好的姿势是为了迅速起动，快速移动接近球，使身体能随时在瞬间由静变动，由被动状态变为主动状态的关键。基本站立姿势包括平行站立法和前后站立法。

（一）平行站立法

动作要领：两脚左右开立，比肩略宽，两脚几乎站在同一条直线上，两脚尖内收呈“内八字”，脚跟稍提起，脚掌内侧着地，两膝稍弯曲，重心置于两腿之间，上体放松稍前倾，两臂自然屈于体侧，保持待动状态，目视来球。

重点：两脚掌内侧用力着地，重心下降，两膝内扣。难点：身体保持待动状态。

（二）前后站立法

动作要领：两脚前后分开站立，支撑脚在前，两脚稍内扣，用脚内侧用力，后脚跟稍提起，两膝稍弯曲，重心稍前移下降，两臂自然屈于体侧，保持待动状态，目视来球。

重点：两脚掌着地，重心落在前脚。难点：身体保持待动状态。

二、移动技术

移动的目的就是调整好人与球的最佳位置，有利于更好地发挥传、接、攻、防等各种技术，步法是移动的灵魂，因此，移动必须快速准确。步法移动一般有以下八种。

（一）前上步

动作要领：前上步或斜前上步时，踢球脚蹬地，支撑脚向前或者斜前上方迈出一步，踢球脚随前做好踢球准备姿势。

（二）后撤步

动作要领：后撤时支撑脚向后蹬地，重心后移，同时踢球脚向后迈出一步，支撑脚跟上呈踢球准备姿势。

（三）左右滑步

动作要领：平行站立时，左（右）脚用力侧蹬，重心侧移，同时右（左）脚向侧迈出，左（右）脚迅速地跟上，可连续滑步。

（四）并步

动作要领：前并步时，右（左）脚向前蹬，重心前移，左（右）脚向前迈出一步，同时右（左）脚跟上并步，准备接球或起跳。左（右）并步时，右（左）脚向左（右）侧蹬地，重心向左（右）移，左（右）脚向左（右）侧迈出一步，右（左）脚并步跟上成准备姿势。

（五）交叉步

动作要领：向右（左）交叉步移动时，左（右）脚向右（左）侧蹬地，把身体重心移到右（左）脚，左（右）脚从右（左）脚前往右（左）侧交叉迈出，同时右（左）脚向外侧蹬地，从左（右）脚后侧迈出，呈踢球准备姿势。

（六）跨步

动作要领：支撑脚用力向前或者斜前方蹬地，重心前移，踢球脚随即跨出成救球姿势。

（七）转体上步

动作要领：左（右）转体时，以右（左）脚为中枢，左（右）脚向后蹬地，重心下降稍后移，以髋带动身体向左（右）转体 90° ~180° ，呈踢球准备姿势。

（八）跑动步

动作要领：跑动是在来球离身体较远，运用以上移动步法都不能很快接近来球时所采用的一种移动形式；跑动时两臂应用力摆动，以加快速度，争取用最快的速度接近球的落点，然后重心稍下降呈踢球准备姿势。

三、踢球技术

踢球是毽球技术中最基本的技术动作，也是毽球技术中最重要的技术。虽然各地的踢法风格不同，名称也不尽相同，而且制毽子的材料、大小、轻重、样式都可能有所不同，但基本踢法都是一样的，即盘踢（脚内侧踢）、磕踢（膝盖）、拐踢（脚外侧踢）、绷踢（脚尖踢）四种。

（一）盘踢（脚内侧踢球）

此种踢法脚接触球的面积大，传球较准确，适用于中、短距离传球和调整传球，是踢毽子入门的基础，没有很好的盘踢基础，其他一切都无法练习。

动作要领：盘踢，即用左右两脚互换踢毽。髋关节和膝关节放松，踝关节发力带动小腿上摆，膝关节向外摆，大腿自内向外翻转，用脚的内侧向上垂直踢起毽子。一般踢起的高度不超过下颌。（见图 12-1）以右脚踢为例。重点：毽球与脚内侧接触的部位。难点：击球时屈膝外张，踢球脚端平。

（二）磕踢（膝盖）

用两腿膝盖部分互换踢毽子。髋关节、膝关节、踝关节放松，小腿自然下垂，足尖稍指地，膝关节发力，带动大腿上摆，将毽子撞起，一般不超过下颌。

（三）拐踢（脚外侧踢球）

动作要领：踢球时，左腿膝关节微屈支撑身体，右腿以髋关节为轴屈膝，膝内扣，小腿迅速抬起向体外侧上摆；当脚触球的刹那间勾足尖，踝关节外屈端平，用脚背外侧把球向上踢起。（见图 12-2）重点：毽球与脚背外侧接触的部位。难点：击球时屈膝内扣，踢球脚端平。

（四）绷踢（脚尖踢）

动作要领：用脚尖外三趾部分互换踢毽子（其他部位踢出的毽子不稳，并且容易砸脚），髋关节、膝关节、踝关节放松，大腿向前抬起，身体呈 50° ～160° 夹角。如图 12-3 所示，踢毽时，脚尖外三趾部位与脚跟同时发力，使脚尖外三趾向上发力时带动全脚向上勾起。两脚跟发力带动小腿向前摆出，大腿保持原角度，将毽子踢起，高低均可。

图 12–1

图 12–2

图 12–3

四、触球技术

触球一般是指用膝关节以上部位接触球的动作。触球的方法有腿部触球、腹部触球、胸部触球、肩部触球和头部触球五种。

（一）腿部触球

动作要领：左脚支撑身体，右腿屈膝，大腿带动小腿上提，当球下落到髋部左右时，用膝关节以上大腿前部接触球，将球弹起。

重点：毽球与大腿接触的部位。难点：大腿触球的时机与用力。

（二）腹部触球

动作要领：身体对准来球，两腿屈膝，上体稍后仰，稍含胸收腹，当腹部接触球的一刹那稍挺腹将球轻轻弹出。

重点：触球前的收腹与屈髋动作。难点：挺髋与收腹的时机。

（三）胸部触球

动作要领：两脚前后或左右站立，身体正对来球，两膝微屈，上体稍后仰，当球距胸前约 10 厘米时，两臂自然微屈，两肩稍用力向后拉，接触球的一刹那挺胸、蹬地，用胸部将球弹起。

重点：毽球与胸部接触的部位。难点：毽球与身体接触的时机。

（四）肩部触球

动作要领：两脚前后或左右站立，身体正对来球，两膝微屈，上体稍后仰，当球距肩部约 10 厘米时，两臂自然微屈，两肩稍用力向后拉、前摆，用肩部将球弹起。

重点：毽球与肩部接触的部位。难点：全身协调配合。

（五）头部触球

动作要领：两脚前后或左右站立，身体正对来球，两膝微屈，上体稍后仰，当球距头部前方约 10 厘米时，两脚蹬地，收腹屈体，同时颈部稍紧张向前摆头，用前额正面将球弹起。

重点：毽球与前额接触的部位。难点：毽球与前额接触的时机。

五、发球技术

发球既是比赛的开始又是一项进攻技术，既可以直接得分又能破坏对方一传，也为防守和反击创造有利条件；发球的时候可以采用盯人、找空、压后、吊前等手段，发出各种战术球，以便达到破坏对方组织进攻或直接得分的目的。发球的方法一般有脚内侧发球、脚正面发球和凌空发球三种。

（一）脚内侧发球

动作要领：身体和球网约呈 45° 角站立，左脚在前与端线呈 45° 角，右脚在后与端线平行站立，膝关节微屈；左手将球垂直抛起于体前，距离身体约一臂远，身体重心前移至左脚上，右腿以髋关节为轴，屈膝外转，脚掌与地面平行，小腿迅速前摆，用脚内侧将球击出。

重点：毽球与脚内侧接触的部位。难点：全身协调用力。

（二）脚正面发球

动作要领：身体面对网站立，左脚在前右脚在后，两膝微屈，上体稍前倾，重心落在两脚间，左手持球于腹前；左手将球垂直抛起于体前，距离身体约一臂远，抛球的同时，重心前移到左脚上，右脚迅速蹬地、屈膝，小腿后屈，尽量靠近大腿，击球一刹那，小腿迅速前摆，脚面绷直，用脚背正面将球击出。

重点：毽球与脚背正面接触的部位。难点：全身协调用力。

（三）凌空发球

动作要领：身体侧对出球方向，左脚尖指向出球方向，左手持球于体前，距离身体约一臂远，将球向上抛起，球要高过头顶，当球下落到大约肩部高度时，右腿迅速抬起，大腿带动小腿快速摆动，脚面绷直，用脚正面将球击出；击球后身体随即转向出球方向，保持身体平衡。

重点：毽球与脚面接触的部位。难点：击球时机与全身协调用力。

六、进攻技术

进攻是得分的主要手段，是决定比赛胜负的关键。进攻技术一般有倒勾攻球、脚踏攻球和头部攻球。

（一）倒勾攻球

倒勾攻球有正倒勾攻球、外侧倒勾攻球和内侧倒勾攻球三种技术。

1. 正倒勾攻球

动作要领：背向网平行站立，右腿蹬地起跳，左腿屈膝上摆，摆到最高点时，左腿迅速下摆，同时右腿屈膝，大腿带动小腿用力上摆，当球下落到大约头的前上方时，小腿快速用力摆动，击球瞬间，脚腕抖屈，用脚趾跟部以上部位将球击过网，两腿顺势依次缓冲着地，保持身体平衡。

重点：毽球与脚接触的部位。难点：击球时机与全身协调配合。

2. 外侧倒勾攻球

动作要领：背向网平行站立，右腿蹬地起跳，左腿屈膝上摆，摆到最高点时，左腿迅速下摆，同时右腿屈膝，大腿带动小腿用力上摆，当球下落到大约头的前上方时，小腿快速用力摆动，击球瞬间，右腿向外侧摆动，同时脚腕抖屈，用脚趾跟部以上部位将球在身体外侧击过网，两腿顺势依次缓冲着地，保持身体平衡。

重点：右腿向外侧摆动。难点：击球时机与全身协调配合。

3. 内侧倒勾攻球

动作要领：背向网平行站立，右腿蹬地起跳，左腿屈膝上摆，摆到最高点时，左腿迅速下摆，同时右腿屈膝，大腿带动小腿用力向内侧斜前上方摆动，当球下落到大约头的斜前上方时，小腿快速用力摆动，击球瞬间脚腕内翻抖屈，用脚趾跟部以上部位将球在身体内侧击过网，两腿顺势依次缓冲着地，保持身体平衡。

重点：右腿向内侧斜前上方摆动。难点：击球时机与全身协调配合。

（二）脚踏攻球

脚踏攻球有直腿踏球和屈腿踏球两种技术。

1. 直腿踏球

动作要领：面向网站立，左脚向前迈出一步支撑身体或跳起腾空，右腿迅速上摆，当球下落到前下方时，击球瞬间，展髋、展腹，脚面绷直，扣脚趾，快速收小腿，用前脚掌将球击过网。

重点：毽球与脚掌接触的部位以及快速收小腿动作。难点：击球时机与全身协调配合。

2. 屈腿踏球

动作要领：面向网站立，左脚向前迈出一步支撑身体或跳起腾空，右腿迅速上摆，当球下落到前下方时击球，击球瞬间大腿带动小腿加速上摆，踝关节放松，小腿带动脚掌快速向下做鞭打动作将球击过网。

重点：击球时的鞭打动作。难点：击球时机与全身协调配合。

（三）头攻

随着规则的改变，用头攻球的机会也随之减少，并且进攻的威力远远小于倒勾攻球和脚踏攻球，所以现在只在一般接球时使用。

动作要领：身体正对来球，在限制线后原地或者跳起，身体后仰呈反弓，当球下落到头的前上方时，收腹屈体，上体快速前摆，用头发或前额将球击过网。

重点：毽球与前额接触的部位。难点：击球时机与全身协调配合。

七、防守技术

防守是毽球比赛中反攻的重要环节，掌握好此项技术能在比赛中缓解对方的进攻，有利于创造反击得分的机会。防守技术一般有无人拦网、单人拦网和双人拦网。

（一）无人拦网

动作要领：对方进攻地离网较远，三人防守时可以站成“马蹄”形，根据对方进攻方式的变化来判断对方攻球的方向；2 号、3 号位的队员注意防守网前球，1 号位队员防守后排球。

重点：判断攻球路线。难点：步法移动及整体配合。

（二）单人拦网

动作要领：面向球网距球网约 20 厘米双脚平行站立，约与肩同宽，稍屈膝，重心落在两脚间，收腹，上体稍前倾，两臂自然屈于体侧，注视来球，准备起跳拦网；当对方攻球时，两脚用力蹬地跳起，两臂收拢自然下垂于体侧，提腰、收腹、挺胸堵击球，击球后身体下落，两脚掌先着地，屈膝缓冲，衔接下一个动作。

重点：收腹挺胸。难点：起跳时机。

（三）双人拦网

动作要领：判断好对方击球点，两人在网前滑步选准位，同时起跳，提腰、收腹、挺胸堵击球，击球后身体下落，两脚掌先着地，屈膝缓冲，衔接下一个动作。

重点：起跳时机。难点：拦正面、挡侧面。

第三节　毽球运动的基本战术

【教学目标】毽球战术就是毽球各项基本技术在比赛中的综合运用。它是场上双方根据自身的具体情况所采取的有目的的进攻或防守的集体配合。毽球基本战术包括进攻战术和防守战术两种。

一、进攻战术

在确定一个队的基本进攻战术时，首先要根据本方队员的具体情况、具体技术特点进行合理恰当的阵容配备。一般有："一、二"配备、"二、一"配备和"三、三"配备。

(一)"一、二"配备

就是场上三名队员中有一名主攻手和两名传球手的组合形式。它是最基本的阵容配备，适用于最初阶段的比赛战术。

(二)"二、一"配备

就是场上三名队员中有一名主攻手、一名副攻手和一名传球手的组合形式。这种阵容适用于场上有勾球手、踏球手各一人以及一名二传手的阵容。

(三)"三、三"配备

就是场上三名队员都能攻球又能传球的组合形式。这种阵容配备是最先进的进攻战术配备，是现在国内众多高水平队伍都采用的一种阵容配备。

二、防守战术

防守战术首先应根据场上对方进攻战术的不同特点，结合本队的具体情况，制定的基本防守战术阵型。

(一)"马蹄"形防守

就是三名队员在场上呈"马蹄"形站位防守。

(二)"一拦二防"

就是场上三名防守队员中有一名队员在网前拦网，另两名队员在他身后两侧站位防守。

(三)"二拦一防"

就是场上三名防守队员中，有两名队员在网前拦网，另一名队员在中间后方站位防守。毽球基本战术实际就是攻防双方在技术上、心理上利用各自的基本技术，根据临场的具体情况，不断组成制约与反制约的攻防对抗。可以这样说：强有力的进攻就是防守，而有效的防守更是进攻。二者既可互为依存条件，又可互为转化条件，可算是瞬间即变，关键在于能否及时、准确地分析出对方的强、弱之处，组织起各种多变的攻防战术，发挥自己的长处，攻击对方的短处。所谓"知己知彼，百战不殆"之所以成为放之四海而皆准的兵家格言，其道理就在其中。

第四节　毽球运动的主要规则

【教学目标】本节讲解了毽球运动的基本竞赛规则，包括场地、球网、毽球和其他相关规则。

一、单人赛比赛规则

此部分是重新修改部分，其他同后规则。

(一)场地

长 11.88 米、宽 5.18 米、男网高 1.60 米、女网高 1.50 米，中线两侧的限制线为 2 米。

(二)采用 21 分无球权制

决胜局任何一队先到 10 分时增加一次公共暂停。充许双方队员在场地休息，但不准指导。

（三）单人赛允许换人

（四）单人赛每次发球均落在单人赛接发球有效区内，否则判发球方失 1 分。

（1）单人赛为两次击球过网。

（2）某一局出现 20 平后则实行轮换发球法。即首先由持球一方发球，该发球方无论得失分、均由对方发球，以此类推，直至某队领先 2 分结束比赛。

（3）不得用手、臂触球。但防守队员在手臂下垂有离开躯干的前提下拦网手球或后排队员防守时打手不判违例。

二、场地面积及界线

比赛场地采用羽毛球双打场地，长 11.88 米、宽 6.1 米。场地上空 6 米以内（由地面计算）和场地四周 2 米以内不得有障碍物。

比赛场地应按平面图画出清晰的界限，线宽 4 厘米，线的宽度包括在场地面积之内。较长的两条边界叫边线，较短的叫端线。连接场地两边线的中点与端线平行的线叫中线。中线将场地分为均等的两个场区。在中线两侧各画一条与中线平行的线叫限制线（此线包括在限制区内）。中线至限制线的距离为 2 米。

三、发球区

距两端线中点两侧各 1 米处，向场外各画一条长 20 厘米与端线垂直的短线叫发球区线（此线不包括在发球区内）。发球区线向后无限延长的区域叫发球区。

四、球网

（一）球网的规格

球网长 7 米、宽 76 厘米，网孔 2 厘米见方。球网上沿缝有 4 厘米宽的双层白布，用绳穿起，将球网张挂在网柱上。球网必须挂在中线的垂直上空。球网为深绿色。网柱安在中线以外，距边线 50 厘米处。

（二）球网的高度

球网的中部顶端距地面垂直高度为 1.60 米（男子）、1.50 米（女子）。网的两端距地面的垂直高度必须相等，两端的高度与中间的高度相差不得超过 2 厘米。

（三）标志杆与标志带

在球网的两端，垂直于边线和中线交接处，各系有一条宽 4 厘米、长 76 厘米的白色带子，叫标志带。在球网上连接标志带外侧应系有两根有韧性的杆，叫标志杆。两杆内侧相距 6 米。标志杆长 1.20 米、直径 1 厘米、用玻璃纤维或类似的材料制成。标志杆应高出球网上沿 44 厘米，并用鲜明对比的颜色画上 10 厘米长的格纹。

五、毽球（见图 12-4）

毽球由毽毛、毽垫等构成。毽毛为四支白色或彩色鹅羽呈十字形插在毛管内，每支羽毛宽 3.20～3.50 厘米。毽垫直径 3.80～4 厘米，厚 1.30～1.50 厘米。毛管高 2.50 厘米。

毽球的高度为 13～15 厘米。毽球的重量为 13～15 克。

图 12-4　毽球

六、比赛队员的组成

比赛队由 6 人组成，上场队员 3 人，其中队长 1 人（左臂应佩戴明显标志），比赛前，各队应将参赛队员（包括替补队员）的姓名、号码登记在记分表上。未登记的队员不得参加比赛。

也可因时、因地、因人制宜，增加单人、双人毽球赛，规则与 3 人制大体相同，记分可采取直接得分法。

教练员和替补队员应坐在指定的位置上。

七、队员的场上位置

（一）双方队员必须站在本方场区内

站在靠近球网的两名队员从左至右分别为 3 号位和 2 号位队员，靠近端线的队员为 1 号队员。场上队员的位置必须与登记的轮转顺序相符。

（二）发球的位置

发球的一方，2 号、3 号位的队员在发球队员的前方，彼此间相距不得少于两米。球发出后，双方队员可以在本方场区内任意交换位置。

（三）队员的轮转顺序

每局比赛结束之前，队员的轮转顺序不得调换。

八、教练员和队长

比赛成死球时，教练员和队长有权要求暂停或换人。在暂停时间内，教练员可以进行场外指导，但不得进入场区。

比赛进行中，场上队长有权向裁判提出询问或要求解释，但必须服从裁判的最终判决。

九、服装

比赛队员应穿着整齐划一的运动服和毽球鞋或运动鞋。

场上队员上衣的前后须有明显的号码，号码颜色需一致，并与上衣颜色有明显的区别。号码应清晰可见，背后的号码至少高 20 厘米，胸前的号码至少高 10 厘米，笔画至少宽 2 厘米，同队队员不得使用重复号码。队员不得穿戴任何危及其他队员的服饰。

十、比赛局数和场区选择

比赛采用三局两胜制，第三局采取每球得分制。

比赛前选择场区或发球权。第一局结束后双方交换场地和发球权。

决胜局开始前，正裁判员召集双方队长重新选择场区或发球权。决胜局比赛中，任何一队先得 8 分时两队应交换场地。交换时，不得进行场外指导。交换场区后，双方队员的轮转位置不得变换。经记录员查对后，由原发球队员继续发球。如未及时交换场区，一旦裁判员或一方队长发现时，应立即交换。比分不变。

十一、暂停

比赛成死球时，教练员或队长可以向裁判员要求暂停。暂停时，教练员可以在场地外进行指导，但场上队员不得出场，也不得与场外其他任何人讲话，场外人员不得进入场内。

每局比赛中，每队可以要求两次暂停，每次暂停时间不得超过 30 秒。某队在一局中请求第三次暂停，应判该队失发球权或对方得一分。

十二、换人

在比赛中成死球时，教练员或队长可以向裁判员要求换人。换人时，场外人员不得向队员进行指导，场内队员不得离开场地。每个队员在每一局比赛中换人不得超过三人次。

替补队员在上场前，应在记录台附近做好准备，换人时间不得超过 15 秒，否则判该队一次暂停。如该队在该局已暂停过两次，则判该队失发球权或对方得一分。

教练员或队长要求换人时，应向裁判员报告下场和上场队员的号码。

比赛中因故被取消比赛资格的队员，不能继续参加该场比赛，可由替补队员替换。如该队在该局已换人三人次，或场外无人替换时，则判为负局。

十三、局间间隙

一局比赛结束，下局比赛开始前，中间最多可有 2 分钟时间，供两队交换场地、换人和记录员登记号码，双方教练员在不影响上述工作的情况下，可以进行场外指导。

十四、发球

（一）发球

发球队员须站在本方发球区内，用手持球，将球抛起，用脚踢向对方场区，使比赛进行。发球队员必须在发球区内发球，在球发出后才能进入场区。发球时 2、3 号队员不得有任何掩护动作，否则，判由对方发球，如图 12-5 所示。

图 12-5　毽球比赛

（二）发球失误

发生下列情况之一时，即判为发球失误：

（1）队员发球时，踏及端线或发球区线及其延长线；

（2）球未过网、触网或触及标志杆；

（3）球从网下穿过；

（4）球从标志及其延长高度以外过网；

（5）球触及任何障碍物，或在进入对方场区前触及本队队员；

（6）球落在界外；

（7）发球延误时间超过 5 秒；

（8）裁判员鸣哨后球坠落在地上。

（三）当发球队失误时，应判失发球权，由对方发球

（四）重发球

发生下列情况之一时，需重发球：

（1）在比赛进行中，球挂在网上（最后一次击球挂网除外）；

（2）在比赛进行中，毽毛和毽垫在飞行时脱离；

（3）在裁判员鸣哨之前发球；

（4）在比赛进行中，其他人或物品进入场区。

（五）发球次序错误

当球发出后，裁判员发现某队发球次序错误，则判该队失发球权，并恢复正确位置。如犯规队已得分，应取消该队因该次发球次序错误所得的分数。

十五、轮转顺序

某队取得发球权时，应先按顺时针方向轮转一个位置，然后由轮转到 1 号位队员发球。

新的一局开始前，可以变换本队队员的轮转顺序，并填好位置表交给记录员。

十六、比赛进行中的击球与附加动作

每队在将球踢入对方场区前，在本方场区最多只能有三人次共击球四次。每个队员可以连续击球两次。不得用手、臂触球。但防守队员在手臂下垂不离开躯干的前提下，拦网时手球不判违例。球不得明显地停留在队员身体的任何部位。

［罚则］违反第十四条第一至四款均为违例，判由对方发球或得一分。

十七、网上球

在比赛进行中球触及两标志杆以内的球网为好球，球触标志杆为失误。

十八、触网

比赛进行中，队员身体任何部位触及两标志杆以内的球网，均为触网违例。

队员击球后，触及标志杆或标志杆以外的球网、网柱、网绳或其他物体，不为违例。

十九、进入对方场区和空间

过网击球为犯规。

比赛进行中，身体任何部位不得进入对方场区的空间。

队员若用头攻球时，必须在限制线以外，但落地时两脚可落在限制线以内。防守队员在限制区内，头部无意识触球过网不判违例。

在比赛进行中，除脚以外，身体任何部位不得触及中线。脚不得完全越过中线。

二十、死球与中断比赛

球触地及违例为死球。

中断比赛：其他人或物品进入比赛场区；更换损坏的器材；运动员发生意外事故等。发生以上情况，裁判员应鸣哨，中断比赛和恢复比赛。

二十一、计胜方法

接发球队失误，应判对方得一分；发球队失误，则判由对方发球。

某队得 15 分并至少比对方队多得 2 分时，则为胜一局。如比分是 14∶14，比赛应继续进行，直至某队领先 2 分，方为胜一局。

二十二、判定和申诉

一场比赛中，正裁判员的判定是最终判决。

只有场上队长可以对裁判员的判罚当场提出询问或要求解释，正裁判员应及时予以解释。

思　考　题

1. 毽球的基本技术有哪些？
2. 毽球的基本战术有哪些？
3. 毽球的竞赛规则有哪些？

第13章

健美操

【重点提示】本章概述了健美操运动的起源与发展，详细讲解了其基本动作、技巧等。

第一节 健美操运动概述

【教学目标】本节概述了健美操运动的渊源、分类、特点等。

一、健美操运动的起源

健美操的起源和发展

健美操（Aerobics）是一项以有氧练习为基础，融体操、舞蹈、音乐为一体的体育运动。其寓健身于娱乐之中，能有效地增进心肺功能，塑造优美的形体，陶冶艺术情操。

自古以来，人类对自身的“美”，就有着执著的追求。孔子主张“尽善尽美”，讲究身体姿态端正。古希腊人采用跑跳、投掷、柔软体操和健美舞蹈等各种体育项目进行人体美的锻炼。而古印度的瑜伽术中，许多姿势与现代健美操的动作相一致。

1980年，国际健美操冠军联合会（ANAC）成立。1983年，国际健美操联会（IAF）成立。20世纪80年代起，健美操运动在世界各地蓬勃发展。美国健身、影视明星简·方达编写了《简·方达健美术》，对健美操运动在世界范围的推广起到了积极作用。在法国，仅巴黎就有1000多个健美操中心。在前苏联、波兰、保加利亚等国，健美操已列入大、中、小学的体育教学大纲。在日本不仅有青年、妇女喜爱的健美操，还创编了孕妇健美操、婴儿健美操等。健美操以其鲜明的韵律感、全面的协调性、广泛的适用性、显著的实效性风靡全球。

二、健美操运动的分类

健美操的分类方法众多，根据练习的主要目的和任务，可分为健身健美操和竞技健美操；根据练习形式，可分为徒手健美操、器械健美操和特殊场地健美操；根据性别特征，可分为女子健美操和男子健美操；根据年龄特征，可分为幼儿健美操、儿童健美操、少年健美操、青年健美操、中年健美操和老年健美操；根据锻炼部位，可分为颈部健美操、肩部健美操、臂部健美操、胸部健美操、腹部健美操、腰部健美操、髋部健美操、腿部健美操等。

（一）健身性健美操

健身性健美操练习的主要目的是“锻炼身体、保持健康”。其中又包括以提高心肺功能，改善身体有氧代谢能力的有氧操；练习肌肉控制，改善不良姿态，培养良好气质风度的形体操；以保持肌肉外形，防止肌肉退化为主的力量操；以减少关节负荷，利用水的阻力达到锻炼目的，并以中老年及康复病人为主要对象的水中操等。由于健身性健美操的唯一练习目的就是健身，因此它的动作简单，实用性强，音乐速度也较慢，且为了保证一定的运动负荷和锻炼的全面性，动作多有重复，常以对称的形式出现。健身性健美操一般的练习时间为一个小时左右，在练习的要求上根据个体情况而变化，严格遵循“健康、安全”的原则，防止运动损伤的出现，在保证安全的基础上，达到锻炼身体的目的。

（二）竞技性健美操

竞技性健美操的主要目的是“竞赛”，其比赛项目有男单、女单、混双、三人和六人。竞技性健美操在参赛人数、比赛场地、成套动作的时间等方面都必须严格按照规则进行，规则对成套的编排、动作的完成、难度动作的数量等也都有严格的规定。由于竞赛的主要目的是要取胜，因此在动作的设计上更加多样化，并严格避免重复动作和对称动作。近年来，运动员为争取好成绩，均在比赛的成套中加入了大量的难度动作，如各种大跳成俯撑、空中转体成俯撑等，这样对运动员的体能、技术水平和表现力均提出了更高的要求。

三、健美操的特点

（一）集健美和健身于一体

健美操是以健身为基础，根据人体解剖学、运动生理学、体育美学等多学科理论，为使人体健康健美地发展而编排的。健美操动作讲究健美大方，强调力度和弹性，练习内容讲求针对性和实效性，不仅能使身体各部位的关节、韧带、肌肉得到充分锻炼，使人体匀称和谐地发展，而且还能增强体质，培养健美的体形和风度，塑造健美的自我。因此，健美操是一项既注重外在美的锻炼，又强调内在美的培养的人体运动方式，对人的身心影响较为全面。

（二）鲜明的节奏感和韵律感

健美操是一种必须在音乐伴奏下进行的身体练习，音乐是健美操的灵魂。与艺术体操相比，健美操更强调动作的力度。因此，健美操的音乐节奏趋于鲜明强劲，风格更趋于热烈奔放。健美操音乐多取材于迪斯科、爵士、摇滚等现代音乐和具有上述特点的民族乐曲，而正是音乐中的高低、长短、强弱、快慢等有节奏的变化，使健美操更富有一种鲜明的现代韵律感。此外，旋律清晰、活泼轻快、情绪激奋的音乐，不仅能振奋练习者的精神，使人产生跃跃欲试的动感，而且还能使人在练习过程中忘却疲劳，产生一种轻松愉快的心情。

（三）动作的多变性和协调性

健美操成套动作的多变性，不仅表现在动作的节奏和力度上，还表现在动作的复合性方面。其每节操很少是单个关节的局部动作，大多为多关节的同步运动。如在完成大幅度的上肢动作时，常伴有腰、膝、髋、踝和头部等的动作。这不仅可使身体各关节的活动次数成倍增长，还能有效地改善和提高人们身体的协调性。

第二节　健美操运动的基本动作

【教学目标】本节具体介绍了健美操的基本下肢动作、上肢动作和躯干动作。

一、下肢动作

健美操的基本步伐有五类：踏步类、迈步类、点地类、抬腿类和双腿类。

（一）踏步类

运动强度较低，两脚始终依次交替落地。

（1）路步。如图 13-1 所示，两腿原地依次抬起，依次落地，两臂自然前后摆动。落地时，由脚尖过渡到脚跟，踝、膝、髋关节依次有弹性地缓冲。

图 13–1　路步

形式：一种。

方向：原地。

技术要点：注意膝关节要有弹性。

（2）走步。如图 13-2 所示，迈步向前走时，脚跟先落地，过渡到全脚掌；向后走时则相反。其技术要点基本与踏步相同。

图 13–2　走步

形式：一种。

方向：前（Forward）走、后（Back）走、斜向走、弧形走。

技术要点：基本上同踏步。

（3）一字步。如图 13-3 所示，一脚向前一步，另一脚并于前脚，然后依次还原。前后均要有并脚过程；每一拍动作膝关节始终有弹性地缓冲。

形式：一种。

方向：向前、向后的一字步，应用第 3、4 拍还原时转体的一字步。

技术要点：基本上同踏步。

（4）“V”字步。如图 13-4 所示，一脚向前侧方迈一步，另一脚随之向另一侧方迈一步，成两脚开立、屈膝，然后依次退回原位。两脚间距离略比肩宽，重心落于两腿之间。

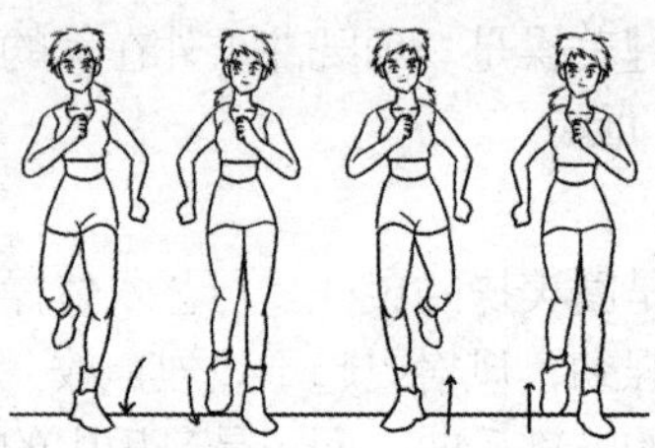
图 13-3　一字步

图 13-4　“V”字步

形式：平移的、转体的和小幅度跳的正“V”字步和倒“V”字步。

方向：左、右腿的正和倒“V”字步。

技术要点：一脚迈出，另一脚随之迈出呈一条平线，两脚距离略比肩宽，两膝自然弯曲，然后依次收回。

（5）漫步。如图 13-5 所示，一脚向前迈出、屈膝，重心随之前移，另一脚稍抬起，然后原地落下；或向后撤一步，重心后移，另一脚稍抬起，然后原地落下。动作富有弹性，身体重心随之前后移动。

形式：完整的漫步、1/2 漫步、baby mambo。

方向：左、右腿的正和倒“V”字步。

技术要点：一脚迈出，另一脚随之迈出呈一条平线，两脚距离略比肩宽，两膝自然弯曲，然后依次收回。

（6）跑步。如图 13-6 所示，两腿经过腾空，依次屈膝落地缓冲，脚跟要着地，两臂屈。

图 13-5　漫步

图 13-6　跑步

（二）迈步类

一条腿先迈出一步，重心移至该腿，另一条腿用脚跟、脚尖点地或吸腿、屈腿、踢腿后向另一个方向迈步。

（1）并步。如图 13-7 所示，一脚迈出，另一脚随之并拢屈膝点地；再向反方向迈步。两膝保持弹动，重心随之移动，动作幅度和力度可视风格而定。

形式：原位的并步、移动的并步（“之”字步）、转体的并步。

方向：向前、后、左、右的并步。

技术要点：一脚并于另一脚，重心要随之移动，两膝自然屈伸。

（2）侧交叉步。如图 13-8 所示，一脚向侧迈一步，另一脚在其后交叉，随之再向侧迈一步，另一脚并拢，屈膝点地。第一步脚跟先落地，屈膝缓冲，身体重心随脚步快速移动。

图 13-7 并步

图 13-8 侧交叉步

形式：平移的交叉步、转方向的交叉步、小幅度跳的交叉步。

方向：向前、向后、向侧的交叉步。

技术要点：一脚迈出，另一脚在前或在后交叉，重心随之移动。

（三）点地类

一腿屈膝站立，另一腿伸出，用脚尖或脚跟点地后还原到并腿位置。

（1）脚尖点地。如图 13-9 所示，一腿稍屈膝站立，另一腿伸出（向前、向后、向一侧），脚尖点地，然后还原到并腿姿势。支撑腿始终保持屈膝站立，并随动作有弹性地屈伸。

（2）脚跟点地。如图 13-10 所示，一腿稍屈膝站立，另一腿伸出，脚跟点地，然后还原到并腿姿势。只可做向前和向侧的脚跟点地。

形式：原位点地、移动点地及转体的点地。

方向：脚尖向前、侧、后、斜方向的点地；脚跟向前、侧、斜的点地。

技术要点：点地时，要有弹性地点地，腿自然伸直。

（四）抬腿类

一腿站立，另一腿抬起。

（1）吸腿。如图 13-11 所示，一腿屈膝抬起，落地还原。上体保持正直，大腿用力上提超过水平，小腿自然下垂。

图 13-9 脚尖点地

图 13-10 脚跟点地

图 13-11 吸腿

形式：原位的吸腿及跳、移动的吸腿及跳和转体的吸腿及跳。

方向：向侧、向前的吸腿及跳。

技术要点：大腿用力上提，小腿自然下垂。

（2）摆腿。如图 13-12 所示，一腿稍屈膝站立，另一腿做摆动。摆腿时，上体顺势前倾、后倾或侧倾。

形式：原位的摆腿跳、移动的摆腿跳和转体的摆腿跳。

方向：向侧、向前、向后的摆腿跳。

技术要点：摆腿时上体顺势前倾、后倒或侧倾。

（3）踢腿。如图 13-13 所示，一腿稍屈膝站立，另一腿抬起，然后还原。踢腿时，加速用力且有控制，上体保持正直。

图 13-12 摆腿

图 13-13 踢腿

形式：原位的（弹）踢腿及跳、移动的（弹）踢腿及跳和转体的（弹）踢腿及跳。

方向：向前的、向侧的、向斜前的（弹）踢腿及跳。

技术要点：腿上踢时，须加速用力，立腰，上体尽量保持不动。

（4）弹踢腿（跳）。如图 13-14 所示，一腿站立（蹬跳），另一腿先向后屈，再向前下方弹踢，还原。腿弹出时要有控制，无需太高，上体保持正直。

形式：原位的弹踢腿及跳、移动的弹踢腿及跳和转体的弹踢腿及跳。

方向：向前的（forward skip）、向侧的（side skip）、向后的（back skip）弹踢腿及跳。

技术要点：大腿抬起至一定角度后，小腿自然弹直。

（5）后屈腿（跳）。如图 13-15 所示，一腿站立（蹬跳），另一腿向后屈膝折叠，放下腿还原。后屈腿脚跟靠近臀部，支撑腿有弹性地缓冲落地，两膝并拢。

图 13-14 弹踢腿（跳）

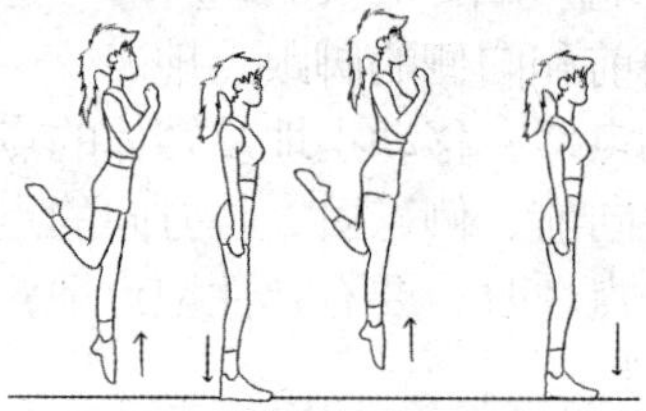
图 13-15 后屈腿（跳）

（五）双腿类

双腿站立或跳跃，身体重心在两腿之间。

（1）并腿跳。如图 13-16 所示，两腿并拢跳起。落地缓冲且有控制。

形式：移动的并跳、转体的并跳。

方向：向前、向后的并跳。

技术要点：一腿迈出蹬地，另一腿并上，身体重心随着跟上。

（2）分腿跳。如图 13-17 所示，分腿分立，屈膝半蹲（大、小腿夹角不小于 90 度），向上跳起，分腿落地屈膝缓冲。

图 13-16 并腿跳

图 13-17 分腿跳

（3）开合跳。由并腿跳起，分腿落地，再由分腿跳起，并腿落地。分腿屈膝蹲时，两脚自然外开，膝关节沿脚尖方向弯曲。落地时，屈膝缓冲，脚跟着地。

形式：原位的开合跳、移动的开合跳和转体的开合跳。

方向：向前的开合跳。

技术要点：分腿时，两脚自然外开，膝关节沿脚尖方向弯曲；跳起与落地时，注意屈膝缓冲。

（4）半蹲。分为并腿半蹲和分腿半蹲，两腿有控制地同时屈和伸。如图 13-18 所示，分腿半蹲时，两腿左右分开稍大于肩，脚尖稍外展，膝关节角度不小于 90 度，与脚尖方向一致，上体保持直立。

形式：向侧一次，向侧两次（two skurt）转体。

方向：向侧（左、右）。

技术要点：半蹲时，立腰。

（5）弓步。两脚前后分开，平行站立，一腿屈膝，脚尖与膝垂直，另一腿伸直，重心落于两脚之间。也可两膝皆屈，后腿的大腿垂直于地面（见图 13-19）。

形式：左右移重心的弓步、移动的弓步、转体的弓步、跳的弓步。

方向：上步弓步、后撤弓步、向侧伸弓步（lunge side）。

技术要点：一腿屈膝，脚尖与膝垂直，另一腿伸直，重心落于两腿之间。由于弓步的形式很多，因此在做法上有所不同。

温馨提示　音乐和动作的配合，对健美操的艺术效果起着关键性的作用。

图 13-18　半蹲

图 13-19　弓步

二、上肢动作

（一）手形

健美操中，手掌随臂的姿态而灵活变化。一般而言，手臂伸展时，手指和手腕随之伸展，手背呈反弓形；手臂弯曲时，手指、手腕放松，从肩至手指成一柔和弧线。恰当地运用各种手形，能使手臂动作更加丰富多彩、生动活泼。健美操常见手形有以下几种。

（1）五指并拢式（掌）——五指伸直并拢，大拇指微屈，指关节贴于食指旁（见图 13-20）。

（2）拳式——握拳，拇指在外，指关节弯曲，紧贴于食指和中指（见图 13-21）。

（3）五指分开式（撑掌）——五指用力伸直，充分张开，手腕保持一定的紧张程度（见图 13-22）。

（4）西班牙舞手式（花掌）——五指用力，小指、无名指、中指自掌指关节处依次内屈，拇指稍内扣（见图 13-23）。

（5）芭蕾手式——五指微屈，后三指并拢、稍内收，拇指内扣（见图 13-24）。

（6）立掌式——五指伸直，手掌用力上翘（见图 13-25）。

（7）一指式——握拳，食指或拇指伸直（见图 13-26）。

（8）响指——无名指与小指屈握，拇指与中指、食指摩擦后，中指击打大鱼际处产生响声（见图 13-27）。

（9）剑指——拇指与无名指、小指相叠，中指、食指并拢伸直。

图 13–20　五指并拢式

图 13–21　拳式

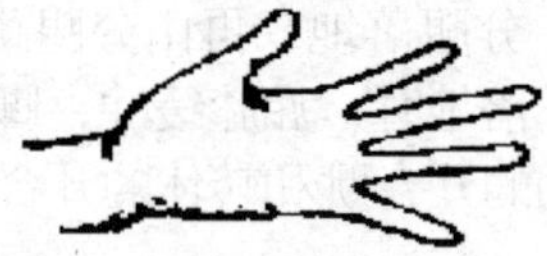
图 13–22　五指分开式（撑掌）

图 13–23　西班牙舞手式（花掌）

图 13–24　芭蕾手式

图 13–25　立掌式

图 13–26　一指式

图 13–27　响指

（二）臂部动作

健美操的手臂动作包括举、屈、伸、摆、绕、绕环等（见表 13-1）。

表 13-1　健美操手臂基本动作

动作分类	动作界定	动作变化
举（摆/提/拉）	以肩为轴，臂伸直向某方向抬起并停止在某一部位，活动范围不超过 180°	单或双臂的前、后、侧举。其中双臂既可以做相同的动作，也可以做不同的动作；既可同时，又可依次，还可交叉
屈	肘关节产生一定的弯曲角度	包括胸前平屈、肩侧屈、肩上侧屈、肩下侧屈、肩上前屈、腰间屈、头后屈。既可以一臂做动作，又可以两臂同时做相同动作，也可以两臂依次做相同动作
绕（绕环）	以肩关节为轴，手臂在 180° 至 360° 之间的运动为绕；大于 360° 以上的圆周运动为绕环	单或双臂的前、后、内、外绕（绕环），小绕、中绕、大绕。两臂动作既可以同时，又可以依次

（三）肩部动作

单肩或双肩提肩、沉肩、收肩、展肩、绕肩、振肩等。

（四）躯干动作

躯干的波浪动作可向前、后、左、右，依靠身体各部位依次完成，动作要协调、连贯。例如，前波浪是从下而上，后波浪从上而下等。

三、健美操的教学方法

（一）记忆法

记忆法是为使学生尽快地掌握学习内容、熟记动作常用的教学方法。它包括念动法、观察模仿法和简图强化法三种方式。运用记忆法时应注意以下几点。

（1）记忆法一般在学生掌握动作的泛化阶段选用，这个阶段主要以记忆动作为主。因此，不要过多地讲解和提出对动作规格的要求，以保证学生记忆的连贯性和完整性。

（2）运用记忆法时，教师应帮助学生找到一种记忆动作的捷径，以提高学生记忆动作的速度。

（二）激情法

激情法是一种用直观的教学手段激发学生学习情绪的教学方法。它包括乐曲激情法和健美激情法两种方式。运用激情法时应注意以下几点。

（1）音乐的选择应符合学生的年龄心理特点及时代特征，真正能达到激发学生情绪的作用。

（2）教师的示范要有感染力，表现出健美操的动作特点和音乐风格，用教师特有的表演魅力，激发学生的学习欲望和表现欲望。

（三）示范讲解法

示范讲解法包括只示范不讲解；只讲解不示范或先讲解后示范；先示范后讲解和一边慢动作示范一边讲解四种方法。运用示范讲解法时应注意以下几点。

（1）运用只示范不讲解的教学方法时，应采用背面示范，以使学生清楚动作的路线、方向等，并且动作的速度应比正常的速度稍慢些。

（2）运用示范讲解法时，教师讲解的语言应简明扼要，语言肯定，表达生动，比喻形象。

（四）手势提示法

手势是身体语言的一种，它是在健美操教学中，教师运用各种手势指导学生完成练习的方法。其特点是直观、简单、明了，有利于学生连贯完成动作。手势提示法主要运用于成套操和一段操的复习及巩固阶段。运用手势提示法时应注意以下几点。

（1）手势的运用要果断，有明确的目的性。

（2）运用手势时，要注意时机和效果。

（3）掌握学生完成动作的情况，在易出现问题的地方，提前向学生发出准确信号，以引起学生注意，然后给予手势提示。

（五）口令提示法

口令提示法是一种为了使学生更好地完成练习、活跃课堂气氛而在健美操教学中加入一些调动性、指示性、警告性口令的方法。运用口令提示法时应注意以下几点。

（1）口令要有号召性和鼓动性。

（2）口令要与音乐节奏相吻合，要与音乐的韵律、节奏相一致。在健美操教学中，教师口令的音量、语调的轻重要适宜，要恰到好处。

教学重点：准确掌握基本步伐。

教学难点：准确掌握动作方向的同时，熟练记忆动作。

（1）讲解技术要领、方法、重点和难点。

（2）教师完整动作示范。

（3）上、下肢分解讲解示范并练习。

（4）完整练习，纠正错误。

（5）师生间交流。

（6）学生分组练习。

（7）提高阶段学生自编小组合操。

四、健美操素质练习

身体素质练习在健美操教学中起着举足轻重的作用。肌肉的控制力和膝踝关节的弹动是完成健美操动作的重要因素，通过身体素质练习让学生增强对膝踝关节的弹性的理解，增强肌肉的控制力，能够更好地完成动作。同时通过素质练习也能培养学生吃苦耐劳的精神，培养学生不屈不挠的意志品质。

（一）手臂力量练习

（1）俯卧撑：20 个 ×2 组。

（2）小哑铃练习：20 个 ×2 组。

（二）下肢力量练习

（1）蹲膝走：20 米 ×2 组。

（2）团身跳：5 次 ×4 组。

要求．用力均匀，动作幅度适中。

（三）躯干力量练习

（1）仰卧起坐：20 个 ×2 组。

（2）侧腹肌：左右分别 20 个 ×2 组。

（3）背肌练习：20 个 ×3 组。

（四）教法

（1）教师示范。

（2）讲解动作练习部位及注意事项。

（3）学生分组练习，小组长负责安全保护。

（4）教师巡视指导。

（5）相互放松练习。

附：第三套大众健美操一、二级组合动作说明。

一、一级组合（分4个组合+地上组合）

（一）第一个组合

1. 第1×8拍动作

（1）脚的动作：右脚先开始，一个8拍“一字步”。

（2）手的动作：第1、2拍两臂体前竖屈，拳心相对，第3、4拍放回体侧，第5拍同第1拍，第6拍两臂正上举，拳心相对，第7拍同第5拍，第8拍放回体侧。

2. 第2×8拍

（1）脚的动作：右脚开始向前一点方向走3步，第4步左脚吸腿，第5~7拍左脚开始向后退，第8拍右腿吸腿。

（2）手的动作：两手臂直臂经体前划至体侧，两手成拳，拳心向下，在第4和第8拍时两手胸前击掌。

3. 第3×8拍

（1）脚的动作：右脚开始向右一次并步，向左一次，然后向右两次并步。

（2）手的动作：第1拍右手体侧竖屈，成拳，拳心对耳朵，左手放体侧，第2拍右手放回体侧，第3拍左手体侧竖屈，第4拍放回。第5、6拍两手臂体前平屈，拳心向下，第7、8拍同第5、6拍。

4. 第4×8拍

（1）脚的动作：左脚开始向左侧上方迈步，右脚开始做“十字步”，第5、6、7、8拍原地踏步。

（2）手的动作：第1、2、3、4拍自由摆臂，第5、7拍两手胸前击掌，第6、8拍放回体侧。

5. 反方向教学

第5~8×8拍方向与1~4拍相反。

（二）第二个组合

1. 第1×8拍动作

（1）脚的动作：右脚先开始，向前一个8拍前脚掌点地，左、右脚依次进行。

（2）手的动作：两手成拳，同时经腹下绕至体侧、屈臂。先往右，再往左。第2、4拍收回放体侧；第5拍右手侧上举，左手胸前平屈，第6拍收回，第7拍与第5拍动作相反，第8拍收回270°，第5、6拍半蹲，再起第6拍转头看一点，第7、8同第5、6拍动作。

2. 第2×8拍动作

手的动作：前4拍手臂自然摆臂，第5拍两手胸前平举成拳，拳心向下，第6拍右手屈肘向后，第7拍右手还原，第8拍收回体侧。

3. 第3×8拍动作

（1）脚的动作：左脚开始上步吸腿，第3、4拍脚、身体转回一点，第5、6、7、8拍做右脚开始的上步吸腿动作。

（2）手的动作：第1拍两手胸前平举成拳，拳心向下，第2拍收回腰际，第3、4拍同第1、2拍，第5、6、7、8拍同第1、2、3、4拍。

4. 第4×8拍动作

（1）脚的动作：左脚开始向左方向迈步屈腿，然后左、右依次进行。

（2）手的动作：两手胸前屈肘胸前上下摆动。

5. 反方向教学

第 5～8×8 拍

（三）第三个组合

1. 第 1×8 拍动作

（1）脚的动作：右脚开始向右做交叉步（第 1、2、3、4 拍），第 5、6 拍左脚向左侧迈开一步成半蹲，第 7、8 拍收回左腿并右腿。

（2）手的动作：第 1、2、3、4 拍手由体侧开始，两掌开掌，两臂直臂经体侧划至头顶上方两手腕交叉，第 4 拍收回腰际，第 5、6 拍两臂胸前平举，双手成拳拳心向下，第 7、8 拍收回放回体侧。

2. 第 2×8 拍动作

（1）脚的动作：右脚向右外侧点地（前脚掌内侧）第 2 拍收回，第 3、4 拍左脚同右脚动作，方向相反，第 5、6、7、8 拍右脚连续向右外侧点地两次。

（2）手的动作：点地时，点地脚的同侧手向反方向斜前方冲拳，拳心向下，另一只手收回侧腰际，拳心向上。

3. 第 3×8 拍动作

（1）脚的动作：左脚开始左、右脚依次向前走 3 步，第 4 拍吸右腿，第 5 拍右腿放下，第 6 拍吸左腿，第 7 拍左腿放下，第 8 拍吸右腿。

（2）手的动作：第 1 拍两手成拳，体侧屈肘，第 2 拍两小臂胸前交叉，拳心对自己，第 3 拍同第 1 拍，第 4 拍胸前击掌，第 5、7 拍同第 1 拍，第 6 拍两手在吸腿的腿下方击掌，第 8 拍同 4 拍。

4. 第 4×8 拍动作

（1）脚的动作：右脚开始向后退 3 步，第 4 拍吸左腿，第 5 拍左腿放下，第 6 拍吸右腿，第 7 拍右腿放下，第 8 拍吸左腿。

（2）手的动作：同第 3×8 拍。

5. 反方向教学

第 5～8×8 拍与 1～4 拍方向相反。

（四）第四个组合

1. 第 1×8 拍动作

（1）脚的动作：右脚开始一个 8 拍“V”字步接“A”字步。

（2）手的动作：右手从胸前屈开始向上至侧上举，并掌，掌心向下，第 2 拍左手同右手，方向相反，第 3、4 拍两手胸前击掌，第 5 拍右手侧下举，并掌，掌心斜向下，第 6 拍同第 5 拍，换左手。第 7、8 拍两手胸前击掌两次。

2. 第 2×8 拍动作

（1）脚的动作：右脚开始弹踢腿，左右交换。

第 6 拍时右腿屈膝抬腿于左腿膝盖前，第 7 拍打开屈膝动作成踢腿动作，第 8 拍收回。

（2）手的动作：第 1～5 拍两手成拳，拳心向下，两臂前平举，第 2 拍收回体侧，第 3、5 拍同第 1 拍，第 4 拍同第 2 拍，第 6 拍两臂胸前平屈，第 7 拍两臂前平举，第 8 拍收回体侧。

3. 第 3×8 拍动作

（1）脚的动作：左脚开始向一点方向做漫步动作，一个 8 拍。

（2）手的动作：两臂自然摆臂。

4. 第 4×8 拍动作

（1）脚的动作：第 1 拍左脚向左侧迈一步，右脚在第 2 拍时向左脚后方点地，身体稍向右转，第 3 拍右腿向右侧迈开一步，第 4 拍左脚向右脚后方交叉点地，第 5、第 6、第 7、第 8 拍同第 1、第 2、第 3、第 4 拍。

（2）手的动作：第 1 拍右手平屈肘于胸前，两手成拳，拳心向下，第 2 拍右手向腹部下方冲拳，第 3 拍左手平屈肘于胸前，第 4 拍左手向下冲拳，第 5 拍右手侧上举，成拳，拳心斜向下，第 6 拍向腹下冲拳，第 7 拍左手侧上举，第 8 拍向腹下冲拳。

5. 反方向教学

第 5～8×8 拍：与前 4 个 8 拍动作相同，左右相反。

（五）地上组合动作

前 4 拍过渡地上动作：右脚向右侧迈开一步，站立右手屈肘向右侧打开侧平举，开掌、掌心向前。

1. 第 1×8 拍动作

第 1、2 拍身体向右转，面对 3 点方向，左手与右手前平举，并掌、掌心相对，第 3、4 拍左腿吸腿，两手经胸前至正上举两掌动作不变。第 5、6、7、8 拍左脚向后方滑下，身体俯身向下，再由右向左转体，两腿屈膝坐于地上，两手顺次变成指尖对练习者臀部。

2. 第 2×8 拍动作

脚的动作：左腿小腿抬起平于右腿膝盖，第 3、4 拍放下，第 5、6、7、8 拍同第 1、2、3、4 拍，只是换右脚进行。

3. 第 3×8 拍动作

脚的动作：第 1、2 拍左腿小腿抬起平于右腿膝盖，第 3、4 拍小腿向前伸直，第 5、6 拍收回同第 1、2 拍，第 7、8 拍放下落地。

4. 第 4×8 拍动作

脚的动作：同第 3×8 拍动作，只是换右脚进行。

5. 第 5×8 拍动作

脚的动作：第 1、2 拍右脚向前伸直，第 3、4 拍右手单独撑住地面，臀部、腰部以上向上抬起，左腿自然屈膝，左手向 3 点方向伸直，放于耳旁，并掌掌心斜向下，第 5、6 拍臀部放于地面，左手放于左腿膝盖上，第 7、8 拍，左腿放于右腿上伸直，左手放于体前。

6. 第 6×8 拍动作

脚的动作：第 1、2 拍左脚向上抬起，第 3、4 拍放回原处，第 5、6 拍左脚向后打开，第 7、8 拍放回原处。

7. 第 7×8 拍动作

脚的动作：第 1～4 拍同第 6×8 拍的第 1～4 拍动作，第 5～8 拍两腿由右向左转体面对 5 点方向。

8. 第 8×8 拍动作

脚的动作同第 6×8 拍动作，只是换右脚进行。

9. 第 9×8 拍动作

动作：第 1、2、3、4 拍由右往左转体趴在地上，两手收于胸前平屈，第 5、6、7、8 拍转头看 1 点方向。

10. 第 10×8 拍动作

第 1、2、3、4 拍做手、脚两头起的动作，第 5、6、7、8 拍收回。

11. 第 11×8 拍动作

第 1、2 拍两手收回，两臂屈臂放于体侧，两掌撑地，两膝跪地撑起，由右往左转体，右脚屈膝，左脚屈膝放于右脚前，撑起，左手放于左膝盖上，右手撑地同时撑起，两手经胸前交叉，稍向右转体，左手缓慢放于腹前方，右手放于体侧，两掌掌心向下。

二、二级动作（4 个组合+地上动作）

（一）第一组合

1. 第 1×8 拍

（1）脚的动作：第 1～4 拍交叉步，第 5～8 拍向后踏步。

（2）手的动作：第 1 拍右手握拳水平张开，第 2 拍左手握拳重复，第 3 拍双手伸直举起，手掌张开，第 4 拍双手放下，第 5～8 拍屈肘摆臂。

2. 第 2×8 拍

（1）脚的动作：第 1～4 拍交叉步，第 5～8 拍向前踏步。

（2）手的动作：重复第 1×8 拍的动作。

3. 第 3×8 拍

（1）脚的动作：第 1～4 拍向左做 baby mambo，第 5～8 拍向后方 45° 做 baby mambo。

（2）手的动作：第 1～2 拍左手叉腰，右手手掌张开，屈肘自然向前方伸直；第 3～4 拍右手叉腰，左手手掌张开，屈肘自然向前方伸直；第 5～8 拍双手在胸前握拳然后跟节奏向下张开双臂，手掌张开。

4. 第 4×8 拍

（1）脚的动作：第 1～2 拍向右边 45° 做恰恰；第 3～4 拍左脚向前 45° 踏步，右脚点地；第 5～6 拍左脚回复，右脚点地；第 7～8 拍左脚向后踏步，右脚点地。

（2）手的动作：第 1～2 拍左手在胸前握拳屈肘，右手握拳向右下方伸直；第 3～4 拍双手在胸前水平握拳，向前出拳两次；第 5～6 拍双手握拳，水平伸直；第 7～8 拍双手向下摆臂。

5. 第 5～8 个 8 拍

与前 4 个 8 拍动作相同，左右相反。

（二）第二组合

1. 第 1×8 拍

（1）脚的动作：第 1～2 拍向右滑步，身体转向左面 45° 方向；第 3～4 拍左脚向后踏步，右脚向前点地；第 5～8 拍向正前方左面 45° 方向做并步。

（2）手的动作：第 1～2 拍左臂水平伸直，手掌向下，右臂向上伸直，手掌向右；第 3～4 拍双臂向后摆臂；第 5～6 拍拍掌 3 下；第 7～8 拍叉腰。

2. 第 2×8 拍

（1）脚的动作：第 1～4 拍向后 45° 方向做并步；第 5～6 拍向左滑步，身体转向右面 45° 方向；第 7～8 拍右脚向后踏步，左脚向前点地。

（2）手的动作：第 1～2 拍拍掌 3 下；第 3～4 拍叉腰；第 5～6 拍右臂水平伸直，手掌向下，左臂向上伸直，手掌向左；第 7～8 拍双臂向后摆臂。

3. 第 3×8 拍

（1）脚的动作：第 1～4 拍向正前方的 45° 方向屈膝两次；第 5～8 拍 “V” 字步，逆时针转回正前方。

（2）手的动作：第 1～4 拍双臂握拳向前伸直，在体侧上下摆臂两次；第 5～8 拍右臂水平伸直，左臂在胸前屈肘，手掌张开朝向下方，跟随节拍摆至体侧。

4. 第 4×8 拍

（1）脚的动作：第 1 拍提起左腿；第 2 拍向左侧点地；第 3 拍提起左腿；第 4 拍放下左腿；第 5～8 拍与第 1～4 拍动作相同，左右相反。

（2）手的动作：第 1 拍双臂在胸前水平屈肘，握拳；第 2 拍左臂向上伸直，手掌向前张开，右臂向下伸直；第 3 拍双臂在胸前水平屈肘，握拳；第 4 拍双臂放下；第 5～8 拍与第 1～4 拍动作相同，左右相反。

5. 第 5～8 个 8 拍

与前 4 个 8 拍动作相同，左右相反。

（三）第三组合

1. 第 1×8 拍

（1）脚的动作：第 1～4 拍前交叉；第 5～8 拍后交叉。

（2）手的动作：第 1～4 拍双手向上伸直再恢复；第 5～7 拍双臂屈肘前后摆动 3 次；第 8 拍双手向正前方水平张开，手掌张开向下。

2. 第 2×8 拍

（1）脚的动作：第 5～8 拍并步。

（2）手的动作：第 1～4 拍双手向上伸直再恢复；第 5～6 拍右手向左 45° 方向抬起再恢复，左手叉腰；第 7～8 拍与前两拍动作相同，左右相反。

3. 第 3×8 拍

（1）脚的动作：第 1～4 拍向前做一字步；第 5～8 拍开合跳一次。

（2）手的动作：第 1～2 拍双臂屈肘画圈至体侧；第 3～4 拍向下画圈再举至胸前；第 5～6 拍双臂握拳，向上伸直；第 7～8 拍弯腰屈膝，双手放至膝盖。

4. 第 4×8 拍

（1）脚的动作：第 1～4 拍向后做一字步；第 5～8 拍开合跳两次。

（2）手的动作：第 1～2 拍放下双臂；第 3～4 拍双臂在胸前交叉握拳；第 5 拍双臂向上伸展；第 6 拍双臂在胸前交叉握拳；第 7 拍双臂向下伸展；第 8 拍双臂放回体侧。

5. 第 5～8 拍

与前 4 个 8 拍动作相同，左右相反。

（四）第四组合

1. 第 1×8 拍

（1）脚的动作：第 1～8 拍小马跳阶梯型跳向右边 45° 方向。

（2）手的动作：左右手在身前交替转圈。

2. 第 2×8 拍

（1）脚的动作：第 1～4 拍顺时针跑步半圈；第 5～6 拍半蹲；第 7～8 拍立正。

（2）手的动作：第 1～4 拍自然摆臂；第 5～6 拍撑着腿；第 7～8 拍拍掌两下。

3. 第 3×8 拍

（1）脚的动作：第 1 拍身体左侧，右脚向前踏步；第 2 拍左腿屈膝，身体前倾；第 3 拍放下左腿；第 4 拍右腿恢复，身体面向正前方；第 5～8 拍与第 1～4 拍动作相同，左右相反。

（2）手的动作：第 1 拍双臂在胸前握拳交叉；第 2 拍右臂向前伸直，手掌向上张开；第 3 拍胸前交叉；第 4 拍双臂放下；第 5～8 拍与第 1～4 拍动作相同，左右相反。

4. 第 4×8 拍

（1）脚的动作：第 1 拍右腿向右侧点地；第 2 拍右腿恢复；第 3～4 拍与第 1～2 拍动作相同，左右相反；第 5～7 拍右腿向前踏步；第 8 拍恢复。

（2）手的动作：第 1 拍右手握拳向左下方出拳，左手叉腰；第 2 拍双手叉腰；第 3～4 拍与第 1～2 拍动作相同，左右相反；第 5 拍双手握拳在胸前水平屈肘；第 6 拍身体向左侧，出拳；第 7 拍收拳；第 8 拍恢复。

5. 反方向教学

第 5～8 拍：与前 4 个 8 拍动作相同，左右相反。

（五）地上组合动作

前 4 拍动作：右脚向右侧迈开一步，比肩宽，左手前平举，花掌掌心向下，右手正上举，花掌掌心向前。第 3、4 拍左脚向右脚后交叉，微屈膝，两手经体侧两小臂胸前交叉，拳心向里。

1. 第 1×8 拍动作

第 1～2 拍右脚向右迈一步，重心由左脚依次移至右脚，左手叉腰，拳面向后。右手成拳依次向左侧下方屈肘再直臂冲拳，再向右侧下方从屈肘再直臂冲拳；第 3～4 拍身体转向 3 点方向，右脚在前成弓步，左脚在后伸直，两臂伸直支撑于地面；第 5～6 拍右脚向后方伸出；第 7～8 拍呈俯卧撑动作。

2. 第2×8拍

脚的动作：第1~2拍左、右脚依次微抬起点地，第3~8拍保持俯卧撑动作。

3. 第3×8拍

脚的动作：第1~2拍左、右脚依次屈膝下跪，成跪撑姿势，第3~8拍保持跪撑姿势。

4. 第4×8拍

脚的动作：第1~2拍左、右手依次屈肘贴地，第3~8拍保持此动作。

5. 第5×8拍

脚的动作：第1~2拍左、右腿依次撑起，两脚前脚掌着地，第3~8拍保持此动作。

6. 第6×8拍

脚的动作：第1~2拍腹部向下贴地，第3~4拍两手向前伸直，第5~8拍由右向左转体至背部、头部贴合地面，两手由前划至体侧，并掌，掌心贴地，两腿屈膝并腿。

7. 第7×8拍

脚的动作：第1拍头部，胸部微上抬约45°，左手体前竖屈；第2拍右手体前竖屈，两拳拳心相对；第3~4拍两手向前直臂伸出，并掌，掌心斜向下。第5~8拍头、胸部向下贴合地面，两手伸至正上举，掌心向上，再由外打开收至体侧，掌心贴地。

8. 第8×8拍、第9×8拍、第10×8拍同第7×8拍动作。

9. 第11×8拍

动作：第1~2拍右腿向前伸直，左腿屈膝抬起；第3~4拍左、右脚交换动作；第5~8拍身体、两腿直腿由左转体，身体贴合地面，两臂屈肘收回放于胸部两侧。

10. 第12×8拍

第1~2拍上体微抬起，两手直接保持屈肘动作抬起；第3~4拍转头看1点方向，右手向前直臂伸出，左手保持不变；第5~6拍右手收回屈肘于胸部旁；第7~8拍身体向下同第11×8拍的结束动作。

11. 第13×8拍

第1~2拍同第12×8拍的第1~2拍；第3~4拍左手向前伸出，转头看5点方向；第5~8拍同第12×8拍动作的第5~8拍动作。

第14×8拍动作同第12×8拍动作。

第15×8拍动作同第13×8拍动作。

12. 第16×8拍

第1~4拍两手伸直将身体撑起；第5~8拍身体右转右手支撑，身体侧向，面朝一点方向，两腿并拢，左手伸至正上举，开掌，掌心向前。

13. 第17×8拍

第1~2拍左手放下至支撑地面，左脚向前滑屈膝收回，身体由左向右转体成俯身动作，第5~8拍身体由右向左转体，右腿屈膝，左腿屈膝于右腿前，右手撑地，左手放至左腿膝盖上，同时用力将身体撑起站立。

结束造型：右脚向右侧迈一步，左脚屈膝前脚掌着地，右手并掌屈肘经胸前至侧上举，掌心斜向下。左手屈肘贴于腹部，掌心贴着右腹部。

第三节 健美操竞赛的规则要点

【教学目标】本节简要介绍了健美操的评分方法、评分要点、不安全动作、处罚等。

一、总则

（一）定义

健美操：在音乐伴奏下，以身体练习为基本手段、以有氧运动为基础，达到增进健康、塑造形体、改善气质、娱乐休闲目的的一项运动。

（二）目的

制定本规则的目标是保证全国大众健美操比赛评分的客观性、规范性和公正性。

（三）比赛内容

规定动作比赛《全国健美操大众锻炼标准》、自选动作比赛。

（四）年龄与分组

儿童组（小学生），12 岁以下；少年组（中学生），13～17 岁；青年组，18～34 岁；中年组，35～49 岁；老年组，50 岁以上。

（五）参赛人数

规定动作：每队 5 人，性别不限，或按比赛规程执行。自选动作：可分为个人、双人和集体项目等，性别按规程执行。

（六）出场顺序

比赛的出场顺序在赛前由组委会竞赛部指定中间人抽签确定。

（七）比赛场地与设备

（1）赛台高 80～100 厘米，比赛场地为 12 米 × 12 米的地板或地毯，有背景挡。

（2）有专业的放音设备和舞台灯光。

（3）裁判席设在比赛场地的正前方。

（八）成套动作时间

（1）规定动作：成套动作时间按《全国健美操大众锻炼标准》规定时间执行。

（2）自选动作：成套动作时间为 2 分～2 分 15 秒，计时从动作开始到动作结束。

（九）音乐伴奏

（1）规定动作音乐由主办单位提供《全国健美操大众锻炼标准》规定动作音乐并统一播放。

（2）自选动作音乐由参赛队自备，音乐必须录在磁带 A 面或光盘的开头，须备 2 份，其中 1 份报到后交放音组。

（3）自选动作音乐允许有 2 × 8 拍的前奏，音乐速度不限，比赛音乐必须是高质量的。

（十）比赛服装

（1）着健身服或运动式休闲服和运动鞋（旅游鞋式，不可穿球鞋、体操鞋等）。

（2）服装上可有亮片等装饰物，女选手可化淡妆；比赛时选手不得佩戴首饰。

（十一）裁判组组成

裁判组由 1 名裁判长、5～7 名裁判员、1 名总记录长、2～3 名记录员、1 名计时员（自选动作比赛）、1～2 名放音员、2～3 名检录员、1 名宣告员组成，也可根据比赛规模大小适当增减裁判人员。

（十二）评分方法

（1）采取公开示分的方法，成套动作满分为 10 分制，裁判员的评分精确到 0.1 分。

（2）裁判员的评分去掉 1～2 个最高分和最低分，中间 3 个分数的平均分即为得分，再减去裁判长减分即为最后得分。

（3）对比赛成绩和结果不接受申诉。

（十三）比赛成绩与奖励

（1）比赛成绩按比赛规程执行。

（2）奖项设置与奖励办法按比赛规程执行。

二、成套动作评分

（一）规定动作评分（10分制）

评分因素与分值：表演和团队精神4分，动作的完成6分，如表13-2所示。

表13-2 规定动作评分表

<table>
<tr><th rowspan="2">评分因素</th><th colspan="4">扣 分 表</th></tr>
<tr><th>内 容</th><th>一 般</th><th>较 差</th><th>不可接受</th></tr>
<tr><td rowspan="3">表演和团队精神4分</td><td>表现力与热情</td><td>0.1～0.2</td><td>0.3～0.4</td><td>0.5或更多</td></tr>
<tr><td>队形</td><td>0.1～0.2</td><td>0.3～0.4</td><td>0.5或更多</td></tr>
<tr><td>一致性（每次）</td><td>0.1</td><td>0.2</td><td>0.3</td></tr>
<tr><td rowspan="7">动作完成6分</td><td>动作的正确性</td><td>0.1～0.2</td><td>0.3～0.4</td><td>0.5或更多</td></tr>
<tr><td>动作不熟练、漏做动作</td><td>0.1～0.2</td><td>0.3～0.4</td><td>0.5或更多</td></tr>
<tr><td>身体的协调性</td><td>0.1～0.2</td><td>0.3～0.4</td><td>0.5或更多</td></tr>
<tr><td>动作连接</td><td>0.1～0.2</td><td>0.3～0.4</td><td>0.5或更多</td></tr>
<tr><td>改变动作或附加动作</td><td>0.1～0.2</td><td>0.3～0.4</td><td>0.5或更多</td></tr>
<tr><td>动作充分表现音乐的情绪</td><td>0.1～0.2</td><td>0.3～0.4</td><td>0.5或更多</td></tr>
<tr><td>动作和音乐节奏配合准确</td><td>0.1～0.2</td><td>0.3～0.4</td><td>0.5或更多</td></tr>
</table>

（二）自选动作评分（10分制）

评分因素与分值：集体/个人动作设计3分/4分，动作完成4分/4分，表演和团队精神3分/2分，如表13-3所示。

表13-3 自选动作评分表

<table>
<tr><th colspan="2" rowspan="2">评分因素</th><th colspan="4">扣 分 表</th></tr>
<tr><th>内 容</th><th>一 般</th><th>较 差</th><th>不可接受</th></tr>
<tr><td colspan="2" rowspan="8">动作设计集体
3分/个人4分</td><td>主题健康、充满活力</td><td>0.1～0.2</td><td>0.3～0.4</td><td>0.5或更多</td></tr>
<tr><td>风格突出、富有创意</td><td>0.1～0.2</td><td>0.3～0.4</td><td>0.5或更多</td></tr>
<tr><td>动作类型丰富，动作的转换自然流畅</td><td>0.1～0.2</td><td>0.3～0.4</td><td>0.5或更多</td></tr>
<tr><td>服饰选择美观协调</td><td>0.1～0.2</td><td>0.3～0.4</td><td>0.5或更多</td></tr>
<tr><td>音乐的选择与动作风格相一致并配合协调，录音质量高、清晰</td><td>0.1～0.2</td><td>0.3～0.4</td><td>0.5或更多</td></tr>
<tr><td>充分利用场地和空间</td><td>0.1～0.2</td><td>0.3～0.4</td><td>0.5或更多</td></tr>
<tr><td>安全性</td><td>0.1～0.2</td><td>0.3～0.4</td><td>0.5或更多</td></tr>
<tr><td>每出现一个不安全动作</td><td>扣0.2</td><td></td><td></td></tr>
<tr><td colspan="2" rowspan="4">动作完成集体
4分/个人4分</td><td>动作完成轻松、准确、流畅</td><td>0.1～0.2</td><td>0.3～0.4</td><td>0.5或更多</td></tr>
<tr><td>动作完成能体现所选择主题的风格和特点</td><td>0.1～0.2</td><td>0.3～0.4</td><td>0.5或更多</td></tr>
<tr><td>动作与音乐须协调一致</td><td>0.1～0.2</td><td>0.3～0.4</td><td>0.5或更多</td></tr>
<tr><td>基本姿态和技术正确，动作优美</td><td>0.1～0.2</td><td>0.3～0.4</td><td>0.5或更多</td></tr>
<tr><td rowspan="4">集体</td><td rowspan="4">表演和团队精神3分</td><td>表现力与热情</td><td>0.1～0.2</td><td>0.3～0.4</td><td>0.5或更多</td></tr>
<tr><td>队形</td><td>0.1～0.2</td><td>0.3～0.4</td><td>0.5或更多</td></tr>
<tr><td>一致性（每次）</td><td>0.1</td><td>0.2</td><td>0.3</td></tr>
<tr><td>表现力与热情</td><td>扣至0.3</td><td>0.4～0.5</td><td>0.6或更多</td></tr>
<tr><td colspan="2">个人/表演2分</td><td>表现力与热情</td><td>扣至0.3</td><td>0.4～0.5</td><td>0.6或更多</td></tr>
</table>

（三）裁判长减分

裁判长对比赛的过程进行组织和监控，并对下列情况进行减分，每项均减 0.2 分：被叫到后 20 秒内未出场；参赛人数不符合规定；成套时间不足或超过；着装不符合规定；比赛时掉物或装束散落。

三、不安全动作

（一）不安全动作

各种竞技体操和技巧运动的翻转和抛接动作；过度背弓；无支撑体前屈；仰卧翻臀；头绕环和过度头后仰；膝转；足尖起；仰卧直腿起坐、仰卧直腿举腿、仰卧两头起；臀部低于膝关节的深蹲；高难度的托举动作。

（二）关于难度动作

在成套动作中不鼓励出现竞技健美操中的难度动作，如出现类似的动作，将不予加分，并对出现的错误动作进行减分。

四、纪律与处罚

（一）裁判员纪律与处罚

严格按照国家体育总局关于全国体育竞赛裁判纪律有关规定执行。

（二）赛者纪律与处罚

（1）裁判示意后 1 分钟未出场者，取消比赛资格。

（2）拒绝领奖者取消所有成绩与名次。

（3）检录三次未到者取消该项比赛资格。

（4）对不遵守大会其他纪律、不尊重裁判员和大会工作人员、有意干扰比赛者将视情况给予以下处罚：警告；取消比赛资格；取消健美操等级指导员资格；终身取消比赛资格。

五、特殊情况处理

运动员在遇到以下特殊情况时，应立即停止做动作并向裁判长反映，在问题解决后重做，在成套动作结束后提出的要求将不被接受：播放错音乐；由于音响设备而出现的音乐问题；由于设备问题而出现的干扰——灯光、舞台、会场。

思　考　题

1. 怎样提高健美操的锻炼水平？
2. 健美操的基本动作有哪些？
3. 通过本章的学习，谈谈自己对健美操的认识。

第14章

武术

【重点提示】本章介绍了武术的起源和分类；概述了武术的基本功和基本动作；讲解了二十四式太极拳的动作要领；探讨了女子防身术的基本原则和基本技术。

第一节　武术简介

【教学目标】本节要求了解武术的起源和分类。

一、武术的渊源

武术（Martial Arts）是以技击动作为主要内容，以套路和格斗为运动形式，注重内外兼修，增强体质、培养意志的中华传统体育项目。

武术萌芽于祖先与野兽的搏斗。随着部落战争的烽火，攻防格斗技术不断积累。自卫本能的升华、猎取食物的需求和实战技术的积累为武术发展奠定了基础。青铜兵器的使用，战车、机弩的发明，刀剑钩钺戟的出现，武器向多样化发展，使得武术的技击性进一步突出。从单纯的军事技术到带有健身色彩的民间体育运动，从相击形式的搏斗到舞练形式的演练，从单练、对练到套路，武术的内容不断充实。

狭义的武术特指中华武术，它是中华民族的宝贵遗产，以中国传统文化为基础。在其源远流长的发展过程中，摄养生之精髓，集技击之大成，攻防自卫，养身健体，具有“内外合一”“神形兼备”“尚武崇德”的特点。中国武术历史悠久，受到了古代道家、儒家、释家等诸家思想的影响，得到了传统医学、杰出兵法、哲学思辨等理论的熏陶，以阴阳五行学说为基础，形成了独特的武学文化，既包括讲礼守信、尊师重道、行侠仗义的道德标准，又富含博大精深、攻防兼备的动作套路。

我国武术代表团曾多次出访，以精湛的技艺和表演在众多国家和地区引起强烈反响，“武术热”风靡全球。1990 年国际武术联合会（简称国际武联）在北京成立，1994 年该组织被国际单项体育联合会接纳为会员，2002 年其在国际奥委会第 113 次全会上被正式承认。1990 年第十一届亚运会，武术便被列为正式比赛项目，2008 年第二十九届奥运会将武术作为特别竞赛项目。原国际奥委会主席萨马兰奇先生指出：作为中国传统体育项目之一的武术现已超越国界，许多国家成千上万的爱好者聚集一起，他们相互交流，探讨武术的体育价值及道德观念，以教育年轻人。现任国际奥委会主席罗格先生曾明确表示：欢迎武术进入奥林匹克大家庭。

二、武术的分类

我国武术运动根深叶茂，流派众多。战国时代的《司马法》中记有“长兵”“短兵”的分法。戚继光在《纪效新书》中介绍拳技时则使用了打、踢、跌、拿四种技法的概念。清初黄宗羡又提出了内家拳、外家拳的分类概念。此外，民间还流传着“南拳”“北腿”的说法。

（一）按运动形式分类

1. 功法运动

功法运动是以单个武术动作作为主体进行练习，以达到增强专项体能或健体目的的运动。其包括内功（内养功）、外功（外壮功）、轻功（弹跳）、硬功（击打和抗击打）等，既是套路运动和搏斗运动的基础，又是极好的锻炼方法。例如，习混元桩可以调心、调身、调息，站马步桩可以增强腿力等。

2. 套路运动

套路运动是指以踢、打、摔、拿、击、刺等技击动作为主要内容，以攻守进退、动静疾徐、刚柔虚实等矛盾运动的变化规律编成的整套练习形式。按其练习形式可分为单练、对练、集体表演三种类型。

单练是指单人练习的套路运动，包括徒手拳术与器械。徒手拳术种类众多，有长拳、南拳、太极拳、形意拳、八卦拳、通背拳、劈挂拳等。器械又可分为短器械、长器械、双器械和软器械四种。短器械主要有刀、剑等；长器械主要有棍、枪等；双器械主要有双刀、双剑、双钩、双枪、双鞭等；软器械主要有三节棍、九节鞭、流星锤等。

对练是由两人或两人以上，在预定条件下进行的假设性攻防练习套路，其包括徒手对练、器械对练、徒手与器械对练等。

集体演练指 6 人或 6 人以上徒手或持器械同时进行练习的演练形式，有一定的集体造型和队形变化，可有音乐伴奏。

3. 搏斗运动

搏斗运动，是两人在一定条件下，按照一定的规则，运用相应的攻防技法，斗智、斗勇、较技、较力的对抗性练习形式，如散打、推手、短兵等。

（二）按依附地域分类

传统的武术流派往往是依托不同的山川名胜而自然形成的，并传承至今，如少林派（嵩山）、武当派、峨眉派、青城派、华山派、崆峒派、天山派等。

（三）按二分法分类

按技术、技击风格的不同，兴盛地域的差异等，民间多以二分法，通过比较对武术进行分类，如南拳与北腿、长拳与短打、内家拳与外家拳等。

第二节 武术基础

【教学目标】了解掌握武术的基本功和基本动作。

一、武术的基本功

武术的基本功是发展某项专门素质的基础功法。它能有效地提高关节的伸展性和灵活性，增强韧带的柔韧性和肌肉的力量，既是武术入门必不可缺的基础功夫，又是提高体能和武术技能的必要手段。

按人体的身体部位可划分为：肩臂功、腿功、腰功和桩功。

（一）肩臂功

肩臂功，主要是加大肩关节的活动范围并增进其韧带的柔韧性，发展肩臂部肌肉力量，提高上肢运动的伸展、敏捷、松长、转环等能力。

练习方法主要有压肩、吊肩、转肩、绕肩等。

（1）压肩。如图 14-1 所示，开步（两脚平行，左右站立）站立，与肩同宽或稍宽，上体前俯，手握肋木，下振压肩。也可两人面对面站立，互相扶按肩部，做体前屈振动压肩动作。要点：挺胸、塌腰、收髋，两臂、两腿伸直；振幅逐步加大，压点集中于肩部。

（2）吊肩。如图 14-2 所示，并步（两脚内侧相靠）站立，背对肋木，两手反臂抓握，然后下蹲，两臂拉直或悬空吊起。要点：两臂伸直，肩部放松。

（3）转肩。如图 14-3 所示，开步站立，两手正握棍于体前。以肩关节为轴，两臂伸直上举经头顶绕至体后，再从体后向上绕至体前。要点：两臂始终伸直；两手握棍距离应由宽到窄，一般与肩同宽。

（4）绕肩。单臂绕环，成左弓步姿势，左手按于左膝上（也可两脚开立，左手叉腰），右臂上举，由上向后、向下、向前环绕，为后绕环（见图 14-4）；右臂由上向前、向下、向后环绕，为前绕环。左右臂交替练习。要点：臂要伸直，肩应放松，贴身划立圆，逐渐加速。

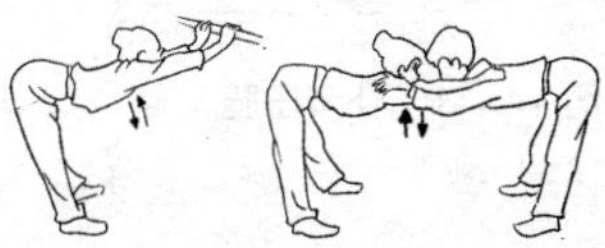
图 14–1　压肩

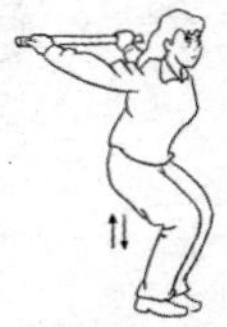
图 14–2　吊肩

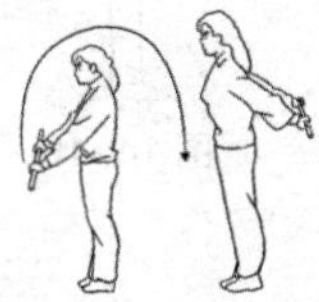
图 14–3　转肩

图 14–4　绕肩

双臂绕环有三种，三种都要两脚开立，与肩同宽。① 前后绕环，如图 14-5 所示，两臂垂于体侧，依次由下向前、向上、向后做绕环。数次后，再做反方向的绕环。② 左右绕环，如图 14-6 所示，左右两臂同时向右、向上、向左、向下绕环。数次后，再做反方向绕环。③ 交叉绕环，如图 14-7 所示，两臂直臂上举，左臂前绕环，同时右臂后绕环。数次后，再做反方向绕环。要点：松肩、探臂，划立圆绕环。

图 14–5　前后绕环

图 14–6　左右绕环

（二）腿功

腿功主要是拉长腿部的肌肉和韧带，加大髋关节和膝关节的活动范围，发展腿部的柔韧性、灵活性、协调性和力量等素质。练习方法主要有压腿、搬腿、劈腿等。

1. 压腿

（1）正压腿。如图 14-8 所示，右腿直立支撑，将左脚跟放在与髋同高或稍高的肋木上，脚尖勾紧，两手扶按在膝关节上（或双手抱脚），立腰、收髋、挺膝，上体前屈，向前、向下做压振动作。左右腿交替练习。要点：逐渐加大振幅，先以前额、鼻尖触及脚尖，然后过渡到下颌触及脚尖，以提高腿的柔韧性。

（2）侧压腿。如图 14-9 所示，身体侧对肋木，右腿伸直支撑，脚尖外展。左脚跟放在肋木上，脚尖勾紧，右臂上举，左掌附于右胸前，立腰、展髋，上体向左侧压振。左右腿交替练习。要点：逐步加大振幅，直到右手握左脚掌、上体侧卧在左腿上。

图 14–7　交叉绕环

图 14–8　正压腿

（3）后压腿。如图 14-10 所示，背对肋木，右腿支撑，左脚背放在肋木上，脚面绷直，上体后仰做压振动作。左右腿交替练习。要点：挺胸、展髋、腰后屈。

（4）仆步压腿。如图 14-11 所示，右腿屈膝全蹲，左腿挺膝伸直，脚尖里扣。两脚全脚掌着地，两手分别抓握两脚外侧，成仆步向下压振。左右腿交替练习。要点：挺胸、塌腰、沉髋，左右移动不宜过快，臀部尽量贴近地面。

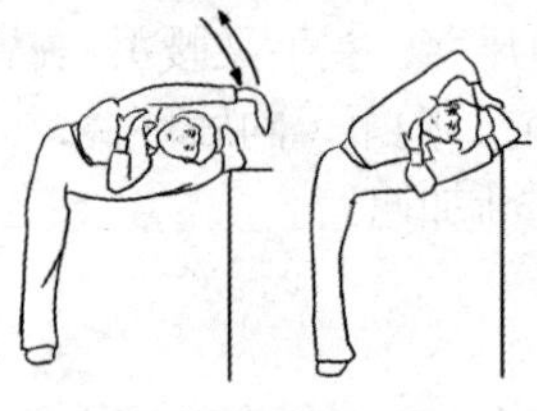
图 14–9　侧压腿

图 14–10　后压腿

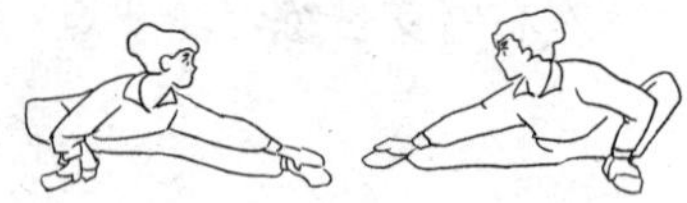
图 14–11　仆步压腿

2. 搬腿

（1）正搬腿：如图 14-12 所示，右腿直立与上体保持正直，左腿屈膝提起，右手托握左脚外侧，左手抱膝。然后，左腿挺膝向前上方举起，脚尖勾紧。也可由同伴托住脚跟上搬。左右腿交替练习。要点：挺胸、立腰、收髋；上搬高度应由低到高。

（2）侧搬腿，如图 14-13 所示，左腿直立与上体保持正直，右腿屈膝提起，右手经小腿内侧托住脚跟，然后将右腿向右上方搬起，左臂上举亮掌。也可由同伴托住脚跟向侧上搬腿。左右腿交替练习。要点：挺胸、立腰，髋关节放松。

（3）后搬腿，如图 14-14 所示，手扶一定高度的物体或肋木，左腿支撑，由同伴托起右腿从身后向上搬举，挺膝，脚尖绷直，上体后屈。左右腿交替练习。要点：挺胸、塌腰、髋放正、腰后屈。

3. 劈腿

（1）竖叉。如图 14-15 所示，两臂侧平举或扶地，两腿前后分开呈一直线。左腿后侧着地，脚尖勾起，右腿内侧或前侧着地。要点：挺胸、立腰、沉髋、挺膝。

图 14–12　正搬腿

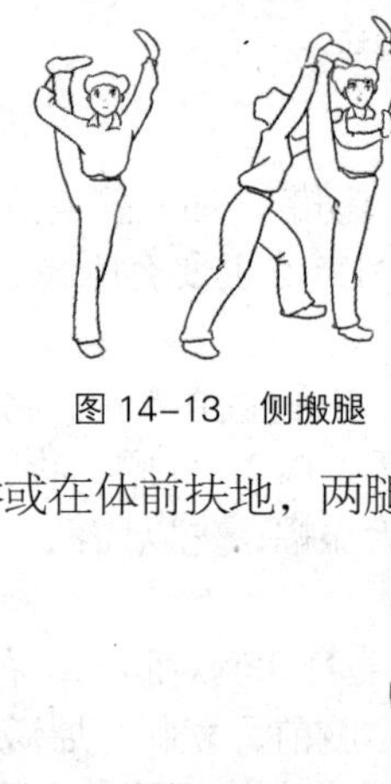
图 14–13　侧搬腿

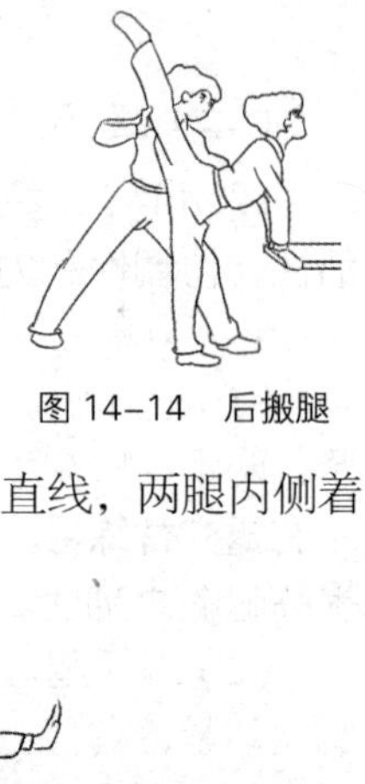
图 14–14　后搬腿

（2）横叉。如图 14-16 所示，两臂侧平举或在体前扶地，两腿左右分开呈一直线，两腿内侧着地。要点：挺胸、立腰、展髋、挺膝。

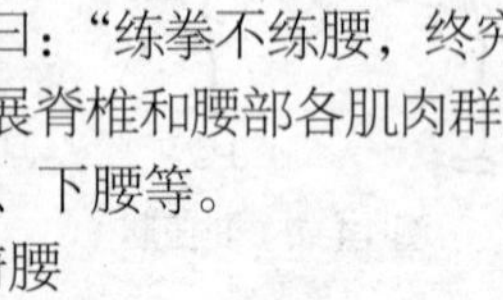
图 14–15　竖叉

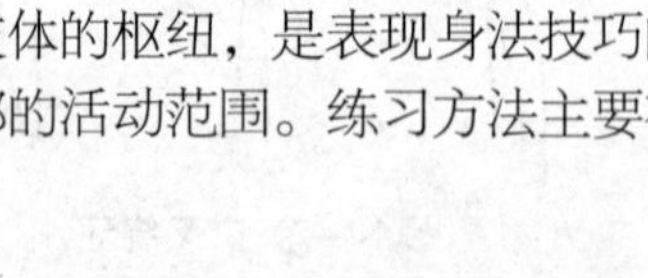
图 14–16　横叉

（三）腰功

俗语曰："练拳不练腰，终究艺不高。"腰是贯通上下肢体的枢纽，是表现身法技巧的关键。腰功主要发展脊椎和腰部各肌肉群的柔韧性和弹性，加大腰部的活动范围。练习方法主要有俯腰、甩腰、涮腰、下腰等。

1. 俯腰

（1）前俯腰。如图 14-17 所示，并步站立，两手手指交叉，直臂上举，掌心朝上。上体前俯，两掌心尽量贴地。也可两手分别抱住两脚跟腱部位，头贴近腿部，持续一定时间后再站立，如图 14-18 所示。要点：两腿挺膝伸直，挺胸、塌腰、收髋，尽力向前折体。

（2）侧俯腰。如图 14-19 所示，基本同前俯腰，但两手手指交叉在脚外侧触地，向左或向右转体。要点：两腿挺膝伸直，两脚不可移动，上体尽量下屈。

图 14-17　前俯腰 1

图 14-18　前俯腰 2

图 14-19　侧俯腰

2. 甩腰

如图 14-20 所示，开步站立，两腿挺膝伸直，两臂上举。以腰、髋关节为轴，上体做前后屈的甩动动作，两臂也随之摆动。要点：快速、紧凑而有弹性。

3. 涮腰

如图 14-21 所示，两脚开立，略宽于肩，上体前俯，两臂向左前下方伸出。然后以髋关节为轴，向前、向右、向后、向左翻转绕环一周。左右交替练习。要点：尽量增大绕环幅度。

4. 下腰

如图 14-22 所示，两脚开立，与肩同宽，两臂伸直上举。腰向后屈，抬头、挺胸、顶腰，两手撑地呈桥形。要点：挺膝、挺髋、挺胸、腰向上顶，桥弓要大；脚跟不可离地。

图 14-20　甩腰

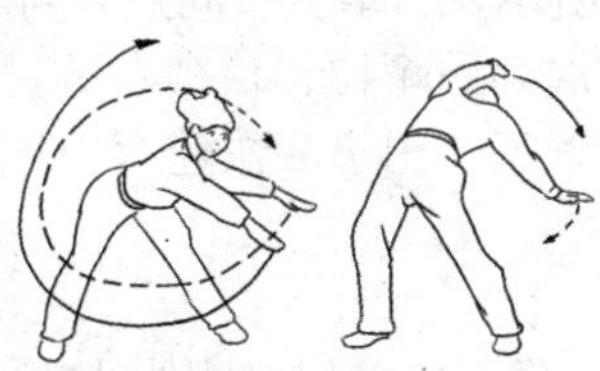

图 14-21　涮腰

图 14-22　下腰

（四）桩功

桩功是以静站的方式锻炼气息、修养意念、增强力量并形成动作动力定型的锻炼方法。通过桩功练习能增加并稳固下肢力量，使内劲饱满，气血畅活，达到壮内强外的效果。练习方法主要有马步桩、虚步桩、混元桩（升降桩和开合桩）等。

知识窗

武术的最高境界是什么？

回顾 2 000 多年的中国历史，武术的渊源同中国的文化同样有很深的根基。纵观历史，中国各派武术的创始人，都是从实战的技击中领悟到与自身条件相符合的实战结构，并发展成个人优势，形成相得益彰的一种形态，所以后人仅单一地去模仿是不能成大家风范的。近代如李小龙学习中国咏春拳、西洋拳击、法国踢腿术、泰拳、空手道于一身，招法显现都有迹可循。他的灵活多变糅多种技法于一身的搏击方法至今仍无可比拟，所以被各国技击界称之为现代“技击之王”。古代有张三丰、董海川等。武术的最高境界就是“学习技法，而又抛弃技法，学习功法，而活用功法，练一技，修百艺，而成于自然”。

二、武术的基本动作

武术运动讲究心、神、意、气和手、眼、身、步的配合与统一，利关节、强筋骨、壮体魄、理脏腑、通经脉、调精神，使身心得到全面发展。武术的基本动作是指武术各项目中基础的、简单的、典型的、不可缺少的动作，主要包括手型、步型、手法、步法、腿法、平衡和跳跃动作等。

（一）手型

（1）拳。四指并拢卷握，拇指紧扣食指和中指的第二指节。拳眼朝上为立拳（见图 14-23），拳心朝下为平拳。要点：拳握紧，拳面平，直腕。

（2）掌。四指并拢伸直，拇指弯曲紧扣于虎口处。手腕伸直为直掌，掌指朝上为立掌（见图 14-24）。要点：竖指并拢，掌心展开。

（3）勾。如图 14-25 所示，五指第一指节捏拢在一起，腕屈紧。要点：五指指尖齐平，腕屈紧。

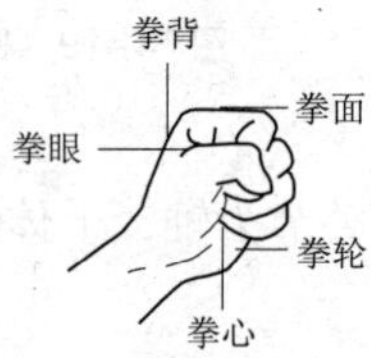

图 14–23　拳

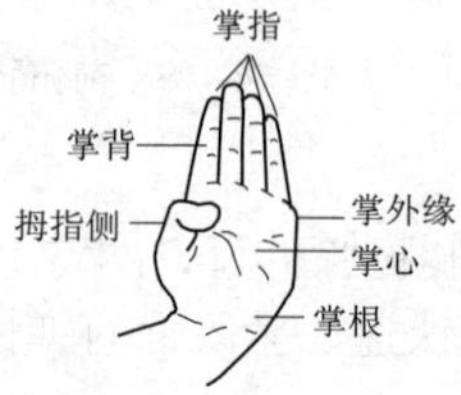

图 14–24　掌

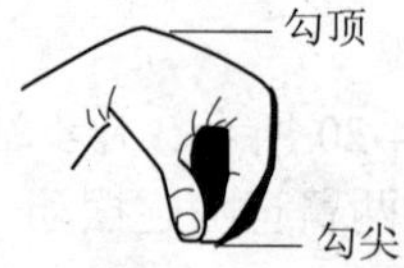

图 14–25　勾

（二）手法

1. 冲拳

预备姿势：如图 14-26（a）所示，开步站立，与肩同宽；两手握拳分别抱于腰侧，拳心向上，肘尖向后；目视前方。

动作说明：如图 14-26（b）所示，右拳从腰间猛力向前冲出，肘关节过腰后，前臂内旋，力达拳面，臂伸直高与肩平；同时左肘向后牵拉；目视右拳。左右臂交替练习。

要点：挺胸、收腹、拧腰、顺肩，出拳应快速有力且有寸劲（即爆发力）。

2. 推掌

预备姿势和要点同冲拳。

动作说明：如图 14-27 所示，拳变掌，以掌跟为力点立掌（翘掌、沉腕）推出，力达掌外沿。

3. 亮掌

预备姿势同冲拳。

动作说明：如图 14-28 所示，右拳变掌，由腰间经体侧向右、向上划弧至头部右上方，肘微屈，抖腕翻掌；同时头向左转，目视左方。

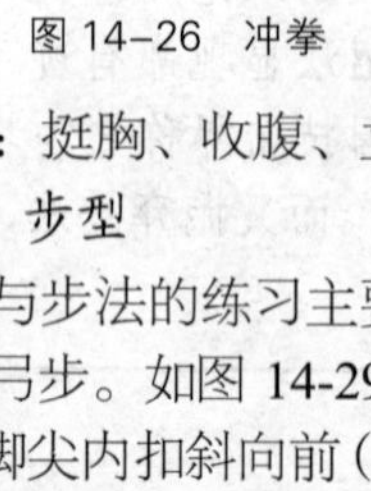

图 14–26　冲拳

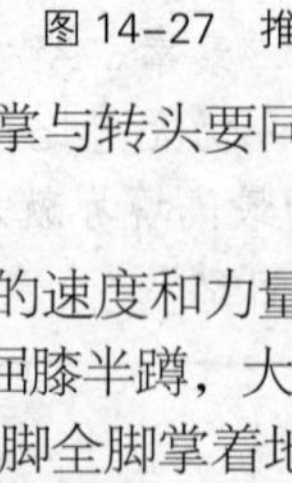
图 14–27　推掌

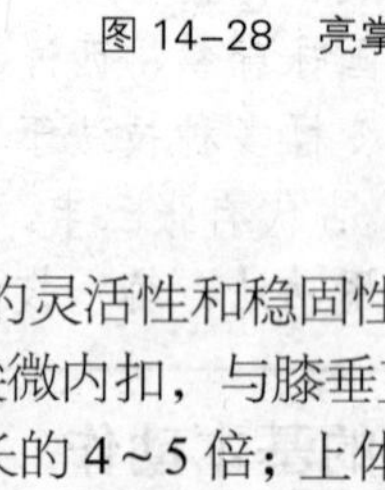
图 14–28　亮掌

要点：挺胸、收腹、立腰，抖腕翻掌与转头要同时完成。

（三）步型

步型与步法的练习主要是增进腿部的速度和力量，提高两腿移动的灵活性和稳固性。

（1）弓步。如图 14-29 所示，前腿屈膝半蹲，大腿接近水平，脚尖微内扣，与膝垂直；后腿挺膝伸直，脚尖内扣斜向前（约 45 度）；两脚全脚掌着地，间距为本人脚长的 4～5 倍；上体正对前方，两手抱拳于腰间，平视前方。弓左腿为左弓步，弓右腿为右弓步。要点：前腿弓，后腿绷；挺胸、塌腰、沉髋。

（2）马步。如图 14-30 所示，开步站立，两脚间距约为本人脚长 3 倍，脚尖正对前方；屈膝半蹲，大腿接近水平，膝关节不超过脚尖；两手抱拳于腰间，目视前方。要点：挺胸、塌腰、直背，膝微内扣，脚跟外蹬。

（3）虚步。如图 14-31 所示，两脚前后开立，后腿屈膝半蹲，大腿接近水平，脚尖外展约 45°，全脚着地；前腿微屈，脚尖前伸虚点地面，脚面绷平并稍内扣；重心落于后腿，目视前方。左脚在前为左虚步，右脚在前为右虚步。要点：挺胸、塌腰、虚实分明。

（4）仆步。如图 14-32 所示，两脚左右开立，间距约为本人脚长的 4 倍；一腿屈膝全蹲，大小腿紧靠，臀部接近小腿，脚和膝稍外展；另一腿挺直平仆接近地面，脚尖内扣；两脚全脚掌着地，两手抱拳于腰间，眼向仆出腿一方平视。仆左腿为左仆步，仆右腿为右仆步。要点：挺胸、塌腰、沉髋。

图 14-29　弓步

图 14-30　马步

图 14-31　虚步

（5）歇步。如图 14-33 所示，两腿交叉靠拢，屈膝全蹲，前脚全脚掌着地，脚尖外展；后脚脚跟离地，膝部贴近前腿外侧，臀部坐于后小腿接近脚跟处；两手抱拳于腰间，眼向前腿一方平视。左脚在前是左歇步，右脚在前为右歇步。

要点：挺胸、塌腰、两腿靠拢并贴紧。

（6）丁步。如图 14-34 所示，两腿并拢半蹲，一脚全脚掌着地支撑（重心落于此腿）；另一脚脚面绷直，脚尖内扣并虚点地面，靠于支撑脚脚弓处；两手抱拳于腰间，目视前方。左脚尖点地为左丁步，右脚尖点地为右丁步。要点：挺胸、塌腰、虚实分明。

图 14-32　仆步

图 14-33　歇步

图 14-34　丁步

（四）步法

1. 击步

预备姿势：两脚前后开立，同肩宽，两手叉腰。

动作说明：如图 14-35 所示，上体略前倾，前脚蹬地前纵，后脚提起在空中向前碰击前脚跟；两脚依次落地，后脚先落，前脚后落；目视前方。

要点：腾空时，上体保持正直并侧对前方。

2. 弧形步

预备姿势同击步的预备姿势相同。

动作说明：如图 14-36 所示，两腿略屈半蹲，沿弧形路线迅速连续行步，脚跟先着地并迅速过渡到全脚掌，步幅略比肩宽，目视前方。向左跨为左弧形步（或左环绕步），向右跨步为右弧形步（右环绕步）。

要点：挺胸、塌腰；身体重心要平稳；注意转腰。

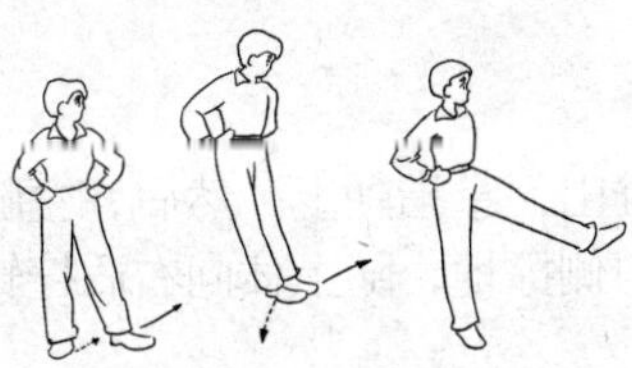

图 14-35　击步

图 14-36　弧形步

（五）腿法

1. 正踢腿

预备姿势：并步站立，臂侧平举，立掌，目视前方。

动作说明：如图 14-37 所示，左脚向前上半步，左腿伸直支撑，右腿挺膝，脚尖勾起向前额处快速踢起；上体正直，目视前方。左右腿交替练习。

要点：收腹、挺胸、立腰；踢腿过腰后加速；踢腿时脚尖勾起绷落或勾起勾落。

2. 斜踢腿

预备姿势和要点同正踢腿。

动作说明：如图 14-38 所示，一腿向异侧耳际踢起。

3. 侧踢腿

预备姿势同正踢腿。

动作说明：如图 14-39 所示，右脚向前上半步，脚尖外展；左脚跟稍提起，身体略右转，左臂前伸，右臂后举。随即左腿挺膝，勾脚向左耳侧踢起；同时右臂上举亮掌，左臂屈肘立掌于右肩前。踢左腿为左侧踢，踢右腿为右侧踢。

图 14-37 正踢腿

图 14-38 斜踢腿

图 14-39 侧踢腿

要点：挺胸、立腰、开髋、侧身、猛收腹。

4. 外摆腿

预备姿势同正踢腿。

动作说明：如图 14-40 所示，右脚上步支撑，左脚脚尖勾紧向右侧上方踢起，经面前向左侧上方摆动，而后直腿下落，还原成预备姿势。左掌可在左侧上方迎击左脚脚面。左右腿交替练习。

要点：挺胸、立腰、收腹、展髋，摆腿呈扇形，幅度要大。

5. 里合腿

预备姿势同正踢腿。

动作说明：如图 14-41 所示，左脚向左上方踢起，经面前向右侧上方直腿摆动。

要点：挺胸、立腰、合髋，腿呈扇形里合，幅度要大。

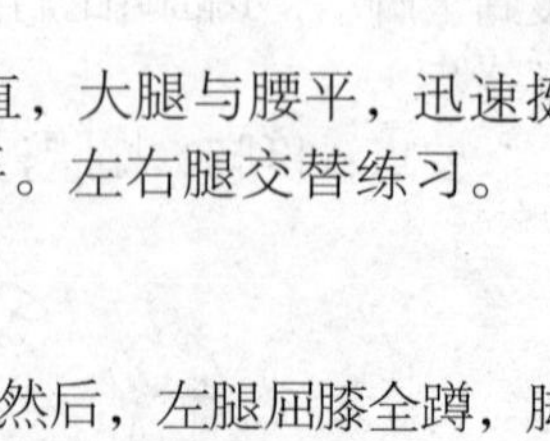

图 14-40 外摆腿

6. 弹腿

预备姿势：并步站立，两手抱拳于腰间，目视前方。

动作说明：如图 14-42 所示，左腿支撑，右腿屈膝提起，右脚绷直，大腿与腰平，迅速挺膝，小腿猛力向前弹击，力达脚尖。大腿与小腿呈一直线，高与腰平。左右腿交替练习。

要点：挺胸、直腰、收髋，脚面绷平，弹踢有力。

7. 后扫腿

如图 14-43 所示，成左弓步，同时两掌从腰侧向前推出，掌指朝上。然后，左腿屈膝全蹲，脚尖内扣，呈右仆步，同时上体右转并前俯，两掌在右腿内侧撑地，随上体向右后拧转的惯性力量，以左前掌为轴，右脚贴地向后扫转一周。

要点：转体、俯身、撑地，扫转要连贯协调，一气呵成。

图 14-41　里合腿

图 14-42　弹腿

图 14-43　后扫腿

（六）平衡

平衡练习的主要作用是增加腰、髋的柔韧性和肌肉的控制力量。

1. 提膝平衡

如图 14-44 所示，右腿伸直支撑，左腿屈膝高提过腰，脚面绷直，垂扣于右腿前侧。右臂上举于头上亮掌，左手反臂后举成勾手。两眼向左平视。

要点：挺胸、立腰、收腹；平衡站稳，提膝近胸，脚内扣。

2. 燕式平衡

如图 14-45 所示，左腿支撑站稳，右腿屈膝提起，两掌在身前交叉，掌心向内。然后，两掌向两侧直臂分开平举，上体前俯，略高于水平，脚面绷平向后上蹬伸，至高于头顶水平部位。

图 14-44　提膝平衡

图 14-45　燕式平衡

要点：两腿伸直；挺胸、抬头、腰后屈。

（七）跳跃

跳跃是指蹬地跳起，身体腾空时完成各种手法、腿法等动作。它能增强腿部力量，并提高弹跳能力。

1. 腾空飞脚

预备姿势：并步站立，两臂垂于体侧，目视前方。

动作说明：上体稍后仰；右脚向前迈步，以脚跟着地，蹬地跃起；左腿随之向前、向上踢摆；同时，两臂向头上摆起，右掌背碰击左掌心；双眼平视前方（见图 14-46（a）、图 14-46（b））。身体向上腾起；右腿挺膝向前上方弹踢，脚面绷平过腰，右掌迎击右脚面；同时左腿屈膝收控于右腿侧，脚面绷直，脚尖向下，左掌直臂摆至头部左上方，变勾手，手尖向下，略高于肩；上体微前倾，目视右脚（见图 14-46（c））。左右脚依次落地，以前脚掌先着地，然后过渡到全脚，随之屈膝加以缓冲。

2. 旋风脚

预备姿势：高虚步亮掌站立。

开步站立，两臂垂于体侧，目视前方。右臂向前上方弧形摆掌，掌心向斜上方；同时左臂屈肘，左掌收于左腰侧，掌心向下；上体微左转，目随右掌（见图 14-47（a）、图 14-47（b））。右掌经体前向左、向下、向右、向头上抖腕亮掌，掌心向上，掌指朝左；同时左掌从右臂内穿出，经胸前向上，向左摆至左侧，掌指朝上，高于肩。在右臂抖腕亮掌的同时，头部左转，两眼转视左侧，左脚收于体前，脚尖虚点地面，呈高虚步（见图 14-47（c））。

(a)　(b)　(c)
图 14–46　腾空飞脚

(a)　(b)　(c)
图 14–47　高虚步亮掌站立

动作说明：左脚左上步，同时左掌向前、向上摆起，右臂伸直向后、向下摆动（见图 14-48（a））。右脚随即上步，脚尖内扣，左臂随之向下摆动并屈肘收至右胸前。左臂向上、向前抡摆，上体向左旋转前俯（见图 14-48（b））。重心右移，右腿屈膝蹬地跳起，左腿提起向左上方摆动。上体向左上方翻转，同时两臂向下、向左上方抡摆。身体旋转一周（不少于 270 度），右腿挺膝里合，左手在面前迎击右脚掌，左腿舒展外摆自然下垂，并在击响的刹那间离地（见图 14-48（c）、图 14-48（d））。当腾空动作较熟练后，左腿应逐步高摆，屈膝或直腿收控于身体左侧。

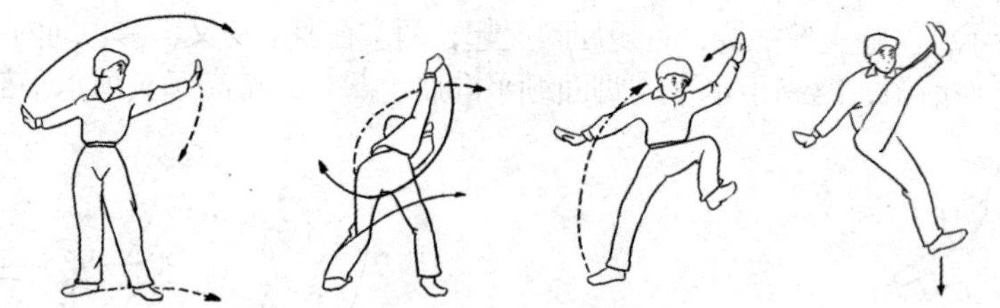
(a)　(b)　(c)　(d)
图 14–48　旋风脚关键动作

3. 腾空摆莲

预备姿势：高虚步挑掌站立。

如图 14-49 所示，并步站立，右脚后撤一大步，同时右臂向前、向上挑掌，左臂后摆至体后。重心后移，左脚回收至身前虚点地面，呈高虚步；同时右臂向上、向后、向下、向前环绕一周于身前挑掌，左臂向前、向上、向后绕环抡摆至身后，两臂与肩齐平，两掌掌指朝上；挺胸、直腰、顺肩，目视前方。

图 14–49　高虚步挑掌站立

动作说明：弧形步上跳。左脚向前进半步（见图 14-50（a）），右脚随之向前进一大步，脚尖外展，屈膝微蹲。同时右掌弧形回收至腰间，左臂由后经上摆至头前上方（见图 14-50（b））。右腿蹬伸上跳，左脚屈膝提起收扣于身前，身体腾空。同时右臂经左臂内侧向上沿弧形斜上举，左臂顺势摆向身后，头部左转，右肩前顺（见图 14-50（c））。右脚落地，左脚随之在身前落步，右脚再进一步，脚尖外展；身体右转，同时右臂顺势下落，左臂前摆（见图 14-50（d）、图 14-50（e））。

重心前移至右腿，右脚蹬地跳起，同时左腿向右上方里合踢摆，两手上摆于头上击响，上体向右旋转，身体腾空（见图 14-51（a））。右腿上踢外摆呈扇形，两手先左后右依次拍击右脚面，左腿屈膝收控于右腿侧。上体微前倾，两眼随视两手（见图 14-51（b））。空中击响时，左腿充分伸直分开摆动控于体侧（见图 14-51（c））。

(a) (b) (c) (d) (e)

图 14-50 腾空摆莲关键动作 1

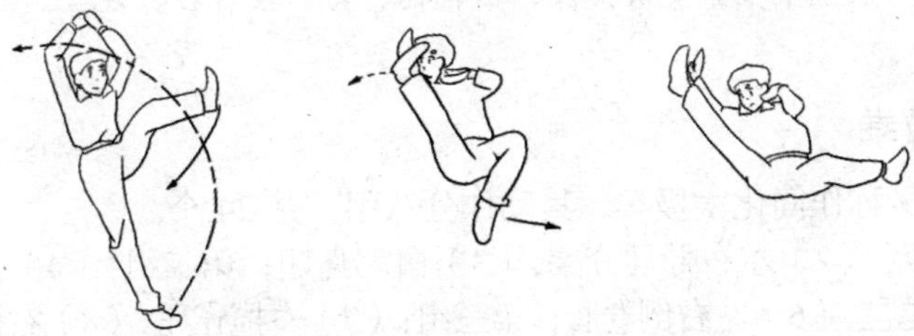

(a) (b) (c)

图 14-51 腾空摆莲关键动作 2

第三节 太极拳

【教学目标】本节主要讲解了二十四式太极拳的动作要领。

一、太极拳概述

“太极”一词源出《周易·系辞》:“易有太极，是生两仪，两仪生四象，四象生八卦，八卦定吉凶，吉凶成大业。”意即“太极”是产生万物的本源，含有至高、至极、绝对、唯一之意。太极拳亦是取意于此。

太极拳的起源，众说纷纭，大致有唐朝许宣平、李道子，明朝张三丰、陈卜，清朝陈王廷、蒋发、王宗岳等几种不同的说法。太极拳的发展可见一斑：其并非一人所创，而是前人不断开发、总结、吸收、整理、创新、发展而来的。

太极拳在道家导引、吐纳等养生之术的基础上，吸收了明代名家拳法之长，结合了中国古代的阴阳学说和中医经络学说，形成了完整独立的体系，具有强身健体、祛病延年、陶冶性情之保健功效。

太极拳动作柔和、缓慢、圆活、连贯、自然、协调，迈步如猫行，运劲似抽丝。讲求体松心静，精持贯注，以意导形，上下相随，中正安舒，虚实分明。整套动作行云流水，连绵不断，既自然又高雅，既有音乐的韵律、哲学的内涵，又有美的造型、诗的意境。其特点是以柔克刚，以静待动，以圆化直，以小胜大，以弱胜强。

太极拳（Hexagram Boxing）主要身型身法。

头——虚领顶劲，头正、顶平、项直、颔收，有上悬意念；

肩——沉肩，平正松沉；

肘——坠肘，自然弯曲垂坠；

臂——绷劲，上肢充满膨胀的内力；

腋——虚腋，腋下保持一定空隙；

腕——塌腕，劲力贯注；

手——展指舒掌，五指自然分开，掌心微含；

胸——含胸，舒松微含；

背——拔背，舒展伸拔；

脊——正脊，中正竖直；

腰——松腰，松活沉直；
臀——敛臀，向内微敛；
胯——松胯，松正含缩，使劲力贯注下肢；
膝——活膝，松活柔和；
足——扣足，稳健扎实，旋转轻灵，移动平稳。

温馨提示 太极拳七字要诀：静、松、稳、匀、缓、合、连。

二、二十四式太极拳

二十四式太极拳

二十四式太极拳又称作简化太极拳，其动作分八组，共 24 个。

第一组：（1）起势，（2）左右野马分鬃，（3）白鹤亮翅；第二组：（4）左右搂膝拗步，（5）手挥琵琶，（6）左右倒卷肱；第三组：（7）左揽雀尾，（8）右揽雀尾；第四组：（9）单鞭，（10）云手，（11）单鞭；第五组：（12）高探马，（13）右蹬脚，（14）双峰贯耳，（15）转身左蹬脚；第六组：（16）左下势独立，（17）右下势独立；第七组：（18）左右穿梭，（19）海底针，（20）闪通臂；第八组：（21）转身搬拦捶，（22）如封似闭，（23）十字手，（24）收势。

如图 14-52 所示，身体自然直立，两脚并拢；头正颈直，下颌微收，眼平视，口轻闭，舌抵上颚；两臂自然垂于体侧，手指微屈；全身放松，呼吸自然，精神集中。

（一）起势

（1）两脚开立。如图 14-53（a）所示，左脚缓缓提起（不超过右踝的高度）向左横跨半步，与肩同宽，脚尖、脚跟依次落地，呈开立步。

图 14–52 站立姿势

（a） （b） （c） （d）

图 14–53 起势

（2）两臂前举。如图 14-53（b）、图 14-53（c）所示，两臂缓缓向前平举，至高、宽同肩。手心向下，指尖向前。

（3）屈膝按掌。如图 14-53（d）所示，上体保持正直，两腿缓缓屈膝半蹲；同时两掌轻轻下按，落于腹前；掌膝相对。

要点：眼向前平视；两肩下沉，两肘松垂，手指自然微屈；屈膝、松腰、敛臀，身体重心落于两腿中间；落臂按掌与屈膝下蹲的动作要协调一致；两臂前举时吸气，向下按落时呼气。

（二）左右野马分鬃

1. 左野马分鬃

（1）收脚抱球。如图 14-54（a）、图 14-54（b）所示，上体微右转，身体重心移至右腿上；同时右手向右、向上、向左划弧，右臂平屈于右胸前，掌心向下，手指微屈，左手向下、向右划弧，逐渐翻转至右腹前，掌心向上，两掌心上下相对呈抱球状；左脚随即收到右脚内侧，脚尖点地（即脚前掌着地，下同），呈左丁步；目视右手。

（2）转体迈步。如图 14-54（c）、图 14-54（d）所示，上体缓缓左转，左脚向左前侧迈出一步，左腿自然伸直，脚跟着地；同时左、右手分别向左上、右下分开；视线随左手移动。

（3）弓步分掌。如图 14-54（e）所示，随转体左脚全掌逐渐踏实，左腿屈膝前弓，身体重心逐渐前移至左腿，右腿自然伸直，右脚跟后蹬稍外碾，呈左弓步；同时两手继续分开，左手高与眼平，掌心斜向上，右手落于右胯旁，掌心向下，指尖朝前；两肘微屈，保持弧形；目视左手。

2. 右野马分鬃

（1）后坐翘脚。如图 14-54（f）所示，上体慢慢后坐，右腿屈膝，身体重心后移至右腿；左腿自然伸直，膝微屈，脚尖翘起；目视左手。

（2）收脚抱球。如图 14-54（g）、图 13-54（h）所示，身体左转，左脚尖随之外摆（40° ~60° ）左脚全掌踏实，屈膝弓腿，身体重心移至左腿，右脚跟进收至左脚内侧，脚尖点地；同时左手翻转划弧至左臂胸前平屈，右手向左上前摆至左手下，两掌心相对在胸前左侧呈抱球状；目视左手。

（3）转体迈步。如图 14-54（i）所示，动作说明与“1. 左野马分鬃”中“转体迈步”相同，只是左右式相反，且转体幅度稍小。

弓步分掌。如图 14-54（j）所示，动作说明与“1. 左野马分鬃”中“弓步分掌”相同，只是左右式相反。

图 14-54　左右野马分鬃

3. 左野马分鬃

（1）后坐翘脚。如图 14-54（k）所示，动作说明与“2. 右野马分鬃”中“后坐翘脚”相同，只是左右式相反。

（2）收脚抱球。如图 14-54（l）、图 14-54（m）所示，动作说明与“2. 右野马分鬃”中“收脚抱球”相同，只是左右式相反。

（3）转体迈步。如图 14-54（n）所示，动作说明与“1. 左野马分鬃”中“转体迈步”相同。

（4）弓步分掌。如图 14-54（o）所示，动作说明与“1. 左野马分鬃”中“弓步分掌”相同。

要点：上体舒松正直，松腰松胯；身体转动时要以腰为轴；做弓步时，迈出脚先脚跟着地，然后过渡至全脚掌，脚尖向前，膝不可超过脚尖，后腿自然伸直，前后脚尖呈 45° ~60° 夹角（下同）；野马分鬃式弓步时，前后脚的脚跟应分在中轴线的两侧，两脚横向距离（身体的正前方为纵轴，其两侧为横向）10 ~ 30 厘米；转体、弓腿和分手要协调一致；进步时先进胯，使两腿虚实分明；抱球时为吸气，转体迈步、弓步分掌时为呼气。

（三）白鹤亮翅

（1）跟步抱球。如图 14-55（a）所示，上体微左转，右脚脚跟先离地，向前跟进半步，前脚掌着地，落于左脚后（约 20 厘米），身体重心仍在左腿；同时左手翻掌向下，左臂平屈于左胸前，右手翻掌向上，向左上划弧至左腹前，与左手呈抱球状；目视左手。

（2）后坐转体。如图 14-55（b）所示，上动不停（表示动作与动作之间的连贯性），上体稍右转，右脚全脚掌踏实，右腿屈蹲，重心移至右腿；同时两手向右上，左下分开；视线随右手移动。

（3）虚步分掌。如图 14-55（c）所示，上动不停，上体稍向左转，面向前方（前进方向），左脚稍向前移，脚尖点地，膝微屈，呈左虚步；同时右手继续向右上划弧至右额前，掌心斜向左后方，指尖稍高于头，左手下按至左胯前，掌心向下，指尖朝前；目视前方。

（a）（b）（c）

图 14-55　白鹤亮翅

要点：上体舒松正直；转体、分掌和步型的调整要协调一致，同时完成；转动动作要以腰带臂，虚步动作要收腹敛臀；抱球过程吸气，转体分掌过程呼气。

（四）左右搂膝拗步

1. 左搂膝拗步

（1）转体摆臂。如图 14-56（a）、图 14-56（b）、图 14-56（c）所示，上体微左转再右转；左脚收至右脚内侧，脚尖点地；同时右手体前下落，由下经右胯侧向右肩外侧划弧，至与耳同高，掌心斜向上，肘微屈，左手由左下向上，经面前再向右下划弧至右肩前，肘部略低于腕部，掌心斜向下；目视右手。

（2）弓步搂推。如图 14-56（d）、图 14-56（e）所示，上动不停，上体左转，左脚向左前方迈出，呈左弓步，身体重心移至左腿；同时右手内旋回收，经右耳侧向前推出于右肩前方，高与鼻平，掌心向前，指尖朝上，左手向下经左膝前搂过（即向左划弧搂膝），按于左胯侧稍前，掌心向下，指尖朝前；目视右手。

2. 右搂膝拗步

（1）后坐翘脚。如图 14-56（f）所示，右腿屈膝，上体后坐，身体重心移至右腿，左腿自然伸直，脚尖翘起，略向外撇（约 40 度）；同时右臂微收，掌心旋向左前方，左手开始划弧外展；目视右手。

（2）摆臂跟脚。如图 14-56（g）、图 14-56（h）所示，上体左转，左脚掌逐渐踏实，左腿屈膝前弓，身体重心移至左腿，右脚跟至左脚内侧，脚尖点地；同时两手继续翻掌划弧，左手向左上摆举至左肩外侧，与耳同高，掌心斜向上，右手随转体向上经面前，向左下摆至左肩前，肘部略低于腕部，掌心斜向下；目视左手。

（3）弓步搂推。如图 14-56（i）、图 14-56（j）所示，动作说明与“1. 左搂膝拗步”中“弓步搂推”相同，只是左右式相反。

3. 左搂膝拗步

（1）转体摆臂。如图 14-56（k）所示，与“2. 右搂膝拗步”中“后坐翘脚”相同，唯左右相反。

（2）摆臂跟脚。如图 14-56（l）、图 14-56（m）所示，与“2. 右搂膝拗步”中“摆臂跟脚”相同，唯左右相反。

（3）弓步搂推。如图 14-56（n）、图 14-56（o）所示，动作说明与“1. 左搂膝拗步”中“弓步搂推”相同。

要点：推掌时，上体舒松正直，松腰松胯，沉肩垂肘，坐腕舒掌；搂膝拗步呈弓步时，两脚跟的横向距离约 30 厘米（同肩宽）；两手推搂和转体弓腿必须协调一致，同时完成；转体摆臂、后坐翘脚、摆臂跟脚动作过程中吸气，弓步搂推动作过程中呼气。

图 14–56 左右搂膝拗步

（五）手挥琵琶

（1）跟步展臂。如图 14-57（a）所示，右脚跟进半步，以前脚掌着地，落于左脚内后约 20 厘米处；同时右臂稍向前伸展，腕关节放松；目视右手。

（2）后坐引手。如图 14-57（b）所示，上体后坐，右脚全脚掌踏实，身体重心移至右腿；上体稍向右转，左脚跟离地；随转体左手由左下向前上弧形挑举，高与鼻平，肘微屈，掌心斜向下，右手屈臂后引，收于左肘里侧，掌心斜向下；目视左手。

（3）虚步合臂。如图 14-57（c）所示，上体微向左回转，但仍保持稍向右侧身状；左脚稍向前移，脚跟着地，膝微屈，呈左虚步；同时，两臂外旋，屈肘合抱，左手与鼻相对，掌心向右，右手与左肘相对，掌心向左，犹如怀抱琵琶；目视左手。

要点：身体姿势平稳自然，胸部放松，沉肩垂肘；上肢与下肢动作应协调一致；在做图 14-57（a）到图 14-57（b）动作时吸气，做图 14-57（b）到图 14-57（c）动作时呼气。

（六）左右倒卷肱

1. 左倒卷肱

（1）转体撤掌。如图 14-58（a）、图 14-58（b）所示，上体右转；两手翻转向上，右手向下撤引，经腰侧向右后上方划弧，至与耳同高，掌心斜向上，肘微屈；目随转体先右视，再转看左手。

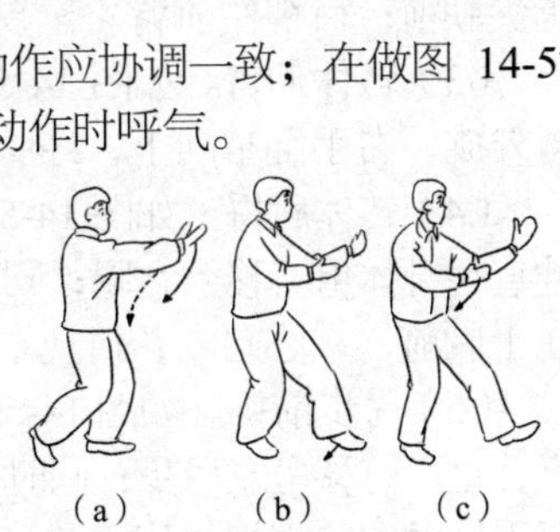

图 14–57 手挥琵琶

（2）提膝屈肘。如图 14-58（c）所示，上体微向左回转，左腿屈膝提起，脚尖自然下垂；同时右臂屈肘卷回，右手收向右耳侧，掌心斜向前下方；目视前方。

（3）退步推掌。如图 14-58（d）所示，上动不停，上体继续微向左回转至朝前；左脚向后略偏左侧退一步，脚前掌先着地，然后全脚掌踏实，屈膝微蹲，身体重心移至左腿，右脚跟离地，并以前脚掌为轴随转体将脚扭正（脚尖朝前），膝微屈，呈右虚步；同时右手经耳侧向前推出，高与鼻平，左臂屈肘收至左胯旁，掌心向上；目视右手。

2. 右倒卷肱

（1）转体撤掌。如图 14-58（e）所示，上体稍左转；左手向左肩外侧引举，腕与肩同高，掌心斜向上，肘微屈，右手随之翻掌向上；目随转体先左视，再转看右手。

（2）提膝屈肘。如图 14-58（f）所示，动作说明与“1. 左倒卷肱”中“提膝屈肘”相同，只是左右式相反。

（3）退步推掌。如图 14-58（g）所示，动作说明与“1. 左倒卷肱”中“退步推掌”相同，只是左右式相反。

（a） （b） （c） （d） （e） （f） （g）

图 14–58 左右倒卷肱

3. 左倒卷肱

动作说明与“1. 左倒卷肱”相同。

4. 右倒卷肱

动作说明与“2. 右倒卷肱”相同。

要点：前推和后撤的手臂均应划弧线；退左脚略向左后斜，退右脚略向右后斜，避免两脚呈一直线；最后退右脚时，脚尖外撇的角度应略大些，以便于接下来做“左揽雀尾”的动作；转体撤掌和提膝屈肘时吸气，退步推掌时呼气。

（七）左揽雀尾

（1）转体抱球。如图 14-59（a）、图 14-59（b）、图 14-59（c）所示，上体右转，左脚收至右脚内侧，脚尖点地，呈左丁步，重心落于右腿；同时右手由胯侧向右后上方划弧屈臂于右胸前，掌心向下，左手由体前划弧下落至右腹前，掌心向上，两手相对呈抱球状；目视右手。

（2）弓步掤臂。如图 14-59（d）、图 14-59（e）所示，上体左转，左脚向左前方上步，屈膝，右腿自然蹬直，身体重心前移至左腿，呈左弓步；同时左臂向左前方平屈掤出（即左臂平屈呈弧形，用前臂外侧和手背向左侧推出），高与肩平，掌心向内，右手向右下方划弧落于右胯旁，掌心向下，指尖朝前；目视左前臂。

（3）转体伸臂。如图 14-59（f）所示，上体稍向左转；左前臂内旋，左手前伸翻掌向下，右前臂外旋，右手翻掌向上，经腹前向前上伸至左前臂下方；目视左手。

（4）转体后捋。如图 14-59（g）所示，上动不停，上体右转；右腿屈蹲，上体后坐，左腿自然伸直，身体重心移至右腿；同时两手经腹前向右后上捋，直至右手掌心斜向上，高与耳平，左臂平屈于胸前，掌心向内；目视右手。

（5）弓步前挤。如图 14-59（h）、图 14-59（i）所示，上体微左转，左腿屈膝前弓，右腿自然蹬直，重心前移呈左弓步；同时右臂屈肘回收，右手经面前附于左腕内侧，掌心向内，左掌心向外，双手同时向前慢慢挤出，与肩同高，两臂呈半圆形；目视左腕。

（6）后坐收掌。如图 14-59（j）、图 14-59（k）、图 14-59（l）所示，左前臂内旋，左掌下翻，右手经左腕上方向前伸出，掌心向下，两手左右分开，与肩同宽；然后上体后坐，屈右膝，左腿自然伸直，脚尖翘起，身体重心移至右腿；同时两臂屈肘，两手划弧回收至腹前，掌心均向前下方；目视前方。

（7）弓步按掌。如图 14-59（m）所示，上动不停，左脚掌踏实，左腿屈膝前弓，右腿自然蹬直，身体重心前移呈左弓步；同时两手向前、向上推按，与肩同宽，腕高与肩平，掌心向前，指尖朝上，两肘微屈；目视前方。

要点：左揽雀尾中包括掤、捋、挤、按四种击法；上体舒松正直，松腰松胯；动作处处带弧，以腰为主宰，带动手臂运动；掤臂、松腰与弓腿，后坐与引捋，前挤、转腰与弓腿，按掌与弓腿，均要协调一致；转体抱球时吸气，掤式时呼气，捋式时吸气，挤式时呼气，后坐收掌时吸气，按式时呼气。

图 14-59 左揽雀尾

（八）右揽雀尾

（1）转体抱球。如图 14-60（a）、图 14-60（b）所示，上体右转并后坐，屈右膝，左腿自然伸直，脚尖内扣，身体重心后移至右腿；同时右手经面前平摆右移，掌心向外，两臂成侧平举；视线随右手移动。

如图 14-60（c）、图 14-60（d）所示，上体微左转，屈左膝，右脚收至左脚内侧，脚尖点地，呈右丁步，重心回移到左腿；同时左臂平屈胸前，掌心向下，右手由体侧右下向上翻掌划弧至左腹前，掌心向上，两手相对呈抱球状；目视左手。

（2）弓步掤臂。如图 14-60（e）、图 14-60（f）所示，动作说明与“（七）左揽雀尾”中“（2）弓步掤臂”相同，只是左右式相反。

（3）转体伸臂。如图 14-60（g）所示，动作说明与“（七）左揽雀尾”中“（3）转体伸臂”相同，只是左右式相反。

（4）转体后捋。如图 14-60（h）所示，动作说明与“（七）左揽雀尾”中“（4）转体后捋”相同，只是左右式相反。

（5）弓步前挤。如图 14-60（i）、图 14-60（j）所示，动作说明与“（七）左揽雀尾”中“（5）弓步前挤”相同，只是左右式相反。

（6）后坐收掌。如图 14-60（k）、图 14-60（l）、图 14-60（m）所示，动作说明与“（七）左揽雀尾”中“（6）后坐收掌”相同，只是左右式相反。

（7）弓步按掌。如图 14-60（n）所示，动作说明与“（七）左揽雀尾”中“（2）弓步按掌”相同，只是左右式相反。

要点：与“（七）左揽雀尾”相同。

图 14-60　右揽雀尾

（九）单鞭

（1）转体扣脚。如图 14-61（a）、图 14-61（b）所示，上体左转并后坐，左腿屈膝微蹲，右膝自然伸展，右脚尖翘起内扣，身体重心移至左腿；同时左手经面前至身体左侧平举，肘微垂，掌心向左，指尖朝上，右手向下经腹前向左划弧至左肋前，臂微屈，掌心向后上方；视线随左手移动。

（2）丁步勾手。如图 14-61（c）、图 14-61（d）所示，上体右转，屈右膝，左脚收至右腿内侧，脚尖点地，身体重心移至右腿；同时右手逐渐翻掌，并向右上方划弧，经面前至身体右侧时变勾手，勾尖朝下，腕高与肩平，肘微垂，左手向下经腹前向右上划弧至右肩前，掌心转向内；视线随右手移动，最后目视右勾手。

图 14-61　单鞭

（3）弓步推掌。如图 14-61（e）、图 14-61（f）所示，上体左转，左脚向左前方迈出，呈左弓步，身体重心移至左腿；同时左掌经面前翻掌向前推出，掌心向前，腕与肩平，左掌、左膝、左脚尖上下相对；视线随左手移转，最后目视左手。

要点：上体保持正直，松腰；上下肢动作应协调一致；在做图 14-61（a）、图 14-61（b）、图 14-61（c）动作时吸气，做图 14-61（d）、图 14-61（e）、图 14-61（f）动作时呼气。

（十）云手

1. 云手一

（1）转体扣脚。如图 14-62（a）、图 14-62（b）、图 14-62（c）所示，身体渐向右转，右腿屈膝半蹲，左脚尖翘起、内扣、着地，身体重心回移至右腿；同时左手下落经腹前向右上划弧至右肩前，掌心斜向后，右手松勾变掌，掌心向右前方；目视右手。

（2）收步云手。如图 14-62（d）、图 14-62（e）所示，上体左转，身体重心随之左移；右脚提起，收至左脚内侧（相距 10～20 厘米），前脚掌先着地，全脚掌逐渐踏实，两脚平行，两膝微屈；同时左手划弧经面前向左运转，至身体左侧时，内旋外撑，掌心向外，腕与肩平；右手下落经腹前向左上方划弧，至左肩前，掌心斜向里；目视左手。

（a） （b） （c） （d） （e） （f） （g） （h）

图 14–62 云手

2. 云手二

（1）开步云手。如图 14-62（f）、图 14-62（g）、图 14-62（h）所示，上体右转，左脚向左横跨一步，脚尖向前，前脚掌先着地，全脚掌逐渐踏实，身体重心移至右腿；同时右手经面前向右划弧，至身体右侧时，内旋外撑，掌心向外，腕与肩平；左手向下经腹前向右上方划弧，至右肩前；目视右手。

（2）收步云手。动作说明与“1. 云手一”中“收步云手”相同。

3. 云手三

（1）开步云手。动作说明与“2. 云手二”中“开步云手”相同。

（2）收步云手。动作说明与“1. 云手一”中“收步云手”相同。

要点：云手左右各做 3 次，左云手时收右脚，右云手时跨左脚；视线随云手移动；身体转动以腰为轴，松腰松胯，重心应稳定；两臂随腰而动，要自然圆活，速度应缓慢均匀；最后右脚落地时，脚尖微内扣，以便于接做“单鞭”的动作；转体扣脚和开步云手时吸气，收步云手时呼气。

（十一）单鞭

（1）转体勾手。如图 14-63（a）、图 14-63（b）、图 14-63（c）所示，上体右转，左脚跟离地，身体重心移至右腿；同时右手经面前向右划弧至身体右侧，内旋、五指屈拢变成勾手，勾尖朝下，左手向下经腹前向右上划弧至右肩前，掌心斜向内；视线随右手移动，最后目视右勾手。

（2）弓步推掌。如图 14-63（d）、图 14-63（e）所示，动作说明与“（九）单鞭”中“3. 弓步推掌”相同。

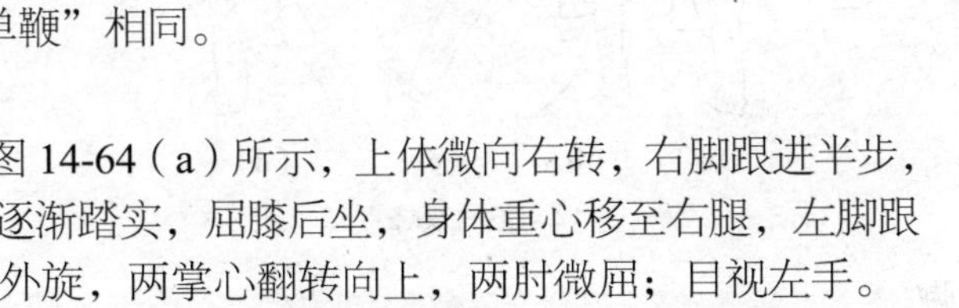
（a） （b） （c） （d） （e）

图 14–63 单鞭

要点：与“（九）单鞭”相同。

（十二）高探马

（1）跟步翻掌。如图 14-64（a）所示，上体微向右转，右脚跟进半步，前脚掌先着地，全脚掌逐渐踏实，屈膝后坐，身体重心移至右腿，左脚跟提起；同时右勾手变掌外旋，两掌心翻转向上，两肘微屈；目视左手。

（2）虚步推掌。如图 14-64（b）所示，上体微向左转，左脚稍向前移，脚尖点地，膝微屈，呈左虚步；同时右臂屈肘，右手经耳侧向前推出，腕与肩平，掌心向前，左手收至左腰前，掌心向上；目视右手。

（a） （b）

图 14–64 高探马

要点：上体舒松正直；上下肢动作应协调一致；跟步翻掌时吸气，虚步推掌时呼气。

（十三）右蹬脚

（1）弓步分掌。如图 14-65（a）、图 14-65（b）、图 14-65（c）所示，左脚提起向左前侧方迈出，脚尖稍外撇，呈左弓步，身体重心前移至左腿；同时左手前伸至右腕背面，两腕背对交叉，腕与肩平，左掌心斜向后上，右掌心斜向前下；随即两手分开，经两侧向腹前划弧，肘微屈；目视前方。

（2）收脚抱手。如图 14-65（d）所示，上动不停，右脚跟进，收至左脚内侧，脚尖点地；同时两手下落经腹前由外向内上划，相交合抱于胸前，右手在外，掌心均向内；目视右前方。

（3）蹬脚分掌。如图 14-65（e）、图 14-65（f）所示，右腿屈膝上提，右脚向右前方慢慢蹬出，脚尖朝上，力贯脚跟；同时两手翻掌左右划弧分开，经面前至侧平举，肘微屈，腕与肩平，掌心均斜向外；右臂与右腿上下相对；目视右手。

要点：身体重心要稳定；分掌与蹬脚动作要同时进行、协调一致；图 14-65（a）、图 14-65（b）的动作过程为吸气，图 14-65（c）到图 14-65（d）的动作过程为呼气，图 14-65（d）到图 14-65（e）的动作过程为吸气，图 14-65（e）到图 14-65（f）的动作过程为呼气。

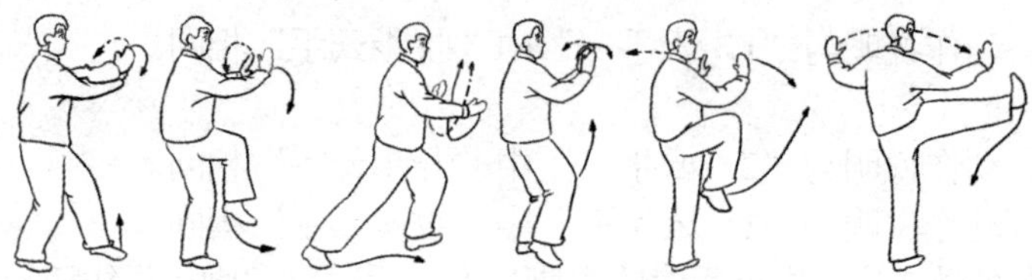

（a）（b）（c）（d）（e）（f）

图 14–65　右蹬脚

（十四）双峰贯耳

（1）屈膝并掌。如图 14-66（a）、图 14-66（b）所示，右小腿回收，屈膝平举，脚尖自然下垂；同时左手摆至体前，两手并行由体前向下划弧，落于右膝上方，掌心均翻转向上；目视前方。

（2）迈步落手。如图 14-66（c）所示，右脚向前方落下，脚跟着地；同时两手继续下落至两胯旁，掌心均斜向上；目视前方。

（3）弓步贯拳。如图 14-66（d）所示，右脚掌逐渐踏实，右腿屈膝前弓呈右弓步，身体重心移至右腿；同时两手继续向后划弧，并内旋握拳，从两侧向前、向上弧形摆至面部前方，高与耳齐，宽约与头相同，拳眼斜向下，两臂微屈；目视右拳。

要点：头颈正直，松腰松胯，沉肩垂肘，两拳松握；弓步与贯拳要协调一致，同时完成；屈膝并掌到迈步落手时吸气，迈步落手到弓步贯拳时呼气。

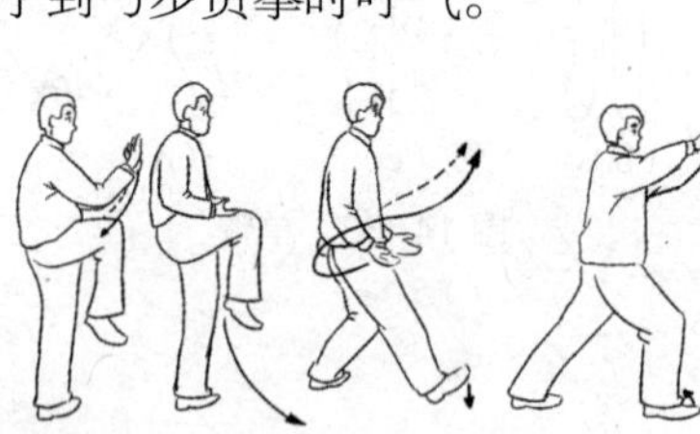

（a）（b）（c）（d）

图 14–66　双峰贯耳

（十五）转身左蹬脚

（1）转体分掌。如图 14-67（a）、图 14-67（b）所示，上体向左后转，左腿屈膝后坐，右脚尖内扣（约 90 度），身体重心移至左腿；同时两拳变掌，向左右两侧分开平举，掌心斜向外，肘微屈；目视左手。

（2）收脚抱手。如图 14-67（c）、图 14-67（d）所示，上动不停，右腿屈膝后坐，左脚收至右脚内侧，脚尖点地，身体重心回移至右腿；同时两手下落经腹前向上划弧，交叉合抱于胸前，左手在外，两掌心皆向内；目视前方。

（3）蹬脚分掌。如图 14-67（e）、图 14-67（f）所示，动作说明与“（十三）右蹬脚”中“3. 蹬脚分掌”相同，只是左右式相反。

要点：与“（十三）右蹬脚”相同。

（a）（b）（c）（d）（e）（f）

图 14-67 转身左蹬脚

（十六）左下势独立

（1）收腿勾手。如图 14-68（a）、图 14-68（b）所示，左腿回收平屈，小腿稍内扣，脚尖自然下垂；随之上体右转；同时右掌变勾手，勾尖朝下，左手向上、向右经面前划弧下落，立于右肩前，掌心斜向后；目视右勾手。

（2）仆步穿掌。如图 14-68（c）、图 14-68（d）所示，右腿慢慢屈膝下蹲，左脚向左侧偏后伸出，脚尖内扣，呈右弓步，上体左转，右腿继续向下全蹲呈左仆步；同时左手外旋下落，向左下沿左腿内侧向前穿出，掌心向外；目视左手。

（3）弓步立掌。如图 14-68（e）所示，左脚以脚跟为轴，脚尖外摆，左腿屈膝前弓，右脚尖内扣，右腿自然蹬直，身体重心前移：上体微向左转并随步型转换向前起身；同时左臂继续前伸，立掌挑起，掌心斜向右，右勾手内旋下落于身后，勾尖转向后上方，右臂伸直成斜下举；目视左手。

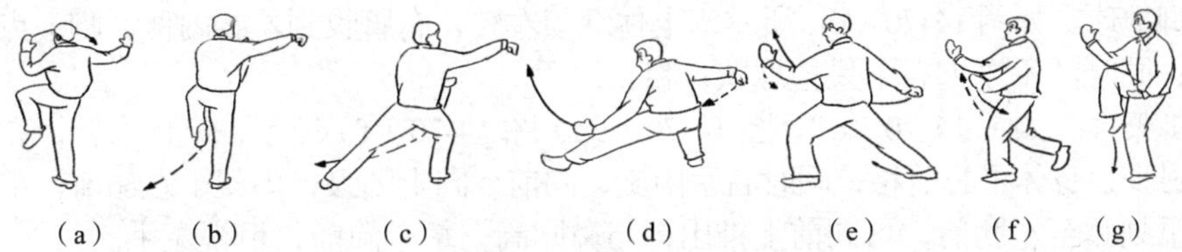

（a）（b）（c）（d）（e）（f）（g）

图 14-68 左下势独立

（4）提膝挑掌。如图 14-68（f）、图 14-68（g）所示，身体重心继续前移，右腿慢慢屈膝提起，与腹同高，脚尖自然下垂，左腿微屈支撑，呈左独立式；同时右勾手变掌，下落经右腿外侧向体前弧形挑起，屈臂立于右腿上方，肘膝相对，掌心斜向左，指尖朝上，腕与肩平，左手下按落于左胯旁，掌心向下，指尖朝前；目视右手。

要点：仆步时，左脚尖与右脚跟在一条直线上；图 14-67（f）到图 14-68（b）的动作过程为吸气，图 14-68（c）到图 14-68（d）的动作过程为呼气，图 14-68（d）到图 14-68（e）的动作过程为吸气，图 14-68（f）到图 14-68（g）的动作过程为呼气。

（十七）右下势独立

（1）落脚勾手。如图 14-69（a）、图 14-69（b）所示，右脚落于左脚右前方，脚尖点地，然后以左脚前掌为轴脚跟内转，身体随之左转；同时左手向左后侧提起，成勾手平举，勾尖朝下，腕与肩平，臂微屈；右手随转体经面前向左划弧至左肩前，掌心斜向后；目视左勾手。

（a）（b）（c）（d）（e）（f）（g）

图 14-69 右下势独立

（2）仆步穿掌。如图14-69（c）、图14-69（d）所示，动作说明与“（十六）左下势独立”中“2. 仆步穿掌”相同，只是左右式相反。

（3）弓步立掌。如图14-69（e）所示，动作说明与“（十六）左下势独立”中“3. 弓步立掌”相同，只是左右式相反。

（4）提膝挑掌。如图14-69（f）、图14-69（g）所示，动作说明与“（十六）左下势独立”中“4. 提膝挑掌”相同，只是左右式相反。

要点：右脚尖触地后要稍提起，再向下仆腿；其他均与“左下势独立”相同。

（十八）左右穿梭

1. 左穿梭

（1）落脚转体。如图14-70（a）、图14-70（b）所示，上体左转，左脚向左前落地（先以脚跟着地，再全脚掌踏实），脚尖外摆，两腿屈膝，呈半坐盘式，身体重心略前移；同时左手内旋屈臂于左胸前，掌心向下，右手外旋摆至腹前，掌心向上；目视左手。

（a）（b）（c）（d）（e）（f）（g）（h）（i）（j）（k）

图14–70　左右穿梭

（2）收脚抱球。如图14-70（c）所示，上体继续左转，右脚收到左脚内侧，脚尖点地，身体重心移至左腿；同时两手左上右下呈抱球状；目视左手。

（3）弓步架推。如图14-70（d）、图14-70（e）、图14-70（f）所示，上体右转，右脚向右前方迈出，呈右弓步，身体重心前移；同时右手内旋，向前、向上划弧，举架于右额前，掌心斜向上；左手先向左下划弧至左肋前，再向前上推出，与鼻同高，掌心向前；目视左手。

2. 右穿梭

（1）收脚抱球。如图14-70（g）、图14-70（h）所示，右脚尖稍向外撇，左脚收至右脚内侧，脚尖点地，身体重心移至右腿；同时右臂屈肘落于右胸前，掌心向下，左手外旋，向下、向右划弧下落于右腹前，掌心向上，两手右上左下在右胸前呈抱球状；目视右手。

（2）弓步架推。如图14-70（i）、图14-70（j）、图14-70（k）所示，动作说明与“左穿梭”中的“（3）弓步架推”相同，只是左右式相反。

要点：身体正直，重心平稳；架推掌和前弓腿动作要协调一致；弓步时，两脚跟的横向距离同搂膝拗步式，间距约30厘米；落脚转体和收脚抱球时吸气，弓步架推时呼气。

（十九）海底针

（1）跟步提手。如图14-71（a）所示，上体稍向右转，右脚向前跟进半步，右腿屈膝微蹲，左脚稍提起，身体重心移至右腿；同时右手下落经体侧向后、向上屈臂提抽至右耳侧，掌心斜向左下，指尖斜向前下，左手经体前下落至腹前，掌心向下，指尖斜向右前方；目视右前方。

（2）虚步插掌。如图14-71（b）所示，上动不停，上体稍左转；左脚稍向前移，脚尖点地呈左虚步；同时右手向斜前下方插出，掌心向左，指尖斜向前下，左手向下、向后划弧，经左膝落至左大腿侧，掌心向下，指尖朝前；目视前下方。

要点：右手前下插掌时，上体稍前倾，松腰松胯，收腹敛臀，不可低头；跟步提手时吸起，虚步插掌时呼气。

（二十）闪通臂

（1）提脚提手。如图14-72（a）所示，左腿屈膝，左脚微提起；同时右手经体前上提至肩，掌心向左，指尖朝前；左手向前、向上划弧至右腕内侧下方，掌心向右，指尖斜向上；目视前方。

（2）迈步分手。如图 14-72（b）所示，上体稍右转，左脚向左前方迈出，脚跟着地；同时右手上提内旋，掌心翻向外；目视右前方。

（3）弓步推撑。如图 14-72（c）所示，上体继续右转，左脚掌踏实，左腿屈弓呈左弓步，重心前移；同时左手向前推出，掌心向前，高与鼻平，肘微屈；右手屈臂上举，撑于右额前上方，掌心斜向上；目视左手。

要点：上体正直，松腰沉胯；推掌、撑掌和弓腿动作要协调一致；弓步时，两脚跟横向距离不超过 10 厘米；提脚提手时吸起，迈步分手和弓步推撑时呼气。

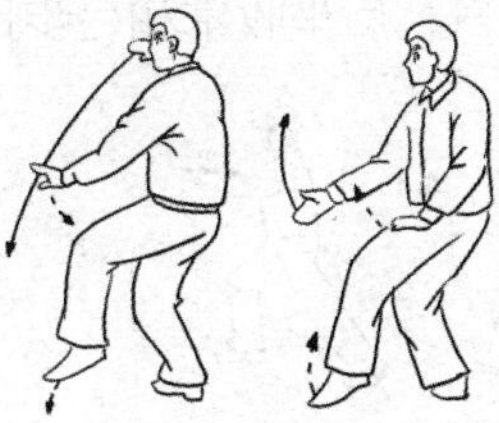

（a）（b）

图 14–71 海底针

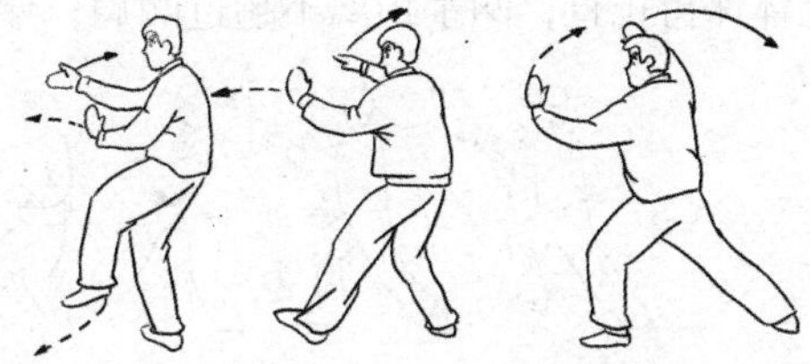

（a）（b）（c）

图 14–72 闪通臂

（二十一）转身搬拦捶

（1）转体扣脚。如图 14-73（a）所示，上体右转，右腿屈膝后坐，左脚尖翘起内扣，身体重心移至右腿；同时两手向右划弧，右手成右侧举，左手至头左侧，掌心均向外；目视右手。

（2）坐身握拳。如图 14-73（b）所示，上体继续右转，左腿屈膝后坐，右脚跟离地，以脚前掌为轴微向内转，身体重心回移至左腿；同时右手继续向下、向左划弧，经腹前屈臂握拳，摆至左肋旁，拳心向下；左手继续上举至左额前上方，掌心斜向前上；目视右前方。

（3）摆步搬拳。如图 14-73（c）、图 14-73（d）所示，上动不停，身体右转至面向前方；右脚提收到左踝内侧（不触地），再向前垫步迈出，脚尖外撇，脚跟先着地，随即全脚掌踏实；同时右拳经胸前向前翻转搬出（即右手经胸前以肘关节为轴，向上、向前搬打），高与肩平，拳心向上，拳背为力点，肘微屈；左手经右前臂外侧下落，按于左胯旁，掌心向下，指尖朝前；目视右拳。

（4）转体收拳。如图 14-73（e）所示，上体微向右转，右腿屈膝，重心前移，左脚跟提起；同时左掌经体侧向前上划弧，右拳内旋回收至体侧，拳心转向下，右臂平屈于胸前右侧；目视前方。

（5）上步拦掌。如图 14-73（f）、图 14-73（g）所示，上动不停，左脚向前上步，脚跟着地；同时左手向前上划弧拦出，高与肩平，掌心斜向右，指尖斜向上；右拳向右摆，内旋屈收于右腰旁，拳心转向上；目视左手。

（6）弓步打拳。如图 14-73（h）所示，身体稍左转，左脚掌踏实，左腿屈弓呈左弓步，重心前移；同时右拳向前打出，高与胸平，拳眼向上，肘微屈；左手微收，附于右前臂内侧，掌心向右，指尖斜向上；目视右拳。

要点：上、下肢动作应协调一致；“搬”要先按后搬，在体前划立圆，并与右脚外撇提落相配合；“拦”以腰带臂平行绕动向前平拦，并与上步动作相配合；“捶”，拳要螺旋形向前冲出，应与弓步动作相配合，同时完成；图 14-73（a）、图 14-73（b）为吸气，图 14-73（c）、图 14-73（d）为呼气，图 14-73（e）、图 14-73（f）为吸气，图 14-73（g）、图 14-73（h）为呼气。

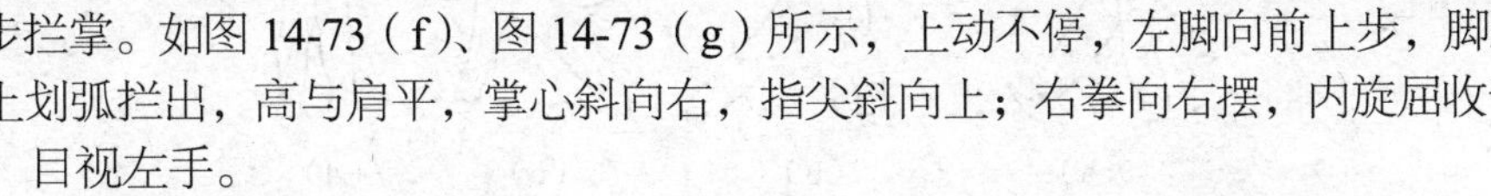

（a）（b）（c）（d）（e）（f）（g）（h）

图 14–73 转身搬拦捶

(二十二)如封似闭

(1)穿手翻掌。如图 14-74(a)、图 14-74(b)所示,右拳变掌,两掌心翻转向上,左掌经右手前臂下向前伸出;两手交叉,随即分别向两侧分开,与肩同宽;目视前方。

(2)后坐收掌。如图 14-74(c)、图 14-74(d)所示,上动不停,右腿屈膝,上体慢慢后坐,左脚尖翘起,身体重心移向右腿;同时两臂屈肘回收,两手翻转向下,沿弧线经胸前内旋向下按于腹前,掌心斜向下;目视前方。

(3)弓步推掌。如图 14-74(e)、图 14-74(f)所示,上动不停,左脚掌踏实,左腿屈膝呈左弓步,重心前移;同时两手向上、向前推出,臂微屈,腕与肩平,掌心均向前;目视前方。

要点:上体保持正直;两手距离不超过两肩;穿手翻掌时吸气,后坐收掌和弓步推掌时呼气。

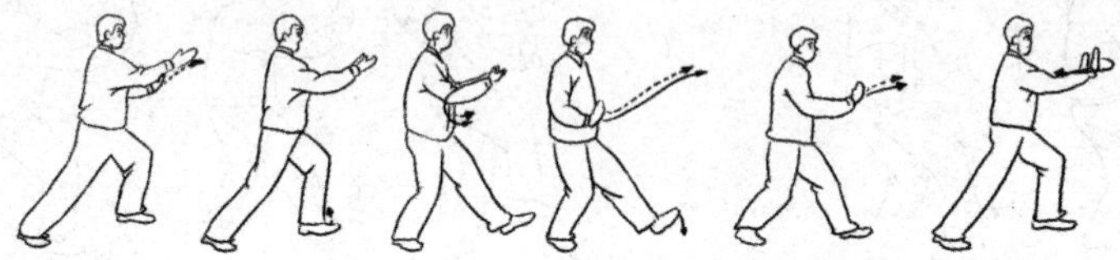

(a) (b) (c) (d) (e) (f)

图 14–74 如封似闭

(二十三)十字手

(1)转体分掌。如图 14-75(a)、图 14-75(b)所示,上体稍右转,右腿屈膝后坐,脚尖稍外撇,左腿自然带直,脚尖内扣,呈右侧弓步,身体重心移向右腿;同时右手随转体经面前向右平摆划弧,与左手成两臂侧平举,肘微屈,掌心均向前;目视右手。

(2)收脚合抱。如图 14-75(c)、图 14-75(d)所示,上动不停,上体稍左转,左腿屈膝,右脚尖内扣,脚跟离地,身体重心移至左脚;随即右脚轻轻提起向左回收,前脚掌先着地,进而全脚掌踏实,脚距与肩同宽,脚尖朝前,两腿慢慢伸直呈开立步,身体重心移到两腿中间;同时两手下落经腹前再向上划弧,交叉合抱于胸前,腕与肩平,两臂撑圆,两掌心均向内,右手在外,呈十字手;目视前方。

(a) (b) (c) (d)

图 14–75 十字手

要点:动作要虚实分明;两手向外分开时吸气,两手向下划弧时呼气,两手向上向里合抱交叉时吸气。

(二十四)收势

(1)翻掌分手。如图 14-76(a)所示,两手向外翻掌,掌心向下,左右分开,与肩同宽;目视前方。

(2)垂臂落手。如图 14-76(b)、图 14-76(c)所示,两臂慢慢下落至两胯外侧,自然下垂,松肩垂肘;目视前方。

(3)并步还原。如图 14-76(d)所示,左脚提起与右脚并拢,两脚尖向前,恢复成预备姿势;目视前方。

要点:全身放松;两掌下按的过程呼气,动作完成后,应再进行 3~4 次深呼吸。

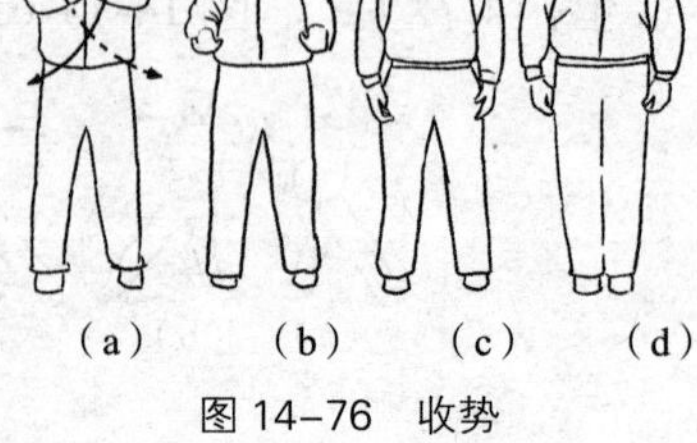

(a) (b) (c) (d)

图 14–76 收势

第四节　女子防身术

【教学目标】女子防身术的目的在于使广大女同胞面对骚扰、侵犯时，实施正当防卫，出其不意、机智灵活地反击对方，更好地保护自己。

一、实战原则

（一）把握时机

歹徒对女性通常是防备松懈的、不以为意的，男子要麻痹男子不容易，女子要麻痹男子却容易得多。这就为女性抗暴提供了一个机会。女性作为缺乏直接、公开暴力对抗能力的弱者，只有利用歹徒的无防范心理，才能达到自卫防身的目的。所以女性遭遇不测时，必须善于抓住机会与制造机会，隐蔽地、突然地发动攻击；因为如果一击不中，原本无防范的歹徒就有了防范，甚至严加防范，所以女子自卫防身术必须以“一招制敌”为宗旨。

（二）临危不乱

当女性面临遭受侵害的危险处境时，必须沉着冷静。因为只有保持清醒的头脑和良好的心理状态，才能临危不乱，并准确有效地运用防卫技术动作。相反，如果遇事慌乱或感情用事，那么身体动作就会失去协调性，身体各部位的肌肉就会非常紧张，身体运动的耐力就会受到影响，从而使得技术动作不能很好地发挥。这样就不能取得快速制敌的效果，反而会危害到自身的安全。

（三）防卫恰当

危急情形下的自卫防身技术动作对人体伤害很大，甚至是一招致残、一招致命，所以在使用这种技术时，必须要有一定的节制。而且还要根据不同的情节、不同的性质来选用程度不同的技术动作，使女性在受到不法侵害时避免防卫不当或过当。

（四）应对准确

在自卫防身时，既要明确了解自身此时此刻的身体姿势，诸如站立、坐卧、前倾、后仰等；又要观察分析歹徒此时此刻的进攻姿势，诸如搂、抱、掐、拳打、脚踢等；还要根据歹徒的进攻姿势来选择相应的技术动作，以最有效的反击方式和最快的速度向歹徒发起有力的攻击。此外，应临场观察歹徒的身高胖瘦等情况，将自身与敌手对比，从而采取正确的技术对抗措施及把握实施技术动作的时间。

（五）机智聪慧

如果想运用技巧攻击对方的某个部位，要设法将对方的注意力从此处转移开，借此提高获胜的机会。尽量不要露出任何恐慌，保持平静的表情，想方设法让对方再三考虑是否该对你下手。这样，对方的种种不确定因素就会分散他的注意力，而这一切却对女性十分有利。

二、基本技术

（一）仰卧被按压时

如图 14-77 所示，当歹徒跨立于自己身体上方，俯身抓、掐、压时，可以抬腿蹬击其裆部。其要领是要抬起腰、臀，用将身体送出去的力量猛蹬。

如图 14-78 所示，如果手臂未被控制住，在较近的距离内可以直接戳击对手眼睛和戳击对手咽喉，会有意想不到的效果。如图 14-79 所示，在手臂被控制的情况下，可以头锋撞其鼻梁，抬头要猛。

图 14-77　抬腿蹬击裆部

图 14-78　戳击双眼

图 14-79　头锋撞击鼻梁

（二）正面被抱时

当被歹徒正面抱腰时，如果手臂未同时被抱住，那么对方的头部就全部暴露而失去防护，以肘部攻击对手太阳穴是最好的选择（见图 14-80）。这时也可以采用叉眼、戳喉、折手指等方法。

当两手臂也同时被抱住时，不要试图抽手臂，因为越抽会被抱得越紧。这种情况下，因为手臂下垂位于对手裆部或不远处，所以可攻击其裆部。如只求解脱，那么以鞋子较硬处猛踢其胫骨，或者以脚跟猛踩其脚面即可。

（三）背后被抱时

手臂未被抱住时，可抬手以反手横肘向后猛击对手太阳穴。也可以反方向折其拇指或小手指或以脚跟猛踩其脚面。

手臂也一起被抱住时，可伸手抓、握、提对手的生殖器。因为是反手掏出，务必要准确。歹徒抱住腰际，必然弯腰，头部较低，这时也可猛仰头以后脑击其面部。

（四）头发被抓时

如图 14-81 所示，歹徒抓住头发往前拖扯时，一般都是身内拖带。因此裆部要害部位便全部暴露，并正处于被抓扯者面对的方向。这时，应趁被抓扯俯身向前窜而站立不稳之机，借着抓拉之力和惯性，将膝头抬起，以提膝的打法猛撞歹徒裆部。若女子被歹徒拖着头发往前走时，女子应以手掌自歹徒后裆猛地插入，使用掏裆法。此外，头发被抓也可以掌尖顺其臂猛力插击其腋窝。

（五）被掐脖子时

被歹徒单手掐脖子时，如图 14-82 所示，可迅速以另侧手按压住其手掌，向左旋身，抬起右臂，以与歹徒同侧胳膊的小臂猛击其手臂外侧肘关节。也可以在被对手抓住时往外挣扎，利用对手往回拉的力，顺势扑上去猛提膝击裆。

图 14-80　以肘连续攻击

图 14-81　提膝撞裆

图 14-82　攻肘断肘

歹徒双手抓住受伤者时，其手臂要举起来，腋下必然暴露。因此，利用对方往回拉时，用掌尖攻击其腋下。另外，因为此时双方距离很近，没有一只手可用来防护，女子便可抬手以拳、手指等攻击其眼睛。

思　考　题

1. 武术的分类有哪些？
2. 武术的基本功有哪些？
3. 武术的基本动作有哪些？
4. 二十四式太极拳的动作要领是什么？
5. 女子防身术的实战原则是什么？
6. 女子防身术的基本技术有哪些？

第 15 章

交谊舞

【重点提示】本章节重点介绍有关交谊舞的基本知识、基本技巧和基本的礼仪。具体介绍了慢三、中四（北京平四）、伦巴、恰恰四种常用交谊舞的基本舞步。图文并茂生动细致的讲解，使教学通俗易懂，形象生动，使学生学习更加简单明了，具有较强的实用性。

第一节　交谊舞概述

【教学目标】了解交谊舞的起源、发展、分类、运动特点和锻炼价值。

一、起源与发展

交谊舞，又称规范社交舞或交际舞，是一项具有很高审美价值和健身娱乐价值的综合性艺术，是融舞蹈、音乐、风度和形体美于一体的高雅的体育项目，是人们用来交际活动的一种社交方式。交谊舞起源于中世纪萌芽时期的欧洲，由圈舞、对舞、集体舞等民间舞蹈演变而来，成为流传广泛的社交舞蹈。到了 20 世纪初期，交谊舞在英国风行以后，英国皇家舞蹈教师协会在广泛研究传统宫廷舞、交谊舞的基础上，对交谊舞进行了规范和美化加工，制定了便于交谊舞比赛的某些规则和基本规范，把摩登舞和拉丁舞的十种舞步收入其中，作为舞蹈竞技中指定舞步的舞蹈，定名为国际标准舞。由于国标舞对舞姿舞步要求非常严格，而要求相对低一点、比较简单易学的交谊舞，既保持了国标舞各舞种的风格，形式上又比较随意，所以这个项目非常适合大众作为锻炼身体的一种手段，颇受大众的喜欢。

第二次世界大战后交谊舞传入我国，最早出现交谊舞的城市有上海、天津、重庆等。新中国成立后，交谊舞在联欢会及群众舞会上曾一度盛行。但在 20 世纪 60 年代至 70 年代出现了断层。改革开放后，交谊舞又重新为广大人民群众所接受。

二、交谊舞的分类

国际标准舞一般分为两大类，摩登舞（见图 15-1）和拉丁舞（见图 15-2）系列。

目前，中国流行的交谊舞舞种舞步大都是从国际标准舞的舞步简化而来的，常见的有慢三、快三、慢四、中四、快四、恰恰、伦巴等。其中慢三由华尔兹简化而来，快三由维也纳华尔兹简化而来，中四由狐步简化而来，此外，在民间流传的慢四由布鲁斯简化而来。

图 15–1　摩登舞

图 15–2　拉丁舞

表 15-1

摩登舞	拉丁舞
华尔兹（慢三步）	伦巴
维也纳华尔兹（快三步）	恰恰
狐步（中四步）	桑巴
快步（快四步）	牛仔
探戈	斗牛

三、交谊舞的运动特点及锻炼价值

（一）运动特点

表 15-2

种　类	特　点
摩登舞	由贴身握抱姿势开始，沿着舞程线逆时针方向绕场行进。步法规范严谨，上体和胯部保持相对的挺拔，完成各种前进、后退、横向、旋转、造型等舞步动作，具有端庄典雅的绅士风度。曲调大多抒情优美，旋律感强。服饰雍容华贵，一般男着燕尾服，女着过膝长裙
拉丁舞	舞伴之间可贴身、可分离。各自在固定范围内辐射式地变化方向角度，展现舞姿。步法灵活多变，各舞种通过对胯部及身体摆动不同的技术要求，完成各种舞步，表现各种风格。舞姿妩媚潇洒，婀娜多姿。风格生动活泼，热情奔放。曲调缠绵浪漫，活泼热烈，节奏感强。着装浪漫洒脱，男着上短下长的紧身或宽松装，女着紧身短裙，显露女性曲线美

（二）锻炼价值

1. 发展身体素质，培养良好身体姿态

长期坚持交谊舞锻炼的人，无论在身体的平衡能力、柔韧性、力量方面，还是灵敏性、反应速度方面，均能得到有效的改善和提高。在交谊舞的练习中，要求参加者保持抬头、挺胸、收腹、立腰、沉肩、膝放松、大腿夹紧上提，使整个身体呈现舒展、挺拔、优雅、大方的姿态。

2. 增强协作意识，提高人际交往能力

在优美的舞姿和轻快的乐曲节奏的配合下，舞场中的融洽、和谐、高雅的气氛能增强人们的沟通和交往意识，改变一个人孤独寡言、消极离群的性情，使人心胸变得更宽广，形成平易近人，与人为善的性格，能提高参加者的人际交往能力。

第二节　交谊舞的基本知识

【教学目标】了解交谊舞的基本知识。

一、舞程线

舞程线就是舞者沿舞池向逆时针方向运行的路线。舞程线在舞池中并没有实际的标识，它是一条围绕舞池逆时针运行的假设线（见图 15-3）。

二、方位与角度

角度：脚和身体转动的幅度大小用度数来表示，通常以转动 45 度为单位加以表述，转动 360 度为一周，转动 45 度为 1/8 转，转动 90 度为 1/4 转，转动 135 度为 3/8 转，转动 180 度为 1/2 转，转动 225 度为 5/8 转，转动 270 度为 3/4 转，转动 315 度为 7/8 转。

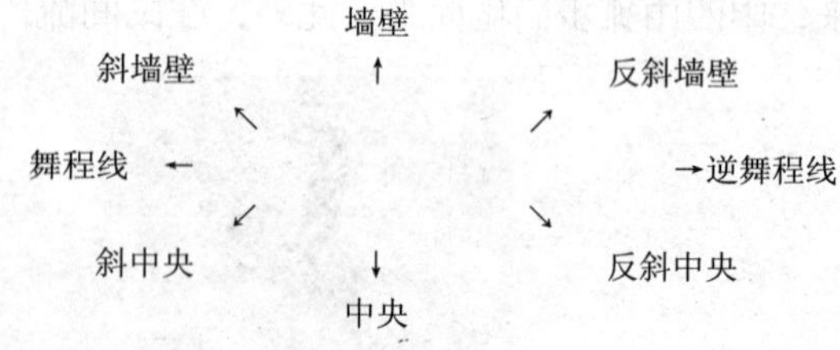

图 15–3　方位图

方位：指一个舞步开始和结束时，脚和身体所面对或背对的方向。方位必须指示舞步运行的方向。方位一方面指示舞者脚和身体与舞池的空间位置关系，一方面指示脚的出步方向（见图 15-3）。

三、站位和舞姿

要学好交谊舞，首先要掌握正确的舞姿。舞姿也叫架形。男女正面相对右侧半身相对，女士的右脚在男士的两脚之间。女士的头向左 45 度，男士的头向左 15 度。男女应保持在自己的空间。

双臂侧平举之后与头构成固定的十字架，男士的右手掌心向里，扶在女伴左侧肩胛骨下缘；从肘尖到指尖形呈一条直线、呈斜角状自然下垂，五指并拢，既不要凸起手腕，也不要用手背来控舞；大臂基本平肩并呈椭圆形展开。

女士左手轻放在男士右大臂的三角肌处，四指并拢，用虎口定位，整个手臂轻放在男伴手臂之上，不可脱离接触。手对握，掌根与地面垂直，并互相顶住，整个手臂呈圆弧状向斜上方展开，犹如轻松自如地合撑着一把伞。

四、基本的引带方法

（一）男伴的领舞

既是一种必须做到的要求，又是一种技术性技巧。从要求的意义上讲，领舞就是领导着女伴跳舞，无论是舞步结构的选择、运动方位的变化，还是舞种风格的展现，男伴都必须在迅速、果断、主动而又准确的前提下，对女士进行暗示和引导。这是默契配合的先决条件，也是优美协调的决定因素。即男士用手势引带：

男伴右手放松，左手前推——意味着男进女退

双手同时回拉——意味着男士前进女士后退

右手指尖回压加左手回拉——意味着向左转身

右手掌根用力加左手前推——意味着女士的跟舞

（二）女伴的跟舞

就是跟着男士跳舞，跳什么舞步、向什么方向运动，旋转还是不旋转，都要积极服从男伴的引导和暗示，绝对不能和男伴对着干。因此，女伴要努力培养和锻炼自己的适应能力和应变能力。对男士的暗示和引带，要敏捷地做出恰当而准确的反应，并顺其自然、非常轻松地适应配合。

领舞和跟舞意识，实际上是一种高级神经活动，应当有意识地加以锻炼和培养。这不仅能使舞步的运行产生合力效应，显得更加细腻和谐，让人获得美的享受；而且还会对男女双方性格的积淀，产生微妙的陶冶性影响；甚至对智力的锻炼也有很大好处。

第三节 交谊舞基本舞步

【教学目标】了解掌握交谊舞的基本舞步。

一、华尔兹（慢三步）

表 15-3 铜牌套路

舞步名称	技术要领	节 奏
左足并换步	1. 男士左脚前进，女士右脚后退 2. 男士右脚经左脚横并稍前，女士左脚经右脚横并稍前 3. 男士左脚并右脚，女士右脚并左脚	123
右转步	1. 男士右脚前进开始右转，女士左脚后退开始右转 2. 男士左脚经右脚横步 1～2 转 1/4 周，女士右脚经左脚横步 1～2 转 3/8 周，身体稍转 3. 男士右脚并左脚 2～3 转 1/8 周；女士左脚并右脚，身体稍转 4. 男士左脚后退 4～5 转 3/8 周，女士右脚前进继续右转 5. 男士右脚经左脚横步，身体稍转，女士左脚经右脚横步稍前 4～5 转 1/4 周 6. 男士左脚并右脚，女士右脚并左脚 5-6 转 1/8 周	123 456

续表

舞步名称	技术要领	节　奏
右足并换步	1. 男士右脚前进，女士左脚后退 2. 男士左脚经右脚横并稍前，女士右脚经左脚横并稍前 3. 男士右脚并左脚，女士左脚并右脚	123
左转步	1. 男士左脚前进开始左转，女士右脚后退开始左转 2. 男士右脚经左脚横步 1～2 转 1/4 周；女士左脚经右脚横步 1～2 转 3/8 周，身体稍转 3. 男士左脚并右脚 2～3 转 1/8 周；女士右脚并左脚，身体稍转 4. 男士右脚后退 4～5 转 3/8 周，女士左脚前进继续左转 5. 男士左脚经右脚横步，身体稍转；女士右脚经左脚横步稍前 4～5 转 1/4 周 6. 男士右脚并左脚，女士左脚并右脚 5～6 转 1/8 周	123　456
叉形步	1. 男士左脚向前，女士右脚后退 2. 男士右脚向侧稍向前，女士左脚稍向后 3. 男士在 pp 位左脚交叉到右脚后面，女士在 pp 位右脚交叉到左脚后面	123
从并进位置做的追赶步	1. 男士右脚向前，交叉在反身动作位置（cbmp）和 pp 位；女士左脚后退，交叉在反身动作位置（cbmp）和 pp 位 2. 男士左脚向侧稍前，女士右脚向侧稍后 3. 男士右脚并向左脚，女士左脚并向右脚 4. 男士左脚向侧稍前，女士右脚向侧稍后	12&3
右转步前三步	1. 男士右脚前进开始右转，女士左脚后退开始右转 2. 男士左脚经右脚横步 1～2 转 1/4 周；女士右脚经左脚横步 1～2 转 3/8 周，身体稍转 3. 男士右脚并左脚 2～3 转 1/8 周；女士左脚并右脚，身体稍转	123

二、北京平四

表 15-4

舞步名称	技术要领	节　奏
原地闭位变开位	1. 男士左脚前进，女士右脚后退 2. 男士右脚向右侧，女士左脚向左侧 3. 男士左脚放在右脚后面，女士右脚放在左脚后面 4. 男士右脚踏步，重心向前移；女士左脚踏步重心前移，成 pp 位	1234
行进间开位变闭位	1. 男士左脚前进，女士右脚上步转身 2. 男士右脚前进，女士左脚后退 3. 男士左脚前进，女士右脚后退 4. 男士右脚踏步，重心后移；女士左脚踏步，重心前移	1234
行进间闭位变开位	1. 男士左脚后退，女士右脚上步 2. 男士右脚后退，女士左脚上步右转 90° 3. 男士左脚后退，女士右脚放在左脚后 4. 男士右脚踏步，重心前移；女士左脚踏步，重心前移	1234
原地闭位与开位角度变换方向	1. 男士左脚前进，女士右脚上步转身 2. 男士右脚向左横跨一步转 90°，女士左脚向右转 90° 3. 男士左脚后退，女士右脚前进 4. 男士右脚踏步，女士左脚踏步	1234
开位打开	1. 男士左脚前进，女士右脚后退 2. 男士右脚向右侧，女士左脚向左侧 3. 男士左脚放在右脚的后面，女士右脚放在左脚后面 4. 男士右脚踏步，重心向前移；女士左脚踏步重心前移，成 pp 位	1234
女士单侧右转，男士原地基本步	1. 男士左脚前进，左手引带；女士右脚前进，右手连男士左手 2. 男士右脚原地踏步，女士左脚前进向右转身 180° 3. 男士左脚后退，女士右脚后退 4. 男士右脚原地踏步，女士左脚原地踏步	1234

续表

舞步名称	技术要领	节　奏
单手拉花女士右转，男女变化位置	1. 男士左脚前进，向女士左侧上步，左手引带；女士右脚前进，向男士左侧上脚 2. 男士右脚前进向左转身 180° ，女士左脚前进向右转身 180° 3. 男士左脚后退，女士右脚后退 4. 男士右脚原地踏步，女士左脚原地踏步	1234
单手拉花女士左转	1. 男士左脚上步转身 180° ，向女士右侧上步，左手向右侧反手腕向右侧引带女士；女士右脚上步转身 180° ，向男士的右侧上脚 2. 男士右脚后退，女士左脚后退 3. 男士左脚后退，女士右脚后退 4. 男士右脚原地踏步，女士左脚原地踏步	1234
单手拉花男士单转	1. 男士左脚上步，女士右脚上步 2. 男士右脚向左上步转身 180° ，女士左脚向右上步转身 180° 3. 男士左脚后退，女士右脚后退 4. 男士右脚原地踏步，女士左脚原地踏步	1234

三、伦巴

表 15-5

舞步名称	技术要领	节　奏
左右横并步	1. 男士左脚向左侧横跨，两脚跟提起；女士右脚向右侧横跨，两脚跟提起 2. 男士右脚并向左脚，脚跟落地；士左脚并向右脚 3. 同 1，4 同 2	1234
两人平转	1. 男士左脚向左移动，两脚跟抬起；女士右脚向右移动，两脚跟抬起 2. 男士以左脚为轴向左转 180° ，双脚落地；女士以右脚为轴向右转 180° ，双脚落地 3. 男士以右脚为轴向左转 180° ，两脚跟抬起；女士以左脚为轴向右转 180° ，两脚跟抬起 4. 男士右脚并左脚，双脚落地；女士左脚并右脚，双脚落地	1234
前进的之字步	1. 男士左脚向左前方 45° 前进，女士右脚向右后方 45° 后退 2. 男士右脚继续前进，女士左脚继续后退 3. 男士左脚向右转 90° ，女士右脚向左转 45° 4. 男士右脚并左脚，女士左脚并右脚	1234
后退的之字步	1. 男士左脚向左后方 45° 后退，女士右脚向右后方 45° 前进 2. 男士右脚继续后退，女士左脚继续前进 3. 男士左脚向左转 90° ，女士右脚向左转 45° 4. 男士左脚并右脚，女士右脚并左脚	1234
左手提手转	1. 男士左脚向左后移动，两脚跟抬起，左手引带；女士做向右的平转 2. 男士右脚继续后退 3. 男士左脚继续后退 4. 男士右脚并左脚	1234

四、恰恰舞

表 15-6

舞步名称	技术要领	节　奏
恰恰基本步	1. 男士左脚前进，女士右脚后退 2. 男士重心移回右脚 3. 男士左脚横步，女士右脚横步，男士右脚向左并步，女士左脚向右并步，踮脚跟，双膝弯曲 4. 男士左脚横步，直膝；女士右脚横步，直膝 5. 男士右脚后退，女士左脚前进 6. 男士右脚原地踏一步，女士左脚原地踏一步， 7. 男士右脚横步，女士左脚横步；男士左脚向右并步，女士右脚向左并步，踮脚跟，双膝弯曲 8. 男士右脚横步，直膝；女士左脚横步，直膝	ssqqs

续表

舞步名称	技术要领	节　奏
纽约步	1. 男士右转 1/4 周，左脚前进，左肩并肩位、女士左转 1/4 周，右脚前进，右肩并肩位 2. 男士右脚原地踏一步，后半拍准备左转；女士左脚原地踏一步，后半拍准备右转 3. 男士左转 1/4 周，左脚横步；女士右转 1/4 周，右脚横步 4. 男士右脚并左脚，女士左脚并右脚 5. 男士左脚横步，准备左转；女士右脚横步，准备右转	ssqqs
臂下右转	1. 男士右脚后退；女士左脚进，右脚交叉，脚跟离地 2. 男士左脚原地踏一步，左手上举带女士右转；女士双脚掌为轴，右转时，重心先偏向左脚，然后重心在右脚 3. 男士右脚横步；女士右转一周后与男士相对，左脚横步 4. 男士左脚并右脚，女士右脚并左脚 5. 男士右脚横步，女士左脚横步	
手对手	1. 男士左转 1/4 周，左脚后退，左手向旁打开，与女士右肩呈并肩位 2. 男士左脚原地踏一步，在后半拍时准备右转 3. 男士右转，女士右转，男士左脚横步，左手与女士右手相拉，掌心相贴 4. 男士右脚并左脚，女士左脚并右脚 5. 男士左脚小横步，女士右脚小横步 6. 男士右转 1/4 周，右脚后退，左手与女士右手相拉，右手向旁打开	ssqqs
原地左转	1. 男士左脚后退，右手上举，引领女士左转，女士右脚前与左脚交叉，左转 1/4 周 2. 男士右脚原地踏一步，女士以右脚为轴左转 1/2 周，然后重心移至左脚 3. 男士左脚横步稍前，女士右脚横步，左转 1/4 周与男士相对 4. 男士右脚向左并步，踮脚跟双膝弯曲；女士左脚向右脚并步，踮脚跟双膝弯曲 5. 男士左脚横步，直膝；女士右脚横步，直膝	ssqqs

第四节　交谊舞的礼节及其他

【教学目标】了解交谊舞的基本礼节。

随着改革开放和生活节奏的加快，全民健身运动越来越受人们重视，紧张、繁忙的工作和学习之余，或在欢庆节假日期间，在音乐声中活动筋骨、消除疲劳，还可以陶冶情操、增添欢乐。

一、参加舞会礼仪

（1）男女即使彼此互不相识，但只要参加了舞会，都可以互相邀请。通常由男方主动去邀请女方共舞。

（2）邀舞时，男方应步履庄重地走到女方面前，弯腰鞠躬，同时轻声微笑地说："想请您跳个舞，可以吗？"弯腰以 15° 左右为宜，不能过分。过分了，反而会有不雅之嫌。

（3）当你有意邀请一位素不相识的女性跳舞时，必须先认真观察她是否已有男舞伴。如有，一般不宜前去邀请，以免发生误解。

（4）在正常情况下，两个女性可以同舞，但两个男性却不能同舞。在欧美，两个女性共舞，是宣告她们在现场没有男伴；而两个男性共舞，则意味着他们不愿向在场的女性邀舞，这是对女性的不尊重，也是很不礼貌的。

（5）如果是女方邀请男伴，男伴一般不得拒绝。音乐结束后，男伴应将女伴送到其原来的座位，待其落座后，说一声："谢谢，再会！"然后方可离去。切忌在跳完舞后不予理睬。

（6）男士邀舞时，女士不能不理不睬，更不能矫揉造作，昂首向天，不屑一顾，甚至嗤之以鼻，拒人于千里之外，这是不文明、不懂礼貌的表现。万一不想跳，也应微笑并申述理由。例如，"对不起，我连续跳，体力吃不消。"在这种情况下，男士不能再强求。男士应有绅士风度："打扰你了，请原谅！"面部不能露出不愉快的表情，更不能恶语相向。女士拒绝了男士的邀舞之后，不能马上接受另一个男士的邀请。

（7）在休息时，不能争抢座位，在发现有女士站着时，男士应主动给没有座位的女士让座，以示风度。

二、学习交谊舞的一些“诀窍”

（一）舞姿的改正

对于初学者，一定要注意自己的舞姿，开始可能觉得不习惯，但过些时候，就会觉得很自然了，要想较快地学会，可以多找几个好友一起学习，这样可以相互指出对方的错误，来及时改正。有人认为对镜子学习同样可以达到纠正错误的目的，但事实上，一个人是不易发现自己的毛病的，所谓旁观者清就是这个道理。

（二）起伏动作的分析

舞步和步伐不同，舞步时快时慢、时大时小，在大步移动时，下降的动作最明显，在两脚并拢时身体上升。当然，在某些动作中，两脚移动是很小的，在这种情形下，身体始终在最高位，下降并不明显。

（三）倾斜动作的分析

在跳交谊舞的时候，倾斜动作是需要加强的，不但要加强，还要配合舞步的移动去加强。在华尔兹的转身中，大部分都要加入倾斜，许多初学者，往往在舞步中已不自觉地配合动作增加了身体的倾斜，这样才能使舞蹈充满韵味。

思　考　题

1. 交谊舞的基本舞步分为哪几类?
2. 交谊舞的基本知识包括哪些?

第16章

瑜伽运动

【重点提示】本章介绍了瑜伽的锻炼价值以及瑜伽的锻炼方法，学生通过学习瑜伽能达到调节身心、陶冶情操和保健的目的。

瑜伽是梵文词，意思是自我（atma）和原始动因（the orininal cause）的结合（the union）或一致（oneness）。从广义上讲，瑜伽是哲学，从狭义上讲瑜伽是精神和肉体结合的一种运动。瑜伽的魅力之所以经久不衰，是因为习练瑜伽能给予我们最基本的身心的协调与均衡。瑜伽已成为一门对人类心灵、生理和道德的全面健康进行不断研究的使用科学。

第一节　瑜伽运动的特点与锻炼价值

【教学目标】了解瑜伽运动的特点及锻炼价值。

一、瑜伽运动的特点

（一）个体性

瑜伽是非竞技性的个性练习。现代健身瑜伽以体位锻炼为主，同时在体位练习过程中配合呼吸，体会身体和心灵的感受。

（二）全面性

所谓全面性，其一是指瑜伽练习的身体部位能够比较全面；其二是指瑜伽对身体、心理健康的维护较为全面。修习瑜伽能够使人得到均衡的发展，使身、心、灵达到更高的层次。

（三）舒适性

瑜伽属于有氧运动，强调呼吸和动作相配合，要求逐步缓慢地完成动作，并在自己极限体位上保持几次呼吸，此时要求意识放松并集中在身体的紧张部位，以给紧张部位更多的氧气和营养物质的供应。而每个体位结束后，一般都会有相应的放松和调整，然后再以轻松的身心状态进入下一个体位练习，当体位练习完全结束后还有让机体精力能量迅速恢复的瑜伽放松术环节。充足的氧气供应和及时的休息调整，让瑜伽运动更具有舒适性。

（四）易行性

练习瑜伽仅需要很小的空间，能够容纳双臂双腿的伸展即可，并且受场地环境和器材的限制也少。一个安静的角落，一块洁净的垫子，一颗纯净的心灵即可。

二、瑜伽运动的锻炼价值

（一）健身养生

中脉七轮是瑜伽健身的基础理论，其内在机制是通过各种围绕脊柱的动作，加强和调理内分泌系统的功能，使人体各大腺体的内分泌均衡，从而维护身体的健康；此外，瑜伽能够有效按摩和强化内脏器官，排除体内毒素；保持和促进身体各系统的正常功能。

（二）塑体美容

瑜伽体位练习的核心是脊柱，通过围绕脊柱的练习，能够维持脊柱的正常生理弯曲，培养挺拔的体态，有效提升气质；同时有针对性的局部体位练习能够塑造良好的形体；较多头部向下的体式有效滋养面部肌肤，起到美容的功效。

（三）安神静心

瑜伽体位是动态的冥想，在柔美的音乐中，呼吸和动作相配合，意识集中于身体所紧张的部位，不知不觉中内心会变得平和、宁静，起到提升心理素质、缓解压力和不良情绪的功效，从而促进心理的健康。

（四）辅助医疗

瑜伽对身体的锻炼是全方位的，不仅锻炼外在体能，还可以对能分泌、微循环、内脏系统起到全方位的调节和改善作用；最难能可贵的是，平时几乎锻炼不到内脏、头皮、背部肌肉等锻炼盲区，瑜伽也都有专门的体位法照顾周全。所以瑜伽能对疾病的预防起到间接或直接的作用。

第二节　瑜伽基本技术阶段性分析及练习

【教学目标】了解掌握瑜伽基本技术阶段性分析及练习。

一、瑜伽的冥想

瑜伽的冥想术在于获得内心的平和与安宁，最终体验到内心自由状态下的快乐和幸福。瑜伽的冥想体系较多，最主要的特点是把注意力集中到某一特定对象之上的深思方法。瑜伽语音冥想是将注意力集中在瑜伽语音上，其体系比较容易，效果明显，益处多多。瑜伽冥想姿势一般是打坐姿势。比较常用的有以下几种（见表 16-1）。

表 16-1

动　作	图　示	动作方法	功　效
简易坐		1．坐在地上两腿向前伸直 2．弯起右小腿，把右脚放在左腿之下 3．弯起左小腿。把左脚放在右大腿之下 4．两手放在两膝上，保持头、颈、躯干在一条直线上	这个姿势可以减轻和消除风湿和关节炎，同时平衡整个身体的气息，增强安眠和健康的感觉。是初学者最理想的瑜伽冥想姿势
半莲花坐		坐在地上两腿向前伸直，弯起右小腿抵住左大腿内侧，弯起左小腿，把左脚放在右大腿之上。尽量使两膝贴放在地面上。两手放在两膝上，保持头、颈、躯干在一条直线上	可以缓解肌肉紧张，降低血压
莲花坐		坐在地上两腿向前伸直，弯起右小腿，把右脚放在左大腿之上，脚底朝上。弯起左小腿，把左脚放在右大腿之上。脚底朝上。尽量使两膝贴放在地面上。两手放在两膝上，保持头、颈、躯干在一条直线	可以缓解肌肉紧张，降低血压
雷电坐	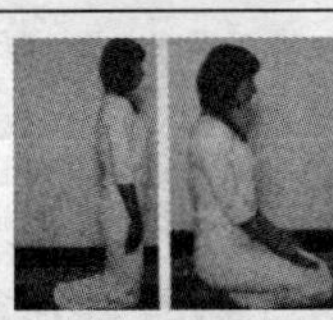	两膝靠拢跪地，小腿和脚背平放在地面上，两脚大脚指叠放在一起，两脚跟向外指，臀部坐在两脚内侧、脚跟之间。两手放在两膝上，保持头、颈、躯干在一条直线	
英雄坐		坐在地上两腿向前伸直，右小腿向右折叠，右脚放在右大腿外侧，脚底朝上。左小腿向左折叠，左脚放在左大腿外侧，脚底朝上，两手放在两膝上，保持头、颈、躯干在一条直线	缓解膝关节僵硬、预防风湿、有助于生命之气上行

二、瑜伽的呼吸

（一）腹式呼吸

以横膈膜上下运动为主的呼吸方式。可仰卧或采取瑜伽坐姿，吸气时，把空气直接吸向腹部，感受腹部向外隆起扩张，随着腹部扩张，横膈膜下降，随呼气，腹部向脊柱的方向回收，横膈膜会向上回升。

（二）胸式呼吸

以肋肌活动为主的呼吸运动，吸气时肋骨向外向上扩张，呼吸时肋骨向下内收。

（三）完全式呼吸

是以上两种类型呼吸的结合，吸气时，首先吸向腹部区域，在这区域鼓起的时候，空气开始充满胸部区域的下半部分，然后充满胸部的上半部分。尽量将胸部吸满空气而扩张到最大程度——双肩可能略微升起，胸部也将扩大，等等。在这种情况下，腹部将会向内紧收，此时，已经达到双肺吸气的最大容量。接着，按相反的顺序呼气。首先放松胸部，然后放松腹部，用收缩腹部肌肉的方法结束呼气。如此循环往复。气功小时增大通气量，可以净化血液，加快肌体新陈代谢；还可以达到按摩腹内脏器官，增强消化系统和内脏的功能；亦可滋养大脑和神经系统，起到静心作用。

三、瑜伽的体位法

体位法或瑜伽姿势，音译阿萨那，是现代健身瑜伽练习的基础，它是以人体脊柱为中心，进行前后左右的伸展、挤压或扭转的练习，将身体置于一种平稳、安静、舒适的姿势。通过体式的调整，调动身心的和谐，达到强身健体、燃脂塑形、静心减压等功效，深得瑜伽爱好者的喜爱。

瑜伽拜日十二式

拜日式又称向太阳致敬式，是哈他瑜伽体系唯一以串联体位流传下来的一组动作。原意是取得和原始动因的结合，现在的瑜伽课程常用来热身。专门练习瑜伽拜日式也有很好的健身效果。刚开始练习时，可放慢动作，一个一个地做，待熟练后，再把十二个动作配合呼吸，一气呵成地做下来。

1. 拜日十二式（见表16-2）

表 16-2

动　作	图　示
拜日十二式	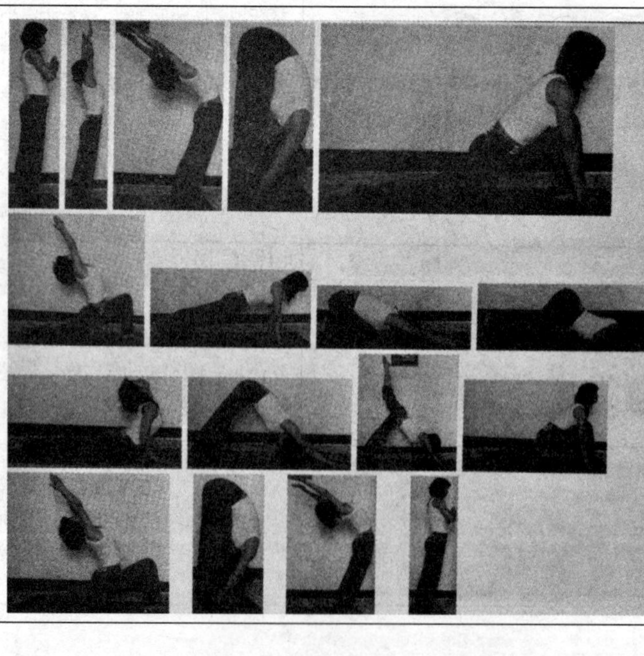

续表

动　作	图　示
动作方法	1. 双脚并拢直立，双手合十于胸前，呈祈祷姿势，深呼吸两次 2. 吸气，身体缓缓地向后仰，髋部朝前挺，收紧臀部，同时双臂向后伸直 3. 吐气，身体慢慢向前弯，双手与脚两贴地。（如果手贴不到地，可以将双手贴于腿前侧），放松颈部，垂头，尽量让额头贴腿前侧 4. 吸气，右腿屈，呈前弓步，左腿向后伸直，小腿触地，头部和上身向后仰 5. 双手撑地，左腿绷直，右腿向后伸与左腿并拢，屏住呼吸，腹肌、臀肌使劲，挺住脊柱 6. 吐气、曲肘，胸、下巴、膝盖同时着地，臀部微微翘起 7. 吸气，双手于胸两侧撑起上半身，并向后仰头，拱起胸部 8. 吐气，前脚掌踩地，臀部把身体带起来。放松头、颈部，向后压肩、背。同时脚跟尽量踩地（如果踩不到也没关系），拉伸双腿后侧，身体从侧面看呈三角形 9. 吸气，左腿向前屈，呈前弓步，右腿向后伸直，小腿触地，头部和上身后仰 10. 吐气，双腿伸直立起，右腿向前，向左腿并拢，上身慢慢前弯，放松颈部，垂头，让额头尽量贴腿前侧 11. 吸气，上身慢慢抬起，双脚并拢，再向后仰，手臂也向后伸直 12. 吐气，身体慢慢还原直立，双手合十于胸前，回到祈祷姿势，深呼吸几次，仔细体会身体的感受

2. 简易热身类（见表 16-3）

表 16-3

动　作	图　示	动作方法	注意事项
脚踝练习		坐下，两腿向前伸直（基本坐姿）；两手掌心放在臀部两侧，上身向后倾；两脚绷脚尖，勾脚尖。至少重复 12 次，然后两脚分开与髋同宽，保持两脚跟贴着地面，两脚做顺时针、逆时针方向旋转	保持腰背伸直
膝关节练习		基本坐姿，十指在右大腿下交叉，吸气，右腿上抬，呼气，屈右膝，重复做 12 次，保持背部挺直。然后右大腿抱至腹部，以右膝做支点，将右小腿沿顺时针方向、逆时针方向各做 12 圈的圆圈旋转运动；左脚同样练习	
髋关节练习	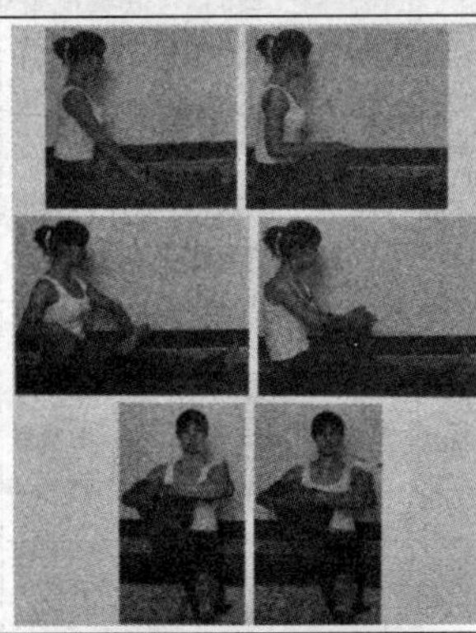	坐下，两腿向前伸直；右腿屈膝，把右脚背放在左膝上；吸气，用右手向上抬右膝，呼气，向下按压右膝尽量靠近垫子，反复做 12 次；左手抓脚，吸气，右手向右侧送出右小腿，呼气，向左侧推送右小腿，反复做 12 次；搬动右小腿到腹前，左肘通过右脚脚心，右肘通过右大腿外侧，两手在腹前环抱小腿，吸气，将小腿向前送出，呼气，将小腿向胸腔靠拢，反复做 6 次。最后一次呼气，落小腿于垫子上还原，左侧同样练习	
肩部练习		简易坐姿；吸气，双臂向上伸展，呼气，屈双肘下落，食指搭肩；吸气，双肘向上，双手在背后尽量相触，反复做 6 次；吸气，展胸，两肘尽量向后伸，呼气，含胸，两肘体前尽量相触，反复做 6 次；两大臂以肩关节为轴向前旋转 6 圈，向后 6 圈	

3. 站立体位类（见表 16-4）

表 16-4

动　作	图　示	动作方法	注意事项与功效
山式		1. 双脚并拢站立，大脚趾和踝关节并拢，身体重量均匀摊在两脚上 2. 收腹收臀，髌骨上提，挺胸，脊柱延伸 3. 两肩外展下沉，手指并拢放于大腿中线处	注意事项：纠正身体不良姿态
腰屈转动式	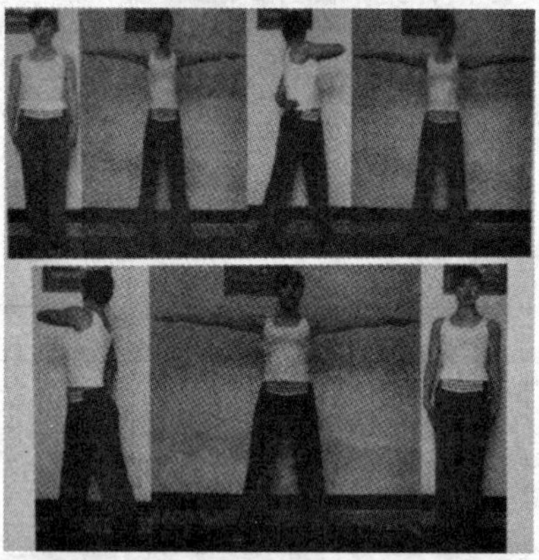	1. 山式站立，吸气，两腿分开一肩宽，两臂侧平举 2. 呼气，保持髋关节向前，上体向右扭转，右手拦在背后，左手搭在右肩上，眼睛看向右肩后的方向 3. 吸气，脊柱回正，两肩平举，呼气，反向练习，每侧保持 5 次呼吸	注意事项：吸气延展脊背，呼气进一步扭转。在躯干扭转时保持髋关节向前不转 功效：消除腰部多余脂肪，防止和矫正各种姿势、体态的不正
三角伸展式		1. 山式站立 2. 呼气，两腿向两侧分开一腿长，两臂侧平举，呈基本三角式 3. 呼气，右脚向右转 90°，左脚稍向右转 4. 吸气，头向左转，注视左手 5. 呼气，上体向右侧屈，右手根据自身条件扶住右腿的任何一部分。左臂上举，双臂成一条直线，眼看左手。保持 5 次呼吸，吸气还原，反向练习	注意事项：保持脊背与右腿在一个平面上，双腿伸直 功效：消除腰部赘肉和强壮髋部肌肉，增强腰肌力量，伸展按摩腹内脏器官，改善消化系统
三角扭转式		1. 山式站立 2. 吸气，两腿向两侧分开一腿长，两臂侧平举，呈基本三角式 3. 呼气，右脚向右转 90°，左脚稍向右转大 45°～60°；髋部向右方摆正；上体下压，放左手于右脚外侧，左臂上举与右臂呈一条直线 4. 吸气，右臂上举，转头向上，眼看右手，保持 5 次呼吸。吸气还原成基本三角式，反向练习	注意事项：骶骨到头顶的脊柱尽量保持伸展，尽量伸展双肩和肩胛骨，双腿伸直，膝盖放松 功效：滋养脊柱神经，强壮背部肌群，伸展按摩腹内脏器官，改善消化系统，减少腰上脂肪

续表

动　作	图　示	动作方法	注意事项与功效
战士二式		1. 山式站立 2. 深呼吸，两脚大大分开，两臂侧平举 3. 呼气，转右脚向右 90°，左脚稍向右转 4. 呼气屈右膝，大小腿尽量呈直角，头转向右方，注视右手指，保持 5 个深呼吸 5. 吸气，伸直膝盖回复到基本三角式	注意事项：收腹，尾椎向下收缩，拉长脊柱。伸直腿脚外侧踩实垫子 功效：锻炼双腿、背部与腹部，增强大小腿肌肉的力量
侧角伸展式	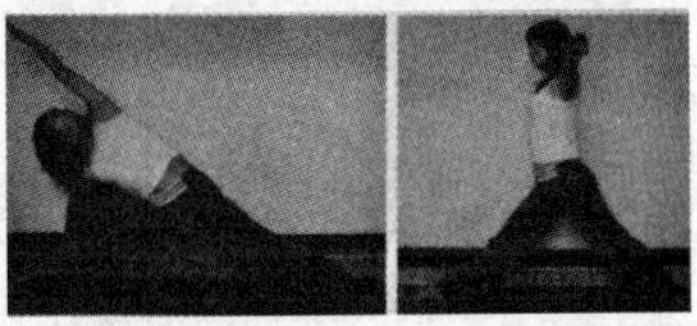	接战士二式的动作，继续呼气，放右手于右脚外侧着地，吸气，左臂顺着耳朵方向伸展，让左手指尖和左脚外缘呈一条直线，小手指向下，保持 5 次呼吸，吸气，还原成基本三角式	注意事项：手推膝盖，胸部向上转，髋骨下沉。尾骨内卷 功效：滋养脊柱神经，使胸部肌肉得到良好锻炼，伸展按摩腹内脏器官，改善消化系统
战士一式		1. 山式站立，吸气，两腿向两侧分开一腿长，两臂侧平举，呈基本三角式 2. 呼气，右脚向右转 90°，左脚向右转 45° ~ 60°，髋部向右方摆正 3. 吸气，两手上举呈祈祷式，延展脊柱 4. 呼气，屈右膝，直到大腿与地板平行，小腿与地板垂直抬头，眼看双手保持 5 次呼吸，还原成基本三角式，反向练习	注意事项：双脚用力压地，让力量向中间走，左脚外侧缘踩实地板，双肩放松下沉 功效：扩张胸腔，对肺部有益，加强双踝、双膝、双髋、双肩。心脏衰弱的人群不适合此动作
战士三式		1. 接战士一式的动作 2. 吸气，蹬直膝盖向上，重心前移，右脚上 3. 呼气，上体前倾，将右腿举离地面，直到与地面平行，让双臂、上体、双脚保持一条直线，右腿垂直地面，保持 5 次呼吸 4. 吸气，向上还原，呼气转身，反向练习	注意事项：双臂和左腿向两个方向充分延展形成一对平衡力，有利于动作稳定 功效：增强平衡感，滋养脊柱，伸展支撑腿的后侧韧带
树式		1. 山式站立，深呼吸一次 2. 吸气，右脚脚趾分开牢牢抓住地板，左膝屈外展上抬，把左腿放在右腿的根部，脚尖向下，左腿充分外展，待稳定后，双掌合十于胸腹前，保持 2 次呼吸 3. 吸气，双臂伸直，高举过头顶，保持 5 次呼吸 4. 呼气，双手及左腿同下回落回复到山式站立，反向练习	

续表

动　作	图　示	动作方法	注意事项与功效
舞蹈式		1. 山式站立，身体向右转 15°，深呼吸几次 2. 吸气向后抬起左腿，左手抓住左脚踝，右臂上举 3. 呼气，上体下倾让背部形成一反弓形，眼看左手；保持 5 次呼吸 4. 呼气，缓慢还原成山式，反向练习	注意事项：右腿根基要稳，左大腿尽量高抬 功效：使侧腰得到挤压，收紧腰、腹、臀部肌肉，强化腿部力量，提高平衡能力
幻椅式		1. 山式站立 2. 吸气，双臂从两侧向上高举过头顶，双掌合十，大拇指相扣 3. 呼气，屈膝下蹲，大腿尽量与地面保持平行，腰背挺直，向后送肩，向后送髋，保持 5 次呼吸 4. 吸气，伸直双腿 5. 呼气，双臂经两侧下落还原成山式站立	注意事项：保持时不要塌腰；臀部下落，感觉像坐在一把椅子上一样 功效：矫正不良姿态，防止驼背；增进肌肉力量；扩张胸部，强壮腹部器官

4. 坐姿式体位（见表 16-5）

表 16-5

动　作	图　示	动作方法	注意事项与功效
反台式	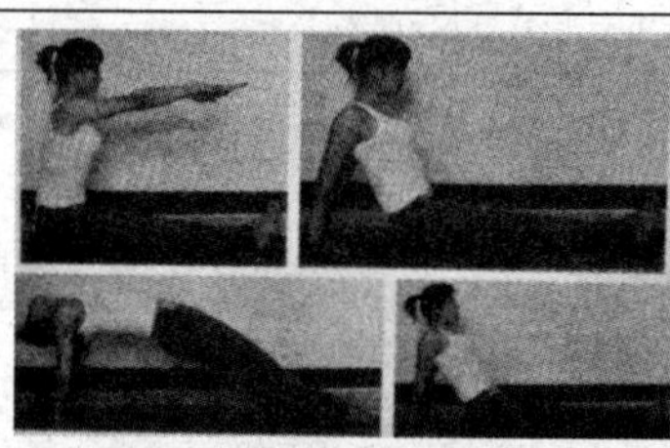	1. 直角坐姿，双手放在臀部后方的垫子上，指尖朝前 2. 吸气，将臀部轻轻抬起，头部后仰，保持 5 次呼吸 3. 呼气，臀部落地，吸气头部回正	注意事项：保持两腿伸直，髋部上顶 功效：加强两腕、两踝、骨盆的灵活性，使神经系统得到增强、血液循环得到改善，有助于消除疲劳
半脊柱扭动式	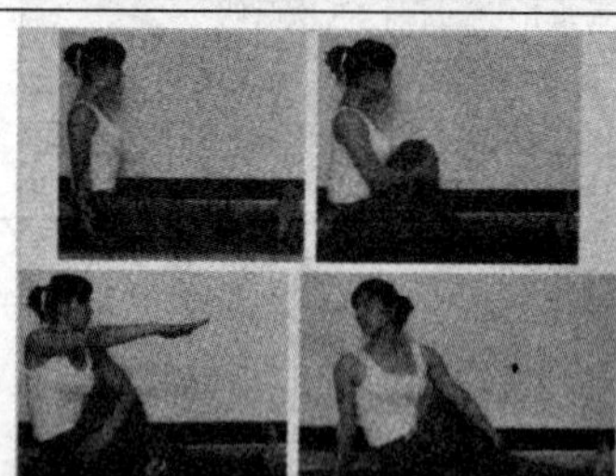	1. 直角坐姿，右脚跨过左膝平放在垫子上 2. 伸出左臂别过右腿外侧，抓住右脚脚腕，或者屈肘，左手放在右大腿根部 3. 吸气，腰背挺直，呼气，上体向右后方转动，保持 5 次自然呼吸 4. 呼气，身体转正，反向练习	注意事项：吸气坐骨坐直垫子，脊柱向上延展，呼吸进一步扭转 功效：使背部肌肉群更富弹性。从而预防驼背和腰部风湿痛等问题，促进消化和排泄，胰脏活动增强，对轻微的脊柱关节错位有益
鸽子式	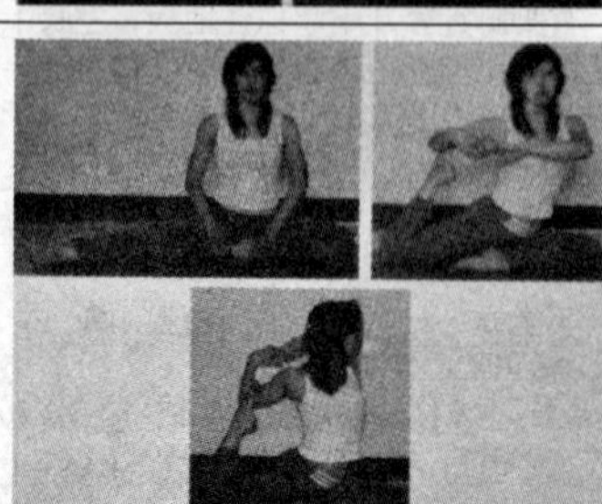	1. 直角坐姿，左脚脚后跟收至会阴处，右腿自然向外侧打开 2. 右手抓右脚把右脚尖靠近腰间，吸气，伸出右臂用右肘弯套住右脚，呼气，伸出左手绕指脑后，左右手相扣。头转向左侧，右腿向外尽量伸拉打开呈弓状，眼睛看向左上方，保持 5 次呼吸 3. 吸气，左臂向上伸直 4. 呼气，还原，反向练习	注意事项：如果左臂在头后不能抓到右手，可以提前抓到右手 功效：灵活膝关节，拉伸脚背，打开双肩，灵活侧腰

续表

动　作	图　示	动作方法	注意事项与功效
蝴蝶式		1. 坐立，两腿向内屈膝，两脚掌心相抵，双手放在两膝上 2. 吸气，双膝上抬，呼气两手把两膝向下按压 3. 变体，保持双脚位置不动，反复做 12 次	注意事项：保持脊柱伸直 功效：活动髋关节，是束角式之前的一个极好的预备练习
束角式	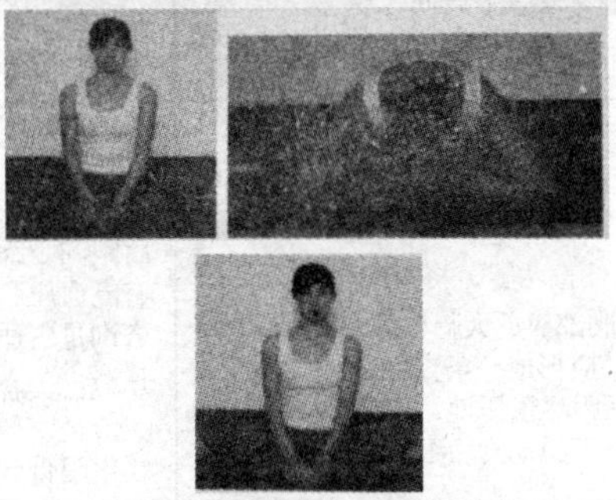	1. 坐立，两腿向内屈膝，两脚靠近会阴，两脚掌心相抵，双手握双脚 2. 吸气，延展脊柱 3. 呼气，上体前屈，将双肘压在两大腿上，或者两肘放在小腿前的地板上，头部尽量靠近地板，保持 5 次呼吸 4. 吸气，脊柱一节节向上回正	注意事项：保持脊柱伸直，全身放松，意识集中在两髋部 功效：增加骨盆区域的血液流动，强壮生殖系统功能，对消除坐骨神经痛和防止疝气也非常有益
坐角式		1. 坐立，在不感到过于用力的情况下，尽量宽阔地张开两腿。 2. 吸气，延展脊柱 3. 呼气，上体前屈，双手在体前撑地，小心点向前移动，直到腹部下扒着地板，放松地保持 5 次呼吸 4. 吸气，双手撑地，脊柱一节一节地向上回正，恢复到起始坐姿	注意事项：身体放松，两大腿肌肉向后旋，借其反作用力让脊柱向下的幅度增大 功效：增加骨盆区域的血液流动，强壮生殖系统功能，对消除坐骨神经痛和防止疝气也非常有益。此外，可以增进大腿内侧肌肉的伸展性

5. 手臂支撑类（见表 16-6）

表 16-6

动　作	图　示	动作方法	注意事项与功效
鹤禅式		1. 蹲立，两腿分开 2. 吸气，两脚尖着地抬高身体，两臂垂直于两肩，两手十指大大分开，掌心着地 3. 呼气，重心前移，直到双臂撑起身体，双脚离开地板，放松地保持 5 次呼吸 4. 呼气，双脚落地，回到蹲立	注意事项：手腕不适者禁做 功效：增强双臂力量和身体平衡能力
侧板式		1. 身体成平板式，两臂垂直于两肩 2. 身体向右转 90°，左臂支撑，右臂上举，两臂呈一条直线，眼睛向上看手，两腿伸直，保持 5 次呼吸 3. 呼气，右手落地支撑呈平板式	注意事项：支撑臂垂直肩部，侧腰上顶 功效：强壮手臂力量和侧腰力量，锻炼身体协调性

6. 卧地体位类（见表 16-7）

表 16-7

动　作	图　示	动作方法	注意事项与功效
蝗虫式	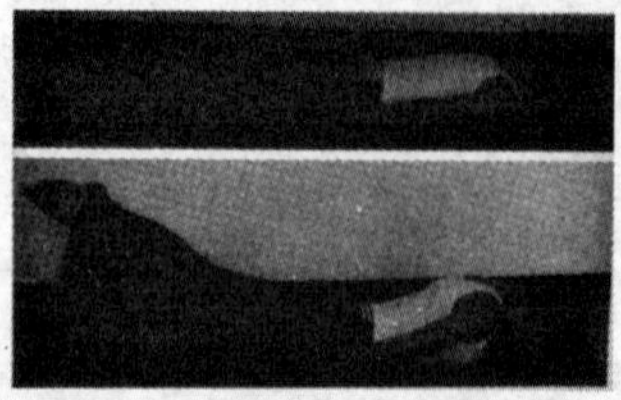	1. 额头贴地俯卧地上，两臂伸直放于体侧，双手放在腹股沟下 2. 吸气抬头，吐气低头，额头触地 3. 吸气，收紧臀部，双腿向上抬到最高处，保持此姿势 5 次呼吸 4. 呼气，把腿和头部回复到预备姿势	注意事项：如果腰部疼痛，可以膝盖弯曲，这样可以减少腰部压力，怀孕或腰部受伤者不要练习。高血压病人慎做 功效：强化腰腹力量，塑造良好臀型；促进内脏机能，强化脊柱骨神经，缓解便秘症状
顶峰式		1. 跪立 2. 呼吸，两手放在地上，抬高臀部，两手两膝着地 3. 吸气，伸直两腿，将臀部升高 4. 呼气，腹部靠近大腿根部，双臂下压，双臂和背部应形成一条直线，身体呈倒三角形。脚后跟尽量压地，如果不能放在地板上，就上下弹动脚后跟。保持 5 次深长呼吸 5. 呼气，回复到两手两膝着地的跪姿	注意事项：收缩臀部肌肉，脚后跟向下踩地，不要塌腰。患有高血压和眩晕病者应向医生咨询是否适宜此练习 功效：美容，恢复精力，消除关节炎，伸展和加强腘旁腱，软化跟骨刺，强壮坐骨神经

7. 倒立体位（见表 16-8）

表 16-8

体　式	图　示	动作方法	注意事项与功效
犁式	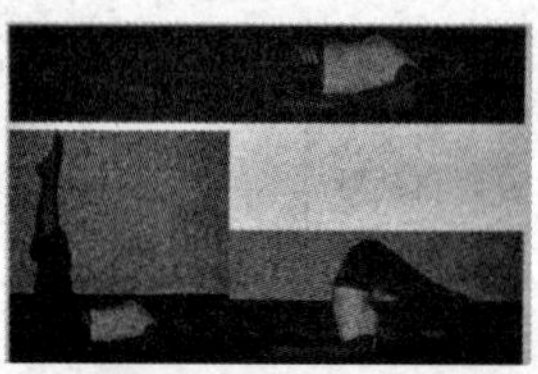	1. 仰卧，双腿并拢，双手掌心向下 2. 吸气，向上抬起双腿直至与身体垂直的位置 3. 呼气，将双腿向头部下落，使脚趾触及头部前方的地面，保持 5 次呼吸 4. 两腿笔直向前移动，先让肩胛触及地面，接着两腿、两手依次着地，恢复到预备姿势	注意事项：还原过程双手可以托住腰部，要平稳而有控制，慢慢还原。女性经期，患坐骨神经痛者，心脏病、高血压、哮喘患者不要练习 功效：改善肩背部僵硬酸痛，滋养面部和头皮，柔软脊柱
身腿结合式		在犁式的基础上，随呼气弯曲两膝，直到大腿靠近双耳，然后，两手抱住两大腿。保持 5 次自然呼吸	注意事项：小心不要使背部肌肉过劳 功效：按摩肩背部，镇静神经系统，放松双腿
头倒立式		1. 跪立，两手肘相抱，俯身向前，将臂放在地板上，保持两肘不动，两手十指相交 2. 呼气，将头顶挨着地板，后脑勺正好紧靠交叉的手指，臀部相应抬起 3. 吸气将脚趾轻轻撑住地面，将两腿慢慢伸直，使臀部抬起到最高点。两脚尖指向躯干，脊柱伸直近似以与地面垂直。调整一次呼吸 4. 吸气，缓缓将膝部弯曲，将两脚从地板升起来，膝部仍弯曲。待身体稳定后，向上伸直双腿呈头倒立，或者直膝上举呈头倒立 5. 呼气，先屈膝，在放低两腿落地。双手握拳，两拳上下重叠，将额头放在上面拳头上，以保证血液循环恢复正常	注意事项：保持时，肩部放松。患有高血压、心脏病、眩晕、心悸、血栓形成、严重近视眼或血液不纯（含有毒素）的人应该避免做头倒立练习 功效：恢复大脑精力，消除头痛、哮喘和精力衰退；改进肤色；增强双肺功能，有助于防止和治愈感冒；也是治打嗝的好办法
学练法	头倒立健身效果极佳，被称为“姿势之王” 初学者靠墙做头倒立，两人一组进行保护与帮助 先做屈体头倒立，待重心平稳后，可以试着支腿立		

放松和休息的体位

仰卧放松功——背部贴地，仰卧在地面上，两脚分开与肩同宽，两臂置于身体两侧，掌心朝上，两眼闭合，注意呼吸和保持平稳、舒缓。

俯卧放松功——俯卧地上，两臂伸直到头顶之前，闭上双眼，放松全身，意识集中在呼吸上。

坐式休息——屈膝坐立，大腿靠近腹部，双臂抱膝，脊柱可以伸直，如果脊柱很累，可以拱背，低头放松颈部。

大拜式放松、婴儿式放松——跪在垫子上，臀部坐向脚后跟，腹部靠近大腿，额头放在地板上，双臂伸向头前，这是大拜式放松，双手放在身体两侧为婴儿式放松。

瑜伽休息术——瑜伽休息术是让瑜伽练习者得到极好休息放松的技法。方法非常简单，任何人都可以做到。练习过程主要包括训练方法和意境法，训练法是通过瑜伽的调整姿态（调身）、呼吸（调息）、意念（调心）而达到松、静、自然的放松状态。意境法是通过想象达到放松的目的，主要是想象大自然中美丽的景象，从而使心情放松，内心平和。

四、哈达瑜伽体式与欣赏

（一）体式

依据瑜伽对称、平衡、舒适、流畅、全面的编排原则，编排了两套体式：第一套体式较为简单，锻炼部位较为全面，主要活动身体的各个关节和部位，促进全身的血液循环；第二套体式动作难度稍大些，对于增强肌肉力量、强化内脏器官机能、增强脊柱的灵活性、形成良好的身体姿态有较大帮助。

同学们还可以根据自己的身体条件和要求，注意避开针对自己的禁忌体式，依据瑜伽的编排原则，尝试编排适合自己的体式，在练习过程中要有较强的自我保护意识。

1. 第一套

（1）调息。

（2）简易热身：直腿坐姿——脚趾、脚踝、膝关节、髋关节；简易坐姿——头颈部、肩部；四柱式——猫式热身脊柱。

（3）体位练习：腰躯转动式；直角式；三角伸展式；幻椅式——接直角坐地；蝴蝶式；束角式；脊柱扭动式；反台式；双腿背部伸展——屈膝成跪姿；虎式——大拜式休息；蛇击式；眼镜蛇式；顶峰式；侧板式——仰卧休息；蝗虫式——仰卧；半船式；蹬车式；摇滚式。

（4）休息术。

2. 第二套。

（1）调息。

（2）经典拜日十二式热身。

（3）体位练习：三角扭转式；战士一式；战士三式（反向 1.2.3）；舞蹈式；鸟王式；下蹲式；鹤禅式——接坐地；坐角式；鸽子式；牛面式——接跪姿；骆驼式；叩首式；蜥蜴式；弓式；犁式；身腿结合式；拱背伸腿式；摇摆式。

（4）休息术。

（二）欣赏

瑜伽是非常优美的运动，无论是冥想、体位还是瑜伽放松术，带给人的都是一种静态和谐之美。在柔和的音乐声中，呼吸和动作顺畅地配合，举手投足间展示的是优雅；步骤分明、逐步到位的缓慢练习更像是徐徐展开的一幅动人画卷；意识的专注，在放松中正确的体位控制，展现的不仅是身体姿态的美，更有气定神凝、平和宁静的神态美；禅舟资深瑜伽导师林小海认为：“简言之，宁静即是瑜伽。”欣赏瑜伽，不在于欣赏体式有多高、难度有多完美，而应在于那种自我身心合一的和谐宁静之美。

第三节 瑜伽练习方法及注意事项

【教学目标】了解瑜伽的练习方法及注意事项。

一、瑜伽练习方法

（一）呼吸和动作相配合

瑜伽体位要求动作做得缓慢，步骤分明，在整个动作过程中要求呼吸和动作相结合：一般在完成两臂前屈、外展、扩胸、提肩、展体或反弓动作时，采用吸气比较有利；在完成两臂后伸、内收、收胸、塌肩、屈体或团身动作时，采用呼气比较顺当。同时注意让呼吸引领动作，每次呼气和吸气后要暂停片刻，但不要屏气。

（二）在放松中保持住

做肢体运动的时候，肌肉紧张是人的本能反应。肌肉一紧张便约束了气脉里的能量运行，气息因此无法畅通。体式保持过程中，要尝试对意识进行控制——使它由紧张态变成轻松态。意识一放松，肌肉自然放松，气脉畅通就滋养了身体的各个系统，从而使身体进入良性循环状态。

（三）意识集中在紧张部位

体位练习中，意识集中在紧张部位，一方面能维持动作的稳定性，使该部位的血液流动加快，强化该部位的功能；另一方面能借助身体感受对意识的牵引，收回易于散乱的思绪，自然达到感官内敛的冥想效果，实现瑜伽较高级的练习方式——运动中的冥想。

（四）稳固舒适的本体感觉

瑜伽体式练习不当常会导致各种瑜伽病。瑜伽经理说："瑜伽的姿势要保持稳固，感觉舒服。"保持稳固来自于意识的专注、来自于气息的流畅、更来自于根基的力量；舒服是肌肉的本体感觉。它意味着没有肌肉过度拉伸所造成的韧带损伤，没有关节的不吻合与超伸，没有对禁忌部位所造成的伤害。

二、练习瑜伽的注意事项

（1）练习瑜伽宜保持空腹状态，饭后3~4小时练习最佳。

（2）练习瑜伽时一定要温和地伸展身体，不要用力推拉牵扯。

（3）练习瑜伽前请先如厕。练习瑜伽后半小时再洗浴。

（4）练习瑜伽时，请穿宽松的衣服，尽量除去身上的束缚，并以赤脚练习为佳。

（5）经期女性及患有高血压、心脏病、眩晕病等患者不适宜练习倒立姿势。

思 考 题

1. 瑜伽有哪些锻炼价值？
2. 练习瑜伽的注意事项有哪些？
3. 瑜伽体位练习的基本技术是什么？

第 17 章

游泳

【重点提示】本章阐述了游泳运动的常识：游泳的起源与发展、设施、装备，游泳卫生，熟悉水性的基本练习和水上救护等。对蛙泳、自由（爬）泳、仰泳、蝶泳的动作要领和练习方法进行了详细介绍。

第一节 游泳运动概述

【教学目标】了解游泳的起源与发展，国际标准游泳池的设置，常用的游泳装备；游泳卫生的注意事项；除体育锻炼的一般卫生问题外，还要重视热身，自备泳具，清水淋浴，注意水质，排废入槽，严防疾病。

一、游泳运动的意义

游泳（Swimming）是动物凭借肢体动作与水的相互作用力，身体在水中活动或游进的一种技能活动。人类的游泳是一种有意识的活动，一直与人类的生存、生产、生活紧密联系。自然界中的许多生物都天生具有游泳的本领。人类虽然不是天生的游泳者，但人类在千百年的生存过程中不可避免地要与水打交道。为了生存，人类学会了游泳，而且随着人类社会的发展，游泳还成为一种重要的竞技和娱乐项目。

游泳是在水环境中进行的运动项目，是水浴、空气浴、日光浴三者的结合，是对人体十分有利的运动，也是生活、生产、竞赛和军事活动中十分有价值的一种技能。

游泳与其他运动项目不同，由于在特殊环境——水中进行，对人类产生了挑战，同时它还帮助人类解决了许多生产、生活中的问题。既能够强身健体，又能对生产建设、生活、国防等活动产生重要的价值。

（一）保障生命安全

地球上布满江河湖海，人类在生活中不可避免地要与水打交道。不论是主动地下水游泳、玩耍或者进行水上生产作业，还是被动地失足落水或乘船发生意外，如果不会游泳，生命安全就会受到威胁。如果会游泳，自身的生命就会有保障，不但可以自救，还可以救助他人。因此，会游泳成为了保证生存的重要手段之一，学会游泳也相当于给了自己第二次生命。世界上不少国家将游泳列为青少年学生必修的运动项目，要求从小掌握游泳技能，这是非常必要的。

（二）强身健体

游泳时由于水的压力、阻力、浮力和较低的水温作用，人体的各部分器官都能得到锻炼。经常进行游泳锻炼不仅可以改善体温调节功能、增强心血管系统的功能、提高呼吸系统的技能、改善肌肉系统的能力，还可以使身体成分比例更加合理，从而塑造健美的体型、预防疾病、治疗康复、磨炼意志，培养注意品质，促进心理健康和智能发展。

（三）休闲娱乐

大众游泳活动，可以不拘形式与内容，不受年龄、性别限制，是一项“休闲体育”。在盛夏，人们可以到泳池、水上游乐园或海滩进行游泳、游戏、纳凉消暑，不但能使肌肉得到放松，还能使紧张的神经得以放松，心情舒畅，促进身心健康。

（四）为生产、国防服务

游泳在生产建设上有很高的实用价值，许多水上作业，如水利建设、防洪抢险、渔业、水产养殖等，都要掌握游泳技能才能克服水的障碍，更好地完成生产建设任务。

在国防建设上，游泳是军事训练重要项目之一，练就过硬的游泳本领以提高水中作战能力，在战时能顺利地克服天然险阻，更好地保护自己和出其不意地打击敌人，保卫祖国。

（五）创造优异成绩，为国争光

游泳是国际体育比赛不可缺少的项目，在奥运会游泳比赛中设有 32 个项目，金牌之多仅次于田径。在综合运动会中，素有“得田径游泳者得天下”之说。因此，把游泳作为奥运会战略重点项目大力开展，加速提高运动技术水平，在比赛中取得优异成绩，可以为国争光，对促进我国走向体育强国具有重要的意义。游泳也是进行国际文化交流、增进与各国人民的互相了解和友谊的有效手段。

二、游泳的起源与发展

（一）古代游泳

游泳是世界文明古国最先发展起来的运动技能之一。中国的古代游泳出现很早。相传大禹治水时，人们在与洪水搏斗中已发明了不少泅水的方法。中国最早的游泳史料散见于先秦典籍中。如《庄子・秋水》：“夫水行不避蛟龙者，渔父之勇也。”说明当时渔夫已掌握了较高的游泳技能。春秋战国时代已有了水军，在《六韬・奇兵》中曾论及泅渡江河在军事上的重要价值。在古代绘画、雕塑艺术中，有不少反映游泳情景的。战国时期铜壶饰纹上，水陆攻战图的游泳姿势栩栩如生；敦煌壁画中也有一幅北魏时期的四个妇女水嬉的画面。中国沿江河两岸的人，自古以来多熟习水性，宋代著名文学家苏轼在《日喻》中写道：“南方多没人，日与水居也。七岁而能涉，十岁而能浮，十五而能没矣。”可见，在古代儿童时期就学会游泳，能浮善没的人是很多的。至今还在民间流传的狗爬式、寒鸭浮水、扎猛子（潜水）、扁担浮（踩水）等都是古老的游泳姿势。

在古埃及，关于游泳也有较多的记载。公元前 2200 年的埃及古王国时期已有表现游泳的文物雕刻。公元前 2000 年的埃及中王国时期的纸莎草纸古文献中，已记载有当时贵族儿童的游泳情况。古印度最有代表性的遗迹——市民公共浴场，为公元前 1500 年所建。在美索不达米亚的古代亚述帝国首都尼姆鲁德原址出土的公元前 900 年的浮雕刻有拿着羊皮浮袋的士兵游泳图。古希腊人对游泳非常重视，斯巴达人和古雅典人，都把游泳作为青少年军事训练的内容。古希腊的大浴池传到罗马后，为罗马历代统治者所重视，罗马的卡拉卡拉大浴池（Bath of Caracalla）建于公元 188～217 年，其中心处冷水浴池长 70 米，比现代的游泳池还长。

（二）近代游泳

英国哲学家 J. 洛克和法国启蒙思想家 J.J. 卢梭均对游泳的体育价值给予很高评价。最早把游泳作为体育运动项目的是英国。19 世纪初期英国首创游泳俱乐部，1869 年创立了业余游泳协会，欧美各国也相继建立类似组织开展游泳活动。1896 年在第一届奥林匹克运动会上游泳被确定为正式比赛项目。第一至五届奥运会，匈牙利、英国、德国、美国、澳大利亚等国均曾获得过冠军。第七至九届奥运会，美国则占优势；在 1932 年第十届和 1936 年第十一届奥运会上，日本的男子占绝对优势，女子则是美国、荷兰成绩突出。

第二次世界大战后，从 1948 年第十四届奥运会以来，游泳运动进入了一个新的发展时期。30 多年来，游泳运动迅猛发展，群众性游泳活动日益广泛，国际竞赛活动逐年增多，技术训练水平越来越高，世界纪录不断被刷新。竞技游泳现已成为举世瞩目的运动项目之一。

三、游泳运动的分类

在现代奥运会游泳比赛和世界游泳锦标赛中，比赛项目有游泳、跳水、水球和花样游泳四个大项。随着各运动项目的发展，游泳、跳水、水球和花样游泳四大类项目，实际上各自早已发展成为独立的竞赛项目，并有各自的理论方法体系。本教材所介绍的游泳（或游泳运动）是指单纯的游泳，不包括跳水、水球、花样游泳。

人类的游泳活动，一直与人类的生存、生产、生活相联系。随着人类社会的发展、需求的变化，游泳逐渐被用于军事作战、娱乐、竞赛、健身、体疗。游泳的泳式姿势也发展变化为多种多样。如根据目的和功能来分，游泳运动可分成竞技游泳、实用游泳、大众游泳三类。

（一）竞技游泳

竞技游泳是指有特定技术要求，按游泳竞赛规则规定进行竞赛的游泳运动项目。随着游泳运动的发展，竞技游泳的内容不断充实和丰富。目前竞技游泳分为游泳池比赛和公开水域比赛两大类别。

1. 游泳池比赛

在游泳池比赛的竞技游泳包括自由泳、仰泳、蛙泳、蝶泳四种泳式和由这四种泳式组成的个人混合泳以及接力比赛。按国际游联规定在 50 米池比赛中，列入游泳世界纪录的男、女项目共 40 项，奥运会游泳比赛只设 32 项。在 25 米池比赛中，国际泳联承认男、女共 42 项世界纪录。

根据国家体育总局 2003 年游泳竞赛规则，50 米池全国纪录与世界纪录项目相同，男、女共 40 项；25 米池比赛增加 4×50 米自由泳和 4×50 米混合泳接力，男、女共 46 项。

小规模的比赛、基层的游泳比赛、少年儿童比赛、成人游泳比赛和残疾人游泳比赛等，可根据比赛目的、对象情况及时间长短的不同，设置各自的竞赛项目。

2. 公开水域比赛

公开水域比赛，是指在江、河、湖、海这些自然水域进行的游泳比赛，包括公开水域长距离比赛、游渡海峡比赛和横渡江河比赛。这类比赛各有特定的规则要求，但没有严格的游泳泳式要求，运动员多数采用自由泳参赛。

游渡海峡活动历史悠久，从 1810 年著名诗人拜伦横渡了赫勒斯湾海峡，揭开了近代横渡海峡史的篇章后，世界上许多海峡都被人类所征服。我国也已组织过多次游渡海峡活动，如游渡琼州海峡和渤海海峡等。北京体育大学教师张健于 2000 年 8 月，以 50 小时 22 分钟游了 123.58 公里，成功横渡了渤海海峡，成为世界上第一个游渡渤海海峡的人。

公开水域长距离游泳比赛，按天然的条件定比赛距离，比赛距离超过 10 英里或相当于 16 公里以上的比赛称为“马拉松游泳”，国际马拉松锦标赛每四年举行一次。此外，也有不限地点而以游的时间长或游的距离远为取胜标准的比赛。我国首届成人公开水域游泳比赛于 1998 年 9 月在福建古田县翠屏湖进行；第二届于 2000 年 8 月在黑龙江省镜泊湖举行，比赛距离为 2000 米。

横渡江河，也是一种有广泛群众基础的大众体育活动。例如，由于毛泽东的倡导，群众性横渡长江活动蓬勃发展。在横渡长江时，两岸千万群众热情洋溢，犹如盛大节日一般。

（二）实用游泳

实用游泳是指直接为生产、军事、生活服务的游泳活动，包括踩水、侧泳、反蛙泳、潜泳、水上救护、着装泅渡等非竞技游泳技术。竞技游泳技术虽不包括在实用游泳技术中，但在泅渡、水上救护、运物和水上做积极性休息时，常采用蛙泳、仰泳。在快速救助时，常用爬泳。

（三）大众游泳

随着人类社会的发展、生产力的提高、社会物质财富的不断丰富，人们对物质、文化、娱乐生活的质量要求也相应提高。一种以增强体质为宗旨，以丰富人们文化生活为目的的大众游泳活动，如娱乐游泳、水中游戏、康复游泳、健身游泳等，已在世界各地蓬勃地发展，成为游泳运动的重要组成部分。这种以健身、实用、娱乐为目的的游泳项目，不追求严格的技术和速度，形式简便、多样，已越来越被人们重视，发展相当迅速。

四、游泳的安全卫生常识

游泳是一项深受人们喜爱的体育活动。随着生活水平的不断提高，人民群众对健康身体和文化娱乐的追求更为强烈，参加游泳活动的人越来越多。游泳是在水这种特殊环境中的活动，如果不注意安全和卫生，就有可能发生各种伤病，损害身体健康，甚至会发生溺水死亡事故。因此，每位游泳者和游泳教学的组织者，都应高度重视安全卫生问题，必须了解游泳安全和卫生知识，落实安全卫生措施，遵守游泳安全和卫生守则，防止发生意外事故和传染病。

（一）确立安全第一的思想，落实安全措施

俗话说："人命关天""水火无情""欺山莫欺水"。游泳是与水打交道的运动，切记安全第一，不能麻痹大意，必须慎之又慎。对于游泳安全必须反复地进行宣传教育，游泳教师在每次上课时都要强调，并且在备课时要备安全教育和安全措施，学生必须切实遵守安全规定。游泳场（馆）必须加强安全管理，按规定配备合格的救生员和救生器材与设施，认真制定安全制度（规定）并严格执行。 游泳活动，最好是有组织地进行，或三五人结伴前往，不要独自行动，尤其是在天然水域更不能独自游泳。在游泳时要互相关心、互相关照，同去同返，中途离开时应有所交代。上游泳课或游泳活动，教师必须严密组织，经常检查人数，安全措施必须落实（游泳课的安全组织工作）。

（二）选择安全卫生的游泳场所

人工游泳场馆的管理比较规范，池水经常消毒、排污和过滤，清晰度较高，深水和浅水有明显标志，有救生设施，应成为游泳的首选场所。如果到自然水域上课，一定要预先进行考察，选择水质较好、无污染、水温适中、水深适宜，水底平坦、无淤泥、无障碍物和水流平缓的水域。如在海边游泳，则要了解潮汐规律，摸清涨潮、退潮时间，尽量不要远离海边。选择好场所后，要进行必要的布置，如用绳子将场地围起来，标明深浅区，准备救生圈等救生器材与必要的药品。

（三）游泳前进行体检

游泳前进行身体检查，主要是防止患病者游泳时发生事故，同时也避免疾病的相互传染。凡患有心脏病、高血压、癫痫、活动性肺结核、传染性肝炎、皮肤病、红眼病、精神病、中耳炎、感冒、发烧、开放性创伤者，都不宜游泳。妇女月经期游泳要采取卫生措施，未采用措施不宜下水。

（四）饮酒、饱食后和饥渴、过度疲劳时不宜游泳

饮酒能刺激中枢神经系统使之处于过度兴奋或抑制状态，因此酒后游泳容易发生溺水事故。饱食后游泳会减少消化器官的血液供应，使消化器官功能降低，影响食物的消化和吸收。另外，由于水的温度和压力会使胃肠的蠕动功能受到影响，容易引起胃痉挛，出现腹痛或呕吐。因此，饭后不要马上游泳，一般需相隔半小时到一小时后再下水。饥饿时游泳也不好，因为空腹时人体血糖含量下降，游泳时易发生头晕或四肢无力现象，甚至有昏厥的可能。在剧烈运动或大强度体力劳动后，身体已经感到疲劳，产生肌肉的收缩及反应变慢现象，易发生溺水事故。因此，在剧烈运动和强体力劳动后，应休息一会儿，待体力恢复正常后再游泳。

（五）游泳前要做好准备活动

准备活动可提高神经系统的兴奋性，增强心血管系统和呼吸系统的功能，加快血液循环和呼吸系统的功能，加快血液循环和新陈代谢，可使肌肉的力量和弹性增加，使身体各关节的活动范围相应加大、灵活性提高。这些变化，有利于身体更好更快地适应游泳运动的需要，同时，对防止抽筋、拉伤也有积极作用。游泳前的准备活动，一般可做广播操、跑步、游泳模仿动作及各种拉伸肌肉和韧带的练习。特别要活动颈、肩、腰髋、膝、腕各部位的关节。 准备活动后稍事休息，然后淋浴。这既是保持游泳池水质清洁的措施，也是为了使游泳者在下水前先适应冷水刺激，以避免突然下水发生意外。

（六）游泳时量力而行不逞能

下水游泳时，初学者应在浅水区域活动。已会游泳者也要量力而行，不要好胜逞能，应合理安排运动量，当自感身体有异常反应，如头晕、头痛、胃痛、恶心或呕吐时，应立即上岸，擦干身体，休息到恢复后再下水。如过高估计自己的体力和技术，因而远游，结果无力返回，容易造成溺水事故。在游泳时要避免一切危险动作，如在浅水区跳水、互相打闹、过长时间地憋气潜水，以及在湿滑的池边奔跑追逐等。

（七）遇意外时镇定自救和呼吸

游泳时，如发生抽筋等意外时，应保持冷静，不要慌张，应立即上岸或在水中自我缓解抽筋部位，与此同时，也可呼救，以便周围的人及时来帮助、救护。如发现有人抽筋或溺水，应迅速去救护，并同时大声呼救，让周围的人能一起来抢救。

（八）注意个人和公共卫生，文明游泳

游泳时应讲文明，要穿干净的不透明的游泳衣裤，自觉遵守泳场守则和维护公共卫生，下水前应先淋浴，从头到脚冲洗干净。不随地吐痰、擤鼻涕，不准在泳池中排便和抛弃杂物，以免污染水质，损害自身和他人的健康。游泳出水后，应及时冲洗身体，然后擦干，穿上衣服，以防感冒。

（九）预防眼、耳疾病

由于水中有杂质和细菌，游泳者容易产生眼、耳疾病。要预防眼病，除要选择干净的游泳场所进行游泳外，还要注意维护公共卫生，经常进行游泳池水净化处理和水质检验。游泳后要向眼中点氯霉素眼药水或金霉素眼药膏，切勿用脏手乱擦眼睛，以防损伤结膜或使细菌进入眼内。游泳时如果耳内进水，常常有刺痒、耳鸣等不适感，这时切勿用手指挖耳，以免擦破耳道，招致污水感染，引起中耳炎。水进入耳内时，可把头偏向进水耳朵一侧，并用同侧的脚连续震跳，使水从耳朵内流出来；也可将头偏向进水耳朵一侧，用手掌紧压耳廓，屏住呼吸，然后迅速提起手掌，反复几次后，就可以吸出水来。实在倒不出水时，也不要着急，应及时请医生诊治，排出耳中积水。

第二节　游泳技术教学

【教学目标】了解各泳姿的动作要领和练习方法。

熟识水性练习

熟识水性是游泳教学中的一个重要环节，是初学者必须首先经过的一个阶段。其目的是让初学者体会与了解水的浮力、压力、阻力等特性，逐步适应水的环境，消除怕水心理，培养对游泳的兴趣，并掌握一些学游泳最基本的动作，如呼吸、浮体、滑行等，为以后学习各种游泳技术打下基础。

熟识水性教学的手段与方法多种多样，在运用这些手段与方法时，能与水中游戏结合，寓教于乐，其效果会更好。这里只介绍几种典型的熟识水性的练习方法。

（一）水中行走

在齐腰或齐胸深的水中，初学者可以进行各种方向的走动和跳动练习，学习在水中保持身体协调，维持身体平衡。

水中走动时，身体稍微前倾，动作先小后大、先慢后快。熟练后，用前脚掌蹬池底，轻轻上跳，逐渐用力，做跳跃练习。

趣味练习方法。

（1）纵队赛跑。双手扶在前面同伴的肩上，分成几队比赛速度（见图 17-1）。

（2）结网捕鱼。一人当“渔夫”，其余人分散做“鱼”。若被“渔夫”拍到，则与其手拉手结网，直至“鱼”全部捕获为止（见图 17-2）。

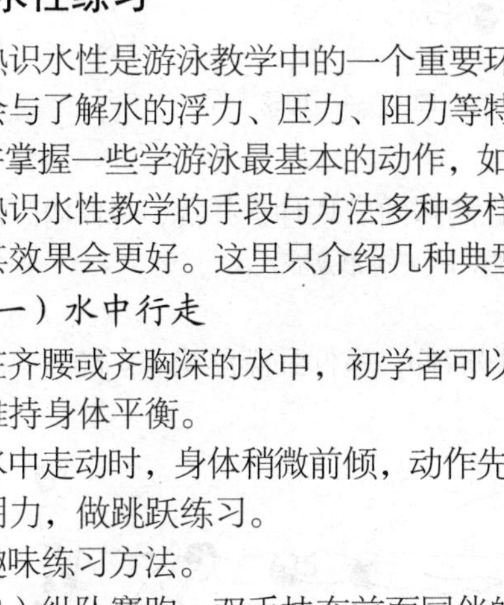

图 17–1　纵队赛跑

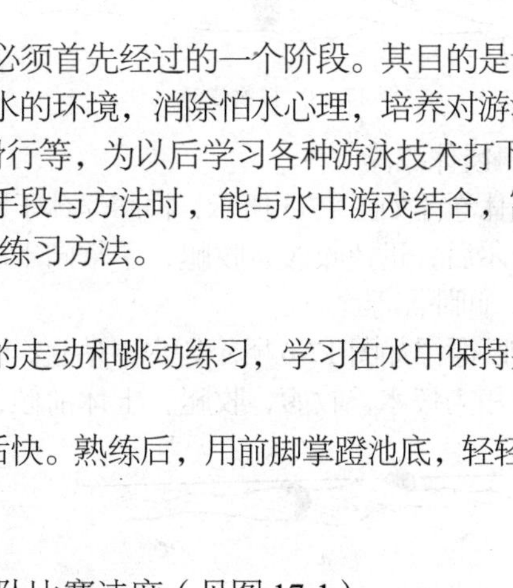

图 17–2　结网捕鱼

（二）水中呼吸

（1）各种姿势的游泳，都要求在水中憋气、呼气和在水上吸气。

手扶固定物（池壁、水线、同伴等），用嘴深吸一口气，蹲入水中，尽量长时间憋气，然后用口、鼻均匀缓慢地呼气，直至将体内废气呼尽，再站立吸气。反复练习并形成规律。

（2）趣味练习方法：两人对抗。两人一起蹲入水中，一人伸出几个手指，另一人跟着学。既练习了水中憋气和呼气，又练习了水中睁眼视物。

（三）水中漂浮

漂浮技术主要是让身体漂浮起来，体会水的浮力，学生要初步掌握在水中控制身体和维持平衡的能力。

1. 扶物漂浮

扶物漂浮如图 17-3 所示，手扶固定物，吸气，把头没入水中，憋气，伸展身体，全身放松，自然地漂浮于水中。亦可扶物团身漂浮。

2. 抱膝漂浮

抱膝漂浮（团身漂浮）如图 17-4 所示，站立水中，深吸气后下蹲憋气，低头，含胸收腹，两手抱膝，呈低头团身抱膝姿势。轻轻蹬离池底，身体放松，自然地漂浮于水中。用口、鼻慢慢呼气，然后两臂前伸，手掌向下压水，抬头，同时两腿伸直下踩。

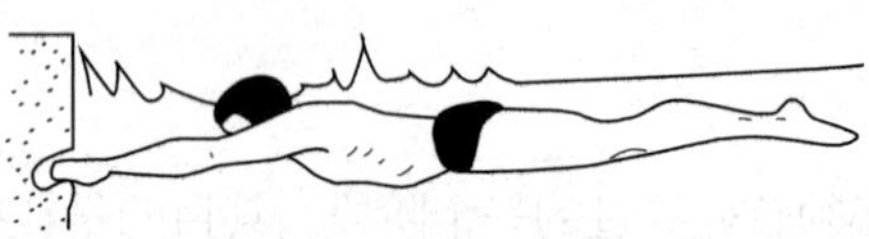

图 17–3 扶物漂浮

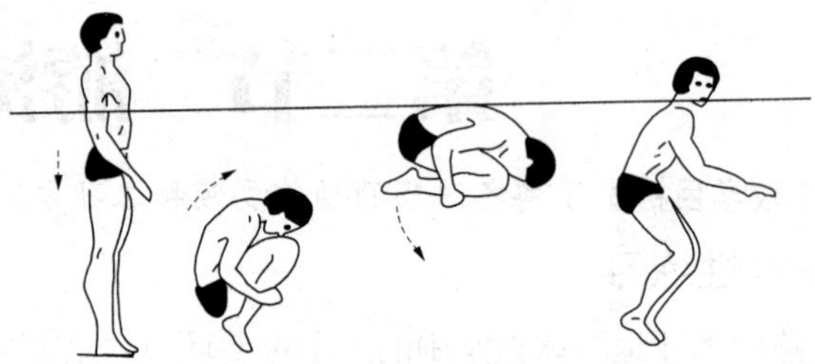

图 17–4 抱膝漂浮

3. 展体漂浮

展体漂浮如图 17-5 所示，抱膝浮体于水中，两臂向前、两腿向后均伸直并拢，身体俯卧漂浮于水面。尔后，迅速收腹、收腿，手掌向下压水，抬头，两腿下踩触底站立。

4. 仰卧漂浮

仰卧漂浮如图 17-6 所示，水中站立，深吸气，上体慢慢后仰，呈仰卧漂浮状态。随后，双手从后向前用力拨水，收腹，收腿，上体前倾，两脚触底站立。

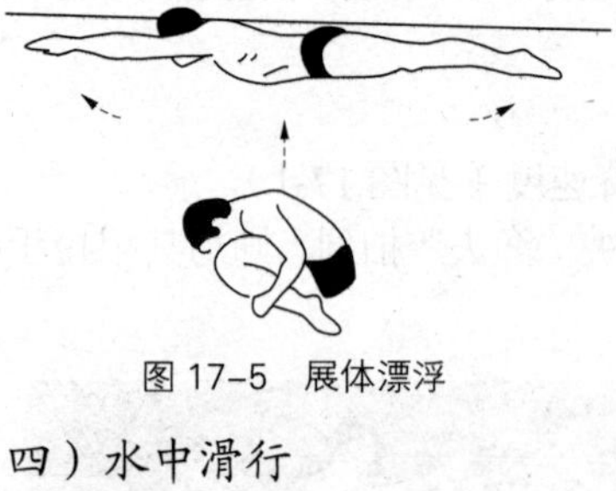

图 17–5 展体漂浮

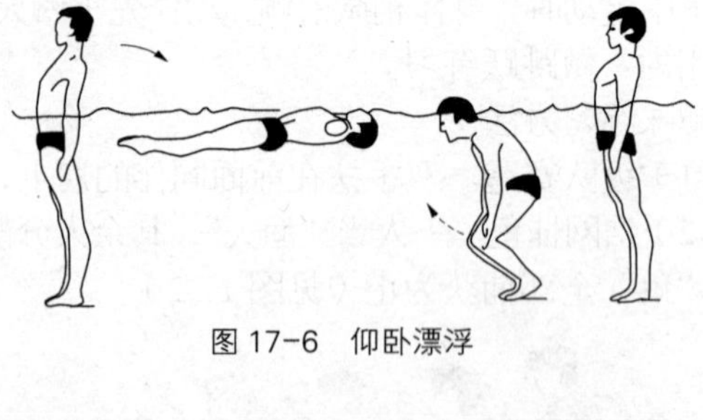

图 17–6 仰卧漂浮

（四）水中滑行

练习水中滑行的目的在于进一步体会水的浮力，掌握在水中平浮和滑行的身体姿势，为各种游泳姿势奠定良好基础。

滑行时，身体放松呈流线型，臂和腿自然伸直，尽量延长憋气时间和滑行距离。

1. 扶伴滑行

如图 17-7 所示，手臂扶住同伴，身体放松伸展，自然漂浮。同伴拉住练习者的手倒退行走，使其体会滑行。在此基础上，同伴可以放开双手，在旁保护，由练习者自己漂浮滑行。

2. 蹬壁滑行

如图 17-8 所示，背向池壁，一手扶池壁，同侧腿屈膝蹬壁；另一臂水平前伸，同侧腿以脚尖支撑站立。深吸气，低头，收腹提臀，上收支撑腿，两脚贴池壁。用力蹬离，两臂并向前伸，双腿自然并拢，全身充分伸展、放松，呈流线型向前滑行。滑行结束时，收腿，下踩，站立。

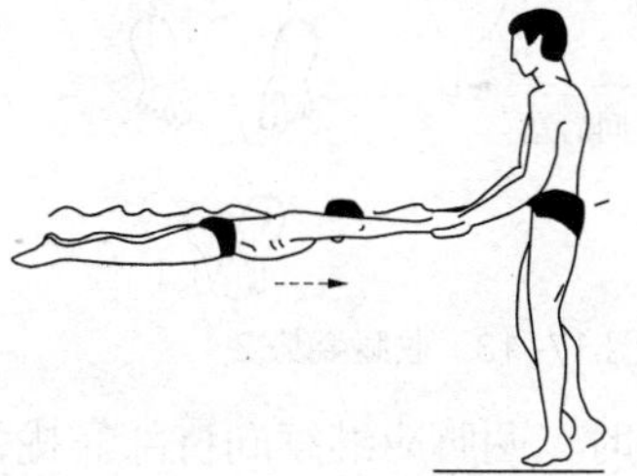

图 17–7　扶伴滑行

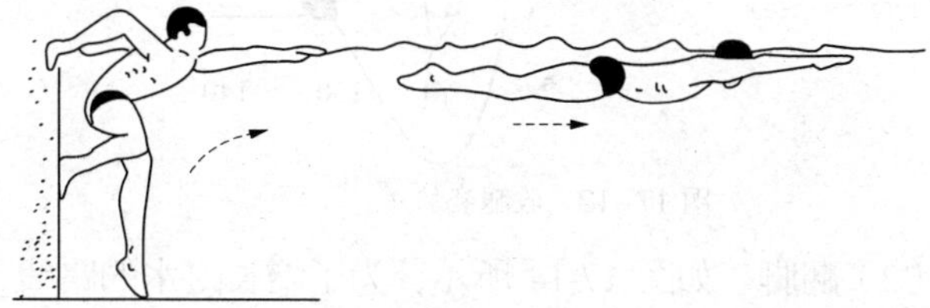

图 17–8　蹬壁滑行

3. 蹬底滑行

如图 17-9 所示，两脚前后开立，两臂前伸并拢贴近双耳，深吸气后身体前倾，两膝微屈，头和肩浸入水中，前脚掌用力蹬池底。两腿并拢，身体俯卧向前滑行。

4. 仰卧滑行

如图 17-10 所示，两手拉住槽沿，两脚贴于池壁或池底。松手，两脚用力蹬离，两腿并拢伸直，使身体向后仰卧滑行。滑行后，两脚可以自然地进行上下打水动作，使身体向前游进。

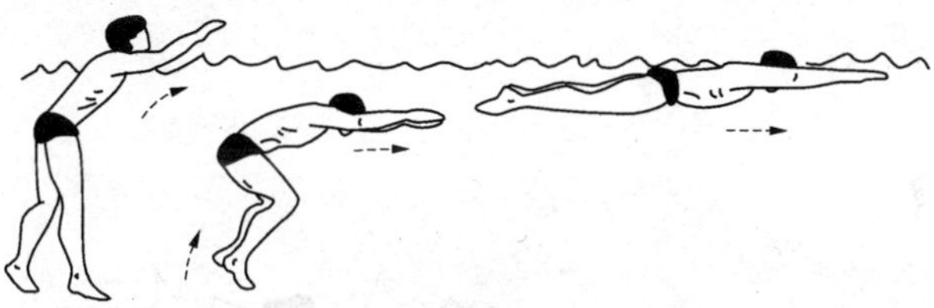

图 17–9　蹬底滑行

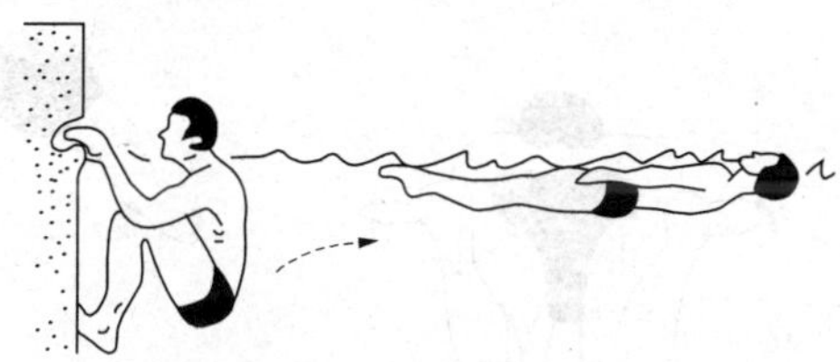

图 17–10　仰卧滑行

第三节　蛙　泳

【教学目标】了解掌握蛙泳的动作要领和练习方法。

一、动作要领

蛙泳（Breast Stroke）与青蛙游水极其相似，身体俯卧水中，两肩与水面平行，两臂在胸前对称直臂侧下屈向后划水，两腿对称屈伸向后蹬夹水。

（一）躯干姿势

如图 17-11 所示，蛙泳时，身体呈水平俯卧于水中，微抬头，稍挺胸，两臂向前两腿向后均伸直并拢，掌心向下，身体纵轴与前进方向呈 5°～10°。游进时，头部的动作幅度应适度，否则会导致肩部起伏过大而增加阻力，影响前进速度。

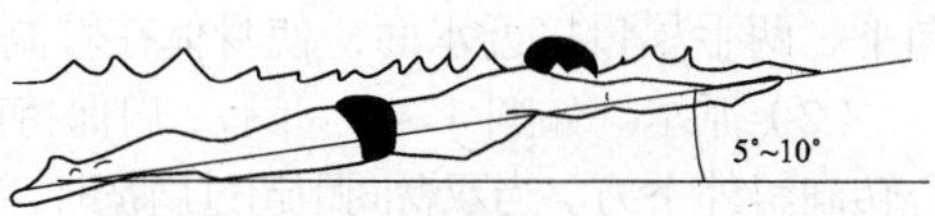

图 17–11　躯干姿势

（二）腿部姿势

蛙泳的腿部动作是推进身体前进的主要动力，分为收腿、翻脚、蹬水和滑行四个连贯的阶段。

蛙泳

（1）收腿。如图 17-12 和图 17-13 所示，两腿稍微内旋，脚跟分开，大小腿充分折叠，膝关节随腿的下沉边收（向前）边分（向外）。两膝距离约与肩同宽，脚跟分开与臀部同宽，大腿和躯干之间的夹角为 130° ～140° 。

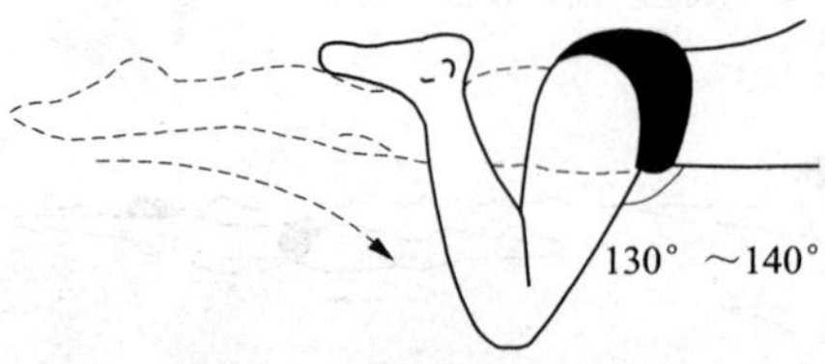

图 17-12　收腿姿势 1

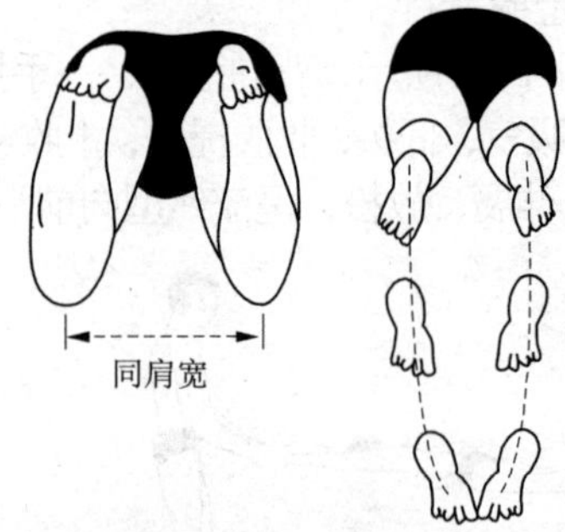

图 17-13　收腿姿势 2

（2）翻脚。如图 17-14 所示，为了增长蹬水的路线，收腿结束时，两脚应继续向臀部靠拢，大腿内旋使两膝内扣的同时小腿向外翻，脚尖也随之向两侧外翻，脚掌内侧正对蹬水方向。

（3）蹬水。如图 17-15 所示，由髋部发力，带动膝、踝关节相继伸直。大腿内旋造成膝内压，带动小腿和脚向后弧形蹬夹，形成一个有力的鞭状打水动作。蹬水效果取决于四个因素：一是速度要快；二是距离要长，即踝关节的伸直，要在两腿蹬直之后，若过早就会缩短蹬水的有效距离；三是推水面要大，即小腿内侧和脚掌应大面积对准水；四是蹬水方向应尽量向后下方。

（4）滑行。可以有效地放松肌肉，并保持良好的游进节奏。如图 17-16 所示，身体呈水平姿势，借助惯性高速向前滑行，两腿并拢向后伸直，脚跟稍稍提向水面，为收腿做好准备。

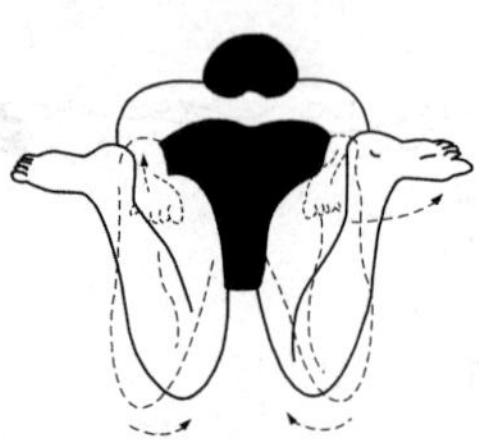

图 17-14　翻脚

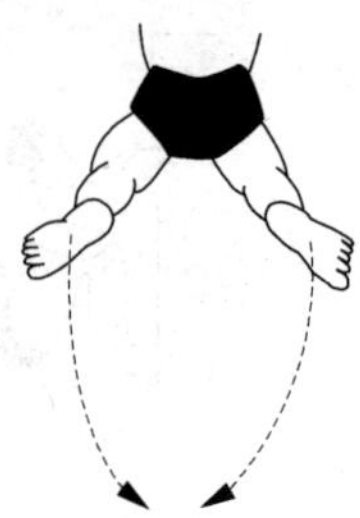

图 17-15　蹬水

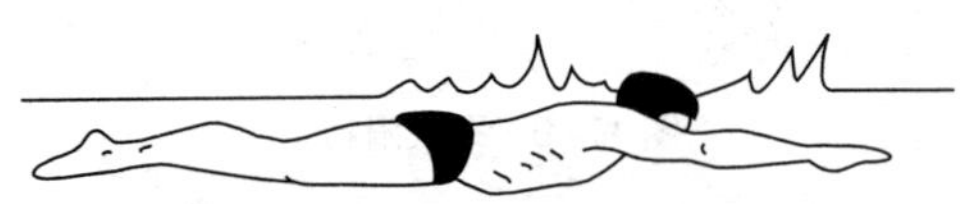

图 17-16　滑行

（三）臂部姿势

蛙泳的手臂划水对产生牵引力具有重要作用，两臂动作对称、速度一致，可分为滑行、抓水、划水、收手、前伸五个连续的步骤，整体路线近似心形。

（1）滑行。伸臂结束后，身体呈流线型向前滑行，手指并拢，掌心向下，两手尽量接近水面，使身体在较高的位置上保持稳定。

（2）抓水。如图 17-17 所示，肩保持前伸，两臂内旋对称外划，掌心转向斜外下方。当双臂间距超过肩宽时，向外、下屈腕呈 150° ～160° 。此时，两臂与水平面及前进方向呈 15° ～20° ，肘关节伸直。

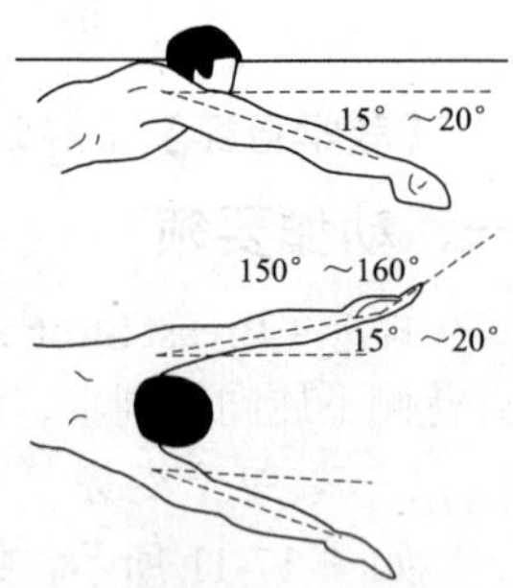

图 17-17　抓水

（3）划水。如图 17-18 所示，掌心从外后转向内后，双臂向斜下方急促拨水。两手划至肩线时，逐渐屈臂提肘，同时加速沿弧线继续划水。整个动作过程，肩部向前伸展，肘高于手并前于肩。划水结束时，形成高肘姿势，臂与前进方向呈 80° ，肘关节的角度为 120° ～130° 。

（4）收手。如图 17-19 所示，高肘划水完成后，双手倾斜相对向内上移动，同时上臂外旋，双肘逐渐向内、下靠。

（5）前伸。如图 17-20 所示，收手到下颌前时，迅速推肘伸臂，两手先向前上，再向前伸，掌心转向下，肩关节和身体尽量伸展、放松，两臂伸直靠拢，恢复为滑行姿势。

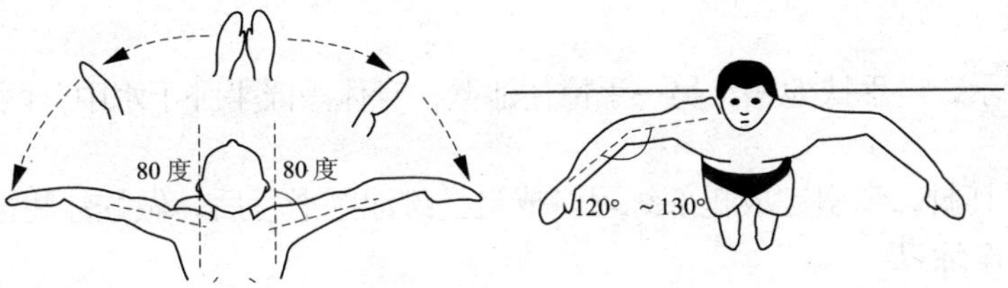

图 17–18 划水

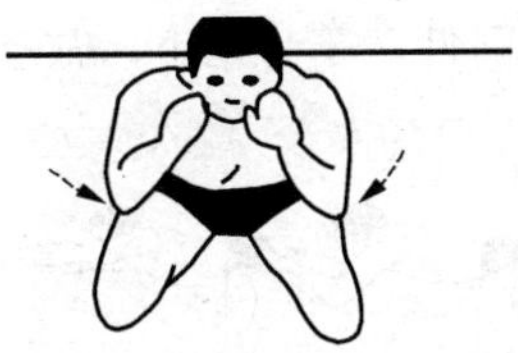

图 17–19 收手

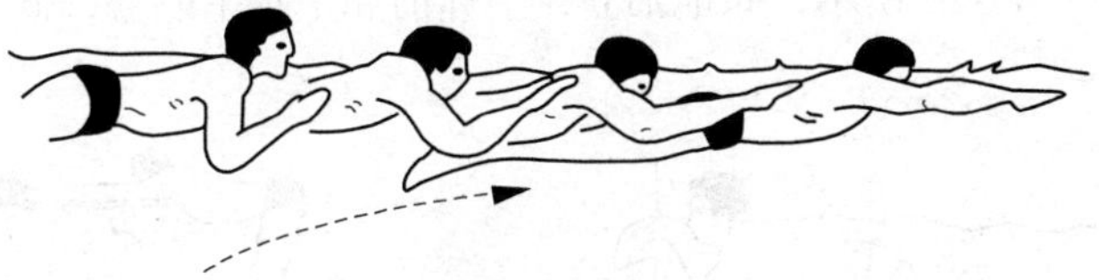

图 17–20 前伸

（四）整体配合

蛙泳一般采用 1∶1∶1 的配合方式，即一次腿部蹬夹水，一次划臂，一次呼吸。两臂划水时，腿伸直；两臂前伸时，腿蹬水；收手的同时收腿。

蛙泳的呼吸方法有两种：早吸气和晚吸气。如图 17-21 所示，早吸气是在划水过程中抬头吸气，收手时低头闭气，伸臂滑行和抓水时呼气。如图 17-22 所示，晚吸气是划水几乎结束时才开始抬头，在身体达到最高点时吸气，收手结束时闭气低头，从两臂开始外划直至划水过程中慢慢呼气。

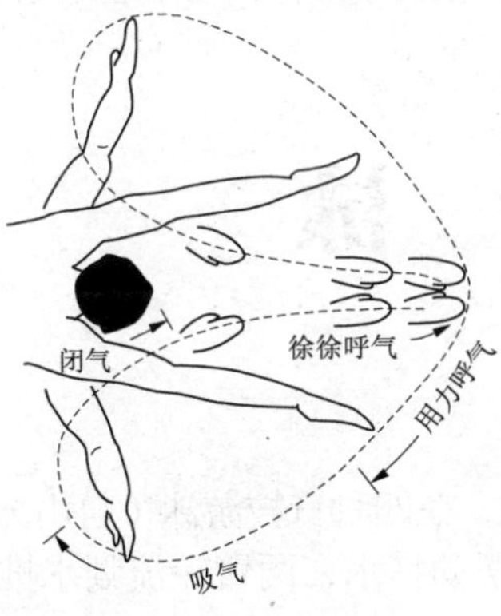

图 17–21 早吸气

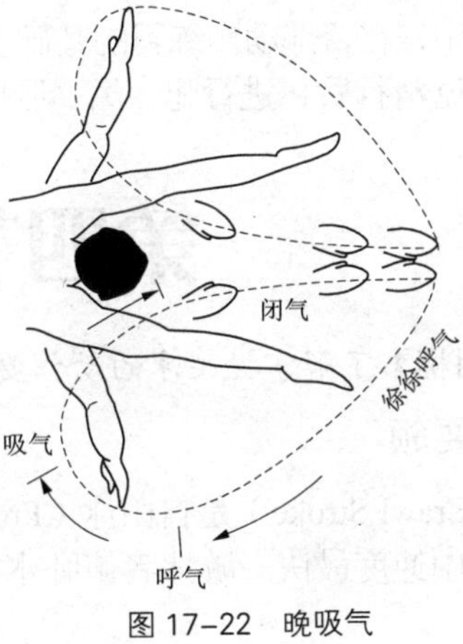

图 17–22 晚吸气

二、练习方法

（一）腿部动作练习

1. 陆上练习

（1）坐姿蹬水。如图 17-23 所示，坐在凳上或池边，上体稍后仰，两手后撑，两腿伸直并拢，做蛙泳腿的收腿、翻脚、蹬夹水和停止动作。先做分解动作，再做连贯的完整动作。

（2）卧姿蹬水。如图 17-24 所示，俯卧在凳子上做收（腿）、翻（脚）、蹬（夹）、停的腿部动作。

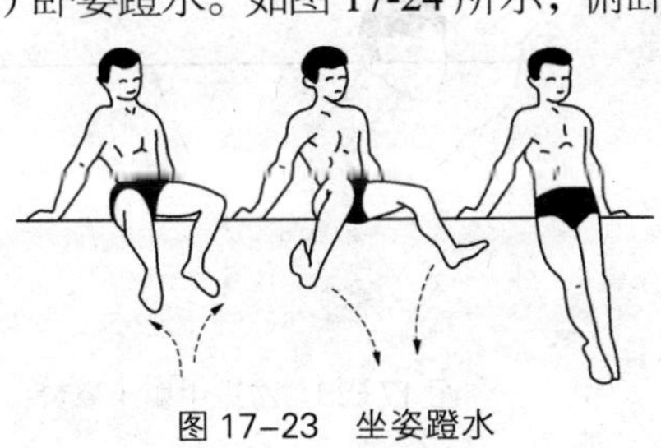

图 17–23 坐姿蹬水

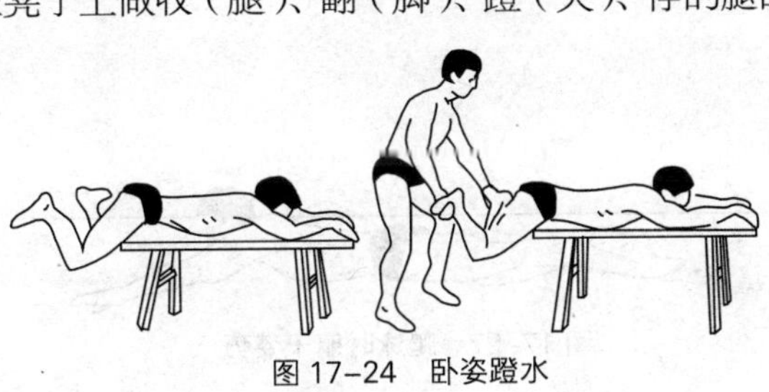

图 17–24 卧姿蹬水

2. 水中练习

如图 17-25 所示，一手扶池槽，另一手撑住池壁，身体漂浮平卧于水中，两腿伸直并拢，做蛙泳腿部动作。

亦可由同伴抓其脚，牵引完成腿部练习。或自己蹬池壁滑行后，做蛙泳腿部练习。

（二）臂部动作练习

1. 陆上练习

如图 17-26 所示，原地站立，上体前屈呈水平姿势，低头，两臂前伸，掌心向下，做蛙泳划水动作。

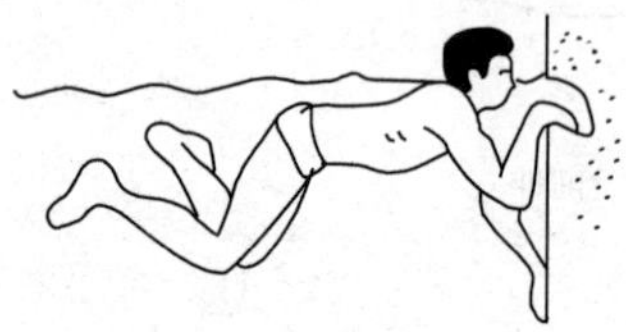
图 17–25 水中练习

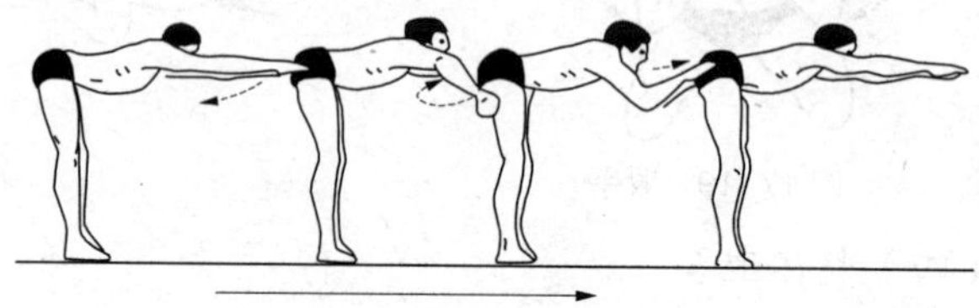
图 17–26 陆上练习

2. 水中练习

在齐胸深的水中，两脚开立（或走动），上体前倾，两臂前伸，做抓水、划水、收手、前伸的动作。亦可由同伴托腰腹，或自己蹬池壁滑行后，进行手臂练习。

3. 整体配合练习

站于水中，在臂部动作练习的基础上配合呼吸。当两臂向左右分开时，抬头吸气，臂前伸时呼气。亦可蹬壁滑行后，进行腿、臂、呼吸的完整练习。

第四节 爬 泳

【教学目标】了解掌握爬泳的动作要领和练习方法。

一、动作要领

爬泳（Crawl Stroke）是自由泳（Freestyle）的唯一姿势，在四种竞技游泳（自由泳、仰泳、蝶泳、蛙泳）中速度最快。游泳者俯卧水中，两腿上下交替摆动打水，两臂轮流划水推动身体向前游进。

（一）躯干姿势

如图 17-27 所示，爬泳时，身体伸直呈流线型，与水平面保持 3° ～5° ，颈部自然后屈与水平面呈 20° ～30° ，背部与臀部的肌肉适度紧张。

如图 17-28 所示，游进中，躯干随划水和呼吸动作形成有节奏的转动，髋部活动范围不超出身体宽度（即在肩关节延长线内），身体纵轴与水平面呈 35° ～45° 。

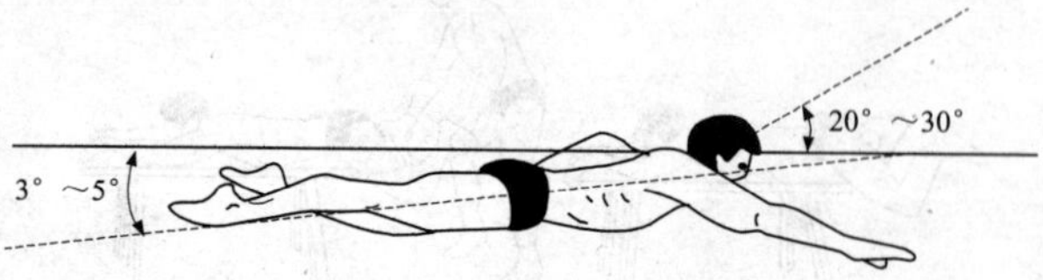

图 17–27 爬泳时躯干姿势

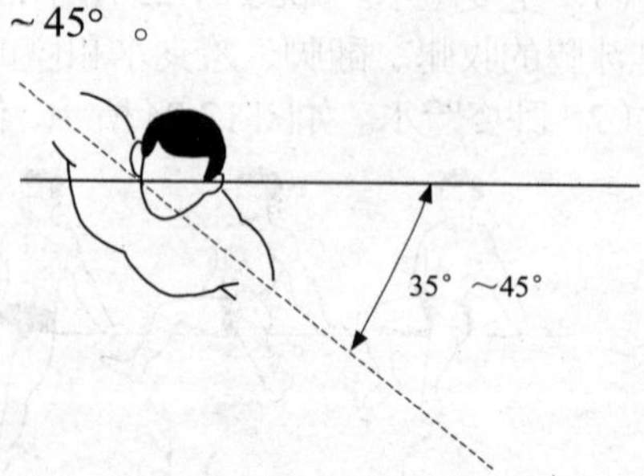

图 17–28 游进中躯干姿势

（二）腿部姿势

游进时，腿部做上下打水动作，其主要作用是保持身体平衡，还能产生一定的推进力并增进划臂效果。如图 17-29 所示，两腿并拢，脚稍内旋，脚尖自然伸直，踝关节放松，髋关节发力，大腿带动小腿，两腿快速有力地上下交替做鞭打动作。下打时用力，是产生推动力的主要阶段，上打时适当放松。两脚尖最大距离为 30～45 厘米，膝关节弯曲角度为 140° ～160° 。

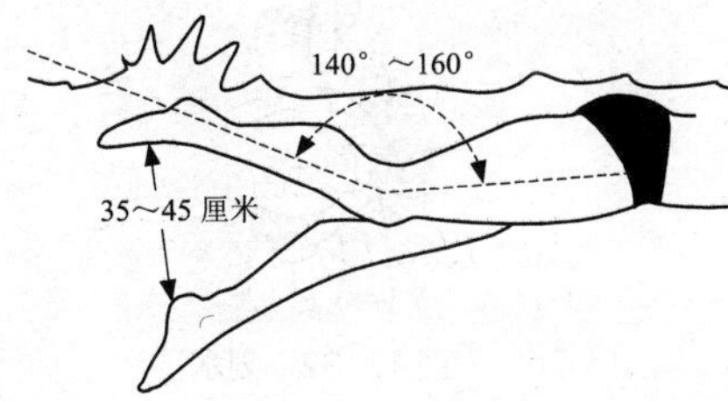

图 17–29 腿部姿势

（三）臂部姿势

爬泳的手臂动作是推进身体的主要动力。一个周期分为入水、抱水、划水、出水和空中移臂五个不可分割的阶段。

（1）入水。如图 17-30 所示，提肘略屈，手指自然伸直并拢，掌心稍向外侧，手腕放松，向斜下方切插入水。拇指和食指先触水，入水点在同侧肩关节的延长线上。动作应柔和，不宜过猛。

（2）抱水。如图 17-31 所示，臂入水后，手掌从向斜外下方转到向斜内后方，屈腕、屈肘，并保持高抬肘（肘关节高于手的位置）姿势。上臂和前臂与水平面约呈 30° 角和 60° 角，手掌接近垂直入水，肘关节屈至 150 度左右，形成抱水姿势。

图 17–30 入水

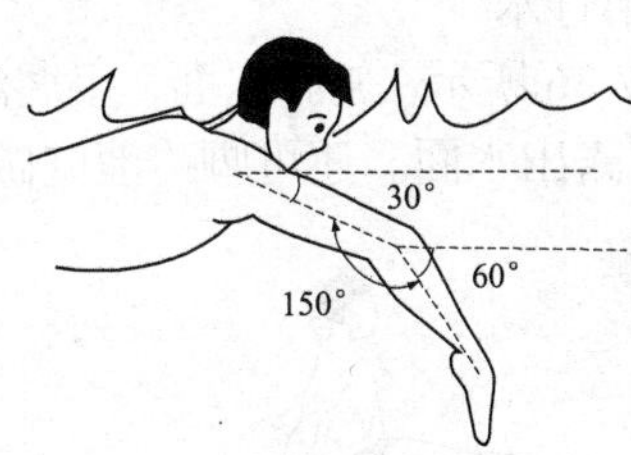

图 17–31 抱水

（3）划水。划水是发挥最大推动力的主要阶段，采用屈臂划水，臂越长，屈臂程度越大，反之屈臂程度越小。其动作过程分为拉水和推水两个部分。开始划水时，沿身体中线以约 120° 的肘关节夹角向后划水，上臂内旋，前臂移动快于上臂。臂部划至肩的垂直面后，即进入推水部分。手臂加速向后推水至腿侧，掌心转向大腿。划水过程中，手掌微凹，手的轨迹呈现“S”形（见图 17-32）。

（4）出水。划水结束后，顺应运动惯性，微屈肘，手臂在肩的带动下提出水面，肘部向外上方提拉，带动前臂和手出水面，掌心转向后上方。出水动作应无停顿，迅速、放松。

（5）空中移臂。肘稍屈，位置高于肩和手。手离水面较低，入水前适当减速。臂部尽量放松，移臂速度较快。

（6）两臂配合。爬泳时，两臂的协调配合是匀速前进的重要因素。两臂划水时的交叉位置有三种类型：前交叉、中交叉和后交叉（见图 17-33）。前交叉指一臂入水时，另一臂处于划水的开始阶段。中交叉指一臂入水时，另一臂划至肩下与水面约呈 90° 角。后交叉指一臂入水时，另一臂已划至腹下方，与水面约呈 150° 角。一般而言，前交叉更易掌握呼吸技术，且能保持身体平衡、节省体力、减少疲劳，更适于初学者。而优秀运动员多采用中交叉和后交叉，其速度的均匀性较好。

（四）整体配合

爬泳一般采用 1∶2∶6 的配合方式，即一次呼吸、二次划水（两臂各划一次）、六次打腿。此外，还有 1∶2∶4，1∶2∶2 等多种配合方式。

手入水后，口鼻慢慢呼气，臂划水至肩下时，头部开始转向划水臂同侧并增大呼气量，划水即将结束时，快而有力地结束呼气；臂出水至空中移臂中段时，张嘴吸气；短暂闭气；头部随着手臂再次入水回到原来位置。

图 17-32　划水

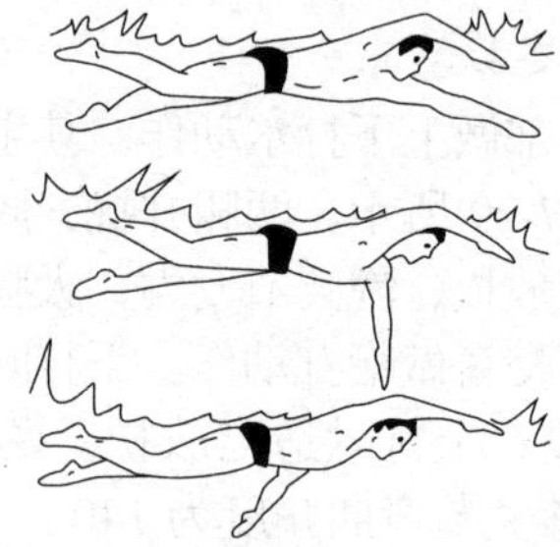

图 17-33　两臂划水时的交叉位置

二、练习方法

（一）腿部动作练习

1. 岸边打水

如图 17-34 所示，坐在池边，双手后撑。两腿伸直，脚内旋使脚尖相对，脚跟分开呈八字形，踝关节放松。以髋关节为轴，大腿带动小腿，做上下交替打水动作。也可将两脚放入水中做打水动作（见图 17-35）。动作练习应由慢到快。

2. 水中打水

如图 17-36 所示，俯卧水面，手握池槽（亦可扶浮板、救生圈或由同伴托其腹部），进行打水练习，脚不可露出水面。还可脚蹬池壁做滑行打水（见图 17-37）。

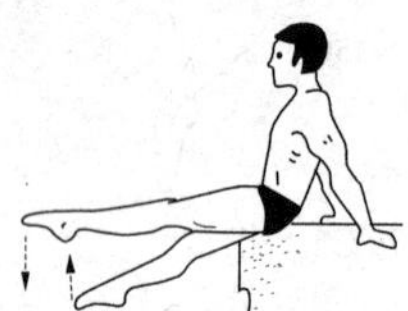

图 17-34　岸边打水 1

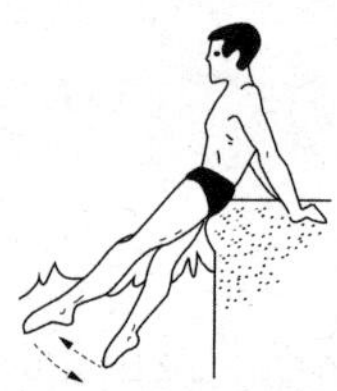

图 17-35　岸边打水 2

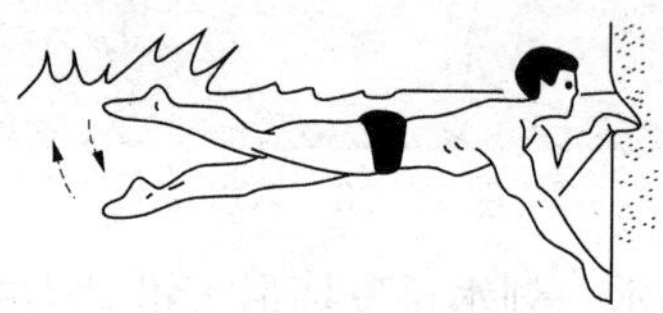

图 17-36　水中打水

（二）臂部动作练习

1. 陆上练习

如图 17-38 所示，两脚开立，上体前屈，做入水、抱水、划水、出水、空中移臂动作。

图 17-37　滑行打水

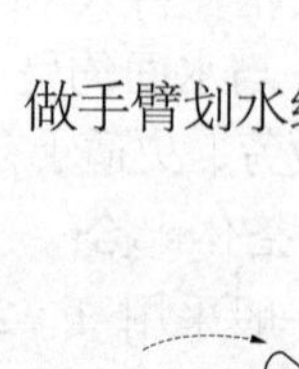

图 17-38　陆上练习

2. 水中练习

如图 17-39 所示，立于水中（或水中行走），上体前倾，肩部浸入水中，做手臂划水练习。亦可由同伴扶住双脚，俯卧水中，练习手臂动作（见图 17-40）。

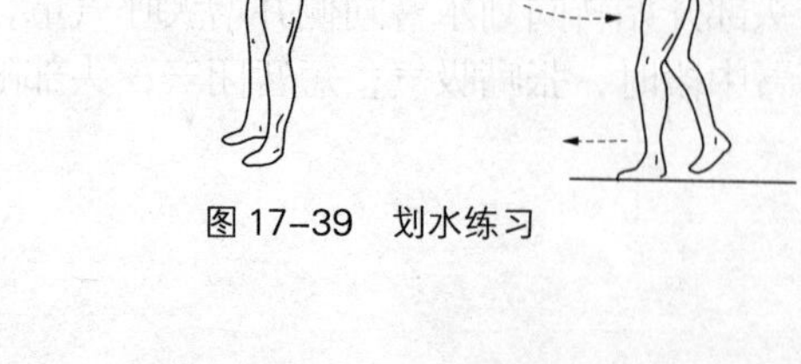

图 17-39　划水练习

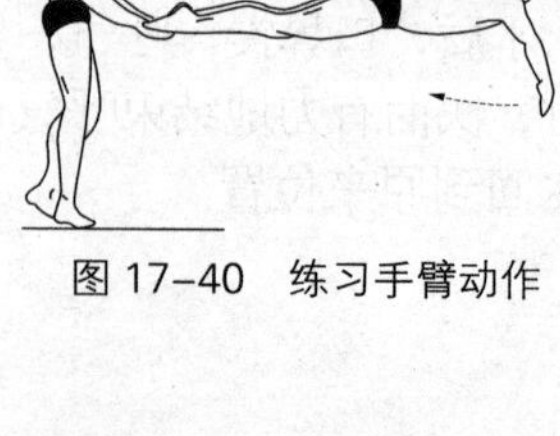

图 17-40　练习手臂动作

（三）整体配合练习

水中站立，上体前屈至水平，头部没入水中，练习手臂划水与呼吸的配合；然后蹬离池底，两腿打水，形成完整配合。

第五节 仰 泳

【教学目标】了解仰泳的动作要领和练习方法。

一、动作要领

仰泳（Back Stroke）是仰卧在水面的一种游泳姿势，依靠两臂交替向后划水；两腿交替上下（向后）打水游进。

（一）躯干姿势

如图 17-41 所示，仰泳时，身体自然伸展，仰卧在水中，下颌微收，头和肩稍高，水面齐于耳际。游进时，头部应保持相对稳定，颈部肌肉自然放松。

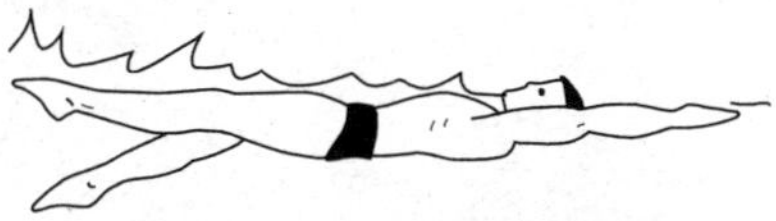

图 17–41 仰泳躯干姿势

（二）腿部姿势

仰泳的腿部动作及其作用与爬泳基本相同，但身体在水中的位置较低，小腿打水幅度和弯曲角度较大。仰泳的腿部动作分为下压和上踢两部分。推进力的产生主要取决于上踢动作的力量和速度。上踢时，脚尖内扣，脚背稍向内旋，以髋关节为轴，大腿带动小腿，屈膝向后上方踢动。下压主要使身体上升并保持平衡，膝关节应充分放松。

仰泳

（三）臂部姿势

仰泳的臂部动作由入水、抓水、划水、出水和空中移臂五个连贯部分组成。

（1）入水。伴随同侧身体的侧向转动，手臂自然伸直，掌心朝外下方，手稍内收，与小臂呈 150° ～160° （见图 17-42），小指首先入水。入水点一般在同侧肩关节延长线上。

（2）抓水。手臂入水后，伸肩外旋，屈肘勾腕，掌心对水。此时大臂与前进方向构成 40° ，手掌离水面约为 30 厘米（见图 17-43），肘关节形成 150° ～160° 。

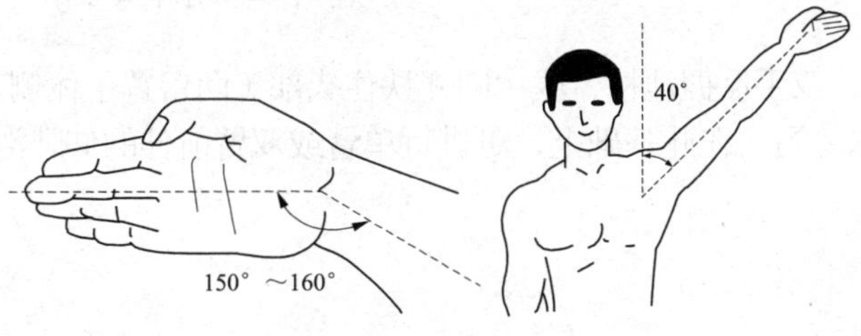

图 17–42 入水

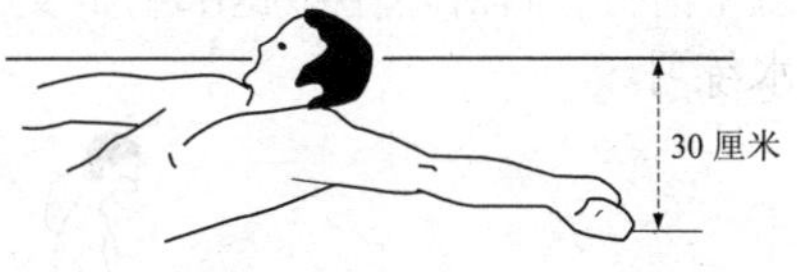

图 17–43 抓水

（3）划水。划水是获得推进力的主要阶段。整个动作由拉水和推水两个部分组成。拉水时，屈肘角度逐渐减小。当划至肩部垂直平面时，手掌离水面约 15 厘米，小臂和大臂呈 90° ～110° （见图 17-44）。推水时，整个手臂同时用力向下方做推压动作，并借助惯性使大臂带动小臂和手加速内旋推水，随后手掌划至臀部侧下方，距离水面 45～50 厘米，以小臂带动手掌下压划水，直至划至大腿一侧手臂伸直时推水结束（见图 17-45）。整个过程，手掌轨迹呈“S”形，速度由慢到快，划水后期有明显的加速动作（见图 17-46）。

（4）出水。划水结束，手臂立即外旋，掌心向大腿侧，先压水后提肩，肩部露出水面后，带动大臂、小臂和手依次出水。

（5）空中移臂。手臂出水后，自然伸直，由后向前迅速向肩前移动，肩关节充分伸展。当手臂移至肩的正上方后，手臂外旋，掌心外翻，随后重复入水动作。

仰泳时，两臂动作始终是对角交替的。当一臂完成出水时，另一臂抓水，当一臂空中移臂时，另一臂则划水。

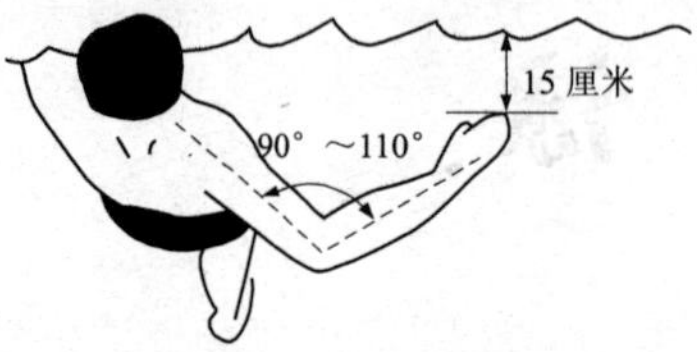

图 17-44　划水姿势

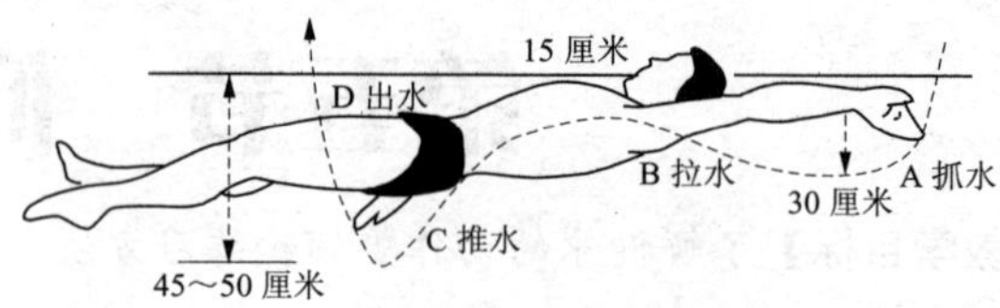

图 17-45　A-抓水，B-拉水，C-推水，D-出水

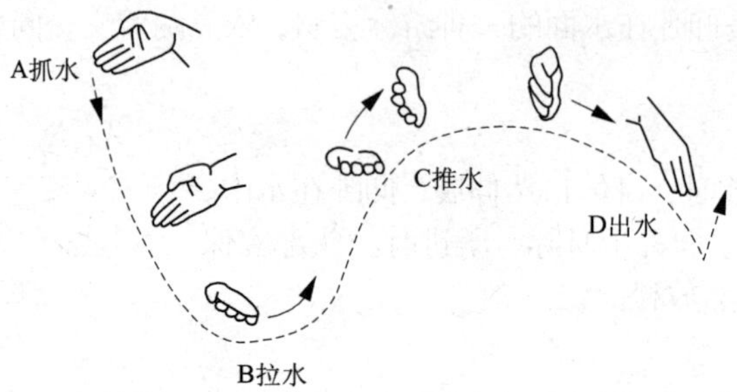

图 17-46　A-抓水，B-拉水，C-推水，D-出水

（四）整体配合

仰泳一般采用 1：2：6 的配合方式，即一次呼吸、二次划水（两臂各划一次）、六次打腿。一侧移臂入水时，另一臂划水结束。一臂空中移臂时吸气，然后短暂闭气，另一臂空中移臂时呼气，循环进行。

二、练习方法

（一）腿部动作练习

1. 岸上练习

仰泳的腿部坐姿打水练习与爬泳相同。

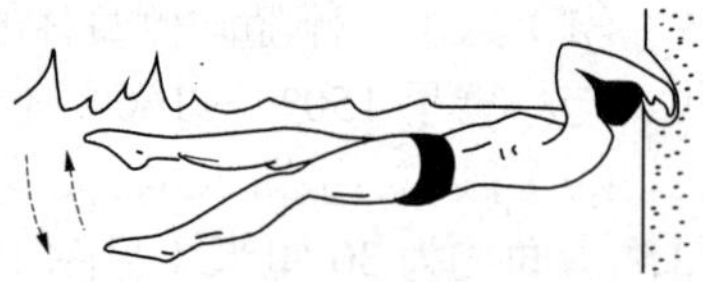
图 17-47　水中练习 1

2. 水中练习

如图 17-47、图 17-48 和图 17-49 所示，双手反握池槽，或由同伴扶住头部（两臂置于体侧），或蹬壁滑行，仰卧水中做腿部上下交替打水练习。在此基础上，可进行单臂或双臂前伸的仰卧滑行打水练习。

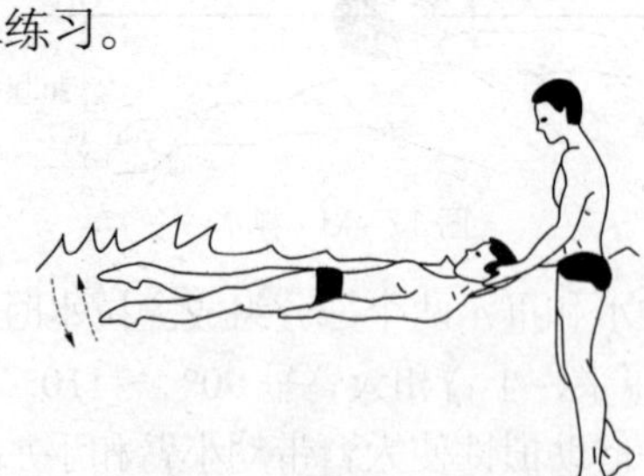
图 17-48　水中练习 2

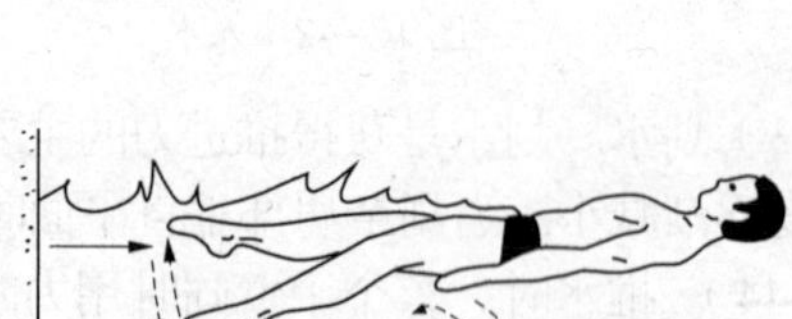
图 17-49　水中练习 3

（二）臂部动作练习

1. 陆上练习

仰泳的站姿练习包括单臂练习和双臂练习。如图 14-50 所示，单臂练习是以站立姿势为主，一臂在大腿旁，另一臂上举，做抓水、拉水、推水、出水、空中移臂、入水的动作。双臂练习则是进行两臂交替划水的动作，也可在平地上后退行走，同时做出双臂划水的动作。

如图 17-51 所示，卧姿练习是仰卧凳上，做单臂划水及双臂交替划水的动作。

2. 水中练习

水中练习可以模仿陆上练习的动作，亦可利用救生衣等使身体漂浮，或自行蹬壁滑行，或由同伴扶住双腿（见图 17-52），进行手臂动作练习。

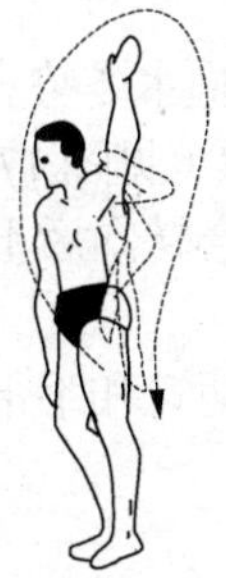

图 17–50　单臂练习

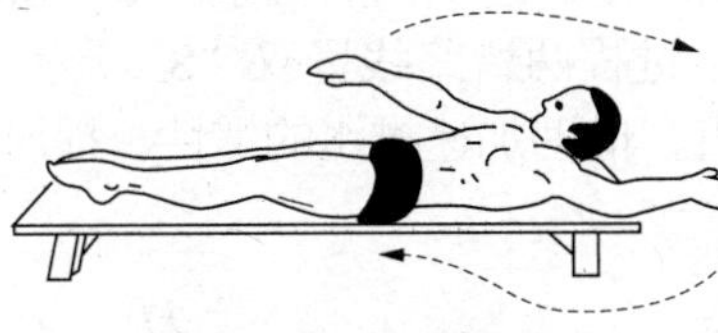

图 17–51　卧姿练习

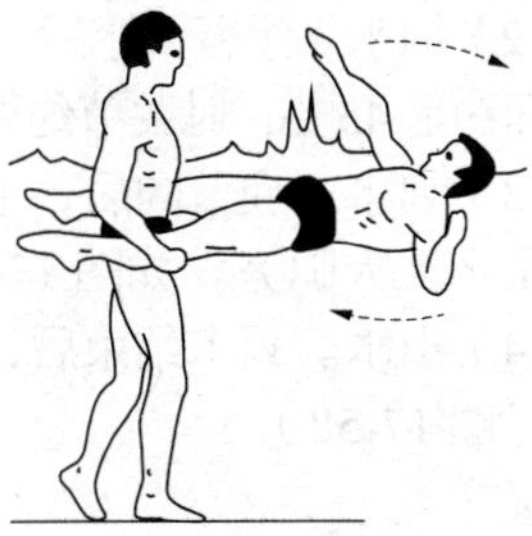

图 17–52　水中练习

（三）整体配合练习

可先进行局部动作的配合练习，如两臂的配合、臂与呼吸的配合等，再进行整体动作的配合练习。

第六节　蝶　泳

【教学目标】了解蝶泳的动作要领和练习方法。

蝶泳（Butterfly Stroke）由蛙泳的技术动作演变而来，其技术是四种竞技游泳中最难掌握的。

一、动作要领

（一）躯干姿势

如图 17-53 所示，蝶泳时，身体俯卧水中，整体动作从头、颈、躯干到脚沿身体纵轴做传动式、波浪形起伏。但身体姿势力求相对稳定，起伏不宜太大，且应形成节奏。

蝶泳

（二）腿部姿势

蝶泳时，以腰部发力，带动大腿、小腿及脚进行上下鞭状打水动作。如图 17-54 所示，向下打水时，两腿并拢，脚掌稍加内旋，踝关节伸直，屈膝约 110°，脚抬到最高点至水面，向后下方快速打水。同时，臀部升高，大腿和躯干约呈 160°，脚跟距水面约为 50 厘米。向上打水时，两腿伸直向上移动，臀部下降，髋关节逐渐展开，身体几乎成水平。随即，大腿下压，膝关节随之逐渐弯曲，脚再次上抬，准备向下打水。

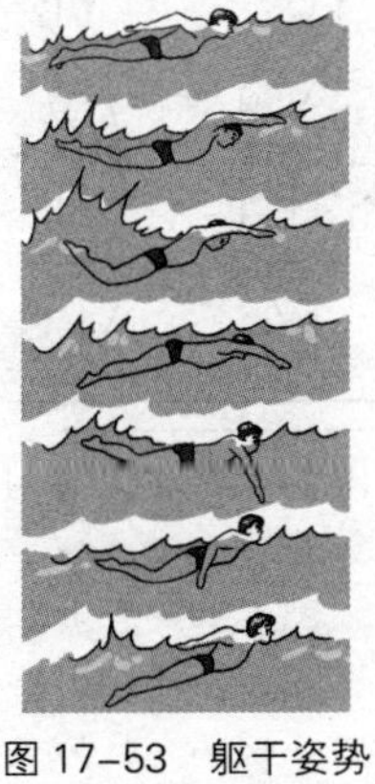

图 17–53　躯干姿势

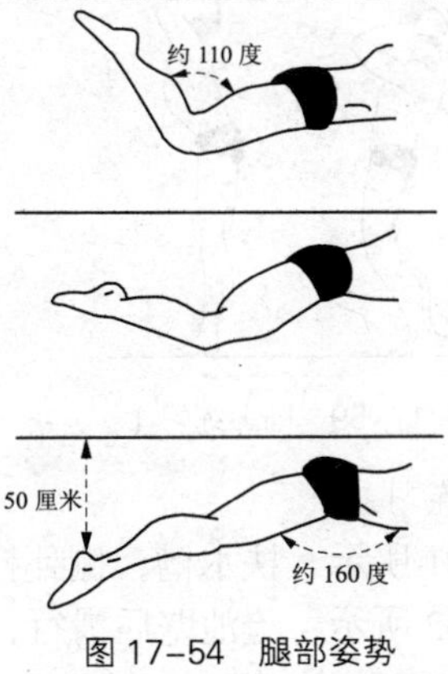

图 17–54　腿部姿势

（三）臂部姿势

蝶泳的臂部动作是推动前进的主要动力。两臂同时对称进行，包括：入水、抱水、划水、出水和空中移臂五个部分。

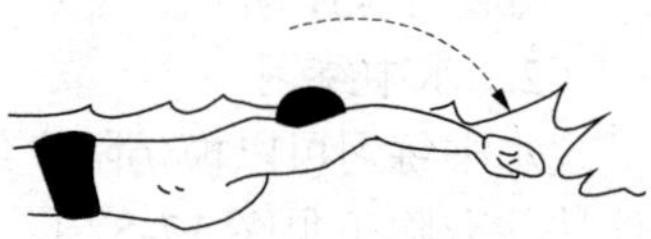
图 17-55 入水

（1）入水。入水以拇指为先，两手距离约与肩同宽，掌心向两侧，手指向下（见图 17-55）。入水点在两肩的延长线上。

（2）抱水。手臂入水后，迅速向外、向后、向下滑动，屈臂高肘，手掌内转，呈抱水姿势。前臂与水面约呈 45°，肘关节约屈呈 150°，上臂与水平面约呈 20°，两手距离略比肩宽（见图 17-56）。

（3）划水。屈臂向后，上臂内旋，前臂和手加速向内后拉水。划至腹部后，掌心转向后上方，继续推水至大腿旁。如图 17-57 所示，划水过程两臂路线呈双“S”形。

（4）出水。划水结束后，手臂充分伸直，借助加速推水的惯性，提肘，迅速将两臂和手带出水面（见图 17-58）。

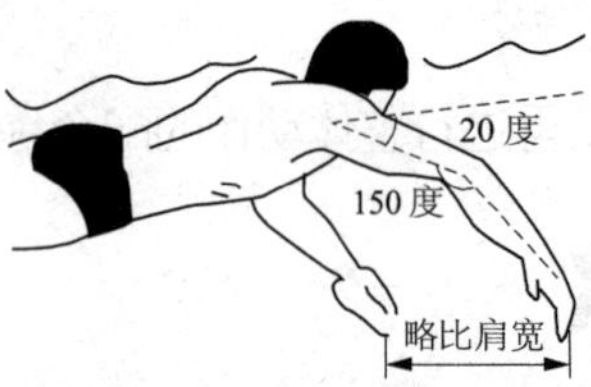

图 17-56 抱水

图 17-57 划水

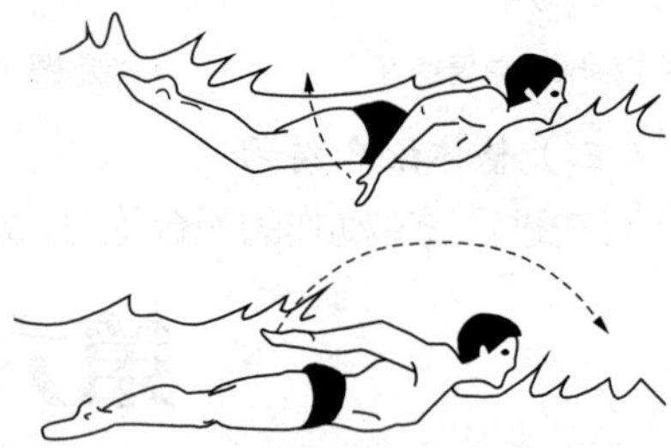
图 17-58 出水

（5）空中移臂。臂出水后，从身体两侧，沿低而平的弧线，经空中快速向前移动。

（四）整体配合

蝶泳一般采用 1：1：2 的配合方式，即呼吸一次、两臂划水一次、打腿两次。两臂入水时，双腿第一次向下打水，同时以口鼻慢慢呼气；两臂进入划水时，双腿上抬并第二次向下打水，划水至胸腹下方时开始抬头，用力呼气；两臂出水并空中移臂时，完成双腿上抬，并迅速吸气。

二、练习方法

（一）腰腿练习

1. 陆上练习

如图 17-59 和图 17-60 所示，并腿站立，两手置于脑后（或两臂上举，一侧掌心置于另一侧手背上），进行挺腹、屈膝、提臀、展膝的连续练习，以体会腰腹腿的波浪形动作及其节奏感。

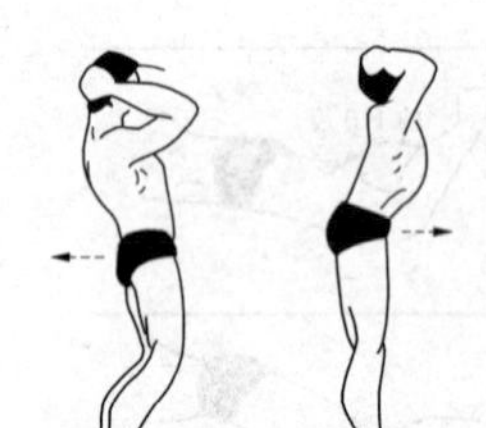
图 17-59 陆上练习 1

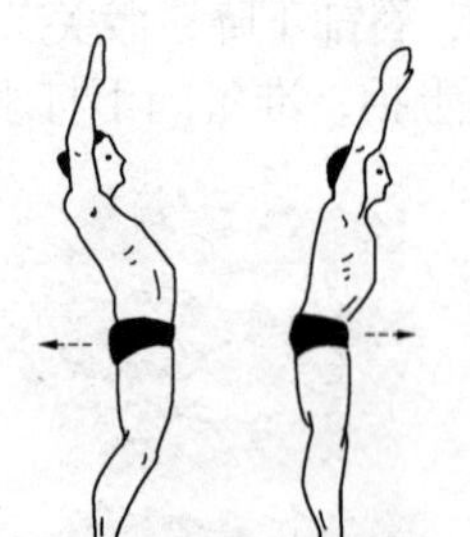
图 17-60 陆上练习 2

2. 水中练习

如图 17-61 所示，扶水槽，侧卧打水练习。

如图 17-62 所示，蹬池壁后滑行，连续完成打水动作。

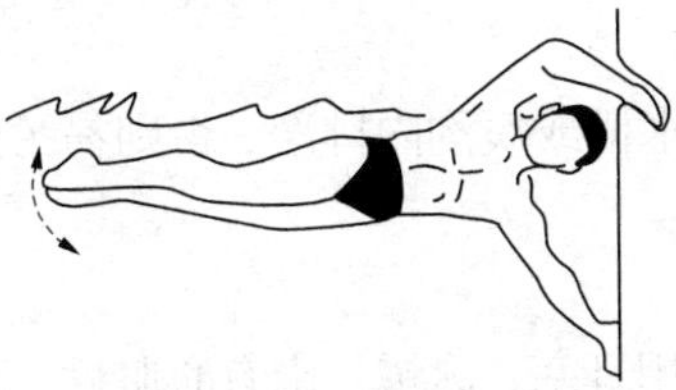

图 17-61 水中练习 1

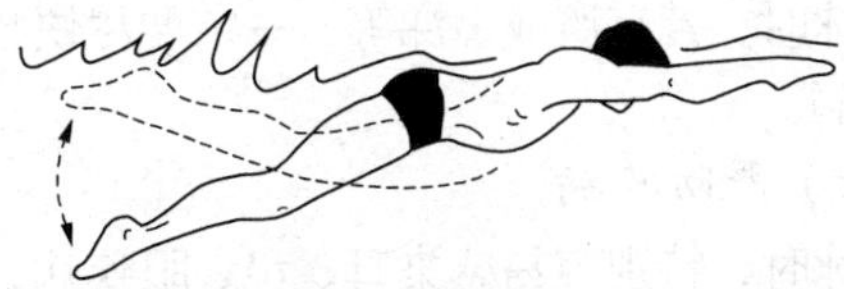

图 17-62 水中练习 2

如图 17-63 所示，扶板，进行蝶泳打水练习。

（二）臂部练习

如图 17-64 所示，站立（陆地或浅水中均可），身体前屈，两臂做蝶泳划水动作，以体会划水路线和转肩的动作。

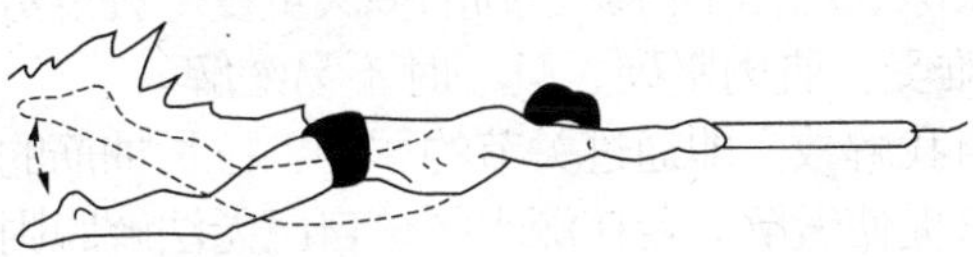

图 17-63 水中练习 3

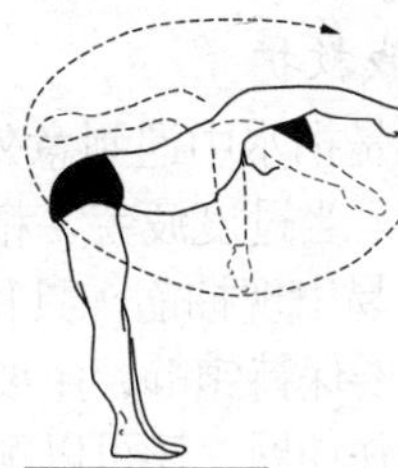

图 17-64 臂部练习

配合练习。可先进行臂部与呼吸、臂部与腿部的配合练习，熟练后再完成臂、腿和呼吸的整体配合动作。

第七节 游泳的安全卫生常识

【教学目标】了解掌握游泳的安全卫生常识。

一、安全卫生

（一）重视热身

游泳池的水温通常要比人体低很多，如果突然下水，容易导致心慌、头晕、恶心、腹痛和四肢无力等不适感觉，有时还会引起抽筋和拉伤。所以，游泳前，应进行充足的准备运动，提高神经系统的兴奋性，加强肌肉和韧带的柔韧性，增加呼吸器官和循环器官的效率，使人体器官由安静状态进入运动状态。

游泳卫生常识

（二）自备泳具

自带衣物储存袋、泳衣、泳帽、泳巾、拖鞋及洗浴用品，尽量不使用公用的拖鞋、浴帽、毛巾、救生圈等物品，避免交叉感染。换衣服时，尽量不要让皮肤直接接触凳子，衣物要用干净的袋子装好，内衣最好裹在外衣里面。

（三）清水淋浴

游泳池是多人共用，且水中含有杀菌的化学药剂。游泳前后，都应用清水淋浴，不但有利于保持池水卫生，尽快适应水中环境，而且可以冲走氯等对人体有害的物质。海水中亦含有多种细菌，游泳后应及时清洗头发和全身。

（四）注意水质

游泳池的水质应透明无色，无臭无味，清澈可见池底。在无人管理的天然水域里游泳，要特别注意卫生情况。如果水面有油垢或被污染，水域有吸血虫，海水中无拦鲨网，水底有淤泥、杂草、木桩、急流、漩涡、暗礁等都不能游泳。

（五）排废入槽

游泳时，若有痰或鼻涕等，一定要尽快抬头游到池边，向水槽或痰沟内排净，否则易污染池水，传播疾病。

（六）严防疾病

游泳时，特别容易感染耳、鼻、眼疾病，所以最好佩戴专用耳塞、泳镜。患有心脏病、高血压、肺炎、严重皮肤病、中耳炎、癫痫病等以及有开放性伤口的人群不宜游泳，若勉力而为，不仅容易加重病情，甚至会发生意外危及生命。

二、水上救护

游泳救护主要包括自我救护和他人救护两种救护形式，其中他人救护又分为间接救护和直接救护。

游泳安全知识

（一）自我救护

自我救护是指水中遇到意外险情时而采取的自我保护和救助措施。

（1）抽筋。当过度疲劳、精神紧张、水太凉、动作不协调、局部多次重复一种姿势、准备动作不充分时，容易出现抽筋。具体表现为疼痛难受，肌肉坚硬，且一时不易缓解。

抽筋后，要保持镇静，主要采用牵引法自我解救。即通过关节的屈伸，拉长抽筋的肌肉，使收缩的肌肉松弛并伸展，还可以配合局部按摩来促使缓解。若在深水区，自己无法解脱困境时，应及时呼救。

如图 17-65 所示，腓肠肌（小腿肚）或脚趾抽筋，可先吸一口气仰浮于水面，用抽筋腿异侧的手握住抽筋（腿）的脚趾，用力向身体方向拉，同时用另一手掌压在抽筋腿的膝盖上，帮助小腿伸直。

大腿抽筋，深吸气，仰浮于水面，抽筋腿屈膝，双手抱住小腿用力贴在大腿上，直至抽筋现象消失。

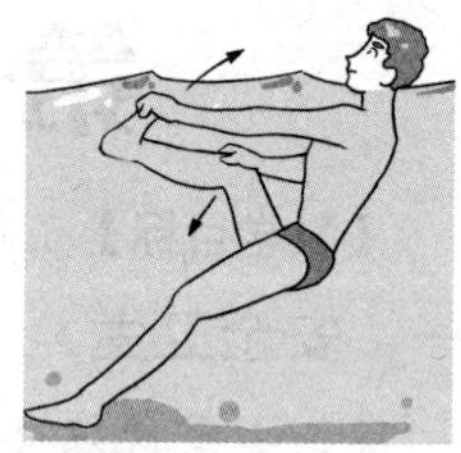
图 17-65　抽筋

手指抽筋，将手握拳，随后用力张开，反复几次，直到抽筋消除为止。

胃部抽筋，吸气后仰浮水中，迅速弯曲两大腿，向胸部靠近，双手抱膝，随即向前伸直，保持身体平衡，动作要自然。

（2）被缠住或遇漩涡。若被长藤植物缠住，可采取仰卧姿势进行解脱，再从原路游出。若被漩涡吸住，可平卧水面，从漩涡外沿全速游出。

（3）头晕。初学游泳者，下水后心跳加快，可能出现头晕眼花的症状。此外，耳道进水、空腹游泳等也会导致头晕。出现头晕现象后，要保持镇静并坚持锻炼，逐渐熟悉水性，克服头晕。下水前适当补充能量，也可预防头晕。

（4）耳中进水。在水中可用吸引法，将头偏向有水一侧，用手掌紧压有水的耳朵，憋气，快速提起手掌，反复几次即可。也可在岸上将头偏向有水一侧，手扯耳朵，原地单足跳跃几次。

（5）呛水。呛水是水从鼻腔或口腔吸入呼吸道所引起的。发生呛水时，要把头露出水面，把水从鼻和口里咳出，很快就能恢复正常呼吸。

温馨提示　水中自救求生的基本原则：尽可能保持体力，以最少的体力消耗在水上维持最长的时间。利用身旁任何可以增加浮力的物体，保持身体漂浮在水上。

（二）他人救护

（1）间接救护。利用救生器材（救生圈、竹竿、木板、轮胎、泡沫块、绳子等），对较清醒的溺水者施行救助。将救生圈或其他漂浮物系上绳子，左脚踩住绳尾，右手持圈自后向前摆，由上而下抛给溺水者。若距离较近，也可直接利用竹竿、木板等将其拖至岸边。

（2）直接救护。直接救护是徒手对溺水者（此时溺水者已经丧失了自我救护或接受间接救护的能力）施救的一种方法。

入水前，救护人员应观察周围环境和水的流向，选择离溺水者最近的方位下水。静水中，救护人员可以直接游向溺水者；急流的江河中，救护人员应从溺水者斜前方入水施救。救护者在找到并有效控制溺水者后，要确保双方的口、鼻露出水面，以保持正常呼吸。将人救上岸后，要针对其症状，决定急救方式。轻度溺水者，可让其吐水、保暖、休息。对昏迷、呼吸微弱或窒息者要实施心脏按压或人工呼吸，并叫救护车。

人工呼吸前，要设法打开溺水者口腔，清除其口鼻内可视的污物，取出活动假牙等之后进行控水。解开溺水者衣带，救护者一腿跪，另一腿屈膝，将其腹部置于屈膝的大腿上，一手扶其头部，保持向下，另一手压其背部，把水排出。

如图 17-66 所示，实施人工呼吸时，使溺水者仰卧，救护者一手提高其下颌保持呼吸顺畅，另一手捏紧其鼻孔，深吸气后，口对口吹气 1.5～2 秒。为防止漏气，施救者应该将嘴完全罩住并贴近溺水者的嘴。待溺水者胸部扩张后，停止吹气并松开口鼻，可用手按压溺水者胸部，以助其呼气。如此反复进行，每分钟 14～20 次，速度由慢到快。

如果溺水者失去知觉，心跳极其微弱，甚至心跳停止或心跳与呼吸均停止时，应将胸外心脏按压（即 CPR 心跳复苏术）和人工呼吸配合进行。先在 3～4 秒内进行两次人工呼吸，然后进行 15 次连续的心脏按压，反复进行。

如图 17-67 所示，胸外心脏按压时，将溺水者仰卧，救护者位于其右侧，一只手的掌根置于其胸骨按压部位（胸骨从上向下的 2～3 根处），手指不可触及肋骨，另一只手重叠在上，两臂伸直，上体前倾，借助身体重力，平稳有力地向下垂直加压，使其胸骨下端下陷 3～4 厘米，压迫心脏。随后两手松压，但掌根不得离位，使胸廓扩张，心脏随之舒张。下压时动作缓慢，松压时动作迅速，有节奏地连续进行，成人每分钟 60～80 次，儿童每分钟 80～100 次。

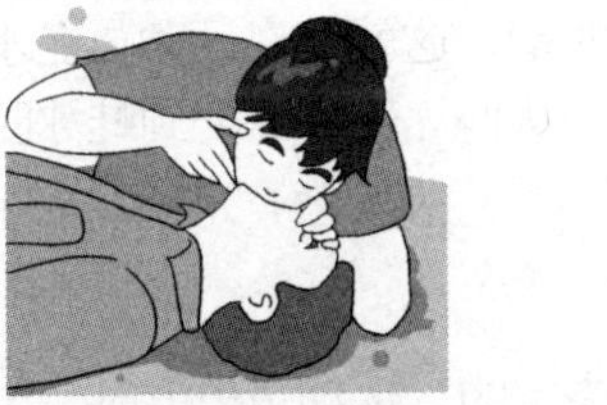
图 17-66　人工呼吸

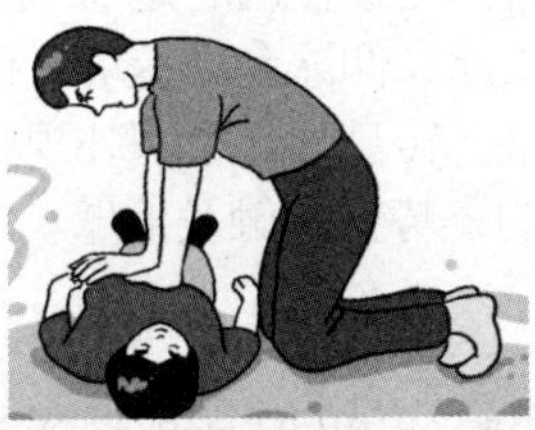
图 17-67　胸外心脏按压

第八节　游泳规则

【教学目标】了解参赛资格、竞赛、出发和到边、转身、计时、混合泳等游泳的主要竞赛规则。

参加奥运会的各协会必须是由国际奥委会认可的协会。各协会所派参赛运动员需参加由国际泳联及国际奥委会举行的资格赛并获得参赛资格。

一、参赛资格

在奥运会的每个单项比赛中，由国际泳联确定报名成绩。参赛资格分为 A、B 两个标准，其中 B 标准的成绩相对容易达到。如果一个国家或协会在每个项目中只派一名选手参赛，这些选手必须要达到奥运会 B 标准。如果一个国家有两名选手参加同一单项的比赛，他们的成绩必须达到奥运会 A 标准。只有在国际泳联认可的比赛中达到 A 标准，选手的奥运会报名才有效。

单项比赛：在每个单项比赛中，每个国家最多可以派两名达到奥运会 A 标准成绩的选手参加；如果达到奥运会 B 标准，则只能派一名运动员参赛。

接力比赛：每个接力项目中，每个国家只能派出一支队伍参赛。

没有达标选手的国家：当一个国家无一人达奥运会 A 标准或 B 标准时，可按照参赛资格说明，派出男、女各一名选手参赛。

二、竞赛

奥运会游泳比赛中，200 米以下个人项目（含 200 米）进行预赛、半决赛和决赛；400 米以上个人和接力项目进行预赛和决赛。运动员和接力队根据报名成绩分组进行预赛，根据预赛成绩排名进入半决赛或决赛。

预赛成绩前 16 名进入半决赛，半决赛成绩前 8 名进入决赛。在设有 8 条泳道的游泳池内比赛时，同一组成绩最好的运动员或接力队，应安排在第 4 泳道。其他运动员或接力队按成绩的优劣以 5，3，6，2，7，1，8 泳道的顺序进行安排。接力比赛以队为单位，每队可在报名参加比赛的同组运动员中任选 4 人参加接力比赛。在预、决赛中参加者可任意调换，但接力名单报送后擅自颠倒棒次或更换运动员均判为犯规。

三、出发和到边

在奥运会游泳比赛中，任何一个运动员在出发时抢跳犯规都会被取消比赛资格。自由泳、蛙泳、蝶泳及个人混合泳的各项比赛必须从出发台起跳出发，仰泳项目在水中出发。当总裁判员发出长哨音信号后，运动员应站到出发台上（仰泳项目运动员下水，在总裁判员发出第二声长哨时迅速游回池端，在水中做好出发准备），当发令员发出“各就位”的口令后，运动员应至少有一只脚在出发台的前缘做好出发准备，手臂位置不限。当所有运动员都处于静止状态时，发令员发出“出发信号”（鸣枪、电笛、鸣哨或口令）。运动员在听到“出发信号”后才能做出发动作。在自由泳和仰泳比赛中，到达终点时运动员可以只用一只手触壁，而在蛙泳和蝶泳比赛中，必须双手同时触壁。

四、转身

奥运会游泳比赛使用的是 50 米长的标准池，所有距离在 50 米以上的比赛都必须在途中折返。转身时，自由泳和仰泳允许运动员使用身体的任何部分触及池壁，这就允许运动员在水下转身后，用脚去蹬池壁。转身的一个例外规则就是在个人混合泳当中，从仰泳转换泳姿到蛙泳时，运动员必须保持仰泳的姿势直到触及池壁。

五、计时

所有游泳运动员的比赛成绩和名次都是由自动计时装置决定的。运动员出发时，出发台上的压力板将记录数据。每条泳道两端都装有触板，当运动员触壁时也会被记录。由于触板和出发台是互连的，因此可以判断参加接力比赛的运动员是否是在其队友触壁以后才入水的。接力比赛当中，任何一个运动员在其队友触壁 0.03 秒之前离开出发台，这个队将被自动取消比赛资格（运动员可以在队友触壁的时候做出发动作，但是脚必须接触出发台）。

六、混合泳比赛规定

个人混合泳须按照下列顺序进行比赛：蝶泳—仰泳—蛙泳—自由泳。

混合泳接力须按照下列顺序进行比赛：仰泳—蛙泳—蝶泳—自由泳。

在个人混合泳和混合泳接力项目的比赛中，每一泳式都必须符合比赛规则的有关规定，在仰泳转蛙泳过程中，运动员必须呈仰卧姿势触及池壁。

思考题

1. 游泳的卫生要求有哪些？
2. 熟悉水性的基本练习有哪些？
3. 水上救护包括哪些方法？
4. 蛙泳、自由泳、仰泳、蝶泳的动作要领和练习方法有哪些？

第18章

搏击运动

【重点提示】本章主要介绍拳击、跆拳道、散手的起源和发展概况；各项目的礼仪及比赛服装要求；各项目的基本拳法、腿法等基本技术。同时还将各项目比赛规则、场地与用具做了简要介绍。

第一节 拳 击

【教学目标】让学生了解拳击的起源、发展史以及项目特点，学习意义。掌握拳击的基本技术和战术，了解基本的场地和规则。

一、简介

拳击（Boxing；Pugilism）是戴拳击手套进行格斗的运动项目。是一项在一个最大不超过 6.10 米见方的，四周有围绳圈定的比赛场中，佩戴特制的手套，在一定规则和条件限制下进行的对抗竞技性运动项目。

拳击的起源可以追溯到远古时代。它起源于人类产生之初。为了生存和竞争，人类发明了它。最初，它是保护人们生命财产的一种手段。有记载表明，它有 5000 多年的历史。在《英国大不列颠百科全书》中就有“公元前 40 世纪，幼发拉底和底格里斯两河流域发现拳击的遗迹”的记载。古埃及人用象形文字记载了拳击用的护具“皮绷带”。后来大约在公元前 17 世纪，拳击运动经过地中海的克里克岛传播到古希腊。

拳击在公元前 688 年第二十三届古奥运会上被正式列为竞赛项目。但因比赛规则不完善，对选手保护不足，甚至可以扩大伤害程度造成社会人士对这种不道德的残杀性拳赛的极度憎恨，直接导致公元 394 年，罗马皇帝西奥多雷斯接受了基督教父的请求，下令终止了一切拳击运动，流传了十多个世纪的古希腊拳击到达了终点。直到公元前 8 世纪，奥斯曼大帝执政，法庭制定了一种新制度“斗审”，拳击得以重新广泛流传。“斗审”规定：如果是贵族间的诉讼，就借贵族的习俗；产生诉讼的双方以骑马、穿护身的甲胄进行西洋剑击决斗等方式来决胜负；而如果是平民间的诉讼，则以拳击来决胜负。在审判中遇到疑难案件时，所谓的“斗审”就是命令进行诉讼的双方进行决斗；最终决斗胜利的一方将可以向法庭提出一些诉求，法庭将接纳决斗胜利者的诉求并加以考虑；如果诉求合理，则法庭会将决斗胜利者的诉求作为判决的最终请求，因此作为决斗的胜利者会在法庭“斗审”时获得胜诉。从此，拳击在平民百姓中更为广泛地流传了。

现代拳击运动于 18 世纪起源于英国，当时比赛不戴拳套，亦无规则和时间限制，直至其中一方丧失继续比赛的能力为止。1838 年在布劳顿最初制定的规则基础上，英国颁布了新的《伦敦拳击锦标赛规则》，此规则最后在 1839 年被用在了拳击比赛中。1896 年第一届夏季奥运会中，来自希腊的君王认为拳击太过于暴力、危险而且不人道，因此不批准拳击列入该届比赛项目之中。但在 1912 年举行的瑞典斯德哥尔摩夏季奥运会中，瑞典的法律不准许拳击运动，因此拳击曾一度消失于奥运会的大家庭。直到 1920 年拳击运动才再次被列入奥运比赛项目的名单之中，1924 年第八届奥运会前夕成立了国际业余拳击联合会。同年的奥运会上参加这个项目的只有美国这一个国家的 44 名运动员，所以自然地获得了本届所设七个级别的所有冠军。1946 年国际业余拳击联合会重新成立。到了

1964 年在日本东京举行的第十八届奥运会，就有来自 56 个国家的 269 名运动员参加。2008 年世界业余拳击联合会改称为世界拳击联盟。

中国现代拳击始于 20 世纪 20 年代后期，最初被国人称之为“西洋拳”。目前为止，国际业余拳击协会的成员共有 190 多个国家或地区。

二、基本技术

（一）准备姿势

准备姿势是拳击运动攻守的基本技术。左脚在前，右脚在后为右势；右脚在前，左脚在后为左势；体重应均匀地分到两前脚掌。然后，轻松地上跳，在着地时，还要使体重均匀地分布到两前脚掌，要求上体要直，不破坏站立姿势。以右手为例，两脚左前右后斜开立，与肩同宽，或略宽于肩，身体侧对对手，双手半握拳，两肩放松。左拳略高于肩，同下颌平齐，左肘弯曲约 90°，肘自然下垂；右拳置于右下颌处，后肘弯曲小于 90°，自然下垂护右肋部位（见图 18-1）。

（二）握拳法

食指、中指、小指和无名指并拢内屈，拇指放在中指和食指的第二指节上，拳头稍内扣，拳峰指向对方。握拳不要太用力，否则，臂肌会很快疲劳，拳速也会降低。但是在拳击对方的要害部位前一刹那，要用力握拳（见图 18-2）。

图 18–1

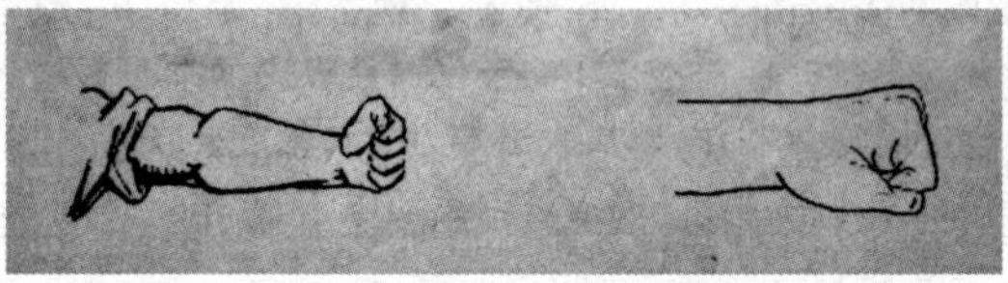

图 18–2

（三）拳击的基本步法

拳击的基本步法有滑步、冲刺步、侧步、环绕步、后撤步五种步法。

1. 滑步

（1）前滑步。右脚掌蹬地，左脚稍离地面向前滑进 20～30 厘米，后脚轻擦地面跟进。两脚以前脚掌着地，身体重心始终保持在两腿之间。

（2）后滑步。左脚掌蹬地，右脚稍离地面向后滑行 20～30 厘米，左脚随即后滑一步，保持基本姿势。

（3）左滑步。右脚蹬地，左脚向左侧横滑一步 20～30 厘米，右脚随即跟进，保持原来姿势。

（4）右滑步。左脚蹬地，右脚向右侧横滑一步 20～30 厘米，左脚随即跟进，保持原来姿势。

技术要点：使用步法移动时，身体重心要平稳，开始训练要慢速，熟练后加快速度，脚掌不可明显离开地面，同时保持全身放松。

2. 冲刺步

左脚平放在地面上。着力点在前脚掌上，右脚前脚掌着地，足跟稍抬起，左脚急速向前迈进一步（40～50 厘米），右脚随着跟上一步，仍保持好拳击攻防姿势，冲刺步与前滑步动作相似，唯速度加快。

技术要点：冲刺步是一种快速、突然进攻的步法。当对手防守上暴露出破绽时，应立即抓住有利时机配合直拳突然袭击。冲刺步易犯的主要错误是跨步式前进，即前脚凌空跨步前进。这样人体在凌空阶段时只有一只脚支撑，容易被对手击倒。

3. 侧步

侧步是向对手出拳方向的外侧上一步或向后转一步，避开对手的直拳攻击，为自己创造有利攻击位置的一种步法。侧步法有左、右侧步两种，右侧步是向对手右拳方向侧步、左侧步是向对手左拳方向侧步。

技术要点：使用侧步时，两脚不能走交叉步，身体尽量不要左右摇摆。侧步是防御的一种，也是进攻的一部分，因此，在学习侧步时应注意和反击动作结合起来。

4. 环绕步

环绕步是以对手为中心，围绕对方移动的一种步法，分为左环绕步和右环绕步。

技术要点：运用环绕步的目的是转移进攻方向，寻找进攻机会或调整呼吸、短暂休息。因此，在练习和比赛中，不能消极防守，而要在防御中积极寻找战机，这样才能克敌制胜。

5. 后撤步（又称急退步）

撤步的方法是用前脚掌撑地，后脚向后撤一大步，并且几乎同时迅速收回前脚，以保持好拳击的攻防姿势。

技术要点：使用后撤步的目的在于迅速脱离对手的进攻，避开对手的直拳攻击，或是重新调整实战状态。在后撤一步后，如对手继续跟进，不可连续后撤，应迅速向右或向左撤步，避开对手的连续进攻。

（四）拳击的基本拳法

（1）刺拳。刺拳同直拳类似，但不尽相同。它们同属于直拳，出拳轻快称刺拳，出拳重快称直拳。刺拳的出击路线轨迹呈直线，以对手脸部为主要打击目标（见图 18-3）。

刺拳的技术要领为：臂膀由屈到伸，拳头直线出击。当肘臂将要伸直时，拳头向内旋转或拳背向上。左脚要在出拳时向前滑步，靠近对方，使发出的拳带有推力和压力。拳打出去时，上体应稍前倾，并配合送肩动作，以加大出击力量和幅度。

（2）直拳。自有拳击运动以来，直拳就是最基本的动作，也是关键的动作。无论是初学者还是一流的优秀运动员，都必须掌握这个动作。直拳可分为左直拳和右直拳两种。

① 左直拳。做站立姿势，从自己鼻尖向对方画一个假想的直线，同自己的两肩直线呈 45°　。出左直拳时，把自己的左肩转动到这个假想直线，即把左拳向内转 45°　，与此同时，左脚向前一步，迅速向对方出拳。出拳时，胳膊和肩膀的肌肉要放松，不能过分紧缩。当要击打到对方的要害部位时，才紧握拳头。出左拳时，收腹、含胸、右肘贴在心口部位，右手到下颌的位置，下颌也要往里收，以防对方的反击（见图 18-4）。

② 右直拳。以站立姿势把右肩向内转 135°　，将右拳向前出击，左肩稍低一点，右脚尖用力蹬地，右膝盖几乎接触到左膝盖。出拳的同时，前脚向前迈一步（正好击中对手的步距），以前脚掌负担身体体重，足跟平浮于地面，后足跟踮起。在前脚掌完成支撑一瞬间，后脚迅速跟上一步或者前脚收回一步仍保持好拳击攻防姿势。右直拳的发力主要靠出拳速度、身体向前运动的速度以及送肩动作。打右直拳时应该注意这三方面的密切协调配合，使全身的力量都集中在拳面上（见图 18-5）。

图 18–3

图 18–4

图 18–5

（3）摆拳。摆拳是从侧面攻击对方的有力拳法，又名横拳。分为左摆拳和右摆拳两种。

① 左摆拳。从基本预备姿势开始，左臂略向前伸，左拳向右后方摆击。摆拳路线为平面半圆形。左拳出击时，拳及小臂均向内旋，肘部上翻，但不可过高，小臂与大臂的夹角为 120°　~130°　。拳心向下，拳眼向后，拳峰对准击打处，手臂呈大半月形状，用腰胯的扭动来增加发拳的力量。右拳微上举，保护下颌。摆击结束后立即收回，还原成基本姿势。打击的主要部位是对方面部的右侧（见图 18-6）。

② 右摆拳。其技术动作要领与左摆拳相同，只是方向相反（见图 18-7）。

图 18-6

图 18-7

（4）钩拳。钩拳手臂形状如钩，臂肘弯曲约 90°，钩拳分为上钩拳和平钩拳，上钩拳又分为左上钩拳和右上钩拳两种；平钩拳分左平钩拳和右平钩拳。

① 左上钩拳。由实战姿势开始，身体稍向左侧转，接着迅速扭转上体，左脚掌用力蹬地，左拳随之向下、向前、向上，前臂外旋直冲对方腹部或下颌处，此时前臂与上臂弯曲类似钩状，右拳保持原姿势不变，击打后按原路线收回（见图 18-8）。

② 右上钩拳。右上钩拳其技术动作要领与左上钩拳基本相同，只是方向相反（见图 18-9）。

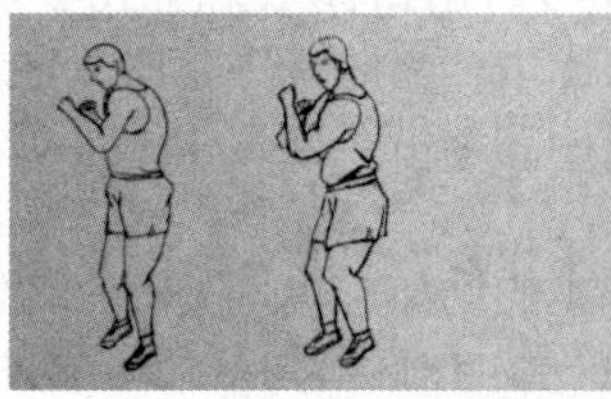

图 18-8

图 18-9

③ 左平钩拳。从基本姿势开始，肘臂夹角约呈 90°，出拳时左脚跟外转，击中目标后，迅速按原路线返回成准备姿势（见图 18-10）。

④ 右平钩拳。从准备姿势开始，身体左转，右脚掌蹬转，击中目标后，迅速收回右拳。保护下颌（见图 18-11）。

图 18-10

图 18-11

（五）拳击的防守与反击技术

拳击比赛中，攻击和防守是密切配合进行的，两者的重要性完全对等，每次进攻，都是一个正确的防守。在拳击运动中若能使自己不被或少被对手击中，就意味着赢得了胜利的一半。要做到这一点，正确地掌握和运用拳击的防守技术是十分重要和必要的。应该在熟练掌握拳击基本攻防姿势的基础上进一步学习好各种防守方法，并与积极的进攻配合起来，这样在实践中才能争取主动。高超的防守技术是当今拳击的主要特点。

在拳击比赛中，防守和进攻是问题的两个方面，它们既对立又相互依存。没有进攻就没有防守，没有防守就更没有进攻。不能简单地把防守看成仅仅为了阻挡对方的攻击，拳击防守技术由拍、挡、闪、让、阻、掩等多种方式构成，在运用这些方法的同时，还应结合相应的反击技术一并使用，才能收到后发制人的效果。

（1）拍击防守与反击。拍击法是阻止对手直拳进攻的一种方式，当对手打出左刺拳或右直拳时，必须张开拳掌拍击来拳，使拳改变方向，以能起到阻挡对方进攻的作用。

① 拍击左直拳的防守反击法。对手用左直拳进攻时，自己以右拳掌向左拍击来拳使拳改变方向，拍击动作幅度要小，仍保持拳击攻防姿势。在向左拍击刺拳的同时，出左刺拳击打对手下颌（见图 18-12）。

② 拍击右直拳的防守法。对手用右直拳进攻，自己以左拳掌向右拍击来拳，同时反击，左拳掌拍击动作幅度不宜过大（见图 18-13）。

图 18–12

图 18–13

（2）阻挡防守与反击。挡法是抵御对手近距离攻击的一种防守方法，利用身体不易受到损伤的部位（如双臂或肩）去阻挡对手的来拳，所以也叫阻挡法。挡法不是理想的防御方法，尤其是当遭到重拳打击时，身体的有关部位可能直接或间接受到伤害。在近距离作战时使用的机会很多，需要它来对付各种拳法的攻击。使用挡法应该是为了更好地反击对手，而不是消极地单纯阻挡。挡法又分为肩部阻挡法、肘部阻挡法和拳阻挡法三种。

① 肩部阻挡法。肩部阻挡法是用肩部阻挡对手的攻击，左脚跟稍抬起，右脚掌着地，同时稍向右转体，左肩稍提，重心落在右脚，右手防备对手的第二次打击。如果对方不连续进攻，可迅速旋转右肩出拳反击（见图 18-14）。

② 肘部阻挡法。肘部阻挡法主要用来防守对方的左右上钩拳和击打自己腹部的直拳等，使用时肘和身体紧紧贴在一起。一般来说，用右肘阻挡对方的左手拳进攻，用左肘阻挡对方右手拳的攻击，也可以变换，总之要根据客观实际的变化，采取适当的防守手段（见图 18-15）。

图 18–14

图 18–15

③ 拳阻挡法。拳阻挡法是指当对手的拳攻来时，自己迅速用相应的拳进行阻挡，阻止其继续进攻，使其进攻落空（见图 18-16）。

图 18–16

要点提示：在使用阻挡法时，与对手拳头接触的一瞬间，要憋气鼓劲，与对手来掌接触部位的肌肉要保持一定的紧张度，以增强抵抗力。

（3）格挡防守与反击。格挡法是利用杠杆力的作用，用拳或前臂挡住或格开对手打来的拳，从而取得有力的位置去打击对手。使用格挡法需要有准确的判断和敏捷的动作，在对手的拳击中身体之前，把它格开，使其改变方向。格挡法使用得当，可给自己创造有利的攻击位置和机会；格挡法学习要比挡法稍难，用格挡法对付钩拳和摆拳效果较好。

① 格挡右钩拳后反击。对手用左钩拳打右腮，自己用右臂稍前伸并抬高来格挡对手的钩拳；

随即用左摆拳或左钩拳反击对手的右腮（见图 18-17）。

② 格挡左钩拳后反击。对手用右钩拳打左腮，自己用左前臂稍提高来格挡对手的勾拳；随即用右钩拳或右摆拳反击对手的左腮（见图 18-18）。

图 18–17

图 18–18

（4）闪躲防守与反击。闪躲防守是用身体的闪躲使头离开击打路线，包括侧身闪、下潜和摇避等技术动作。在实战中，闪躲被认为是一种最实用的防守方法，闪躲法专门用于防守对手攻击头部，对直拳的防守可使用侧身闪，对摆拳和上钩拳可做向后移步或下潜和摇避。

① 闪躲直拳。两人均右架站立，对手用右直拳进攻时，自己应两腿稍屈膝，身体重心落在前脚，上体稍前倾，向左闪躲防守对手的右直拳，使对手的直拳从自己的右肩上滑过去，同时可用右上钩拳反击对手的腹部（见图 18-19）。

② 闪躲摆拳。两人均右架站立，对手用左摆拳进攻时，自己应迅速降低身体重心，向对手左外侧闪躲，用右上钩拳反击对手的左肋部（见图 18-20）。

图 18–19

图 18–20

③ 闪躲平钩拳。两人均右架站立，当对手用右平钩拳进攻时，自己应将身体重心移到后足并微屈膝，上体后让躲过右平钩拳，用右直拳反击对手的头部（见图 18-21）。

三、场地竞赛规则

（一）场地

国际业余拳联（AIBA）规定，国际拳击锦标赛、奥运会拳击比赛、世界杯拳击赛等国际正式比赛的拳击台最大不得超过 6.10 米见方。一般比赛的拳击台如图 18-22 所示。

图 18–21

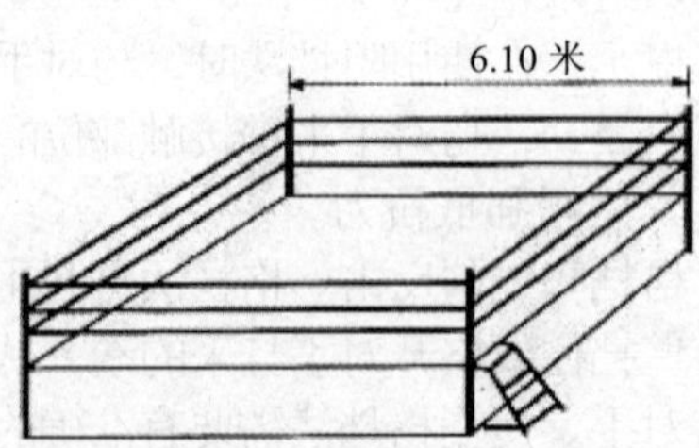

图 18–22

在拳击台的一个中立角处设置专用台阶，供场外医生和台上裁判专用，同时避免比赛双方的任何接触。台上的四角均有固定在台角的立柱，四个立柱间用三条粗绳围拦成一个正方形空间，以保护运动员。台上四个角落处均放有 5～7 厘米厚、20 厘米宽的软护垫，运动员双方分为红色和蓝色，仲裁席左边的应放红护垫为红角方，对面角放蓝护垫为蓝角方，另外两个角放白色软护垫，为中立角。中立角处要放置两个小塑料袋，供台上裁判员放用过的止血棉球和纱布。比赛用的拳击台面必须要坚固结实、平整稳固，不能在台面上有任何障碍，台面上要有 1.5～2.0 厘米的厚毡子或橡胶垫，软硬适度。台表面的帆布要拉正固定，平贴台面，便于运动员在台面上做任何技术动作。拳击台四周的围绳要坚固结实，一般用 3～5 厘米直径的粗绳。拳击台每侧有三道围绳，从四角的固定竖杆上拉出，三道围绳距离拳击台面的高度分别为 40 厘米、80 厘米、130 厘米。

（二）规则

拳击比赛分为职业拳击、业余拳击两种，这两比赛规则有所不同。

1. 职业拳击比赛

双方选手使用 8～10OZ 拳套（赛前双方议定），进行 3 分钟一回合的对赛，一场职业拳击赛为 6～12 回合。最早曾经出现过 15 回合的比赛。

2. 业余拳击比赛

双方选手要戴上 10OZ 拳套（大会提供），口咬护牙，穿着护裆（男性），比赛 3～4 回合，每回合 2 分钟，有力击中对方一下得一分（点），最后分（点）数较高或击倒对手的为胜利者。奥运会比赛采用业余拳击比赛规则。

3. 比赛中常见的犯规

在拳击比赛中，常见的犯规有：击打对方腰部以下部位，抱住对方，用手臂和肘部挤压对方的脸部、开掌击打对方、击打对方的头颈后部以及躯体的背部、消极比赛等。

知识窗

邹市明，奥运冠军，中国男子拳击队 48 公斤级拳击运动员，2000 年成为国手。进入国家队后，邹市明拿过 48 公斤级 20 个全国冠军，是国内在该级别上最有实力的选手。他在 2008 年北京奥运会拳击 48 公斤比赛中获得金牌。2012 年 8 月 12 日，他获得伦敦奥运会男子拳击 49 公斤级冠军，成功卫冕。2013 年 4 月 7 日，邹市明参加职业首战轻松获胜。2013 年 11 月 24 日，邹市明获得职业生涯三连胜。

第二节　跆　拳　道

【教学目标】了解跆拳道的起源、发展史以及项目特点，学习意义。掌握跆拳道基本技术和战术。了解基本的规则和裁判法。

一、简介

跆拳道古称跆跟、花郎道，是起源于古代朝鲜的民间武艺。早在公元 688 年，新罗王国统一了朝鲜，那时经济繁荣，百业兴旺，花郎制度随即建立。到真兴王时，便创立了花郎道。花郎道是花郎制度的组织形式，即将年轻人组织到一起进行武艺锻炼，其宗旨是“事君以忠，事亲以孝，事友以信，临阵无退，杀身有择”。以此磨炼人的意志、锻炼人的体魄，培养造就了一批又一批忠君事孝、英勇顽强、无所畏惧的战士。

1966 年第一个跆拳道国际组织——国际跆拳道联盟成立。1973 年 5 月在汉城成立了世界跆拳道联合会。

1975 年世界跆拳道联合会（简称世界跆联）被国际体育联合会接纳为正式会员。1980 年国际奥委会正式承认世界跆联。迄今为止，世界跆联已有 144 个会员国，6 500 多万爱好者参加练习。

1986 年 6 月国际跆拳道联盟总裁，跆拳道创始人崔泓熙将军随国际跆拳道代表团访问了中国。代表团成员共 30 人，其中跆拳道表演选手男 17 名，女 7 名。代表团在北京、西安、济南等地表演了跆拳道。精彩的演武轰动了各个城市，掀起了一阵跆拳道旋风。1999 年初国际跆拳道联盟正式成立了专门帮助中国普及和发展跆拳道的新机构——国际跆拳道联盟中国地区总部，由宋硕景先生负责这项工作。

二、基本技术

（一）手型

（1）正拳。最基本的拳式，五指伸开，拇指之外四指向里屈曲卷握，拇指紧压于食、中指第二指骨上。使用的部位是食指和中指部分（见图 18-23）。

（2）平拳。手指第二节弯屈，四指尖贴紧手掌，拇指扣于虎口处，实战时用中指第二节击打，食指和无名指的第二节协同（见图 18-24）。

（3）指拳。拳握紧后使第二指关节特别突出形成食指节拳，使用突出的指关节击打对手人中、太阳穴、两肋、腹部等部位效果极佳（见图 18-25）。

（4）手刀。又称空手刀，四指并拢伸直，拇指屈曲贴靠食指。手刀主要用于掌外沿砍击，若使用手刀相反的食指侧部位击打，则称为背刀（见图 18-26）。

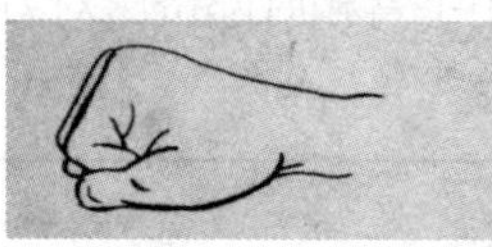

图 18–23

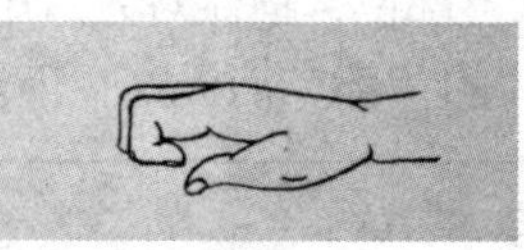

图 18–24

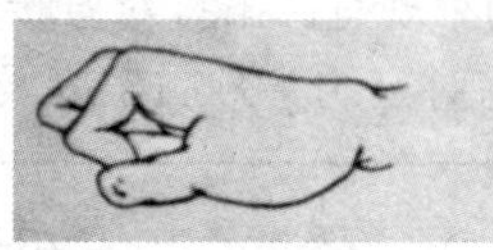

图 18–25

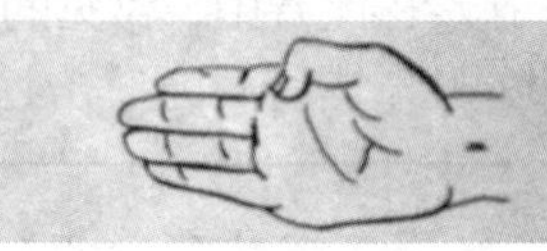

图 18–26

（二）腕、肘、膝

跆拳道利用腕、肘、膝关节进攻时，贴身近距离击打威力极大。

（三）足

（1）前脚掌。前脚掌是指从脚趾到脚掌正中央部分（见图 18-27）。

（2）后脚跟。后脚跟是指脚后部踝关节以下的部分（见图 18-28）。

（3）脚刀。用脚的外侧击打对方（见图 18-29）。

（4）正脚背。正脚背是指踝关节以下至第一关节以上部位，主要是横踢、摆踢、跳踢、飞踢，使用距离大，力量大（见图 18-30）。

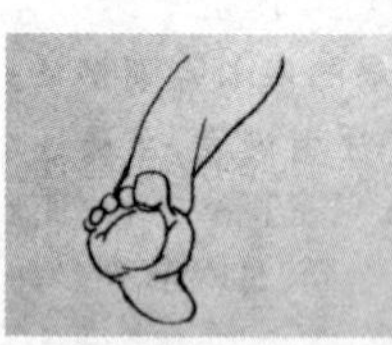

图 18–27

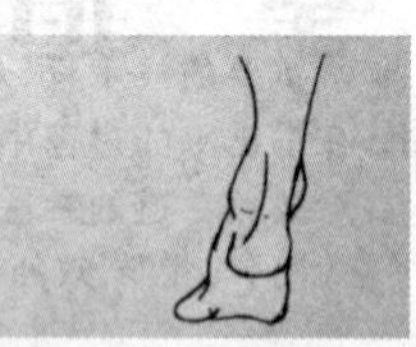

图 18–28

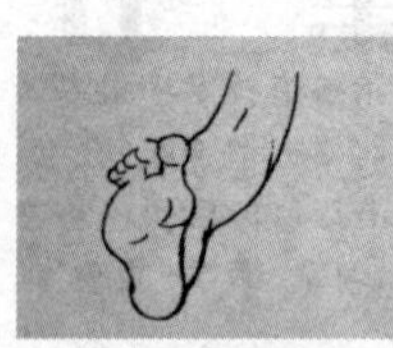

图 18–29

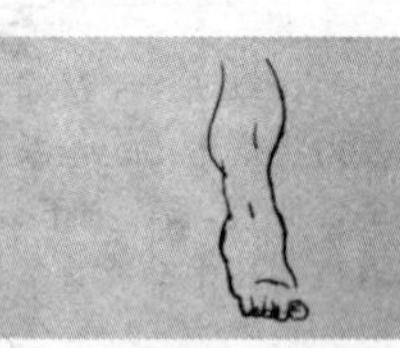

图 18–30

（四）准备姿势

准备姿势也称实战姿势或预备姿势，是跆拳道比赛中双方开始时的基本站立姿势。准备姿势应便于进攻和防守反击，以及步法的移动。

（1）两脚开立与肩同宽，两臂垂于体侧。

（2）左脚或右脚向另一脚的前方迈出，两脚相距一步前后站立，使身体侧对对方，同时两手半握拳，沉肩、两臂屈肘自然垂放（左脚在后是左架准备姿势，右脚在后是右架准备姿势）。

（3）重心落在两脚之间，膝部略弯曲，眼睛平视对方面部，下颌微收。

（五）腿法

（1）前踢。右脚蹬地，髋关节向左旋转，双手握拳置于体侧；随后，右腿以髋关节为轴屈膝上提。当大腿抬至水平或稍高时，关节向前送，向前顶，小腿以膝关节为轴快速向前上方踢出，力达腿尖，整条腿踹直。踢击后迅速放松，右腿沿原路线弹回，将右脚放置在左脚前面仍成实战姿势（见图 18-31）。

图 18–31

动作要领：膝关节夹紧，小腿放松，要有弹性；先往前送，高踢时往上送；小腿回收与前踢的速度一样快。主要攻击部位有面部、下颌、腹部、裆部。前踢亦可用于防守。将前踢发力部位由脚尖改换为脚跟时，前踢动作就变为前蹬动作，动作方法要点相同，只是脚的形状发生了变化。

（2）侧踢。实战的基本姿势开始。右脚蹬地，右腿以髋关节为轴屈膝提起，两手握拳置于体侧；随即左脚以前脚掌为轴外旋 180°，髋关节向左旋转，右腿以膝关节为轴向前蹬伸，右脚快速向右前上方直线踢出，力点在脚跟。发力后沿起腿路线收腿，放松，重心落下（原处或向前均可），再次回到实战姿势（见图 18-32）。

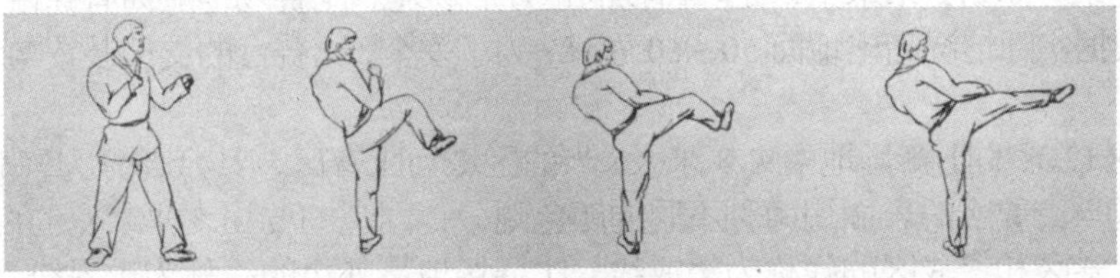

图 18–32

动作要领：起腿时大、小腿，膝关节均夹紧；踢出发力时头、肩、腰、髋、膝、腿和踝呈一直线；大、小腿直线踢出，原路线收回。侧踢动作的主要攻击部位有膝部、腹部、肋部、胸部和头面部。

（3）后踢。实战姿势开始。转身左腿后撤背对对方重心后移至左脚，右脚蹬地后屈膝提起，右脚贴近左大腿，两手握拳置于胸前；随即左脚蹬地伸直，右脚自左大腿内侧向后方直线踢出，力达脚跟。踢击后右脚沿原路线快速收回，成实战姿势（见图 18-33）。

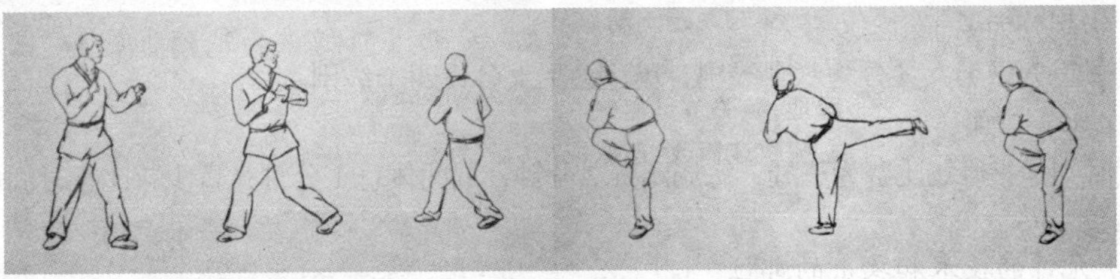

图 18–33

动作要领：起腿后上体和大小腿折叠收紧；后踢时动作延伸要长，用力延伸；转身，提腿，出脚动作连续一次性完成，不能停顿；击打目标在正后偏右。后踢动作的主要攻击部位有膝部、腹部、裆部、胸部和头面部。

（4）下劈。实战姿势开始。右脚蹬地，重心前移至左脚同时，右腿以髋关节为轴屈膝上提，两手握拳置于胸前；随即充分送髋，上提膝关节至胸部，右小腿以膝关节为轴向上伸直，将右腿伸直举于体前，右脚过头。然后放松向下以右脚后跟（或脚掌）为力点劈击，一直到地面，成实战姿势。（见图 18-34）。

图 18–34

动作要领：腿尽量往高、往头后举，要向上送髋，重心往高起；脚放松往前落，落地要有控制；起腿要快速，果断；踝关节要放松。劈腿的主要攻击部位有头顶、脸部和锁骨。

（5）后旋踢。实战姿势开始。两脚以脚掌为轴均内旋约 180°，身体随之右转约 90°，两拳置于胸前。上体右转，与双腿拧呈一定角度。右脚蹬地，将蹬地的力量与上体拧转的力量合在一起，右腿继续向右后旋摆鞭打，同时上体向右转，带动右腿弧形摆至身体右侧，右腿屈膝回收后成实战姿势。

动作要领：转身旋转，踢腿连贯进行，一气呵成，中间没有停顿；击打点应在正前方，呈水平弧线；屈膝起腿的旋转速度要快；重心在原地旋转 360°。后旋踢攻击的主要部位有面额和胸部。

三、竞赛规则简介

（一）比赛场地

比赛场地是 12 米×12 米水平、无障碍物的正方形场地。比赛场地应为有弹性的垫子，必要时比赛场地可以根据实际情况高出地面 50～60 厘米，为了安全，比赛台的支撑装置与地面的夹角要小于 30°。

（1）12 米×12 米的比赛场地中央 8 米×8 米的区域为比赛区，其余部分为警戒区。

（2）比赛区与警戒区的表面用两种不同的颜色划分，同色的要用 5 厘米宽的白线区分。

（3）划分比赛区和警戒区的线称为警戒线，比赛场地最外边的线称为边界线。

（二）运动员

（1）运动员穿着和佩戴的道服和护具必须由中国跆协指定或认可。

（2）运动员比赛时须佩戴护具，包括护胸、头盔、护裆、护臂、护腿、护齿、手套等。其中护裆、护臂、护腿应戴在道服内；除了头盔，头部不得佩戴其他物品。与宗教信仰相关的物品，应提前获得许可并佩戴在头盔或道服内。

（三）体重级别

（1）级别分为男子组、女子组。

（2）体重分级男女各分为八个级别，奥运会男女各设四个级别。

（四）比赛时间

比赛时间是指每场比赛为三局，每局比赛 2 分钟，局间休息 1 分钟；青少年比赛时间可根据情况适当调整。

（五）允许的技术和攻击的部位

1. 允许使用的技术

（1）拳的技术：紧握拳头并使用正拳进行正面攻击的技术。

（2）脚的技术：使用踝关节以下脚的部位进行攻击的技术。

2. 允许攻击的部位

（1）躯干：允许使用拳和脚的技术攻击躯干部位被护胸包裹的部分，但禁止攻击后背脊柱。

（2）头部：锁骨以上的部位，只允许使用脚的技术攻击。

（六）分值

（1）击中躯干计 1 分。

（2）旋转踢技术击中躯干计 2 分。

（3）击中头部计 3 分，主裁判员读秒不追加分。

（4）一方运动员每被判两次“警告”或一次“扣分”，另一方运动员得 1 分。

（七）犯规行为

（1）主裁判员发出“分开”（Kal-yeo）口令后攻击对方运动员。

（2）攻击已倒地的对方运动员。

（3）抓住对方运动员进攻的脚将其摔倒，或用手推倒对方运动员。

（4）故意用拳攻击对方运动员头部。

（5）教练员或运动员打断比赛进程。

（6）教练员或运动员使用过激言语、出现严重违反体育道德的行为。

知识窗

2000 年 9 月 30 日，第二十七届悉尼奥运会女子 67 公斤以上级比赛。18 岁的陈中为中国赢得了第一枚也是世界跆拳道史上的第一枚奥运金牌，实现了中国跆拳道“零”建立到“零”突破。1994 年跆拳道被正式列为 2000 年奥运会比赛项目，中国在 1995 年才正式组建了跆拳道队，国外人士断言中国要获得这一项目的奥运金牌至少还要 10 年。而陈中的夺冠把这个进程整整缩短了 5 年。

第三节　散　手

【教学目标】了解散手的起源、发展史，以及项目特点，学习意义。掌握基本技术和战术。了解基本的规则和裁判法。

一、简介

散手又称断手、散打、实作等。散手是拳术各项训练的总成，是拳术锻炼的综合体现，就其原始意义来讲，乃是不附加任何条件的徒手搏击。中国各种拳术运用零散招数按照一定规则进行的徒手格斗，属于武术对抗性技击项目。这种比赛不仅有助于掌握武术的技击方法，还有助于培养勇敢、机智、灵活、果断的意志品质。

散打是中华武术的精华，是具有独特民族风格的体育项目，多年来在民间流传发展，深受人们喜爱。散打的起源与发展，是和中华民族悠久历史同步的。它从先辈的生产劳动、生存斗争起源，且服务于此，演化至今成为华夏民族灿烂文化遗产中的瑰宝。原始社会人类为了猎取食物，长期与野兽搏斗，学会了与野兽搏斗所使用的不同方法，如拳打、脚踢、抱摔等简单的散打技术，并学会了一些野兽猎取食物的本领，如猫扑、狗闪、虎跳、鹰翻等。散打是两人按照一定的规则，运用武术中的踢、打、摔和防守等方法，进行徒手对抗的现代体育竞技项目，它是中国武术的重要组成部分。中国武术有两种表现形式，一种是套路演练形式，一种是格斗对抗形式。散打就是格斗对抗形式的一种。

1979 年，随着中国武术热的再度兴起，国家体委按照竞技体育模式，首先在浙江省体委、北京体育学院和武汉体育学院进行了武术对抗性项目的试点训练，并于同年 5 月在广西南宁举行的全国武术观摩交流大会上做了首次汇报表演。同年，又进行了几次比赛。1982 年制定了《散打比赛规则》，1987 年，散打被国家体委批准为正式比赛项目，并设“团体锦标赛”和“个人锦标赛”赛制。

武术散打是对传统技击术进行归纳、整理，舍弃它们的具体形态，集中了它们的共性规律。即把中国各拳种门派的拳法、腿法通过规整，总结出它们的基本运动形式，经过高度抽象，确立进攻技术的两种运动形式：一种是直线型方法，另一种是弧线型方法。拳法以冲、掼、抄、鞭为内容；腿法以蹬、踹、扫、摆、勾为内容；摔法则根据“快摔”的要求和“无把”的特点，通过“破坏重心”和“抡圈”，创造出“接招摔”和“夹打摔”的方法。同时，防守技术也划分为“接触式防守”和“不接触式防守”两种。

二、基本技术

（一）手型拳

五指内屈握紧，拇指第一指骨压在食指和中指的第二指骨上，拳心朝下为平拳，拳眼朝上为立拳。要点：拳心握实，拳面要平，手腕要直。

（二）准备姿势

两脚前后开立，前脚跟与后脚尖距离约同肩宽。左脚全脚掌着地，右脚跟稍抬起，前脚掌着地，两膝稍弯曲，自然里扣。身体重心右移，上体含胸收腹扭臀，左臂内屈约 90 度，拳眼与鼻尖平行。右臂内屈约45度，拳置于脖前，两肘自然下垂并稍向里合，下颌内收，目视对方上体。

（三）步法

（1）进步。左脚提起，向前进步，右脚迅速蹬地，跟进同样距离。

（2）退步。右脚向后退一步，左脚用力蹬地，迅速后退同样距离。

（3）侧跨步。左脚向左侧横跨一步，右脚脚脖内侧蹬地，迅速向左侧横跨跟进同样距离。

（4）垫步。右脚蹬地向左脚并拢，同时左脚屈膝提起向前落步，还原成实战式。

（5）击步。双脚蹬地起跳，随即左脚落地，右脚稍后提膝落步，还原成实战式。

（6）换步。前脚与后脚同时蹬地并前后交换，同时两拳也前后交换成右实战式。

（四）基本拳法

（1）直拳。以左直拳为例，左势站立，右脚微蹬地，身体重心稍向左脚移动，同时转腰送左拳直线向前击出，力达拳面，右拳自然收回颔前（见图 18-35）。

实战范例：左右直拳抢攻对方头部。当对方侧弹腿进攻时，左手外挂防守，同时右直拳反击对方头部。

（2）摆拳。以左摆拳为例，左势站立，上体微向右扭转，同时左臂稍抬起时，前臂内旋向前里弧形出击，力达拳面，大小臂夹角约 130° ，右拳自然收回颔前（见图 18-36）。

实战范例：左拳虚晃，右摆拳抢攻对方头部。当对方右蹬腿攻击中盘时，左手里挂防守，随即用右摆拳反击对方头部。

（3）勾拳：以左上勾拳为例，左势站立，上体稍向左侧倾，重心略下沉，左拳微下落，随即左脚蹬地，上体右转，挺腹前送左髋，左拳由下向上屈臂勾击，力达拳面，大小臂夹角约 90° ，右拳自然回收于颔前（见图 18-37）。

实战范例：假动作虚晃，突然上部靠近对方用上勾拳击其下颌。当对手以下前抱摔时，迅速后退用左勾拳反击其头部。

图 18–35

图 18–36

图 18–37

（4）鞭拳。以右鞭拳为例，左势站立，以左脚前脚掌为轴，身体向后转 180°，右脚经左腿后插步，身体继续右后转，同时以腰带动右臂向右侧横向鞭击，力达拳轮，左拳自然收于颌前。

实战范例：左直拳假装进攻，随即突然用右鞭拳抢攻其头部，对手用左侧弹腿攻中盘时，左手里挂防守同时以右鞭拳反攻其头部。

（五）基本腿法

（1）正蹬腿。以左正蹬腿为例，左势站立，身体重心稍后移，同时左腿屈膝提起，屈肩向前，脚尖上勾，随即从脚跟领先向前蹬出，力达脚跟（见图 18-38）。

图 18–38

实战范例：用正蹬腿攻击对方上盘，当对方运用侧弹腿攻击时，突然用右正蹬腿抢先攻击对方上盘。

（2）后磴腿。以左后蹬腿为例，身体向左后转，两腿弯曲呈跪步，右手护头，左手屈肘自然下垂于体侧，右腿直立或稍屈支撑，左腿抬起由屈到伸，勾脚尖，脚尖朝下，脚跟领先向后蹬出，力达脚跟，上体前俯，眼看蹬腿方向（见图 18-39）。

图 18–39

实战范例：左后蹬腿佯攻对方下盘，随即右后蹬腿实击对方上盘。

（3）踹腿。以左侧踹腿为例：左势站立，身体重心后移，上体稍右转，同时左屈膝提起，脚尖勾起，随即展髋，使脚掌正对攻击方向，迅速由屈到伸，向前踹出，力达脚跟（见图 18-40）。

图 18–40

实战范例：以左侧踢踹腿，假装攻击对方下盘，随即踹腿实攻对方上盘，左侧弹腿假装攻对方下盘，然后转身踹腿攻击对方上盘。

（4）扶地后扫腿。上体前俯，左腿屈膝前蹲，以前脚掌为轴，向右后方转体带动右腿向左后方弧线擦地后扫，力达脚跟（见图 18-41）。

图 18–41

实战范例：当对方以左弹腿攻击上盘时，拍挡防守，随即用后扫腿攻击对方支撑腿。

（六）摔法

（1）抱双腿前顶摔。当抱住对方双腿被对方下压时，迅速屈肘，两手用力回拉，同时用左肩前顶对方髋腹部，将对方摔倒。

（2）抱双腿过胸摔。上前迅速上左步，屈膝弓腰，两手由外向内抱住对方腿根部，左边前顶其髋腹部，随即向前上右步，蹬腰腿抬头将对方向后摔落。

（3）夹颈过背摔。右屈臂夹对方颈部，背向对方，两腿屈膝用右侧髋部紧贴对方前身，然后两腿深蹲向下，弓腰低头，将对方背起后摔倒（见图 18-42）。

图 18–42

（4）抱腰过背摔。右屈臂抱对方腰部背向对方，两腿屈膝，用右侧髋部紧贴对方前身，然后两腿深蹲，向下弓腰低头，将对方背起后摔倒（见图 18-43）。

图 18–43

三、竞赛规则简介

（一）场地

散手比赛在高 0.6 米、长 8 米、宽 8 米的台上进行，水上擂台在长、宽各 7 米，高出水面 0.5 米的台子上进行。

（二）竞赛规则

（1）竞赛性质：武术散打比赛有团体比赛、个人比赛。

（2）竞赛办法：循环赛、单败淘汰赛、双败淘汰赛。每场比赛采用三局两胜制，每局净打 3 分钟，局间休息 1 分钟。

（3）服装护具：运动员必须穿戴大会指定的拳套、护头、护齿、护胸、护裆、护腿、赤脚穿护脚背。穿与比赛护具颜色相同的背心和短裤，护裆必须穿在短裤内。比赛的护具分红、黑两种。拳套的重量：65 公斤级及以下级别的拳套为 230 克；70 公斤级及以上级别的拳套为 280 克。

（4）竞赛中的礼节：介绍运动员时，运动员向观众行抱拳礼。每场比赛开始前，运动员相互行抱拳礼。宣布结果时，运动员交换站位，宣布结果后，运动员先相互行抱拳礼，再同时向台上裁判员行抱拳礼，裁判员回礼；然后向对方教练员行抱拳礼，教练员回礼。

（三）进攻方法

（1）禁击部位。后脑、颈部、裆部。

（2）得分部位。头部、躯干、大腿、小腿。

（3）禁用方法：在比赛中用头、肘、膝、和反关节的动作进攻对方；用转身后摆腿进攻对方头部；用迫使对方头部先着地的摔法或有意砸压对方；一方倒地，另一方用脚进攻对方头部。

（4）可用方法。除禁用方法外的各种武术流派的招法。

（四）得分标准

（1）优势胜利。在一局比赛中，先完成三个 3 分动作者；在比赛中，双方实力悬殊，台上裁判员征得裁判长的同意，判技术强者为该场胜方；被重击（侵人犯规除外）倒地不起达 10 秒，或虽能站立但知觉失常，判对方为该场胜方；一场比赛中被重击强制读秒（侵人犯规除外）达三次，判对方为该场胜方；比赛中运动员出现伤病，经医生鉴定不能继续比赛者，判对方为该场胜方。

（2）得 3 分。用主动倒地的动作致使对方倒地，而自己迅速站立者，得 3 分；用转身后摆腿击中对方躯干部位而自己站立者，得 3 分。

（3）得 2 分。一方倒地（两脚以外任何部位接触台面），站立者得 2 分；用腿法击中对方躯干部位；被强制读秒一次，对方得 2 分；受警告一次，对方得 2 分。

（4）得 1 分。用手法击中对方得分部位；用腿法击中对方头部、大腿和小腿；运动员消极 8 秒，被指定进攻后，8 秒内仍不进攻，对方得 1 分；主动倒地超过 3 秒不起立，对方得 1 分；受劝告一次，对方得 1 分。

（5）不得分。方法不清楚，效果不明显；双方倒地或下台；双方互打互踢；用方法主动倒地，对方不得分；抱缠时击中对方。

思 考 题

1. 举例说明步法在拳击中的重要性。
2. 散打的基本技术有哪些？
3. 散打的竞赛规则有哪些？
4. 跆拳道的级别如何划分？
5. 跆拳道的基本技术有哪些？

知识窗

段位表

段前级	青熊猫	银熊猫	金熊猫
初级段	一段（青鹰）	二段（银鹰）	三段（金鹰）
中级段	四段（青虎）	五段（银虎）	六段（金虎）
高级段	七段（青龙）	八段（银龙）	九段（金龙）

主要参考文献

[1] 田振生，张秉祥．大学体育教程[M]．保定：河北大学出版社，2008.

[2] 宋英．体育与健康教程[M]．大连：东软电子出版社，2011.

[3] 王春光，张中辉，张学生．大学生体育与健康[M]．北京：教育科学出版社，2010.

[4] 马来焕．体育与健康教程[M]．北京：中国铁道出版社，2010.

[5] 胡晓红，朱新良．体育与健康[M]．北京：科学出版社，2011.

[6] 孙增春，于志培．大学生体育健康[M]．北京：高等教育出版社，2011.

[7] 李开广，田磊．体育与健康[M]．北京：北京理工大学出版社，2011.

[8] 夏小平，傅文生，庞明智，陈兴亮．新编大学生体育与健康[M]．北京：中国地质大学出版社，2010.

[9] 田国祥．体育与健康[M]．北京：人民邮电出版社，2011.

[10] 陈庆合，殷志栋．大学体育与健康[M]．北京：中国铁道出版社，2008.

[11] 袁雷，袁吉．大学体育[M]．长春：吉林大学出版社，2013.

[12] 周普生，潘兰英，高峰．高职院校体育[M]．北京：北京体育大学出版社，2011.

[13] 靳梅梅．高职体育与健康[M]．北京：北京体育大学出版社，2006.

[14] 邹师．大学体育健康教程[M]．北京：北京体育大学出版社，2011.

[15] 张建军．新编体育与健康[M]．北京：国家行政学院出版社，2013.

[16] 苏欣．体育与健康[M]．北京：中央民族大学出版社，2013.

[17] 孟祥立，杜红宇．体育与健康[M]．天津：南开大学出版社，2010.